성서기록 현장찾아
답사하며 성지순례

-성서지리 연구 와 순례현장 안내-

김 흔 중 목사 지음

예수께서 제자들에게 이르시되 나를 따라 오려거든 자기를 부인하고
자기 십자가를 지고 나를 좇을 것이니라.(마태복음 16장 24절)

십자가의 길(Via Dolorosa)

채찍질 교회를 출발하여 에케호모 교회를 지나며

(선도자 : 이정복 목사, 십자가를 진 김흔중 목사, 1996년 11월 7일)

이에 하늘에 있는 하나님의 성전이 열리니
성전 안에 하나님의 언약궤가 보이며 또 번개와 음성들과
뇌성과 지진과 큰 우박이 있더라(요한계시록 11:19)

법궤(언약궤)

성서가 생겨난 현장 답사

　　흔히 성지순례라는 말을 하는데 실제로 현장에 가보면 상업화로 인해서 거룩한 느낌을 받지 못하는 경우가 허다합니다. 그래서 최근에는 성서현장 답사라는 말로 대신해 보라고 권유합니다.

　　성지순례는 성서가 어떻게 쓰여졌는가 하는 현장 답사 없이는 그 실효 를 거둘 수가 없는 것이지요.

　　그런 의미에서 김흔중 목사님의 「성서기록 현장찾아 답사하며 성지순례」라는 책은 참으로 좋은 성서현장 답사 안내서라고 하지 않을 수가 없습니다.

　　김 목사님은 이스라엘 현지에서 선교사로 활동하시면서 이스라엘은 물론이려니와 애굽, 요르단, 터키, 그리스, 로마, 이란(페르시아) 등 성서가 쓰여진 현장을 두루 다니면서 직접 자료를 모았고 또 그 때 그 때의 감동을 그대로 수록해 놓으셨습니다.

　　평소에 성경공부를 인도하면서 성경 옆에 놓고 눈으로 보고 느낄 수 있을 정도의 참고서가 있었으면 했는데 바로 그런 총천연색의 드라마를 펼쳐주는 책이 김 목사님의 성서지리 연구와 성지현장 답사 책이 아닌가 합니다.

　　그의 평생을 바치고 혼신을 다해 저술한 흔적이 그 책의 장과 절을 넘길 때마다 그리스도의 향기처럼 풍겨납니다.

　　성서를 연구하시는 분은 말할 것도 없고 성지에 관심 있는 신학도와 평신도 그리고 성서가 쓰여진 현장을 답사하고 싶으신 분은 누구나 김 흔중 목사님의 이 책을 장서로 마련 하시면 매우 유익할 것입니다.

　　김 목사님의 오랜 노고를 치하해 마지 않으며 이번에 그의 옥고가 빛을 보게 됨을 진심으로 축하합니다.

2017년 10월 27일

연세대학교 연합신학대학원장 (전)
새사람교회 원로목사 (현)

신학박사 김　중　기

머 리 말

성서기록의 현장을 찾아 성지순례를 하게 되면 일상적인 관광에 치우칠 경우가 많다. 그러므로 성지에 관련된 역사. 지리, 문화, 환경, 언어 등 각종 배경이 성경에 어떻게 내포되어 기록되었는지 답사의 차원에서 성지순례가 되어야 한다. 성지순례시는 성경의 오묘한 진리의 말씀을 감동적으로 체험해야 한다.

본 저서의 필자는 이스라엘 선교사로 파송(1997년)되어 1년여동안 이스라엘 전지역의 성지를 포함하여 요르단, 이집트, 터키, 그리스, 로마를 답사했고, 8년전에 이란(페르시아)의 전 지역 성지를 답사했다. 그간 수집된 많은 자료와 직접 답사한 결과를 종합하여 현장감이 있는 ″성서기록 현장찾아″ ″답사하며 성지순례″라는 표제로 졸저를 출간하게 되었다.

특히 전승에 의해 전해지고 있는 ″예수님의 애굽 피난길″에 대한 전 경로의 답사, 이집트의 전 수도원의 탐방 그리고 이란(페르시아)의 성지를 전부 답사한 결과를 포함시켜 저술하게 되어 매우 뜻깊게 생각한다.

본 저서는 (1) 성지순례할 때 사전 성지의 지식을 현장감 있게 실질적으로 제공하고, 성지순례를 마치고 난 다음 성경을 읽을 때 생명력이 있는 말씀을 체험토록 했다. (2) 성지순례의 기회를 갖지못할 경우에도 누구든지 본 저서만 읽으면 성지를 통해 생동감 있는 말씀의 은혜가 넘치도록 했다. (3) 목회자들과 신학생들에게 필독의 성서지리 참고서가 되도록 했다. (4) 성경 말씀을 읽을 때, 말씀을 들을 때, 가르칠 때에 필요한 길잡이가 되도록 했다. (5) 부록에는 필수적으로 알아야 할 참고자료를 많이 첨부했다.

끝으로 본 저서의 출간에 즈음하여 먼저 하나님의 은혜에 감사드리며 추천사를 직접 써 주신 김준기 박사님께 감사드린다. 그리고 성지 답사에 동참해 수고한 정재학 목사님, 히브리대학에서 2년간 히브리어 공부를 하며 내조해 준 아내 이기자(李紀子) 성경원어연구소 소장(신학대학원대학교 히브리어 초빙강사 역임)에게 무척 고맙게 생각 한다. 특히 본 저서 출판에 직접 협조해 주신 두루문화원 원장 및 편집에 수고한 김한기 사진작가 등 모든 수고한 분들에게 진심으로 감사한다.

2017년 10월 27일

팔달산 기슭에서 김 흔 중 謹識

제2장 이집트 와 요르단

제1절 **카이로 지역 (The region of inside Cairo)**

성서기록 현장찾아

답사하며 성지순례

舊 約

히브리어

← 읽는방향

[ס א] 1 1 בְּרֵאשִׁית בָּרָא אֱלֹהִים אֵת הַשָּׁמַיִם וְאֵת הָאָרֶץ׃
2 וְהָאָרֶץ הָיְתָה תֹהוּ וָבֹהוּ וְחֹשֶׁךְ עַל־פְּנֵי תְהוֹם וְרוּחַ
אֱלֹהִים מְרַחֶפֶת עַל־פְּנֵי הַמָּיִם׃ 3 וַיֹּאמֶר אֱלֹהִים יְהִי אוֹר
וַיְהִי־אוֹר׃ 4 וַיַּרְא אֱלֹהִים אֶת־הָאוֹר כִּי־טוֹב וַיַּבְדֵּל
אֱלֹהִים בֵּין הָאוֹר וּבֵין הַחֹשֶׁךְ׃ 5 וַיִּקְרָא אֱלֹהִים לָאוֹר
יוֹם וְלַחֹשֶׁךְ קָרָא לָיְלָה וַיְהִי־עֶרֶב וַיְהִי־בֹקֶר יוֹם אֶחָד׃

창세기 1장 1절~3절

新 約

헬 라 어

읽는방향 →

22.19 καὶ ἐάν τις ἀφαιρῇ — ἀπὸ τῶν λόγων βίβλου —
— τῆς- προφητείας- ταύτης, ἀφαιρήσει — ὁ θεὸς τὸ-
μέρος- αὐτοῦ ἀπὸ βίβλου — — τῆς ζωῆς, καὶ ἐκ τῆς πόλεως
τῆς ἁγίας, καὶ τῶν γεγραμμένων ἐν - βιβλίῳ τούτῳ. 22.20
Λέγει ὁ μαρτυρῶν ταῦτα, Ναὶ ἔρχομαι ταχύ. Ἀμήν. Ναί,
ἔρχου, κύριε Ἰησοῦ. 22.21 Ἡ χάρις τοῦ- κυρίου- ἡμῶν Ἰησοῦ
χριστοῦ μετὰ πάντων ὑμῶν. Ἀμήν.

계시록 22장 19절~21절

창세기에서 **요한 계시록**까지

다시 저주가 없으며 하나님과 그 어린양의 보좌가 그 가운데 있으리니(계 22:3)

쉐   마 שׁמע
(Hear, O Israel)

이스라엘아 들으라

우리 하나님 여호와는 오직 하나인 여호와시니
너는 마음을 다하고 성품을 다하고 힘을 다하여
네 하나님 여호와를 사랑하라
오늘날 내가 네게 명하는 이 말씀을 너는 마음에 새기고
네 자녀에게 부지런히 가르치며, 집에 앉아 있을 때에든지
길에 행할 때에든지, 누웠을 때에든지, 일어날 때에든지
이 말씀을 강론할 것이며 너는 또 그것을 네 손목에 매어
기호를 삼으며 네 미간에 붙여 표를 삼고
또 네 집 문설주와 바깥 문에 기록할지니라

신명기 6장 4절 ~ 9절

이스라엘 땅에 평화는 올 것인가!

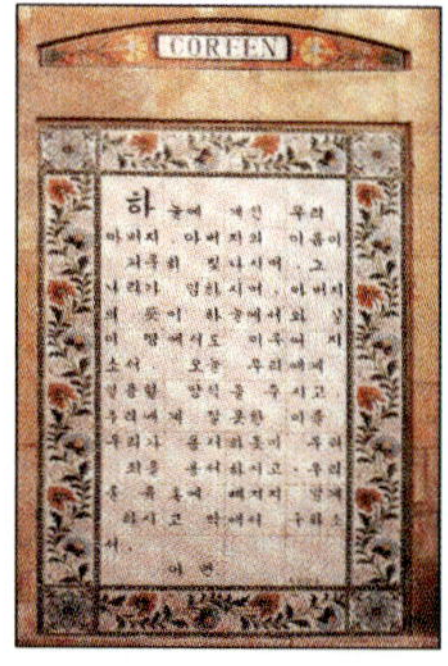

현재 이스라엘의 국경과 주변국가

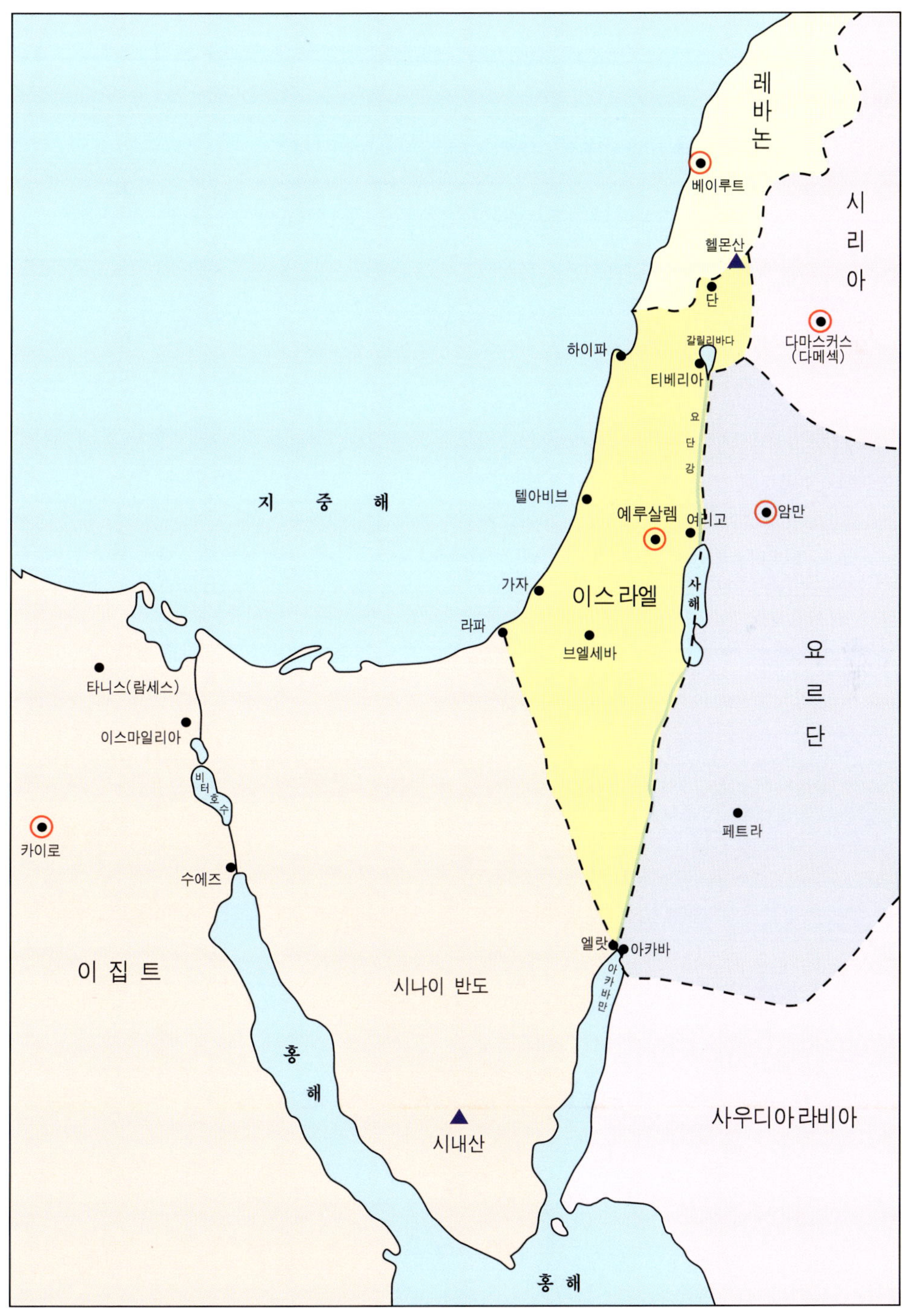

제1장 이스라엘

레바논
시리아
다마스커스 (다메섹)
단
헤르몬산
가이사랴 빌립보 (바니아스)
하솔
고라신
가버나움
벳세다
타브가
거라사
악고
하이파
기손강
타브라
티베리아
갈릴리
야르묵강
갈멜산
가나
다볼산
어드레이
므깃도
이스라엘평야
나사렛
아플라
엔돌
아르비드 (아르벨라)
나인
모레산
길르앗라못
가이사랴
지 중 해
길보아산
벳산
아벨므홀라
제닌 (이블르암)
디셉
소고
도단
자라쉬 (거라사)
네탄야
세바스데 (사마리아)
에발산
브누엘
마하나임
자르카
세겜
그리심산
얍복강
텔아비브 (아포,욥바)
이스라엘
실로
야셀
암만 (랍바)
롯
라말라
베이트 (벧엘)
마라
아이
얍느엘
예리고 (여리고)
알렌비다리
아스돗
기브온
성죠지수도원
히스반 (헤스본)
엠마오
기럇여아림
느보산
에그론
벤세메스
예루살렘
쿰란
마케루스
아스겔론 (아스글론)
가드
벧세메스
베들레헴
마다바 (메드바)
벧구브린
벧술
목자들의들판
게이자 (가자)
헤브론
사 해
요 르 단
그랄
엔게디
아로엘
브엘세바
텔브엘세바
아르
아르논강
라파 (라피아)
텔아라드
아라드 야
마사다
카락 (길하레셋)
디모나
소알
멤프시스
세돔 (소돔)
세렛강
가데스바네아
시브타
시데보케
아브닷
이 집 트
팀나
엘랏
타바
아카바 (에시온게벨)
홍 해

이스라엘 건국선언서

에레츠 이스라엘(이스라엘 땅)은 유대인의 고향이었다. 이 곳에서 그들의 정신적 · 종교적 · 정치적 일체감이 형성되었다. 이곳에서 그들은 최초로 국가의 지위를 획득했으며, 국가적 · 세계적으로 중요한 문화적 가치를 창조했고 불후의 성서가 이루어졌다.

.....유대인들은 옛 고향에 국가를 재건하기 위해 세대를 이어 투쟁했다. 그들은 사막을 꽃피웠으며 히브리어를 부활시켰고 마을과 도시를 건설했다. 그리고 경제와 문화를 발전시키고 평화를 사랑하지만 자신을 방어할 줄 아는 성공적인 유대인 공동체를 이룩하였다.

이스라엘 국가는 모든 주민의 이익을 위하여 나라의 발전을 촉진한다. 이스라엘의 선지자들이 직시한 대로 자유 · 정의 · 평화를 토대로 한다. 모든 국민은 종교 · 인종 · 성에 관계없이 사회적 · 정치적으로 완전히 평등한 권리를 보장받는다. 종교 · 양심 · 언어 · 교육 · 문화의 자유를 보증한다. 모든 종교의 성지를 보호한다. 국제 연합 헌장의 원칙을 충실히 따른다.

우리는 모든 인접 국가와 국민들의 평화를 도모하고 좋은 이웃이 되기 위해 노력하고, 이 땅에 정착한 독립국 유대 민족과 협동 · 상부상조하는 관계를 확립해 줄 것을 호소한다.

이스라엘의 국기는 파란색의 다윗 방패가 있는 유대인 고유의 기도용 솔(탈리트)의 디자인을 본뜬 것이다.

이스라엘 독립선언문 및 메노라

이스라엘을 상징하는 일곱촛대의 메노라는 모리아라는 이름으로 알려진 고대식물의 모양을 본 뜬 것이다. 메노라를 둘러싼 올리브는 유대민족의 평화에 대한 갈망을 상징한다.

제1절 이스라엘의 역사개관

1. 신석기 시대(주전 약 5000년~4000년)
  ○ 여리고는 이미 성읍을 형성

2. 금석 병용기 시대(주전 4000년~3150년)
  ○ 므깃도와 야르묵, 여리고 등에 문화 발전

3. 초기 청동기시대(주전 3150년~2100년)
  ○ 가나안 인들이 들어와 거주하면서 가나안 시대 시작
  ※ 주전 2333년 : 고조선 건국(단군)

4. 중기 청동기 시대(주전 2100년~1546년)
  ○ 대략 족장시대에 해당, 아브라함이 가나안 땅으로 이주(2091), 이삭, 야곱이 대를 이어 가나안 땅에 거주 요셉 때에 이르러 이스라엘(야곱)의 전 가족이 애굽으로 이주(1876)

5. 후기 청동기 시대(주전 1546년~1200년)
  ○ 이스라엘 자손이 출애굽(1446)하여 광야생활을 거친 후 가나안 땅 정복, 가나안 땅을 각 지파별로 나누어 정착, 초기 사사들의 활동 전개(1375)

6. 초기 철기 시대(주전 1200년~1040년)
  ○ 왕정 시작전의 사사시대

7. 왕국 시대(주전 1040년~586년)
  ○ 사울의 통치 시작(1040)
  ○ 다윗의 예루살렘 점령(1000)
  ○ 솔로몬 성전 건축(959)
  ○ 유다와 이스라엘 왕국의 분열(931)
  ○ 북왕국 이스라엘 멸망(722)
  ○ 남왕국 유다 멸망, 제1성전 파괴(586)

8. 페르시아 시대(주전 586년~332년)
  ○ 바벨론 포로 귀환(537)
  ○ 스룹바벨 성전 봉헌(515)
  ○ 예루살렘 성곽 재건(느헤미야 445)

여리고 유적

주전 17세기의 족장시대 유물

시편에 나오는 다윗의 재능 모습

9. 헬라시대(주전 332년~166년)

- 알렉산더 대제의 페르시아 제국 정복(332)
- 헬라제국의 분열(323)
- 프톨레미 왕조의 팔레스타인 통치(301~200)
- 안티오쿠스 대제의 팔레스타인 점령(200)
- 안티오쿠스 에피파네스의 유대인 박해(175~166)
- 마카비 반란 시작(167)

10. 하스모니아 시대(주전 166년~63년)

- 마카비가문 예루살렘성 탈환 및 성전 재봉헌(164)
- 하스모니아 왕가의 통치(141~63)
- 하스모니아 왕가의 내분(67~63)
- 폼페이의 성전산 점거, 로마의 관할 시작(63)
- ※ 주전 57년 : 신라 건국(박혁거세)

11. 로마시대(주전 63년~주후 324년)

- 헤롯이 로마로 부터 유대인의 왕위를 얻음(40)
- 헤롯의 통치(37~4) ※ 주전 37년 : 고구려 건국(주몽)
- **예수님의 탄생** 및 활동(주전 4~주후 30)
- 유대인의 대반란(66~70) ※ 주후 18년 : 백제 건국(온조)
- 로마 티투스(Titus) 장군 예루살렘성 점령 및
  제 2성전 파괴(70)
- 산헤드린(공회)을 야브네(Jabneh)로 이전(70)
- 마사다 함락(73)
- 바르코크바의 반란(132~135)
- 엘리아 카피톨리나(예루살렘)에 쥬피터 신전 건축(135)
- 유다를 팔레스타인으로 개명(135)
- 티베리아에서 미쉬나 최종 완성(210)

12. 비잔틴 시대(주후 324년~640년)

- 콘스탄틴 예루살렘 통치(326)
- 예루살렘 탈무드 완성(390)
- 페르시아의 침입(614)
- 모슬렘의 침입(638)

사마리아의 상아장식품

주전 4세기 하스모니아 동전

4세기 비잔틴시대의 오병이어 모자이크

13. 초기 아랍 시대(주후 640년~1099년)

- 우마야드(Umayyad) 왕조의 통치(661~807)
- 아바시드(Abbasid) 왕조의 통치(807~969)
- 파티미드(Fatimids) 왕조의 통치(969-1091)
- ※ 주후 676년 : 신라 삼국통일
- ※ 주후 936년 : 고려건국 (왕건)

14. 십자군 시대(주후 1099년~1291년)

- 십자군의 예루살렘 정복(1099)
- 아랍 살라딘 장군의 대승리(1187)
- 십자군 다시 강성 시작(1192)
- 십자군 기울기 시작(1244)

15. 마믈룩 시대(주후 1291년~1517년)

- 스페인의 유대인들 추방(1492)
- ※ 주후 1392년 : 조선 건국(이성계)

16. 오스만터키 시대(주후 1517년~1917년)

- 예루살렘 성곽 건축(1520~1566)
- 나폴레옹 악고에서 패배(1799)
- 이집트 무하마드 알리 팔레스타인 통치(1831~1840)
- 터어키의 통치 재개(1840)
- 첫번째 "알리야" (유대인 이민) 주로 러시아에서 귀환 (1880~1903)
- 두번째 "알리야" 주로 동부유럽에서 귀환 (1904-1909)　※ 주후 1910년 : 한일합방

17. 영국 식민지 시대(주후 1917년~1948년)

- 발포어 선언(영국이 유대인에게 팔레스타인 땅에서의 독립 약속 1917)
- 영국군의 예루살렘 점령(1917)
- 세번째 "알리야" 주로 동부유럽에서 귀환(1919~1923)
- 네번째 "알리야" 주로 동부유럽에서 귀환(1924~1932)
- 다섯번째 "알리야" 주로 나찌 독일의 난민으로 구성되어 귀환(1933~1939)
- 제2차 세계대전, 히틀러의 600만 유대인 학살(1939~1945)

비잔틴 시대의 등잔

여리고, 회당의 모자이크

여리고에서 발견된 토기 유물

- 유엔 총회에서 팔레스타인 분할안(分割案 : 아랍국가와 유대인국가) 통과(1947.11.29), 유대인은 환영했으나 아랍인은 거부
- 영국 식민지대표 팔레스타인에서 철수(1948.5.14)

18. 현대 이스라엘 시대(주후 1948년~현재)

- **이스라엘 독립 선언**(1948.5.14)
- **독립 전쟁** (제1차전쟁. 1948-1949)
  아랍 5개국이 이스라엘을 침입(1948.5.15-49.7)했으나 승리, 유엔에서 최초 결정한 땅보다 더 많은 영토 확보, 60만 명의 팔레스타인의 난민 출국, 전쟁 후 70만 명의 유대인이 아랍국가에서 도피. 국제연합의 59번째 회원국으로 가입(1949.5.11), 요르단이 요단강 서안지역 합병(1950)
- **시나이 전쟁** (제2차전쟁. 1956)
  이집트 낫세르 대통령이 아스완 댐 건설로 인한 재정확보를 명목으로 수에즈 운하(총길이 : 166km) 국유화 선언(1956.7.26). 영, 불 연합군이 수에즈 운하 기습 공격, 이스라엘이 시나이 반도 점령(1956.10.29-11.6). 시나이 반도에서 철군(1957.11.7)
- **6일 전쟁** (제3차전쟁. 1967)
  이집트 낫세르 대통령이 아카바만 봉쇄후 이스라엘 국경으로 병력이동, 이스라엘은 선제 공격하여 6일만에 승리(1967.6.5-6.10), 시나이 반도, 골란고원, 요단강 서안, 가자지역 점령. 유엔 결의안 242조의 점령지 철수(1967.11)를 거부하고 영토에 편입. 휴전 성립(1970.8)
- **욤 키프르 전쟁**(제4차전쟁. 1973)
  이집트 사다트 대통령이 시나이 반도 공격, 시리아는 골란고원을 공격했으나 이스라엘 승리(1973.10.6), 유엔 결의안 338조의 전쟁이전 상태로 철수, 휴전성립(1973.10.22). 일명 10월 전쟁이라 함.

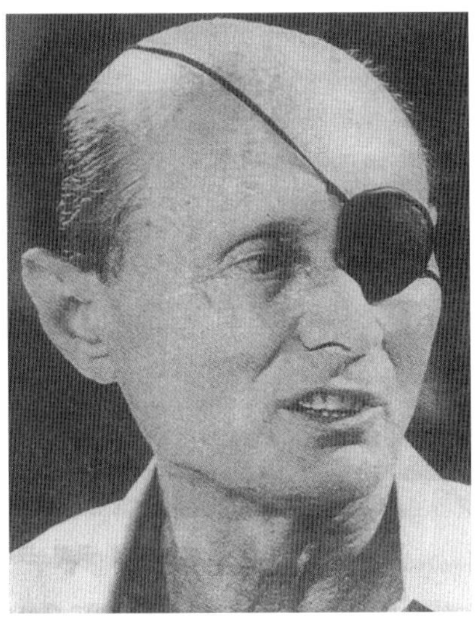

모세 다얀
(Moshe Dayan, 1915-1981)

- 이스라엘군의 모체인 "하가나"(자위대)조직화(37년), 영국군에 체포(39년)
- 제2차 세계대전중 영국군에 참전 "시나이"에서 부상. 한쪽눈 실명
- 중동전쟁시 이스라엘군 사령관, 참모장, 국방장관
- 에슈콜내각의 농업장관, 베긴내각의 외무장관 (캠프데이비드협정 성사에 공헌)

- **평화협상** (이스라엘 - 팔레스타인)
  - 이집트 사다트 대통령 예루살렘 방문(1977)
  - 이집트와 이스라엘간의 켐프데이비드 협정 조약 조인(1979.3.6).
  - 6일 전쟁시 점령한 시나이 반도에서 이스라엘군 철수(1982.4.25).
  - 이스라엘의 레바논 침공 (1982.6.6).
  - 남부 레바논에서의 이스라엘 군 철수 (1985.10.6).
  - 이스라엘과 P.L.O 간 자치안 협정(1993.9.13).
  - 팔레스타인 자치 지역 허용 (여리고, 가자지구,1994).
  - 요르단과 평화 협정(1995).
  - 라빈 총리의 암살(1995.11.4).
  - 와이리버 평화 협정(1998.10).
  - ※ 평화협상은 계속되지만 평화는 요원하다(현재)

현대 이스라엘영토의 변화

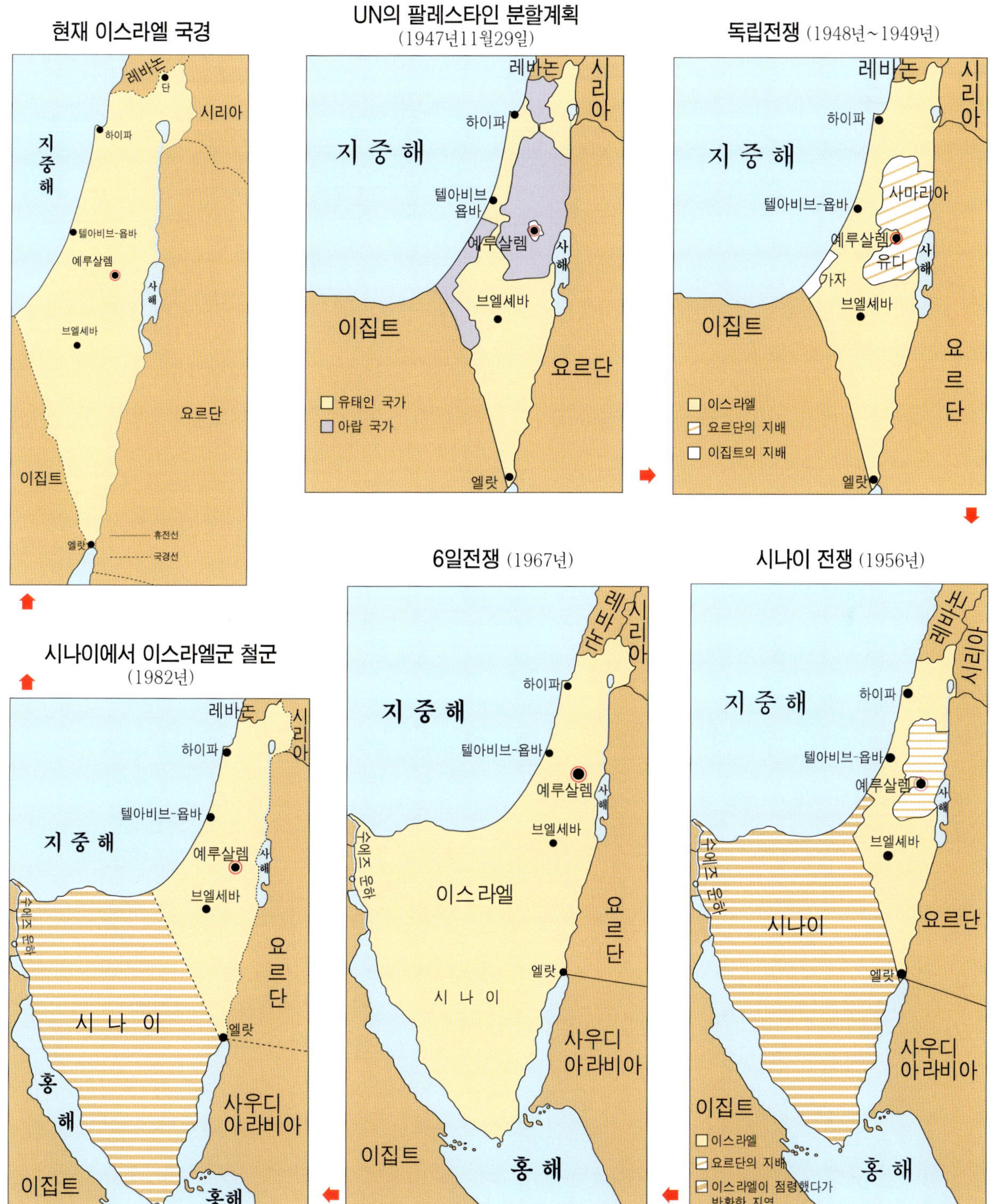

제2절 이스라엘 땅

1. 명 칭 (Name)

이스라엘 땅은 이스라엘 백성에게 하나님께서 주시기로 한 약속의 땅이다.

즉, 벧엘에서 "하나님께서 아브라함에게 이르시되 너는 눈을 들어 너 있는 곳에서 동서남북을 바라보라 보이는 땅을 내가 너와 네 자손에게 주리니 영원히 이르리라"(창 13:14-15) 말씀하신 약속의 땅이다.

아브람(아브라함)이 동서남북을 종횡으로 행하여 바라보았던(창 13:17) 그 약속의「가나안 땅」을 이스라엘 백성이 출애굽하여 정복하였다.

그러나 이스라엘은 여러시대를 거쳐 수난의 역사속에서 흥망성쇠를 거듭하면서 주변국가의 지배를 받아 오다가 오늘날의 이스라엘 땅을 확보하게 되었다.

또한 창세기 15장18절에서 하나님은 아브람에게 언약을 세워 말씀하시기를 "내가 애굽 강에서 부터 그 큰 강 유브라데 까지의 이 땅을 네 자손에게 줄것이다"라고 약속하였다.

그 약속된 이집트의 나일강에서 부터 이라크의 유프라테스강 까지의 넓은 땅이 그 후로부터 지금까지 4000년 동안 한번도 이스라엘 땅으로 약속이 이루어진 사실이 없다 그저 약속의 땅일 뿐이다 그러나 이스라엘 백성들에게는 약속에 대한 소망의 땅이다.

이스라엘의 국가를 상징하는 그들의 국기(國旗)는 이스라엘의 땅과 밀접한 관계가 있다. 그 국기는 유대인들이 기도할 때 머리에 덮어 쓰는 넓은 흰 보자기(탈리트)에서 유래 되었다.

기폭의 흰 바탕에 나타나 있는 위와 아래의 파란 굵은 두줄은 창세기 15장18절에 근거하여 이집트의 나일강과 이라크의 유프라테스강을 상징한다는 일부의 주장도 있다.

오늘날 유대인들이 나일강에서 유프라테스강 사이의 땅이 약속의 땅이라고 노골적으로 주장한다면 국제적인 치소(嗤笑)거리가 될뿐 아니라 아랍국가들과의 대립과 갈등이 증폭 될것이다. 그러므로 이스라엘 각급 학교에서는 국기 흰폭의 파란 두줄은 출애굽시 홍해물이 갈라져서 생긴 두지역의 바다물을 상징하며 갈라진 바다사이 육지의 중앙에 다윗별이 자리잡고 있다고 가르치고 있다.

이스라엘이라는 최초의 이름은 야곱이 하란(밧단아람)에서 돌아 오다가 "얍복강가의 브니엘"에서 천사와 씨름하여 이기고 하나님의 축복으로 얻은 이름이다.(창 32:22-32)

그 후 부터 이 이름을 민족과 국가의 이름으로 삼아 이스라엘 족속 또는 이스라엘 자손이라 불렀다.

성경에서 말하는 이스라엘은 가나안땅(Canaan, 창 16:3, 17:8, 민 34:1-12), 약속의 땅(The promised land, 출 6:4), 젖과 꿀이 흐르는 땅(The land flowing with milk and honey, 출 3:8, 렘 20:24, 민 13:27), 유다(Judah, 창 49:10, 민 26:22), 에레쯔 이스라엘(Eret' z Israel, 이스라엘 땅), 하 아레쯔(Ha Arets), 필리스티나(Philistina), 팔레스타인(Palestine), 사이땅(The land between), 성지(Holy land)등의 여러 가지 이름으로 불렸다.

팔레스타인(Palestine) 또는 팔레스틴이라는 이름은 "블레셋 땅" 또는 "블레셋 사람"이라는 뜻이다. 본래 "블레셋 사람"이라는 뜻의 히브리어 펠리쉬팀(פלשתים)에 연유된 필리스틴(Philistine)에서 유래되었다.

지중해연안의 블레셋 땅에 살고 있던 사람들을 필리스티아(Philistia)라고 불렀고, 그 사람들을 주전 1200년경에 필리스틴(philistine)이라고 불렀다

희랍의 "역사의 아버지"라고 부르는 역사가 헤로도토스(Herodotos, 주전 484?-425?)는 처음으로 성지(Holy Land)를 "팔레스타인"이라 부르기 시작했다.

블레셋의 원주민은 그레데(갑돌)에서 살고 있었다. 그들이 이스라엘의 지중해 해안땅을 점령하여 가사, 가드, 아스글론, 아스돗, 에글론등의 다섯성읍이 동맹을 유지하면서 정착하였다.(신 2:23)

노아의 아들 함에게는 네명의 아들(구스, 미스라임, 붓, 가나안)이 있었다.

블레셋 사람은 둘째 아들 미스라임의 후손들이며, 가나안 사람은 넷째아들 가나안의 후손들이다.(창 10:6-14)

그러나 현재의 팔레스타인 사람들과 성경의 블레셋 사람들과는 이름만 관련이 있을뿐 혈통적으로는 전연 상관이 없게 되었다. 성경의 블레셋 족은 가나안 일곱 족과 함께 이미 역사에서 사라진지 오래이다. 그래서 현대의 블레셋 땅에는 사실상 아랍인들이 대부분 살고 있었다.

로마시대 초기에 이스라엘의 남서쪽의 해안 평야 블레셋 땅의 거주자들에게만 팔레스타인이라고 불렀다.

그러나 주후 132-135년에 로마통치에 항거한 유대인들의 2차 반란이 일어나자 하드리안 황제는 "유대"라는 이름을 말살하고 지도에서 그 이름을 지우기 위하여 유대지역을 팔레스타인지역에 포함시킨후 "유대"라는 이름을 "팔레스타인(Palestine)"으로 바꿔 버렸다. 그후 영국이 위임 통치 할때(1919-1948년)에도 팔레스타인으로 불렀다.

제2차 세계대전이 종식된 후 팔레스타인 땅에 원주민 팔레스타인들과 아랍국가들은 아랍민족국가를 세우려 했으나 실현하지 못한 상태에 있었다. 이때에 유대인들이 팔레스타인 땅에 독자적으로 이스라엘의 독립을 선포(1948.5.14)했다. 이로 인하여 인접 아랍국가들과 이스라엘간에 네차례의 중동전쟁을 불러 일으켰다 그후 이스라엘이 한차례 레바논을 침공한후 철수한 국경 분쟁도 있었다.

1964년 팔레스타인 해방기구(P.L.O. : Palestine Liberation Organization)가 결성 되어 1969년 야셀 아라파트(Yaser Arafat)가 의장으로 취임하자, 아랍국가들과 공조관계를 유지하면서 이스라엘 내에 팔레스타인 독립 정부 수립을 위하여 지금까지 이스라엘과 평화협상을 계속하고 있다.

이스라엘이 독립한후 아랍국가들과 전쟁이 다섯 차례가 있었지만 이스라엘은 번번히 승리했다. 최초의 독립전쟁으로 유엔에서 분할해준 땅 보다 약간 넓은

땅을 확보 했으며, 6일전쟁 때에는 이집트(가자지구 : 360km2), 요르단(요단강서안 : 5,878km2), 시리아(골란고원 : 1,150km2)땅을 점령하여 독립당시 이스라엘땅 보다도 훨신 넓은 영토를 확장하여 오늘에 이르고 있다.

그간에 6일전쟁시에 점령했던 시나이 반도는 이집트에 반환되었고 요르단과는 평화협정이 체결되었다. 그러나 골란고원은 시리아와 계속 협상테이블에 올려져 있다.

오늘날 유대인들은 하나님이 아브라함의 자손에게 허락한 약속의 땅(창 13:4-15)이기 때문에 잃어버린 땅을 되찾은 주인이라고 생각한다. 반면에 팔레스타인 사람들은 그들의 조상이 살아왔고 제2차 세계대전 말까지 팔레스타인이라고 불러온 그들의 땅을 유대인들에게 빼앗겼기 때문에 독립정부를 건설 하겠다는 것이다. 또한 아랍국가들은 팔레스타인을 지원하며 빼앗긴 땅을 회복하겠다는 생각을 버리지 않고 있다. 따라서 첨예하게 대립되어 있는 중동지역은 이스라엘 땅을 중심으로 세계적인 화약고가 되고 있다.

> ○내가 너희를 만민가운데서 모으며 너희를 흩은 열방 가운데서 모아내고 이스라엘 땅으로 너희에게 주리라 하셨다 하라.
>
> 에스겔 11장17절

예루살렘 기 (旗)

2. 지 리 (Geography)

이스라엘은 지정학적으로 대단히 중요한 위치에 있다. 고대 문명의 발상지인 애굽과 메소포타미아 두 지역의 중간에 위치하여 양대 세력권을 연결하는 **비옥한 초생달 지역**(Fertile Crescent)의 남서쪽의 길목에서 육교의 역할을 하는 교통의 요충지로써 고대로부터 오늘에 이르고 있다.

고대에는 아라비아 사막을 가로 지르는 가까운 길로 왕래가 불가능했기 때문에 애굽과 메소포타미아를 오고 가는 대상(隊商, caravan)이나 군대는 필연적으로 이스라엘 땅을 통과할 수밖에 없었다. 그러므로 강대국은 이스라엘을 지배하기에 힘썼다. 그 이유는 첫째로 경제적 목적을 달성하기 위한 통상로 장악이며, 둘째로 정치, 군사적인 중요성을 인식한 교두보의 확보에 있었다.

고대 이스라엘의 역사는 이러한 지리적 위치로 인하여 불가피하게 강대국의 영향을 많이 받았다. 주변 강대국들은 이스라엘이 약세에 놓여 있을 때에 침범하였고 이스라엘은 분열왕국 때부터 앗수르, 바벨론, 페르시아, 그리스, 로마, 비잔틴, 아랍, 십자군, 터어키, 영국 등으로부터 침략을 당하였다.

현재에도 국제간의 분쟁의 불씨가 되고 있는 것은 아세아, 아프리카, 유럽의 3대륙이 교차하는 정치, 종교의 지리적 특성이 있기 때문이다.

지금의 이스라엘은 서쪽으로 지중해에 접하고 있을 뿐, 남쪽의 이집트, 동쪽의 요르단, 북쪽의 시리아 와 레바논으로 부터 둘러 싸여 포위된 상태로 아랍국가들과 국경을 유지하고 있다. 또한 동쪽과 북동쪽에 위치한 아랍국인 이란, 이라크, 사우디아라비아등의 세 나라에 이중(二重)으로 둘러 싸여있다.

이스라엘 **국토의 총면적**은 27,716km²(한국국토 : 99,268km²의 4분의1, 전라남북도 땅의 넓이)이며 이스라엘은 길고 좁은 형태로써 남북으로 그 길이가 450km이고 동서로 가장 넓은 곳의 폭이 135km이다.

또한 해발고도의 차이가 커서 해발 835m의 예루살렘과 지구상에서 가장 낮은 해저 398m의 사해는 예루살렘에서 불과 26km의 가까운 거리에 있다.

이스라엘의 지형과 지질은 매우 다양하다. 신생대(약 6천5백만년전-현재)에 대륙의 분리와 이동이 더욱 활발해질 때에 아프리카로 부터 아라비아반도가 분리되면서 현재의 홍해와 이스라엘지역의 땅이 형성되었다고 한다.

모든 지질은 일반적으로 습곡구조(Fold structure)와 단열구조(Fracture structure)로 이루어진다. 습곡구조(褶曲構造)는 가소적(可塑的)변형에 의해 수평으로 퇴적된 지층이 횡압력(橫壓力)을 받아 물결 모양으로 변형된 구조형태를 말하고 단열구조(斷裂構造)는 암석의 파괴전위(破壞轉位)에 의해 생긴 구조를 말한다 이러한 지층구조 변동에 따라 이스라엘 땅은 주름작용(Folding)과 단층작용(Faulting)이 이루어 지면서 다양한 지표면의 지각이 이루어 졌다.

가장 오래된 암석지역은 아카바만의 서쪽 구릉지에 형성된 캄브리아기(고생대최초기)의 화강암과 고생대(약 6억년전-2억2천5백만년전)의 사암지역이다.

이스라엘의 대부분 지역은 지질계통 중에 중생대(약 2억5백만년전-6천5백만년전)의 석회암과 백악암(白堊岩), 신생대(약6천5백만년전-현재) 제3기의 백악암, 석회암, 현무암, 그리고 제4기의 퇴적층이 분포되어 있다.

석회암(Limestone)은 이스라엘의 넓은 지역에 분포 되어 있다. 석회암은 매우 단단하고 풍화 침식에 저항력이 강하여 산악과 구릉지대를 이루고 있어 나무가 잘 자라지 못하여 거의 민둥산을 이룬다.

현무암(Basalt)은 화산에 의해 분출되는 마그마에서 생성된다. 그러므로 퇴적암이나 변성암과는 다르다. 현무암은 잘 깨지지 않고 매우 강도가 높아 건축 자재로 사용 된다.

현무암이 풍화한 토양은 황갈색의 점성이 강한 토양이 되어 비옥한 농경지로 이용 된다. 골란고원과 하부 갈릴리의 동부지역에 주로 형성 되어 있다.

사암(Sandstone)은 석회암과 같이 단단 하며 풍화

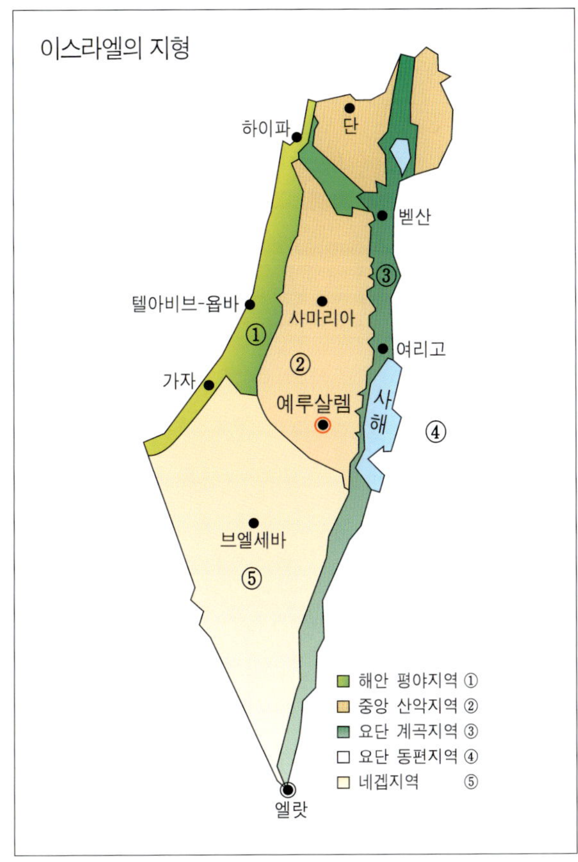

중앙산악지역은 이스라엘의 중앙을 남북으로 달리고 있는 고지들이며 이것은 베니게의 레바논산맥이 연장되어 남쪽으로 연해져 있다. 고지대는 갈릴리지방에서 시작하여 중앙부에서 사마리아 지방의 에브라임산지를 이루고 벧엘 이남에서 조금 낮은 유다산지를 형성한 후 헤브론에 이른다.

요단계곡지역은 중앙고지대와 트란스 요르단 사이의 훌라계곡으로 부터 시작하여 갈릴리호수와 사해를 지나 아라바에 이어져 엘랏에 이르는 좁고 길다란 계곡이다. 이 계곡의 갈릴리호수와 사해지역의 계곡은 지구상에서 가장 낮은 곳이다.

요단동편지역은 요단강 동부의 통상 트란스(동)요르단 지역 이라고 말한다 이 지역은 북의 헬몬산에서 남의 홍해까지 일직선으로 이루어진 거대한 고원지대 이다. 따라서 이스라엘의 중앙산악지역 보다 조금 더 높다. 북으로부터 야르묵강, 얍복강, 아르논강, 세렛강이 주로 동에서 서쪽 방향으로 깊은 협곡으로 흘러 요단강 본류 또는 사해에 합류 한다.

네게브지역은 이스라엘의 남쪽 넓고 평평한 사막일대의 지역을 지칭한다. "네게브"란말은 남쪽 또는 황무지라는 뜻이다. 출애굽한 이스라엘 백성이 시나이반도와 네게브지역(일부)에서의 광야 생활은 가나안의 약속한 땅으로 들어가는 과정의 신앙적 훈련 도장이었다.

도로는 지역과 지역을 연결하는 중요한 요소이다. 성경에 보면 남북을 관통하는 4개의 큰 길이 있었다. 그 도로는 해안도로, 왕의 대로, 족장의 도로, 해안의 길 등 이다.

해안도로(Via Maris)는 해변길 이라고도 한다(사 9:1) 애굽에서 지중해 연안을 따라 북상하여 블레셋평야, 샤론평야를 통과한후 이스르엘평야를 지나 하솔을 경유하여 다메섹에 이르는 당시 국제 간선도로로써 군대와 대상의 통행에 많이 이용되었다.

왕의 대로(The King's High way)는 특별이 왕들과 관련된 이름이 아니라 "주된길"임을 뜻한다. 성경에는 단순히 "대로"라 불렀고(민 20:19) 왕의 대로라고 부르기

침식에 강해서 높은 산지를 이루고 있다. 석회암과 현무암은 빗물이 지하로 깊이 스며들어 그 지표에 흐르는 하천이 별로 없다 이스라엘 지역이 대부분 그렇기 때문에 비가 올때만 물이 흐르는 와디(wadi)가 형성된다. 그러나 사암지대는 빗물이 깊이 스며 들지 않아 사철 흐르는 상시의 하천이 있는 것이 특징으로 트란스 요르단 지역에 많이 나타나고 있다.

이스라엘의 지형은 해안평야지역, 중앙산악지역, 요단 계곡지역, 요단 동편 지역 그리고 네게브지역의 5개지역으로 구분된다.

해안평야지역은 지중해에 접하고있는 레바논에서 이집트국경 까지 뻗어 있는 길이 약 270km의 해안에 연하여 있다 북쪽으로부터 악고평야, 이스르엘평야, 샤론평야, 블레셋평야로 이어진다 해안평야의 폭은 북부는 약 10km, 중부는 약20km, 남부는 약 35km가 된다.(☞ 해안평야지역 130쪽)

도 했다.(민 20:27, 21:22) 왕의 대로는 다메섹을 기점으로 트란스요르단 고원의 동쪽 가장자리의 길하레셋과 페트라를 경유하여 아카바만의 엘랏에 이르는 국제 간선도로로써 주로 대상들이 이용하여 아라비아와 아프리카의 국제교역이 활발 했다.

족장의 도로(Patriachs Road)는 산지길이라 부르기도 한다. 이스라엘의 중앙산지의 비교적 평탄한 산등성이를 남북으로 달리는 길이다. 이 길은 족장시대의 아브라함, 이삭, 야곱과 인연이 깊기 때문에 족장의 길이라는 이름이 붙여 졌다. 북쪽 세겜에서 실로, 미스바, 라마, 기브아, 예루살렘, 베들레헴, 헤브론을 지나 브엘세바로 내려가는 길이다. 족장의 도로는 북쪽의 세겜에서 갈라져 하나는 북서로 향해 도단을 지나 므깃도에 이르고, 다른 하나는 북동쪽의 디르사를 지나 벧산에 이른다. 남쪽의 헤브론에서도 갈라져 하나는 남서쪽으로 브엘세바를 경유하여 수르길로 가는 길과 다른 하나는 호르마를 지나 네겝 중심부를 통하여 가데스바네아 까지 이르는 길이다.

계곡의 길(Valley Road)은 갈릴리호수에서 요단계곡으로 남하 하는 길이다. 갈릴리호수 에서 벧산, 여리고, 사해, 엔게디를 지나 아라바 계곡을 통 하여 엘랏에 이른다 이 길은 도중에 여리고에서 예루살렘을 향 하는 길, 엔게디에서 헤로디움을 지나 헤브론에 이르는 지선(支線)의 길이 있다.

또한 이스라엘의 동서로 통하는 4개의 횡단 도로가 있다. 북쪽으로 부터 (1) 길르앗-벧산-이스르엘-도단-해안도로에 이르는길 (2) 브누엘-아담-디르사-세겜-사마리아-샤론평야-해안도로에 이르는길 (3) 에돔-아라바-네게브(남방)-브엘세바-해안도로에 이르는길 (4) 암몬-여리고-벧엘-기브온-벧호론-아얄론-욥바에 이르는길이다 이스라엘의 지도를 펴놓고 보면 지리적 특성과 지형의 형태 그리고 교통망을 잘 이해할 수 있다.

성지를 직접 순례할 때나 안내서를 읽을때에 익숙지 못한 텔(Tel)이라는 생소한 용어에 접하게 된다.

텔(Tel)은 아카드어의 틸루(Tilu)에서 연유 되어 아랍어로 이어져 "평평한 인조언덕"을 텔이라고 부르고 있다.

텔은 보통의 산언덕이라는 뜻이 아니라 평평한 언덕에 건설된 도시가 지진이나 적의 침략으로 붕괴되어 황폐화된 고고학적 의미의 "평평한 인조언덕"을 말한다.

지난날 가나안 시대와 구약시대에 세워졌던 주요도시는 거의가 모두 황폐화된 이전 도시의 터위에 다시 도시가 세워졌다.

최초에 세워진 언덕의 도시는 적의 공격을 쉽게 방어 할 수 있었고, 급수시설이 가능 했으며, 주변도로를 지배할 수 있는 나지막하고 평평한 언덕에 위치하고 있었다.

이러한 언덕의 도시가 파괴될 경우에 인위적으로 흙을 다시 쌓아서 반복적으로 다음 세대에 다시 도시를 건설 하였다. 그리하여 최초 지대보다 점차 높은 지대의 언덕이 이루어 졌다. 이러한 지층(Strata)을 폐허층 이라 부르기도 한다.

  마치 시루떡의 층계처럼 겹겹이 지층이 생겨서 고대로 부터 현재에 이른 것이다. 이러한 텔의 도시는 교통의 요지에 위치하여 당시의 역사적 배경에 따른 문화, 정치, 경제, 군사적인 요충지 였다.

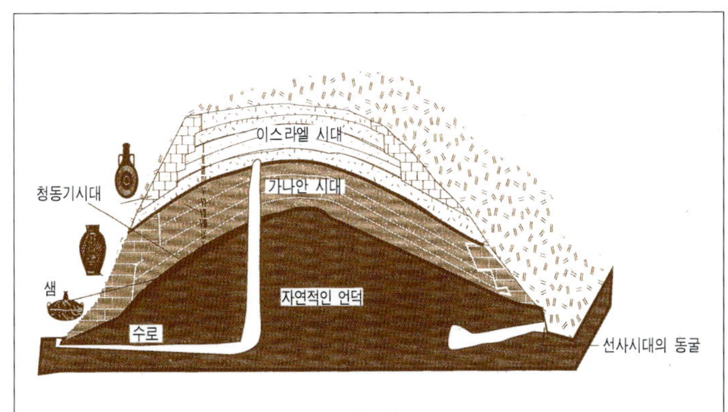

텔의 형태

이스라엘의 주요명산

산 이름	높이 (해발)	산 이름	높이 (해발)
감 람 산	▲830 m	모 래 산	▲518 m
갈 멜 산	486 m	모리아산 (성전산)	750 m
그리심산	890 m	시 내 산	2,285 m
길보아산	546 m	시 온 산	765 m
느 보 산	710 m	에 발 산	930 m
다 볼 산	588 m	헬 몬 산	2,814 m

세계에서 제일 낮은 저지대

지 명	해 저
사 해	▼-398 m
갈릴리호수	-212 m
여 리 고	-255 m
벧 산	-120 m

3. 기 후 (Climate)

  기후에 있어서 이스라엘은 지리적 위치가 지중해와 아라비아 사막 사이에 위치하고 있기 때문에 두 개의 세력인 바다와 사막의 사이에서 기압의 이동으로 기상의 변화가 이루어진다.

  그리하여 이스라엘 북부는 지중해성 기후, 남부는 아열대성 기후의 영향을 받는다. 겨울에는 온난다습(6-11℃) 하며 편서풍(偏西風)의 영향을 받아 비를 내리게 되어 10월부터 3월까지 우기가 지속된다. 여름에는 고온(7월, 19-30℃) 건조하며 대서양상의 고기압의 발달로 인하여 5월부터 9월까지 건기가 계속된다.

  성경에 비가 내리는 계절을 이른비, 겨울비, 늦은비가 내리는 세종류의 계절로 구분하고 있다.
이른 비(약 5:7)는 우기인 10월부터 11월까지 내리는 비로써 늦으면 12월까지 연장된다. 이 때는 토양을 부드럽게 하여 경작을 가능케하고 이른비가 충분히 내리면 풍년이 예고된다.

겨울 비(욥 37:6)는 12월부터 2월까지 내리는데 많은 비가 내려 장마철이기도 해서 광야의 협곡에 와디(Wadi : 일시천, 성경에 시내로 기록됨)가 생겨 시냇물이 흐른다. 1월에서 2월 사이에 일년 강우량의 약 70%이상의 비가 내린다. 겨울에는 초목이 잘 성장하게 되고 이때에 내린 빗물을 웅덩이와 저수조에 채워둔다.

늦은 비(약 5:7)는 봄비라고 한다. 3월에서 4월사이에 농작물의 결실을 잘하게 하며 곡식을 많이 수확하는데 필요한 비이다. 그러므로 축복의 단비라고 한다.

특히 우기가 끝나고 건기에 불어오는 바람(40-50℃)을 시로코(Siroco, 동풍을 뜻함)라 하고 애굽에서는 캄신(Khamsin)이라고 하는데 통상 "함신"이라 부르기도 한다. 이 바람이 불면 초목이 말라죽는다.

그러나 한 여름에 인도 계절풍 몬순의 영향을 받아 메소포타미아 지역에 저기압골이 형성되어 "에게"해 사이에서 북서풍이 불어 올 때가 있다. 이 바람을 고대 헬라인들은 에티지언(Etisian, 定季風)이라 하는데 이 바람이 한 여름에 예루살렘에 불면 나무 그늘이나 실내에서 피부에 선선함을 느끼게 한다.

강수량은 북쪽으로 올라 갈수록 많고 남쪽으로 내려오면 점차 감소의 경향이 나타난다. 연중 강우량은 평균 북부 800mm(헬몬산 1,400mm), 중부 500mm(예루살렘 600mm), 남부 200mm이다.

족장시대에 있어서 우물을 파야만 정착할 수 있었기 때문에 아브라함과 이삭은 브엘세바에 7개의 우물을 파고 우거 하였다. 고대에는 시스턴(Sistern)이라고 하는 지하 저수장에 물을 저장해 놓았다가 건기에 사용하였다.

네게브에 살던 원주민들은 주전 2000년 경부터 매우 적은 양의 빗물을 가지고 농사를 지었다.

헤롯대왕은 베들레헴 남쪽에 큰 저수장을 만들어 예루살렘으로 물을 끌어 들이기 위해 약 35km 이상의 수로를 만들었고 가이사랴, 사마리아 등의 도시에도 같은 시설을 하였다.

현재 이스라엘의 수자원은 지하수를 개발하여 사용하기도 하지만 주로 갈릴리 호수에 저장되어 있는 물이 이스라엘 전체 물 소비량의 약 40%를 전국에 급수라인을 통해서 공급되고 있다. 갈릴리 호수에서 요단강으로 흐르는 물이 건기에 말라 있는 이유는 갈릴리 호수에 물이 저장되기 때문이다. 만년설의 헬몬산에서 갈릴리호수로 흘러 들어오는 물은 이스라엘 사람들의 생존을 위해 절대적으로 필요한 물이다. 그러므로 헬몬산의 급수원은 골란고원에 괄련된 지역이기 때문에 골란고원을 시리아에게 반환하는 문제는 이스라엘로서는 용이한일이 아니다

이스라엘은 물 관리를 잘하여 곳곳마다 농작물과 과수나무 그리고 많은 식물을 재배하여 거치른 광야가 푸르르며 젖과 꿀이 흐르는 낙원으로 변하게하고 있다.

이슬(Dew)은 이스라엘에서 비교적 많은 것이 특색이다.

이슬은 야간에 온도가 급격히 내려갈 때 생긴다. 풍부한 이슬은 농작물 재배에 유리하다. 지역에 따라 이슬이 내리는 일 수가 다른데 가장 많이 내리는 지역은 건조한 사막지대인 네게브 북서지역으로 250일간 내리며 벧산과 훌라분지는 불과 50일밖에 내리지 않는다. 성경에는 이슬이 축복을 뜻하고 있는 구절이 많다.(신 33:28, 창 29:28 등)

이스라엘은 척박한 땅이지만 3대륙과 접해 있는 지리적 위치의 조건, 다양한 지형, 기후의 특성은 풍부하고 다양한 동식물의 서식에 적합하여 약 400종의 조류, 150종이 넘는 포유동물과 파충류, 약 3,000종의 식물이 서식하고 있는데 그중 150여종의 식물은 이스라엘이 원산지이다.

기후조건의 계절적 급격한 전환과 기상의 특징들은 이스라엘의 민족성과 문화, 종교에 큰 영향을 미쳤을 것이다.

지역별 기후의 차이

비	갈릴리지역	중앙산악지역	남부지역	사해/엘랏지역
강수일수(연중)	60	40	16	5
강우량(mm)	800~1000	500~700	200~300	20~50

이 슬	벧산/훌라분지	중앙산악지역	북서네게브	해안/이스르엘
일수(연중)	50	150~180	250	200

온 도	갈릴리지역	중앙산악지역	네게브지역	해안평야	사해 엘랏지역
최고평균(℃)	18~20	20~30	19~33	23~32	26~40
최저평균(℃)	4~10	7~13	7~17	8~18	10~21

눈	800~300m의 고지의 산. 헬몬산(2,814m):100cm내외

바 람	특 징	관 련 성 구
북 풍	겨울에 비를 동반하는 찬바람	욥 39:9, 22/잠 25:23
남 풍	여름에 사막의 더운 바람	사 21:1/슥 9:14/행 27:13
동 풍	봄, 가을에 덥고 건조한 바람	출 10:13/시 48:7/욘 4:8
서 풍	여름에 시원한 바람, 겨울에 비 동반	왕상 18:44/눅 12:54

4. 인 구 (Population)

(1) 주요도시 인구

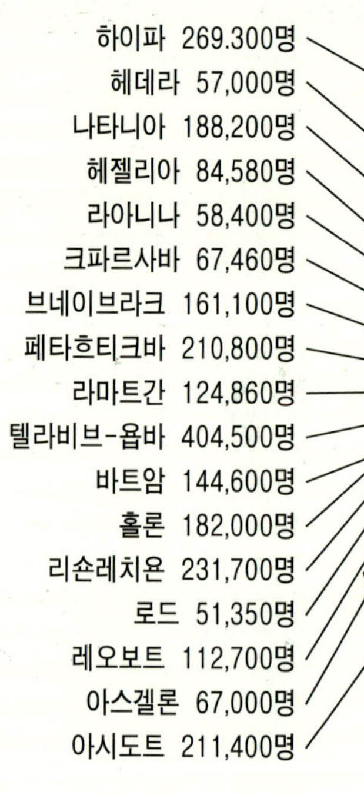

인구가 이스라엘의 회복에 서광이 비친 것은 루터의 종교개혁이후 인문주의(Humanism)의 영향을 받아 인간성 회복운동에서 부터 유대인 해방운동이 시작된 것이다.

유대인의 저명한 학자들이 일으킨 유대인 계몽주의에 편승하여 유대인 자유화 운동이 시작되였다. 비교적 서유럽에서 빠른 속도로 번져갔다.

최초로 네덜란드에서 주후 1657년에 유대인들에게 시민권이 부여되기 시작하여 18세기이래 세계각국에서 유대인들에게 사실상 법적 평등이 부여되면서 그들을 자유시민으로 해방시켰다.

주후 1882년까지 팔레스타인 땅에는 약 25,000명의 유대인이 살고 있었다.

그후 주후 1897년 8월 29일-31일에 스위스 바젤에서 개최된 제1회 시온주의 회의를 시작으로 1901년 까지 5차례 회의가 개최 되면서 시온주의(Zionism)는 전세계로 확산되었다.

시오니즘(Zionism)은 세계에 흩어진 유대인들이 고국 팔레스타인 땅에 유대민족의 국가를 건설하는 것을 목표로 하는 유대민족주의 운동 이다.

시오니즘의 최초 주창자는 1860년에 부다페스트에서 태어났고 오스트리아의 저널리스트인 헤르츨(T. Herzl)이다.

그의 유토피아적인 정치소설 「유대인 국가」(1896년)와 「오래된 새로운땅」(1903년)은 시오니즘 운동을 촉진 시키는데 결정적인 영향을 끼쳤다

이러한 시오니즘운동의 영향으로 노동자 그룹들이 러시아를 비롯해서 동유럽으로 부터 계속 팔레스타인으로 들어왔다.

(2) 이스라엘 시민권자 현황

총인구 : 852만명
▶ 유대인 : 6,370,000명(74.8%)
• 요단강 서안지역 : 187,000명
• 골란공원 : 50,000명,
• 동예루살렘 : 177.000명 포함
▶ 아랍인 : 1,770,000명(20.8%)
▶ 기타종족 : 370,000명(4.4%)
• 베두인 : 170,000명
• 두르즈인 : 130,000명
• 사마리아인 : 712명 등

* 이스라엘 독립 후 출생자 : 75% 증가
전세계 유대인 분포 : 약 1,400만명
전 유대인 중 43%가 이스라엘 거주

(3) 팔레스타인 인구 분포

총 인구 : 4.816.,503명
▶ 요단강 서안지구 : 2,935,368명
▶ 가자지구 : 1,881,135명

(4) 이스라엘의 종교분포

총인구 : 852만명
▶ 유대교 : 76%
▶ 이슬람교 : 16%
▶ 기독교 : 3%
• (개신교, 카톨릭, 정교회 포함)
순수 개신교–2만여명
약 150개 교회 산재
▶ 두루드 및 소수부족 종교 : 5%

주후 1917년에 영국군이 팔레스타인을 위임통치할 무렵에는 유대인이 약 90,000여명이 거주하고 있었다.

주후 1930년대로 접어들면서 유대인들은 만약 너희가 그것을 할 의지가 있으면 그것이 "꿈이 아니다" 라는 꿈의 실현을 의미하는 헤르츨의 말을 기억하면서 속속 모여들었다.
유대인의 이주민들은 크게 세 종류의 집단으로 나누어진다.

첫째로 "아슈케나짐(Ashkenazim)" 유대인들은 주로 북아메리카, 남아메리카, 남아프리카, 그리고 오스트레일리아를 비롯한 유럽의 유대인의 후손이다.

둘째로 "스파르딤(Sephardim)" 유대인은 주로 15세기 말 스페인과 포르투갈에서 추방 당한후 터키와 네덜란드, 이탈리아, 불가리아, 그리스 등 유럽 여러나라에 정착한 유대인 후손이다.

세째로 "오리엔탈(Orientals)의 동양계" 유대인은 북아프리카와 중동에 있는 이슬람 국가들 중 고대 유대인 공동체라는 배경을 지닌 유대인들이다.

전세계의 100여개 국가에서 수세기 동안 서로 다른 관습과 생활방식의 차이를 가지고 살아오다가 팔레스타인으로 이주하였다. 그러나 역사와 종교면에서 유대인은 한민족으로 다양성 내의 통일성을 이루었다.

1948년 5월 14일 이스라엘이 독립할 당시는 인구가 약 80만 명이었다. 그후 홀로코스트(Holocaust, 6백만 유대인 학살)의 생존자들과 세계 여러 나라에서 50년 이상 계속 모여들어 인구 56만 명의 예루살렘을 비롯하여 텔아비브, 하이파, 브엘세바, 호론 등 대도시에 집중적으로 증가하였다.

전체인구의 90%가 도시에 10%가 농촌에 거주하고 있다. 농촌에는 키브츠(Kibutz)와 모샤브(Moshav)를 형성하여 윤택한 생활을 하고 있다.

특히 주목되는 것은 6일전쟁으로 인한 점령지역내에 유대인 정착촌이 건설되어 이주민이 거주하고있다. 그러나 이스라엘 크네세트는 2000년 7월 13일에 가자지구내의 정착촌은 그대로 보존하기로 하고 이스라엘 정착민은 모두 철수하기로 의결했다.(☞ 팔레스타인 지역내의 이스라엘 정착촌 분포 32쪽)

현재의 이스라엘 인구는 약 580만명이며 세계 속의 현대사회로 막강하게 각광을 받고 있는 국가로 발전하였다. 그 인구의 구성분포의 내용은 아래와 같이 유대인과 아랍인들이 주종을 이루고 있다.

두르즈인(Druze)은 북쪽 이스라엘의 22개 마을에서 약 5만5천명이 살고 있다. 두르즈인은 인종적, 종교적으로 레바논과 시리아와 연대를 이루고 있다. 그러나 거주하는 나라에 충성하며 젊은이 들은 이스라엘에 의무적으로 군복무를 하며 레바논과 시리아 국경을 지키고 있다. 그리고 이들은 국회에 자신들의 대표의원을 보내고 있다.

사마리아인은 사마리아 지역의 세겜의 서편에 있는 축복의 산인 그리심산을 아브라함이 이삭을 제물로 바친 모리아 산으로 믿고 있다. 또한 주전 5세기부터 성전이 있었다고 믿고 있다. 이들은 모세오경만을 믿으며 매년 봄에 유월절을 모세의 오경에 나오는 대로 그리심산에서 거룩하게 지키고 있다.

현재 사마리아인은 유대인의 거주지역인 홀론(Holon)시와 그리심산 정상부근의 두 지역에 약 712명이 거주하고 있다.(☞ 그리심산 130쪽)

이스라엘의 다양한 얼굴들

이스라엘 땅에 평화는 찾아 올것인가?

이스라엘 라빈 총리 　　　　　（1994년）　　　　　미국 클린턴 대통령

▼ 1994년 노벨평화상 수상자

▲ 故 야세르 아라파트(P.L.O의장)　　▲ 故 시몬 페레스(이스라엘 외무장관)　　故 이츠하크 라빈(이스라엘 총리) ▲

〈 노벨평화상은 평화를 보장 하는 것이 아니다 〉

팔레스타인 **지역**내의 이스라엘 **정착촌** 분포

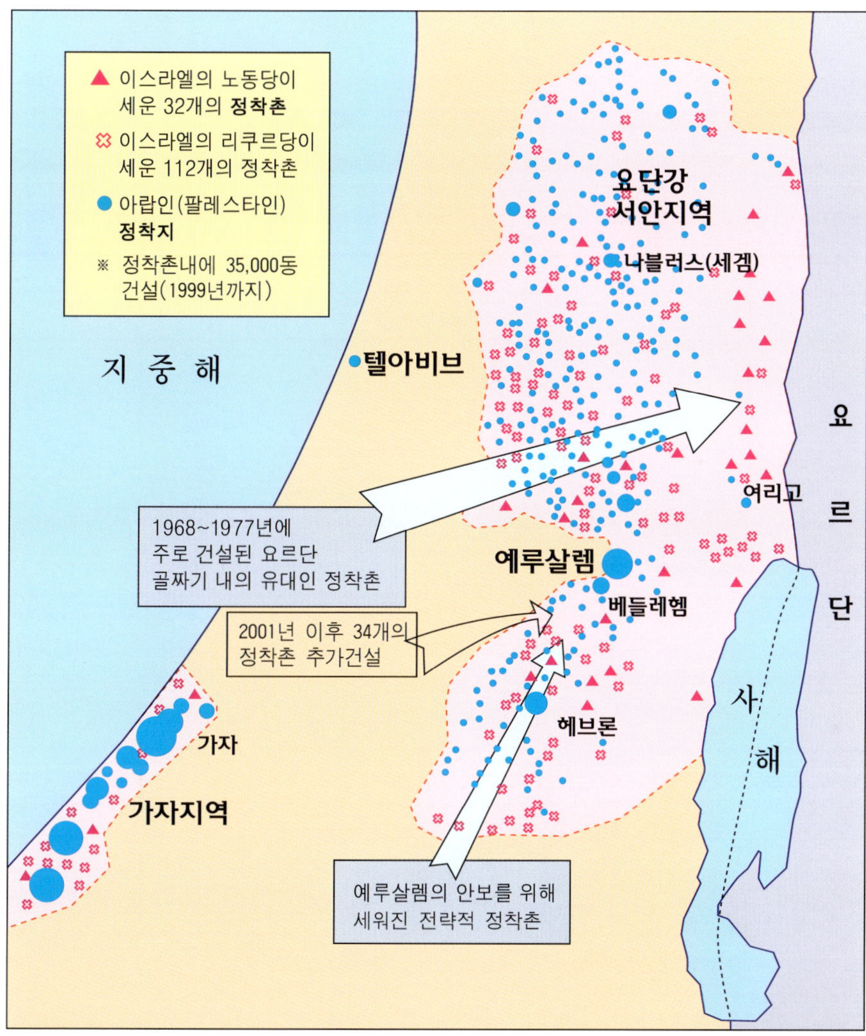

예루살렘의 감람산 언덕에서 양떼들이 풀을 뜯고 있다.(1997.2.19.저자 촬영)

5. 언 어 (Language)

히브리어 알파벳

현재 이스라엘은 히브리어와 아랍어를 공용어로 하고 있으며 영어를 널리 사용하고 있다.

이스라엘에 살고 있는 유대인들은 현대 히브리어를, 아랍인과 두르즈인은 아랍어를, 성지순례자들과는 영어를 사용하고 있다.

이스라엘의 신문, 방송, 텔레비전 등 언론매체들 역시 다양한 언어 사용자들을 위해 히브리어, 아랍어, 영어, 러시아어의 4개 언어로 보도하고 방송한다.

고대 히브리어는 가나안 땅에 정착한 셈족의 원래의 언어로써 셈어족에 속한다.

벤 예후다
(Ben Yehuda, 1858~1922)

히브리어와 긴밀한 연관이 되어있는 언어로는 가나안어, 모압어, 페니키아어, 우가리트어 등이 있으며 특히 우가리트어는 성경(구약)연구에 많은 도움이 되고 있다.

히브리어는 성경시대(구약)에 이스라엘 사람들이 사용한 언어로써 성경에는 "가나안 방언"이라고 불리어지기도 하였다.(사 19:18)

주전 586년 바벨론 포로시 까지 이스라엘 사람들이 사용한 언어였으나 그후 점차적으로 아람어에 밀려서 주후 1세기에는 더 이상 지배적

히브리어 알파벳

인 위치에 서지 못하였다. 그후 수세기 동안 히브리어는 유대인의 문학, 종교, 철학 등의 저작에 매체로 사용되고 있을 뿐 사어(死語)가 되어 버렸다.

고대 히브리어의 알파벳은 자음만으로 이루어져 있었고 모음은 문자에 표기되지 않았다. 그러나 후대에 와서 히브리어가 일상생활에 쓰이지 않게 되었을때 발음과 해석에 착오가 생기기 쉬워 졌으므로 맛소라 학자들이 모음 기호를 만들었다. (주전 8-9세기경) 그래서 모음 기호를 맛소라 기호라고도 한다.(마소라 : 전통이라는 뜻)

벤 예후다(Ben Yehuda, 1858-1922)는 1881년 팔레스타인에 이주해 온 후 죽은 언어가 되어 버린 히브리어를 되살리는데 헌신하였다.

주후 1885년에 히브리어가 부활되었고 주후 1922년에 팔레스타인 지역에서 공용어로 사용되었다.

현대 히브리어의 아버지라고 일컬어지는 벤 예후다는 시온주의와 더불어 이스라엘의 건국에 가장 중요한 역할을 담당하였다.

시온주의자들이 이스라엘의 잃어버린 땅을 찾는 일이었다면 벤 예후다의 히브리어 부활은 이스라엘의 정신과 얼을 되찾고 신앙을 활성화 시켰다는 점에서 매우 중요한 업적이 아닐수 없다.

그는 새로운 단어의 창조를 촉진시키고 히브리어로된 정기간행물을 발간했다(1884년) 또한 히브리어위원회를 공동으로 설립했다(1890) 더욱 언어학자로써 주후 1890년에 히브리어 사전을 비롯하여 17권의 저술을 남겼다.

현재 이스라엘에서 사용하는 현대 히브리어의 기본 어휘는 고대 히브리어와 같으며 문법은 다소 변경 보완되었다. 그리고 고대 히브리어와 같은 모음 없는 인쇄체와 새로 고안된 필기체를 사용하고 있다.

⊙ 성서 히브리어 알파벳

형태	미형 (尾型)	이 름	발 음	고대 히브리어	현대 필기체	수치 (數値)
א		알-렢 'Ālep	,			1
ב		베-트 Bêṯ, Bêṯ	b, ḇ (bh)			2
ג		끼-멜 Gîmel	g, g (gh)			3
ד		딸-렡 Dâleṯ	d, ḏ (dh)			4
ה		헤- Hē	h			5
ו		와-우 Wāw	w			6
ז		자인 Záyin	z			7
ח		헤-드 Ḥêṯ	ḥ			8
ט		테-드 Ṭêṭ	ṭ			9
י		요-드 Yôḏ	y			10
כ	ך	카프 Kap,	k, ḵ (kh)			20
ל		라-멜 Lámeḏ	l			30
מ	ם	멤- Mêm	m			40
נ	ן	눈- Nûn	n			50
ס		싸-멕 Sámeḵ	s			60
ע		아인 'Áyin	'			70
פ	ף	페- Pē, Pe	p, p̱ (ph)			80
צ	ץ	차-데 Sáḏê	ṣ			90
ק		코-프 Qôp̱	q or ḳ			100
ר		레-쉬 Rêš	r			200
שׁשׂ		신,쉰 Śîn, Šîn	ś, š			300
ת		타-우 Tāw	t, ṯ (th)			400

⊙ 모음 (母音) 표기

		A	I		U	
		a	e	i	o	u
단 모음		a	e	i	o	u
장 모음		ā	ē ê	î	ō ô	û
반 모음	단순 쉐와	e	e		e	
	합성 쉐와	a	e		o	

6. 교 육 (Education)

이스라엘은 민족공동체의식을 통하여 잃은 나라를 되찾은 것과 국난을 극복하여 세계적으로 각광을 받는 것은 교육에 근저를 두고 있다. 그들은 종교생활을 통하여 민족적 전통을 계승하여 왔다.

종교교육은 어린 시절부터 쉐마교육(Shema, 신 6:4-9)을 시작으로 토라(Torah)와 탈무드(Talmud)를 주 내용으로 하여 우주관, 민족관, 신앙관, 인생관 등의 가치관을 형성하여 왔다.

또한 이스라엘 민족은 고유한 명절을 철저히 지키고 명절의 전통교육을 통하여 자신들의 뿌리와 역사를 배우게 한다.

그리하여 이스라엘 교육은 유대인들에게 민족 수난의 역사를 배경으로한 유대인 고유의 종교와 교육에 바탕을 두어 확고한 뿌리를 박고 있다.

토라를 읽고있는 소년

아이들은 생후 8일만에 할례(割禮)를 받음으로써 유대민족의 자손이며 세상에 태어났음을 확인 받는다. 그 뒤에 아이들에게 베풀어지는 교육은 가정, 회당, 학교, 사회와 한 덩어리가 되어 이루어진다.

어린아이들에게 글을 읽을수 있는 이전부터 탈무드의 교육을 시작하여 성경을 암송하게 한다. 그것은 인간에게 무한한 상상력을 키우며 평생토록 살아가는데 종교적 기초를 다지게 해준다. 아울러 형이상학적인 두뇌 발달을 촉진 시키고 어떠한 악조건의 환경이 주어진다 하더라도 이겨낼수 있는 적응 능력을 어릴 때 부터 길러준다.

유대인은 모계혈통을 중요시 하고 있다. 아버지가 유대인 일지라도 어머니가 유대인이 아니면 태어나는 아이들은 유대인이 아니다. 그러나 어머니가 유대인 이면 아버지가 유대인이 아닐지라도 태어나는 아이는 유대인이다. 그렇지만 성은 아버지의 성(姓)을 따른다. 이러한 법적인 보장은 어머니가 어린아이들을 품에안고 젖을 먹일 때부터 기도하며 성경 말씀을 읽어주고 들려주며 유대인의 정신과 신앙심을 길러주는 유대인 특유의 교육에 대한 어머니의 중요성 때문이다.

전 세계에 분포된 유대인들은 숫자상(數字上)으로는 세계 60억 인구의 0.3%밖에 되지 않는 1,800만명에 불과 하지만 그간에 노벨상을 수상한자는 전체 수상자의 3분의 1을 점유 하고 있다 이것은 단순하게 유대인들이 우수하다는 것을 말 하기 보다는 그들에게 유형, 무형의 교육을 통한 남다른 창의력과 피나는 노력이 있었기 때문이다.

창의력이 계발되는 생각

교육체제에 있어 이스라엘은 6세부터 18세까지(유치원-고등학교)는 의무교육 이지만 그 이후부터는 자유이다.

그리고 정규교육은 유치원(1년), 초등학교(5년), 중등학교(3년), 고등학교(4년) 그리고 대학교(3년)의 학제에 의하여 계속 교육이 이어진다.

유치원 교육은 교사가 아이들에게 책을 읽어주고 이야기를 들려준 뒤 항상 많은 질문을 유도한다. 따라서 아이들이 자기생각이나 느낌을 자유스럽게 발표하게 한다. 그리하여 유치원때 부터 창의력과 합리적인 사고를 통한 논리 정연한 논쟁과 토론을 유도한다.

이스라엘 사람들은 "두명이 모이면 세가지 의견이 나온다"고 한다. 그 말은 어릴 때부터 성숙된 창의력에 바탕을 두고 있다는 사실을 입증해 주고 있다.

유아교육에 있어서 어린이들은 만 3세가 되면 의무교육전의 교육으로 이루어지는 "간"이라고 하는 국립유아원에 들어간다. 4세가 되면 "크담호바"라는 "간"과 비슷한 교육기관에 들어가게 된다.

유치원교육은 어린이들이 5세가 되면 의무교육으로 유치원교육의 "간호바"에 어린이 100%가 들어간다. 다섯 살 까지의 교육에는 그리기, 만들기, 노래 부르기 등의 놀이에 속하는 교육일뿐, 초등학교에 들어가기전에 문자를 가르치지 않는 것이 특징이다.

모든 조기교육의 교과활동은 성적에 치중되지 않고 미래학습을 위한 기초 능력 배양에 촛점을 둔 교육부 지침에 따라 조정 운영된다.

학교교육에 있어 그 특징은 인격교육에 기초를 두어 기술 및 전문교육에 중점을 두고 있다.

초등교육은 초등학교, 중학교 과정을 합친 8년제로 되어 있다. 그러나 의무 유치원 1년을 합쳐 실질적으로 9년간의 교육인 셈이다. 이 기간에는 우선적으로 인간의 기본적인 인격형성, 창의력, 자율성을 길러주는데 역점을 두고 있다. 그리고 인내심과 용기를 키워주고 분석력과 판단력의 인간 잠재력을 계발(啓發)한다.

초등학교 3학년이 되면 제1외국어로 생활영어를 가르치고, 4학년 때부터 아랍어를 배운다. 점령지역의 팔레스타인들은 학교에서 히브리어를 가르치지 않고 영어만을 가르치는 것이 특징이다.

초등학교의 6학년이 되면 진학반과 졸업반으로 구분되어 진학반은 인문계에 진학하게 되고 졸업반은 기술중학교 과정을 거쳐 기술고등학교에 진학 하던가 그렇지 않으면 졸업과 동시에 바로 사회에 진출 한다.

기술고등학교를 졸업한 학생은 사회진출하거나 전문대학에 진학하게 된다.

중등교육은 통상 고등학교 과정을 말하며 철저하게

그림에 열중 하고있는 소녀

기술교육과 전문교육을 경쟁적으로 실시하여 사회성원 으로 잘 적응 할수 있도록 하는데 중점을 두고 있다.

고등교육은 학문의 진수를 경험할 수 있는 대학교육을 고등교육이라 부른다.

고등학교 학생들이 졸업하기 전에 대학입학 자격시험에 응시하여 합격한 자만 대학시험을 치룰 수 있다. 대학은 3년 과정인데 우리 나라 대학의 교양과목(1년)을 고등학교에서 배운다.

농과대학은 2년 이상 농사에 종사한 경험이 있어야 들어갈 수 있다.

교원대학은 초등계와 중등계로 구분이 되는데 초등계는 고등학교 졸업 후 2년, 고등계는 3년의 교육과정을 밟게 된다.

국립대학교는 이스라엘에 7개의 대학교가 있다. 예루살렘 히브리대학교, 텔아비브대학교, 하이파대학교, 테크니온 공과대학교, 벤 구리온대학교, 바일란대학교, 와이즈만 연구소 등은 세계적인 유수한 대학교로 대부분 평가 받고 있다.

그 외에도 전문대학을 비롯하여 직업학교, 기술학교, 농업학교, 군예비학교, 히브리어 언어학교 등의 기능교육 및 특수교육기관에서 교육이 철저히 실시되고 있다.

7. 정 치 (Politics)

크네세트 (국회 의사당)

이스라엘은 1948년 건국당시 독립선언에서 선지자들
이 예언한 대로 자유, 정의, 평화에 기초를 두어 종교,
인종, 성에 관계없이 사회적, 정치적인 평등과 종교,
양심, 언어, 교육, 문화의 자유를 보장하며 모든
종교의 성지를 보호한다. 그리고 국제연합의 원
칙을 충실히 따른다고 선언하였다.

이스라엘은 의회민주주의 내각책임제로써 입
법, 사법, 행정의 삼권분립의 원칙에 입각하여
상호견제와 균형을 유지하고 있다.

행정부는 입법부의 신임에 근거하여 설치되며
사법부는 법률에 의하여 절대적인 독립성이 보
장된다.

대통령은 국가의 총수이며 정당정치에 구애받
지 않고 국가의 단결을 도모하고 국가를 상징하
는 역할을 한다. 대통령은 국회의원의 지지를
받아 5년마다 선출되며 1회에 한하여 연임할
수 있다.

대통령의 임무는 외국대사 신임장 접수, 의회에서 채
택된 법률과 조약에 서명, 해당기관의 추천으로 판사,
은행장, 해외 주재 외교대사 임명, 법무부장관의 제청
으로 사면 및 감형 등을 수행한다.

이스라엘의 입법부인 의회를 통상 크네세트
(Knesset, 공회)라고 부른다.

이스라엘의 공회(Knesset)는 기원전 5세기경 에스
라와 느헤미야에 의해 예루살렘에 소집된 유대인
대표기구였던 크네세트 하그돌라(knesset Hagedolah,
최고회의)에서 비롯된 산헤드린으로 유대인 공동체
의 최고 기관이었다.

예수님 당시 산헤드린공회(Knesset)의 의장은 대제
사장 이었다. 공회는 가장 유력한 제사장들과 지도
적인 서기관들, 명망 있는 바리세인과 사두개인들
의 총 71명의 남자로 구성된 최고의결기관이다. 공
회는 행정권과 사법권도 겸해서 행사했다.

유대율법에 의한 모든 재판권을 행사하며 자체 치
안을 위한 치안관이 구속명령을 내릴 수 있었다. 그
러나 사형에 해당 되는 재판권은 부여되지 않았다.

로마의 티투스장군에 의해 예루살렘이 점령(70년)되
자 산헤드린은 야브네(Yabneh)로 일시 이전했었다.

크네세트 (의회)

야브네는 욥바에서 남쪽으로 20km지점, 지중해 해
안에서 6km내륙에 위치하고 있으며 주후 90년 "얌니
야회의"결과로 구약성경을 결정한 곳이다.

오늘날 이스라엘의 입법부인 의회(knesset)는 4년마
다 선거로 선출되는 120명으로 구성되어 법을 제정하

고 행정부를 감독한다.

행정부의 수상은 내각수반으로써 실질적인 권한을 가진 자이다. 수상은 의회의 신임을 얻어야하며 반드시 의회 의원이어야 한다.

대통령은 선거후 의회의 다수당인 국회의원으로 내각을 구성하고 그 내각의 수상이 되어 줄 것을 요청하였으나 1992년 3월에 수상의 직접선거를 요구하는 법안이 통과되어 수상을 직접선거로 선출된다.

이스라엘의 정당제도는 다당제로서 국가적 필요요구와 특별한 국가이익을 목적으로 구성되는 정당과 특별한 이익집단을 위하여 구성되는 정당도 있다.

이스라엘의 두 개의 주요 정당은 사회 민주적인 성향인 노동당과 중도우파와 민족주의를 지향하는 리쿠드당이 있다.

내각구성은 의회구성원 중 과반수 이상의 승인을 받아야 한다. 지금까지 독자적으로 내각을 구성할 만한 의석을 차지한 정당이 없었기 때문에 연립정부를 구성해 오고 있다.

크네세트 의원은 매 4년마다 실시되는 비밀, 비례제에 의한 총선거에서 선출되며 정당에 투표한다.

총선거는 개인후보자에게 투표하는 방식이 아닌 정당명부제에 의해 투표하여 전국적으로 집계하는 비례대표제 방식을 따르고 있다.

이스라엘은 지방자치제도가 잘 발달되어 있으며 50개의 시의회와 147개 지방의회가 있고 53개지역 의회가 있다. 읍과 지방의회 의원은 크네세트에 각각 대표하는 국회의원 수에 비례하여 선출된다. 시장과 지역의회 단체장은 직접 선거에 의해서 선출된다.

사법부는 완전히 독립되어 있다. 대법원은 9명의 대법관으로 구성되며 대법관은 대통령이 임명한다. 이스라엘은 모든 선거에서 선거권은 18세부터, 피선거권은 20세 부터 가지게 된다.

대통령, 법관, 감사원장 및 참모 총장 등이 피선거권을 가지게 되는 경우 선거일 100일전에 현직에서 물러나야 한다.

영국 의회에서 기증한 메노라

법원은 행정법원(지원, 1명의 판사), 지방법원(고등법원, 1-3명 판사), 대법원(3-5명의 판사), 특별법원(1명의 판사) 그리고 종교법원(1-3명의 판사)으로 구분된다.

특히 종교법원에서는 종교에 관련된 사안과 유대인의 결혼, 이혼 및 개종에 대한 재판을 담당한다.

국회의사당 앞마당에 세워진 메노라는 1956년 영국 의회에서 이스라엘 국회에 기증한 것이며, 영국 출신 유대인이 조각한 이 메노라의 크기는 높이 5m, 폭 4m의 청동제품으로, 이 메노라는 일곱줄기에 21개의 조각이 되어 있다. 이 조각에는 성경의 주요 역사와 인물들이 묘사되어 있다. (☞ 국회의사당 110쪽)

8. 국 방 (Defense forces)

유대인들은 아랍인들로 부터 빈번한 테러와 습격을 당하자 1909년부터 집단농장안에 **하쇼메트**(Hashomet, 경비대)라는 자위기구를 조직하게 되었으며 이는 바로 이스라엘군의 태동(胎動)이었다.

제1차 세계대전이 발발한 1914년 당시 팔레스타인 내에는 43개 정착민촌의 13,000여명과 농경 정착민을 포함하여 약 90,000여명의 유대인이 살고 있었다.

1916년 12월 영국의 식민지 확장과 제국주의 발전에 공헌 했던 로이드 죠오지(Lioyd Geoge)가 영국 수상이 되고 발포어(Balfour)가 외상이 되었다 다음해인 1917년에 영국정부가 팔레스타인 땅에 유대인을 위한 어떠한 민족적 모국(A National Home For The Jewish People)이 건설됨을 호의적으로 보고 최선의 노력을 경주 할 것이라는 발포어선언이 선포 되었다.

이 선언이 발표된지 1개월후에 영국군의 알렌비(Allenby)장군이 팔레스타인의 예루살렘을 기습적으로 점령하게 됨에 따라 오스만제국의 팔레스타인 지배가 끝이 났다.

유대인들은 발포어선언을 지지 하면서 영국군 작전에 3개대대가 참전하여 팔레스타인땅에 들어 왔다. 이 때에 유대인 부대에는 육군 상등병 다비드 **벤구리온** (David Ben Gurion, 이스라엘 초대수상)이라는 이스라엘 지도자가 함께 들어 왔다.

이 때부터 유대인들은 팔레스타인으로 이주의 열을 더해 갔다 그들이 발포어 선언에 바탕을 이룬 것은 당시 세계 각국에 번지고 있던 반 유대주의(Anti Semitism)에 반기를 들면서 시온니즘(Zionism)에 불타는 유대인들이 영국 식민통치의 필요성을 받아 들였기 때문이다.

1921년에 팔레스타인과 유대인의 쌍방간에 3백 여명의 사상자를 발생시키는 대규모 충돌이 있었다. 이때에 유대인들은 각 촌락별로 비밀지하 군사조직체의 방위대를 조직하였다. 이것이 오늘날 이스라엘군의 명실상부한 모체라 할 수 있는 **하가나**(Haganah:자위대)이다.

하가나는 "공격에는 공격으로"라는 원칙을 세워 아랍인들의 공격을 성공적으로 저지하였다.

시오니즘 지도자들의 노력 가운데 하나는 건국을 위한 군사력 확보였다. 영국의 요청에 의한 대독전쟁(對獨戰爭)에 유대인 136,000여명이 지원병으로 등록하였고 그 중에 남녀 27,000여명의 팔레스타인 유대인들이 영국군으로 참전하였다. 그리하여 유대인들은 독자적인 유대인 부대가 형성되고 유대인 장교에 의해서 지휘되었다.

1944년에는 그들만의 여단이 편성되어 이탈리아 전선에 투입될 만큼 규모가 커졌다. 이와 때를 같이하여 팔레스타인 안에서 아랍인들과 싸우기 위해 훈련된 이른바 팔마(Palmah)와 함께 신생 이스라엘 군의 지주(支柱)가 되었다.

팔마는 그후 전문적인 군인집단으로 독립적인 정예무장 군대의 모체조직으로 형성되었다.

이스라엘의 독립에 직접적인 계기가 된것은 제2차 세계대전의 종식이요 최고의 공로자는 유대인 600만명을 학살 하게한 아돌프 히틀러(Adolf Hitler)라고 서슴치 않고 말한다. 유대인에 대한 처참했던 박해와 학살은 조국건설의 열망을 더욱 불태우게 했기 때문이다.

1948년 5월14일 이스라엘의 독립선포는 아랍국가들과의 전쟁을 유발했다. 당시 초대 수상과 국방상을 겸한 벤구리온은 이스라엘 **방위군**(I D F, Israel Defence Force)을 창설하여 미비점이 있었지만 51,500여명의 군대를 확보하여 신속하게 아랍국가들의 침략에 대응할수 있었다.

이스라엘은 독립전쟁에서 승리했다. 그리고 수에즈 전쟁에서도 승리했고 6일전쟁과 10월 전쟁에서도 아랍군대들을 격파했다.

현재의 정부기구인 **국방성** 밑에 **총참모부**(I. D. F)의 조직은 ① 지역사령부(남부, 중부, 북부:3개지역) ② 나할 사령부(신병훈련소, 하사관학교, 공수교육대등), ③ 민방위사령부(H. F. C)로 편성되어 있다.

지역사령부는 ① 지역방위본부와 ② 동원사단(전시)

으로 편성되어 지역방위 본부밑에는 지역별-지역방어부대로, 그안에 지구별-지구방어부대로 편성되어 평시에 적의 소규모 테러와 사보타지에 대비하고, 침투방어와 국경수비등의 임무를 수행한다. 지역(지구) 방어부대는 전시와 평시를 막론하고 고정편성 되어 있다.

국경지역의 예비군 및 민방위대원은 지역방어부대에 흡수편성하여 지역방어와 민방위의 이중임무를 수행한다.

지역방위군은 지역방어부대에 흡수편성되며 역종 관계없이 국경지대인 전략촌 및 내륙취약지역에 거주하는 예비군과 민방위로 통합 편성한다. 국경지역의 집단(키브츠) 및 협동농장(모샤브)과 기타 촌락에 거주하는 예비군은 중대단위로 편성하고 남는 자원은 전시에 동원소집되어 전투부대에 충원된다. 또한 키브츠와 모샤브는 소화기, 기관총, 박격포로 장비되어있다. 그리고 모든 예비전력은 지역사령부 지휘하에 통합된다.

지역사령부는 평시에 사단을 두지않고 지역 여단을 지휘하는 체제를 유지하다가 전시에는 동원 예비군을 소집하여 사단을 편성한다.

민방위 사령부(H. F. C)는 그간에 하가 (HAGA) 사령부라 불렸는데 1991년 걸프전쟁시 이라크의 SCUD미사일공격에 대처한 교훈을 살려 Home Front Command사령부로 개편했다.

민방위 사령부(H. F. C)는 현역 소장(한국의 군사령관 계급)이 지휘하며 극소수의 현역군인이 골간이되어 예비군, 민방위, 경찰, 소방관등으로 통합기능을 수행하도록 편성되어 있다.

민방위사령부의 임무는 공습, 전략무기공격, 화학, 지대지미사일공격, 테러, 자연재해, 경보체계, 가스마스크, 방공호등의 대비에 있다.

민방위 임무에 종사하는자는 예비군 보상법에 따라 국고로부터 급여를 지급받는다.

이스라엘은 현역복무의 면제와 징집연기는 원칙적으로 허용되지 않는다. 그러나 종교적 이유(수녀와 정통유대교신자)로 본인이 현역근무를 원치 않을 경우 면제를

받는다.

모든 남녀는 18세가 되면 징집되어 의무적으로 남자는 29세 까지 3년간, 여자는 2년간 복무하게 된다. 의무복무를 끝내고 직업군인이 될 수 있으며 20년 복무 후 제대할 수 있다.

장교가 되는 사관학교는 설치되어 있지 않으나 적격자를 선발하여 장교후보생학교에서 교육하여 장교로 임관 시킨후 복무하게 한다.

이스라엘의 모든 남녀는 고등학교 졸업과 동시에 군에 입대하여야 하며 제대 후 대학에 진학하게 되고 여자는 제대 후 결혼을 하게 된다. 그러나 군의 소요에 따라 군에 입대전 대학에 진학시켜 군이 소요로 하는 전공과목을 습득시켜 졸업후 군에 근무토록 하기도 한다.

예비역의 편성대상은 현역에서 제대 후 제1예비역에 남자는 21세-29세까지, 여자는 자녀가 없을 경우 20세-25세까지이며, 기갑여단, 기계화사단, 공병돌격부대의 90%는 예비군으로 편성되어 있다. 제2예비역은 남자에 한하여 40세-44세까지이다. Home Front Command로 개편될 때 예비군의 평균연령을 35세로 개편하였다.

민방위대 편성대상은 남자로 45세-54세까지 이며 민방위요원과 후방긴요요원으로 구분된다.

전시에는 남자는 16세-62세, 여자는 17세-50세로 연장된다.

지방훈련소에서 실시하는 민방위 훈련은 예비군에 준하여 연간 교육훈련은 30일이며, 비상사태시는 60일 이상으로 연장된다.

주민 대피시설은 공중대피소, 공중피난소, 개별대피소(가정)가 의무적으로 설치되어 있으며 화생방전에 대비한 방독면은 유아용을 비롯한 7개종류로 구분되어 전 국민이 개별 보유하고있다.

이스라엘의 거리와 버스정류장에는 남녀를 막론하고 군복을 입고 무기를 휴대한 채 출·퇴근하는 모습을 많이 발견하게 된다.

이스라엘 여군

✵ 이스라엘의 안보에는 남녀가 따로 없다

9. 경 제 (Economy)

이스라엘은 20세기말에 서방 경제권에서 가장 높은 국민총생산(GNP)의 성장률을 달성하였다. 21세기에 접어들어 서면서 급성장의 추세이다.

이스라엘은 비록 좁은 국토(약 27,716km2)와 적은 인구(약 580만명)의 작은 나라이지만 그간에 농업생산의 증대, 공업화, 첨단과학 기술개발, 수출의 다변화 등은 경제발전에 활력이 되었다.

이러한 경제발전은 우연하게 이루어진 것이 아니다. 이스라엘은 독립 후 경제발전 과정에서 국제수지 적자는 1950년에 2억8천 달러를 시작으로 점차 증가하여 한때는 68억6천만 달러로 급증 하였다.

1984년에는 혹독한 IMF 태풍을 만났다 그리하여 인플레이션이 445%로 치솟고 있을 때 긴급통화 안정정책을 수립시행 하는 동시에 정치인들과 경제인 그리고 모든 국민들이 각성하여 1년만에 기적적으로 경제가 회생되어 정상을 되찾았다. 그리하여 점진적으로 경제위기가 해결되었다. 1992년에는 인플레이션율이 한자리수인 6.4%로 낮추어졌다. 오는날 이스라엘의 경제는 활력을 더해 가고 있으며 1인당 국민소득은 1만7천 달러(1999년)에 이른다.

그간의 40년 동안 무역적자 해결에 필요한 전체 원조액(약 900억 달러)의 3분의 2는 이주민이 가지고 온 자금, 나치 희생자들에 대한 배상금, 세계 각지의 유대계 자금조달 단체의 기부금, 해외 교포의 지정 기부금 그리고 외국원조 가운데 미국의 원조 등으로 조달되어 튼튼한 생산시설, 간접자본 확충, 그리고 기술개발에 큰 도움이 되었다.

또한 공업화에 의한 생산성의 효율화를 도모하여 산출된 GNP의 절반이 수출에 집중되었다. 미국과의 자유무역이 원활해지고 유럽연합(EU) 국가들에 대한 수출은 경제성장을 촉진 시켰다.

이스라엘은 부족한 천연자원과 척박한 땅의 악조건에서도 농업생산에 주력하여 수출을 증대하고 첨단과학기술로 생산된 방산 무기, 의료 정밀 기기, 통신 및 정밀화학장비, 컴퓨터, 사해 화학물질, 다이아몬드 세공, 관광사업 등은 국가 경제에 부가가치를 한층 높여주었다.

특히 이스라엘 방위산업은 과거의 경험과 미래기술의 조화를 추구하여 21세기에 더욱 빠른 속도로 발전하고 있다.

현재 많은 이주민의 입국으로 방산 기술과 연관이 있는 다양한 분야의 과학자들과 엔지니어들 상호간의 접촉을 더욱 활성화 시켜나가고 있다.

방위산업체들은 그들 고급 기술진을 활용하여 실전에서 얻은 교훈들을 지속적으로 무기개발에 반영하였고 무기체계는 높은 신뢰도를 인정받게 되었다. 이스라엘 방산업체들은 발빠르게 무기시장을 개척하여 경제발전에 일익을 담당하고 있다.

또한 그간에 러시아에서 이주해온 첨단산업 인력에 의한 하이파에 위치한 첨단산업단지의 연구개발활동은 세계적으로 주목을 받고 있다 특히 하이파의 테크니온 공과대학의 산학협동에 의한 첨단산업의 개발은 경제발전의 가속화에 기여하고 있다.

이스라엘은 다섯 차례의 전쟁을 치른후, 안보를 튼튼히 하면서 1990년대에 약 10%정도의 연평균 국민총생산의 성장률을 달성한 경제기적은 주로 생산 수단에 대한 막대한 자본투자를 가능토록한 경제원조를 받아드렸고 이주민들의 많은 고급 기술력과 노동력을 생산체제에 흡수시킨 것이 경제 발전의 원동력이 되었다.

화폐에 있어서 모든 화폐는 그 가치에 있어서 구매력의 변동으로 인하여 측정이 어렵다. 성서의 시대와 오늘날 구매력은 다르다. 그러므로 성서에 기록된 화폐의 가치는 시대적 배경에 맞게 생각해야 한다.

성서시대는 노동자의 하루품삯이 대단히 중요한 기준이 되어 시대에 따라 변하였다. 하루 품삯에 해당하는 화폐단위는 그리스의 "드라크마"와 로마의 "데나리온"이었다.

이스라엘의 화폐변화는 바벨론 포로시대에 동전을 처음 사용한 것으로 전해지고 있다. 오늘날 이스라엘

의 화폐는 1980년 2월 24일에 화폐개혁
을 하면서 성경에서 유래된 세겔(Shekel)을
처음 사용하였다. 그러다가 급격한 인플레
이션 현상으로 1985년 9월 4일의 화폐개
혁시 천분의 일로 평가절하 하였다.

 현재 사용하고 있는 화폐단위는 세겔이지
만 최초의 세겔과 구별하기 위하여 새 세겔
(New Israel Shekel)이라 한다.

 1세겔은 100 아그롯(Agrot)이며 1, 5,
10, 50 아그롯과 1.5세겔짜리의 동전이
사용되고 있다. 특히 50 아그롯은 반세겔
이라고 한다. 지폐는 10, 20, 50, 100,
200세겔짜리가 통용되고 있다.

방위 산업체

위성정보 레이다기지

10. 종 교 (Religions)

이스라엘 사회는 수세기의 다양한 정치, 언어, 문화의 역사를 가진 사람들이 다시 모인 특수한 통합공동체로 형성된 나라이다. 또한 이스라엘의 수난의 역사로 인한 종교적 특성도 다양하다.

1948년의 이스라엘 독립선언에 명시 되었듯이 모든 국민은 종교적인 평등과 자유를 보장하며 모든 종교의 성지를 보호한다고 했다.

이스라엘의 신앙 공동체는 유대교를 국교로하여 정부의 종교위원회와 종교법원의 보호를 받고, 절기 행사와 안식일을 지키며, 종교생활을 자유롭게 할 수 있도록 보장 하고 있다.

이스라엘 안에는 다양한 종교가 공존하고 있으나 유대교(80.5%)와 이슬람교(14.6%)가 주종을 이루고 있고 극소수의 기독교(3.2%)와 기타 종교(1.7%)의 분포를 이루고 있다.

모든 종교는 그들의 예배의식에 따라(유대교 : 토요일, 이슬람교:금요일, 기독교 : 일요일) 종교행사를 하고 있다. 이스라엘의 헌법에는 타종교의 전도와 포교는 금지되어있지 않으나 사실상 억제되고 있다.
종교별 교회(사원)의 건축물에는 상징적 표지물(標識物)을 건물의 꼭대기에 세우거나 정면에 부착해 놓았다.

다윗별 (다윗방패)

메노라
(일곱촛대 : 이스라엘상징)

하누카 촛대
(하누카 명절에 사용)

유대교는 유대인들에게 성서시대로부터 유일신 신앙에 뿌리를 두고 있다. 그래서 유대교(Judaism)라고 함은 종교적인 개념인 동시에 이스라엘 민족적 개념이다.

유대인들의 성경의 기본규범인 율법의 토라(Torah)와 이를 구체적으로 제도화한 할라카(Halakah)를 중심으로 하여 미쉬나(Mishnah, 유대교 구전율법)와 탈무드(Talmud, 유대율법과 주해집대성본)를 교육하여 전통적 신앙을 오늘날까지 이어왔다.

그러나 오늘날 다원적인 유대인 사회에는 종교에 있어서 전통주의자, 보수주의자, 그리고 진보개혁주의자로 구분된다.

현재 이스라엘에 살고 있는 유대인들은 종교적인 열성정도에 따라 크게 세 부류인 "하레딤"(정통파 종교인), "마소라티임"(전통유지 종교인), 그리고 "힐로님"(세속적 종교인)으로 구분할 수 있다.

하레딤은 통상 "하시딤"(Hasidim)이라고 부르며 정통파 유대교인으로써 지극히 보수적이고 극단적으로 율법을 지키려는 소수의 유대인들(Ultra Orthodox Jews)을 말한다. 그들은 전체 유대교인 가운데 약 5%를 차지하고 있으나, 유대교의 오랜 정통성을 엄격히 계승한 자들이다. 그들은 사시사철 검은 중절모나 털모자를 쓰고 귀밑머리를 비틀어 내려뜨리고 턱수염을 기르며, 옷단귀의 허리둘레에 실로 꼰 술을 네가닥 늘어 뜨리고, 검정 오버를 항상 입고 다니는 종교인들이다.

그들의 신앙적 특징은 항상 과거를 아름답게 생각하여 과거를 지키려는 것이다. 그러므로 이들에게는 미래는 진보가 아니라 부패일 따름이라고 생각한다.

또한 이방세상과 세속문화를 무조건 악한 것으로 보고 극단적으로 격리하려고 한다. 그리하여 그들만이 거주하는 "메아쉐아림"을 비롯하여 특정지역에서 집단 공동체를 이루고 생활한다. 이들은 자기들만의 자체 교육기관이 있고 어릴 때부터 그들 고유의 교육을 시키고 심지어 일반 신문이나 뉴스를 멀리하면서 세속적 세상소식을 접하는 것을 금기한다.

하레딤의 여자들은 여름이나 겨울이나 긴 팔의 옷을 입고 양말을 꼭 신어야 한다. 결혼한 여자는 머리를 깎아야하며 머플러를 쓰던가 가발을 쓰고 다닌다. 이들은 산아제한을 금하고 있기 때문에 자녀가 많다. 그러나 국가에서 자녀의 수에 따라 보조를 받기 때문에 어려움이 없다. 이들은 미래에 다가올 나라를 기다리고 현 국가를 인정하지 않기 때문에 자녀들이 군대에 가지 않는다.

마소라티임은 통상 "다티"라고 부른다. 히브리어로 다티는 종교적인 사람이라는 뜻이다 유대인 가운데 정통파 유대인과 세속적 유대인 사이의 중도적인 입장에 있는 전통적 유대인들을 말한다 이들은 전체 유대교인 가운데 주류를 이루고 있다.

유대인들의 대부분의 집에는 문설주에 어른의 중지 손가락 크기정도의 형태로 만들어진 통안에 쉐마의 말씀을 기록해 넣은 **"메주자"**를 부착해 놓았다.

전통적 유대인들은 머리에 실로짠 손바닥만한 빵 모자인 "키파"를 쓰고, 옷단귀의 허리둘레에는 실로 꼰 술을 네가닥 늘어뜨린다. 그리고 미간에 표를 하고(테휠린), 팔에 끈을 감으며, 머리에 다윗의 별표가 있는 흰색 넓은 보자기(탈리트)를 덮어쓰고 하루에 세 번씩 예루살렘을 향하여 기도한다.(민 15:38, 신 6:4-9)

안식일에도 회당에 갈 때 이와 같은 형식의 복장을 갖추고 가서 예배를 올린다. 이스라엘에는 약 6,000개의 회당(Synagogue)이 있으며 유대인을 위한 종교적인 최고의 권위는 랍비(Rabbi)장 에게 있다.

힐로님은 유대인 가운데 소수의 비종교적인 현대인들로써 유대인의 전통적 관습으로 부터 벗어나 이방인들과 거의 마찬가지로 서구적인 생활방식에 젖어 있는 자들이기 때문에 정통파 유대인들과 갈등이 많이 있어 때로는 충돌이 있을 때도 있다.

유대교의 안식일을 "쇠바트"라고 부르는데 일주일 가운데 토요일이다. 유대인은 금요일 해 질 때부터 시작하여 토요일 해가 질 때까지를 안식일로 지킨다.

하루의 시작하는 시간이 창세기 1장 13절, 19절에 해가 질 저녁에 날의 시작이 되었으므로 유대인들은 모든 명절도 저녁에 행사를 하고 결혼식도 저녁에 가진다.

안식일에는 모든 관공서가 휴무하고 상점들도 문을 닫는다. 대중교통수단 뿐만 아니라 개인의 차량도 운행을 하지 않는다. 아랍인들 상점의 문이 열리고 차량이 운행된다.

안식일에 정통파 유대인들이 거주하는 아파트지역이나 마을에는 차량 차단 장치를 만들어 차량 진입을 금지하고 있다 금지된 지역에 승용차를 타고 잘못 들어가면 "쇠바트, 쇠바트"라고 고함소리를 지르며 돌을 던지기도 한다.

안식일에 먹는 음식은 금요일 저녁에 만들어 놓았던 것을 먹는다. 추운 겨울에도 불을 피우지 않았으나 지금은 그렇지 않다.

안식일에 일을 하지 않으나 즐겁게 놀러 다니는 것은 허용된다. 그러나 사진은 찍을 수 없다.

유대인 남자아이는 생후 8일만에 랍비에 의해 할례를 한다. 그리고 13세가 되면 바르미쯔바(Bar Mitzvah, 성인식)를 통상 통곡의 벽에 가서 거행한다.

이슬람교인은 이스라엘에 거주하는 아랍사람들의 85%가 되며 주로 이슬람종파중 수니파(Sunni)에 속한다. 그들은 주로 소도시와 마을에 거주하는데 절반이상이 북부 이스라엘에 살고 있다.

이슬람교의 안식일은 금요일이다. 이슬람교 아랍인들은 금요일에 사원에 가며 상점을 열지 않는다.

이슬람교인들의 남자는 여름에 펄렁이는 코트를 입으며 머리에는 머플러인 "핫다"를 쓰고 "에겔"이라는 검은색 줄로 눌러 쓴다. 젊은 남자들은 양복을 입으나 머리에 쓰는 것은 필요에 따라 쓴다. 날씨가 너무 뜨겁거나 바람이 불면 카피아(핫다와 에겔)를 쓴다.

아랍 여자의 고유의상은 주로 나이 많은 사람들이 입는데 소매가 길고 긴치마의 원피스에 허리에 띠로 간편하게 두른다. 옷에는 수를 많이 놓는다. 그리고 고유의상을 입은 여자들은 주로 흰색의 머플러(차도르)를 쓴다. 회교 인들은 하루에 5번씩 "메카"를 향하여 기도한다. 그 시간은 일정치 않으나 보통 새벽 4시경, 오전 11시 30분 경, 오후 3시경, 오후 6시경, 밤 8시경인데 이 시간에 회교사원에서 마이크를 이용하여 기도소리가 밖으로 확산 되도록 한다. 그들의 마이크에서 울려 나오는 기도소리가 꽝꽝 울려 퍼져서 예루살렘의 전지역을 짓누르기도 한다.

기독교인은 이스라엘내의 기독교 유대인은 극소수이며 주로 기독교 아랍인이다. 이스라엘에 약 18만명이 되는데 주로 도시지역인 나사렛에 거주하는 아랍인의 대부분과 하이파에 거주하는 아랍인의 60%가 기독교

기독교 상징

희랍어의
크리스토라는
처음 두글자를
교차시켰다.

크 - 로
(그리스도상징 : 주후 2세기경 사용)

흰색 바탕에 빨간
십자가 5개는
예수님 다섯 상처
를 상징 한다.

예루살렘 십자가
(십자군시대 천주교에서 사용)

희랍어의
무덤이라는
"타보스"의
처음 두자를
결합 시켰다.

희랍정교회 십자가
(예수님의 무덤 상징)

러시아 정교회에
속한 모든건물에
표지로 사용한다.

러시아 정교회
(동방 십자가)

초대 기독교인들
박해시 암호로
사용 되었다.

초기 기독교인의 상징
(초대 기독교인들이 사용)

인이다. 점령지역에 속하는 도시로는 예루살렘, 베들레헴, 벳자홀, 벤잘라, 라말라에 일부 기독교 아랍인들이 살고 있다.

이스라엘내의 대다수 기독교인들의 분포는 정교회(희랍, 시리아, 콥틱, 알메니안, 에디오피아)가 30%, 카톨릭(로마, 희랍, 알메니안)이 60%, 그리고 개신교(루터교, 침례교, 장로교)는 2% 밖에 되지 않는다.

기독교인의 주일은 일요일이다. 기독교인들이 많은 지역의 상점은 문을 열지 않는다. 대부분의 교회가 주일 낮인 일요일에 예배를 드리는데 유대인의 안식일인 토요일에 예배를 드리는 교회도 많다. 그 이유는 교인 중에 직장이나 학교에 다니는 사람들이 주일예배에 참석할 수 없기 때문에 올바른 주일성수를 하지 못하고 유대인 안식일에 예배를 드리게 되는 것이다.

두르즈인은 북쪽 갈릴리 근방과 갈멜산 주변 그리고 골란고원의 22개 마을에 약 5만5천명이 살고 있다. 두르즈인은 문화적, 사회적, 종교적 자치권을 유지하는 밀림종파에 속한다. 두르즈 종교는 외부인들에게 잘 알려지지 않았으나 자신의 거주하는 나라의 정부를 지지하여 완전히 충성하기를 요구하는 "타기야"라는 개념의 그들의 철학이 있다.

이스라엘 두르즈인은 레바논과 시리아의 두르즈인과 인종적 종교적으로 연대를 가지고 있다. 두르즈인의 종교는 이슬람교를 기초로 하고 있어서 비슷한 점도 있으나 차이점도 많다. 두르즈인은 아랍어를 쓰고 생활습관과 의상도 비슷하며 결혼식이나 장례식에서 코란을 읽기도 한다.

두르즈인의 남자아이들은 할례를 하고 돼지고기를 먹지 않는다. 그러나 이슬람교의 모하메드(Muhamad)를 선지자로 보지 않고 라마단 금식을 하지 않는다.

두르즈인은 다른 종족과의 결혼을 하지 않는다. 이들은 노아, 아브라함, 모세, 모세의 장인 이드로를 선지자로 생각한다. 그중 이드로를 매우 중요하게 섬기고 있어서 갈릴리에 있는 히틴 혼스 가까이에 있는 네비슈네이브에 이드로의 무덤이 있는데 이드로의 생일 때에 이 무덤을 찾아 참배하는 것이 중요한 종교행사이다.

사마리아인은 주전 722년에 북왕국이었던 이스라엘이 앗수르에게 멸망당할 때에(왕하 17:6,24) 혼혈이 된 사람들 이다. 그래서 예수님 당시 유대인들이 혼혈이라는 이유로 차별하여 천시하였다.(요 4:9) 그러나 현재 이들은 그 땅을 떠나지 않고 계속 지켜온 이스라엘의 후손이라고 자랑스러워한다.

사마리아인은 두 계급으로 구분되는데 제사장 계급은 "코하님"이라 하고 그들 자신이 레위의 후손이라고 생각하며 사마리아인들의 사회를 지도하고 있다. 제사장이 아닌 평민 계급의 다른 사람들은 여호수아 시대로부터 사마리아 땅을 약속 받은 요셉의 아들인 에브라임의 후손이라고 한다.

그들은 모세의 율법을 이 땅에 순수하게 보존해 왔다고 생각하며 긍지를 가지고 있다. 사마리아인들은 모세를 예언자로 섬기며 모세오경만을 믿는다. 그리고 토요일을 안식일로 지킨다.

그리심산을 모리아산으로 생각하고 그곳에서 제사를 지내며 유월절 행사는 양을 잡고 모세오경에 따라 성스럽게 거행한다.

그들은 그리심산을 하나님의 집이 있는 곳이며 아브라함이 이삭을 번제로 드리던 모리아 산이라고 생각하여 성산으로 믿고 있다. 그러나 유대교나 기독교에서 예루살렘의 성전산을 모리아 산으로 생각하는 것과 상반되는 것이다.(요 4:20)

사마리아인들이 보존하고 있는 모세오경 두루마리는 아비수아 두루마리(Abisuha Scroll)라고 하는데 이것은 아론의 증손자 아비수아가 쓴(대상 6:4)것이라고 전해오며. 아비수아가 여호수아의 인도로 가나안 땅에 들어온지 13년후에 쓴 원본이라고 자랑한다.

바하이교인(Bahai)은 주후 1863년 페르시아의 후세인 알리(Husayn Ali)가 전 일류의 화합을 제창 하여 창시한 종교를 신봉 하는자 들이다.

바하이교는 회교의 시아(Shiah)파계 에서 파생되었고, 전 종교진리의 통일과 세계일류의 통합을 강조 하고 있다. 하이파가 정면으로 내려다 보이는 갈멜산 언덕에 황금색 둥근지붕을 한 페르시아 양식의 아름다운 건물이 바하이교의 본부이다. 바하이교인은 하이파에 극소수가 거주하고 있으며 미국의 69만명을 비롯하여 전 세계적으로 약 200만명의 신도가 있다고한다.

회교의 상징

초생달의 상징

매월초순을 중요시하며 모든 주요행사가 초생달 기간에 집중된다.

화티마의 손

비공식적으로 부적(符籍) 처럼 사용된다.

알라

하나님이라는 아랍어로 하나님을 부를때 사용된다.

공통적인 상징
(유대교, 기독교, 회교)

조 개
(생명의 상징)

그리스의 사랑과 미의 여신인 비너스가 조개에서 태어났다는 전설에 따라 주로 문지방 위에 부착된다.

이스라엘의 성난 하늘(1997.6.19. 에발산 정상에서 저자 촬영)

바하이교 본부

사마리아인이 믿는 모세 5경

11. 키부츠와 모샤브 (Kibutz and Moshav)

이스라엘의 키브츠와 모샤브는 이스라엘 건설의 정치, 경제, 사회, 문화 그리고 안보적으로 개척적인 큰 역할을 하였다.

1917년 유대인들이 팔레스타인으로 이주를 가속화하는 계기가 되어 키브츠(Kibutz)를 형성하게 된 것은 (1) 국제 환경의 역사적 배경의 발포어 선언(Balfour Declaration), (2) 범 세계적 민족주의 운동, (3) 러시아 공산주의 혁명에 기인하였다.

그들은 발포어 선언이 있은후, 유대국가를 세우겠다는 열망을 가지고 팔레스타인땅으로 이주의 열을 더해갔다. 또한 범 세계적으로 일어난 민족주의 운동의 영향은 유대인 젊은이들에게 조국건설에 대한 열망을 가일층 뜨겁게 해 주었다.

당시 1917년 3월 러시아 공산주의 혁명에 의하여 과학적 사회주의가 표방되었고 이상적(공상적) 사회주의는 소외당하였다.

유대인들의 많은 이주자들이 팔레스타인으로 들어올 때 러시아에서 이주한 유대인들은 러시아 공산주의 혁명에 실망한 이상적 사회주의자들이었다.

그들이 새로운 유대사회건설에 중추가 되어 키브츠(Kibutz)라는 새로운 형태의 집단적 공동생활에 기반을 둔 촌락을 만들었다. 또한 조직적인 유대사회 건설의 초석이라 할 수 있는 유대인 노동조합(Histadrut)운동의 중심이 되었다.

키부츠(Kibutz)는 "그룹(Group)"이란 뜻이다. 그 뜻은 그붓자(Kevutzah)에 어원을 둔 말로 복수는 기브찜(Kibbutzim)이다.

키브츠는 성경의 레위기 25장 23장에 "토지는 영영히 팔지말 것은 토지는 다 내것임이라 너희는 나그네요 우거하는 자로서 나와 함께 있느니라" 말씀 하신 하나님의 땅에 바탕을 두고 출발 했다. 그리하여 키브츠 정신은 "경제적 잘살기운동"일뿐 아니라 "땅을 변화시키는 운동"이다.

오늘날에도 이스라엘은 개인소유의 토지는 허용 되지 않으며 이스라엘 국토의 전부는 국가의 소유로 하고있다.

키부츠의 근본 정신은 1022년에 사망한 골든(A.D. Golton)의 저서 "노동과 토지"에 분명하게 밝혀져 있다. 그 핵심은 (1) 하나님 사랑 (2) 이웃 사랑, (3) 토지 사랑의 삼애주의(三愛主義)로 철저한 애국애족을 바탕으로한 집단농장을 만드는데 큰 영향을 주었다.

키부츠는 평등주의와 공동사회의 원칙을 기초로 하여 집단생활 형태로서 사유재산이 인정되지 않고 모든 구성원들이 균등하게 같은 조건에서 일하고 식당에서 공동식사를 하며 아이들은 보모가 키우게 되고 모든 교육, 의료, 후생 등 일체를 키브츠 자체에서 해결하고 있다

키부츠의 제도는 사회주의적 형태로 보이지만 민주주의 형태를 띤 의결기관에 의한 완전한 민주주의 체제로 각종위원회를 조직하여 재정, 생산, 교육, 문화등에 관한 사항을 효율적으로 운영하고 있다.

1909년에 첫 키브츠의 건설은 갈릴리 호수하구에 위치한 드가니야(Deganyah)에서 시작되었다. 그후 점차로 숫자가 증가하여 1936년에 48개, 1947년에 145개, 1956년에 227개, 1976년에 245개, 1990년대 초에 약 270개였던 것이 1996년부터 250개로 점차 감소 추세에 있다. 키부츠인구는 약 7만명으로 이스라엘 인구의 2%도 못미친다. 점차로 키부츠의 이상이 저물어 가는 추세이다.

그간 키부츠는 정치, 경제, 안보 등 국가발전에 다양하게 기여해 왔으나 키부츠의 기본적인 가치관도 다소 변화를 보이고 있다.

모샤브(Moshav)는 집단생활의 형태이나 키부츠와는 달리 개인 사유재산이 인정되며 개인 소유주택에서 자유롭게 생활한다. 단, 토지의 개인소유는 허용되지 않는다.

모든 경제활동은 개인적인 재량에 따르고 있으나 공동으로 주요 장비 및 물품을 구입하여 사용하며 기술

지원 등의 협력을 유지하는 집단협력체이다.

모샤브는 유대인들이 이스라엘에 이주할 때 가지고 온 개인재산으로 형성되었으며. 1920년 이스르엘 계곡의 "나할랄"(Nahalal) 모샤브가 처음 시작이었다. 1990년대 초에 400개의 모샤브가 되었다.

모샤브 쉬투휘(Moshav-Shityfi)는 키브츠와 모샤브의 조화된 형태로서 키브츠의 협동농사 방법과 모샤브의 가정생활을 효율적으로 활용한 집단형태이다. 1937년 "모레뎃"(Moledet) 모샤브 쉬투휘가 이스르엘 계곡에 세워진후 현재는 30여개가 있다.

오렌지의 일종

바나나 운반 장면

제3절 예루살렘의 약사

예루살렘은 히브리어로는 예루샬라임(ירושלים), 헬라어로는 예로솔뤼미(Ἱεροσόλυμα). 영어로는 쥬르살렘(Jerusalem)이라 부른다.

예루살렘은 지중해 연안으로부터 약 63km, 여리고로 부터 35km 떨어진 지역으로 해발 약 853m의 산악지대에 위치하고 있다.

예루살렘은 주전 4000년 청동기시대 이전부터 사람이 정착하기 시작한 것으로 고고학자들은 주장하고 있다.

가나안 땅을 여호수아가 정복할 때에 여부스족의 거주지인 예루살렘을 빼앗지 못하였다. 그러나 다윗이 헤브론에서 유다족속의 왕이된지 7년후인 주전 1000년경에 다윗왕이 점령하여 다윗성이라 하고 왕국의 수도로 삼았다.(삼하 2:11)

세계에서 오래된 도시중의 하나로서 3천년의 역사를 간직한 채 고대로 부터 현재에 이르기 까지 역사의 중심지가 되어 세계 인류들에게 관심의 촛점이 되고 있다.

예루살렘의 고대 이름은 아브라함 시대에 살렘(창 14:18. 시 76:2)이라 불리었다.

성경에 예루살렘이라는 이름으로 처음 기록된 것은 여호수아 10장1절로 예루살렘왕 아도니세덱이라고 거명한 것이 효시이며, 여부스는 곧 예루살렘이다(삿 19:10,11)라고 하였다. 예루살렘의 상징적인 이름으로 "오홀리바"(겔 23:4)라고 기록되기도 하였다.

그리고 시온산의 이름을 따라 "시온성" 다윗왕의 도성인고로 다윗자손은 "하나님의 성", 하나님의 성전이 있었기에 "거룩한 성"(삼하 5:7, 시 46:4, 눅 2:11, 마 4:5)이라고 하였다.

예루살렘은 하나님의 성으로 터가 높고 아름다우며

제 2성전 모델

(시 48:1-2), 조밀한 성읍으로 건설되었고(시 122:3), 산들이 예루살렘을 두르고 있다(시 125:2)는 사실을 성경의 시편에서 잘 묘사해 주고 있다.

예루살렘은 "평화의 도시"라는 뜻이다. 그러나 타민족의 침범으로 인하여 평화보다는 전쟁의 참화로 수난을 많이 당하게 되어 오늘날까지 무려 50차례이상 무력에 의한 외침에 의하여 36차례에 걸쳐 정복을 당하였고 10차례의 심한 파괴를 당하는 역사적인 비운을 맞게 되었다.

예루살렘성은 역사적 변화가 극심할 때마다 성벽과 성전이 파괴되고 다시 재건되는 등 다양하게 변천되어 금일에 이르렀다.

오늘날의 예루살렘성은 세계 3대 유일신 종교인, 유대교, 기독교. 이슬람교의 중심지가 되어 전세계의 25억 종교인들에게 신앙의 고향이 되고 있지만 보이지 않는 종교적 대립과 갈등이 심화되어 있는 곳이다.

현재의 예루살렘은 옛 예루살렘(Old City)과 성밖의 다른 지역의 신 예루살렘(New City)으로 구분이 된다.

옛 예루살렘은 1967년 6일전쟁 이전에 요르단 통치하에 있던 예루살렘성과 그 북쪽과 동쪽의 감람산 그리고 힌놈의 골짜기 주변이 포함되며 성경에 기록된 예루살렘은 대부분 옛 예루살렘지역이다.

신 예루살렘은 예루살렘의 서편지역으로서 유대인들이 19세기 이후 부터 해외에서 돌아오기 시작하여 독립 후에는 주로 이곳에 유대인들이 거주하고 있다.

예루살렘은 이스라엘의 수도로서 정치, 행정, 종교의 중심지이며 입법, 사법, 행정의 3부관서, 히브리대학교, 국립박물관, 유대교 랍비 본부, 세계 시온주의 본부 등의 중추 핵심기관이 위치하고 있다.

그러나 이스라엘의 문화, 외교, 통상 및 상업의 중심지는 지중해 연안에 위치한 텔아비브(Tel Aviv)이다. 현재 예루살렘은 약 56만 명의 유대인, 아랍인, 기독교인들이 어우러져 살고 있는데 유대인과 아랍인들간의 대결과 갈등이 상존하고 있어 일촉즉발(一觸卽發)의 위기감이 항상 도사리고 있다.

제4절 성벽의 변천사

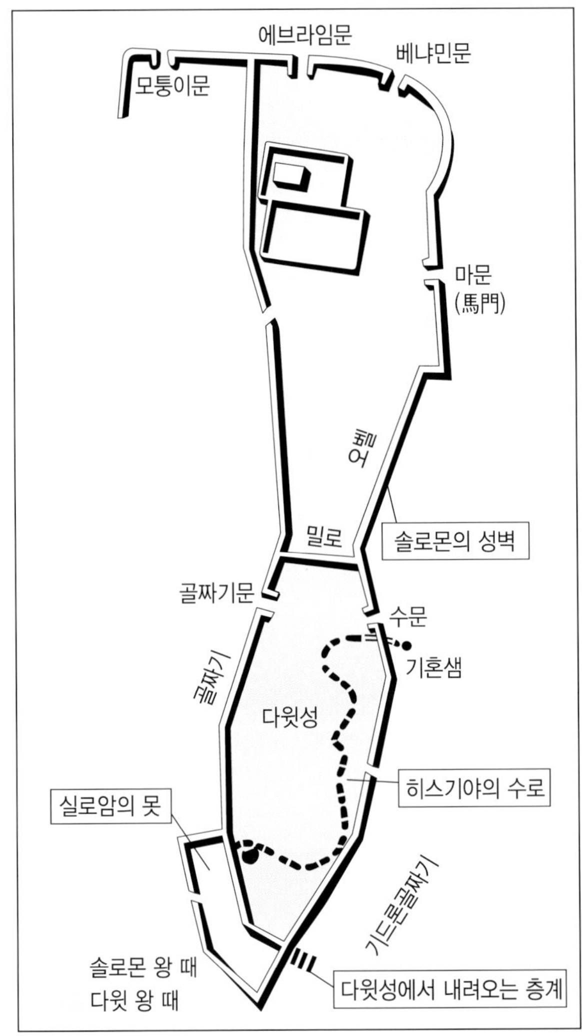

다윗과 솔로몬의 성벽

1. 다윗왕 시대

여호수아가 가나안 땅을 정복할 때에 예루살렘지역을 수 차례 침공했지만 여부스족이 견고하게 수호하였다. 예루살렘의 북쪽에는 베냐민 지파가 남쪽은 유다 지파가 인접하고 있었다.

다윗은 주전 1000년경에 예루살렘을 점령하여 오벨 언덕(느 3:26, 대하 27:3)에 도시를 세워 다윗성이라 칭하고(삼하 5:9) 수도로 삼았다. 또한 기럇여아림에 있던 언약궤를 성안으로 옮겨와(삼상 6:21, 7:1) 정치와 종교적인 중심지로 만들었다.

제2성전 시대의 예루살렘

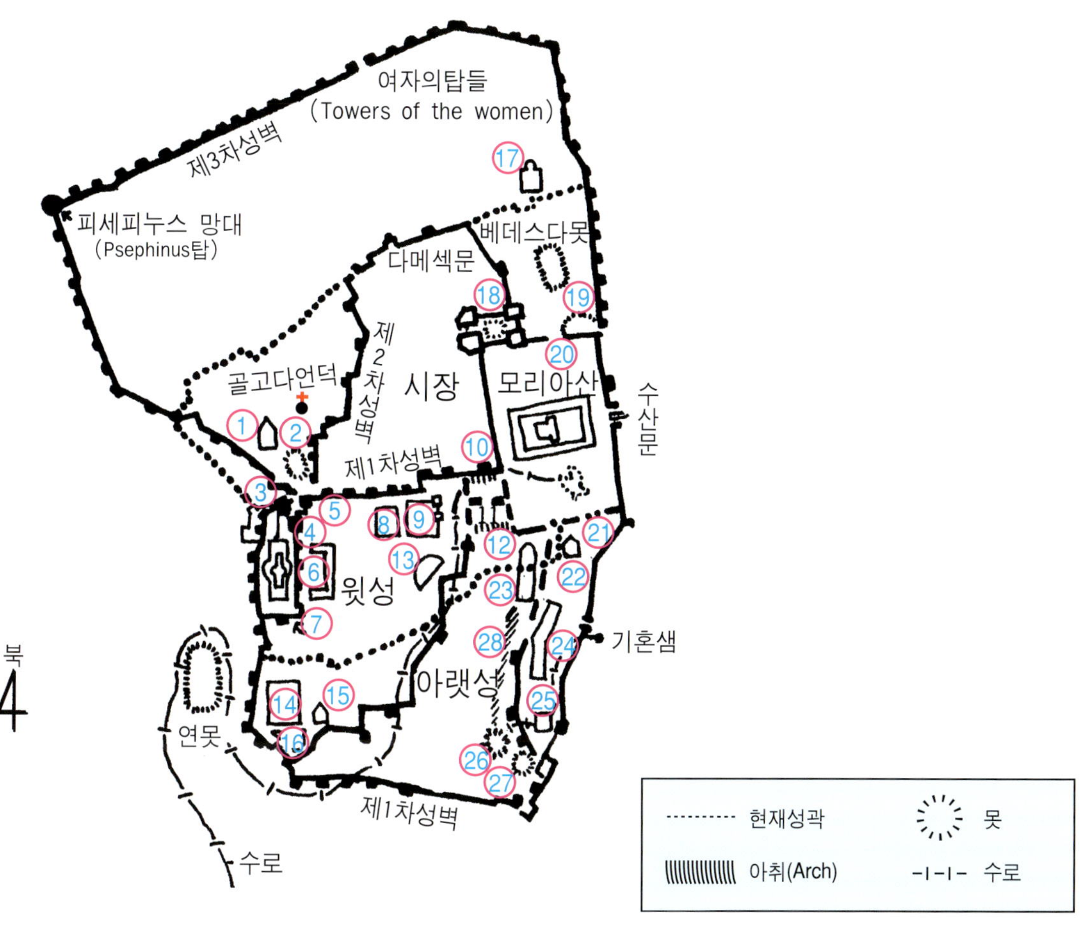

① 존 힐카누스의 기념비
② 히스기야 못
③ 헤롯 동생의 탑
④ 헤롯 부인의 탑
⑤ 헤롯 친구의 탑
⑥ 윗성의 시작
⑦ 헤롯의 궁전
⑧ 하나니아의 궁전
⑨ 공회당
⑩ 윌슨의 아치
⑪ 바크라이의 문
⑫ 로빈손 아치
⑬ 극장
⑭ 가야바의 궁전
⑮ 다윗왕의 무덤
⑯ 세탁하는 장소
⑰ 알렉산더의 기념물
⑱ 안토니오 요새와 그 안에 있는 못
⑲ 이스라엘 못
⑳ 테디 문
㉑ 여선지 훌다의 문(쌍문과 세 쌍문)
㉒ 훌다의 기념물
㉓ 경기장(스타디움)
㉔ 헬레나 여왕의 궁전
㉕ 유대교 회당
㉖ 실로암 못
㉗ 못

예루살렘 성벽의 변천과정

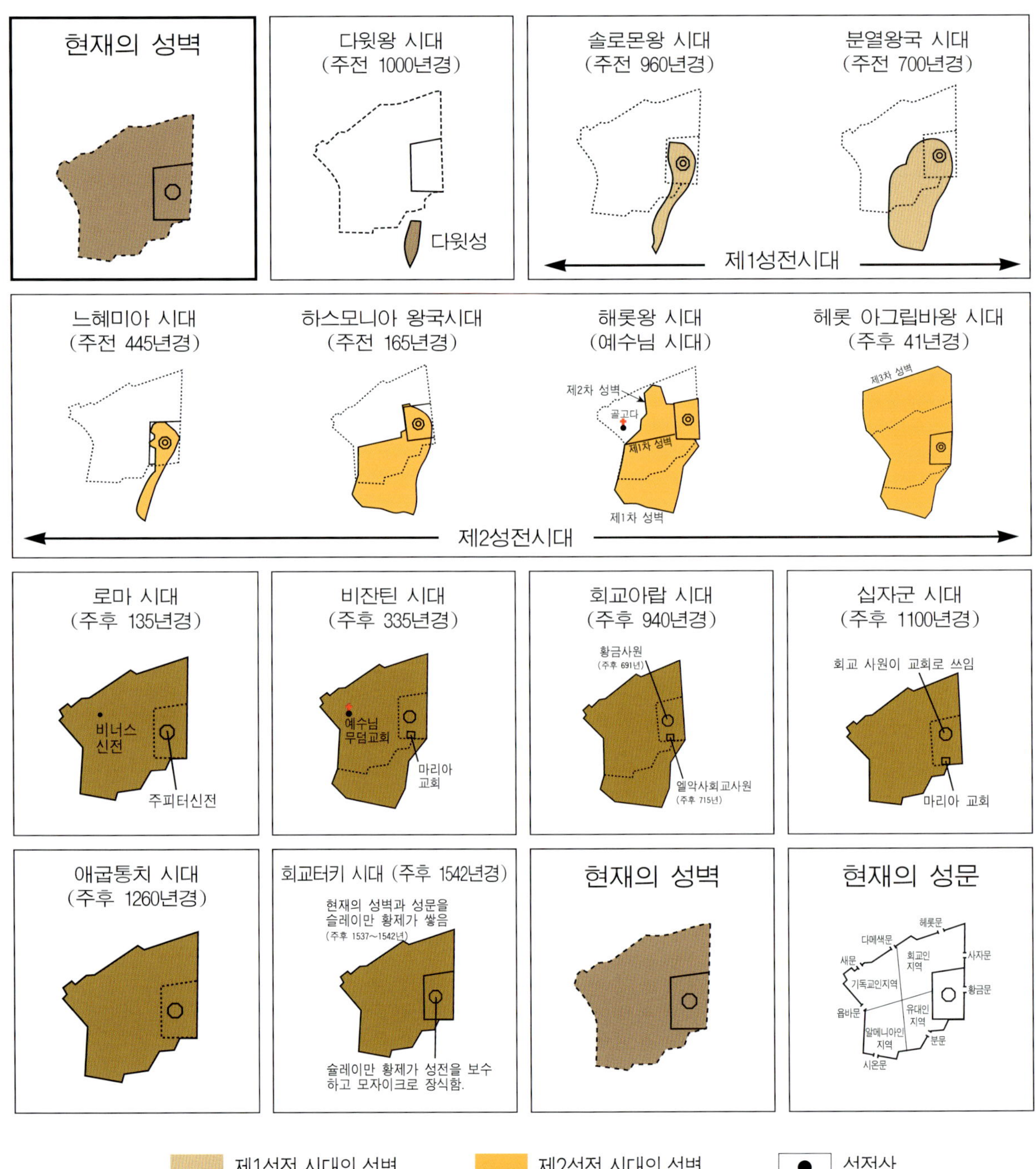

2. 솔로몬왕 시대

다윗성은 오벨언덕이 중심지였으나 솔로몬왕은 북쪽으로 확장하여 모리아산(창 22:1-9, 현 바위사원 위치)을 중심지로 하였다. 그곳에 언약궤를 모실 성전을 7년간에 걸쳐 건축하여 주전 959년에 완공(왕상 6:38)한 후 화려한 궁전을 13년간에 걸쳐 건축하여 주전 936년에 완공 했다(왕상 7:1) 또한 성벽을 견고하게 쌓았다. 이때를 제1성전시대의 시작이라 한다.

3. 분열왕국 시대

솔로몬왕이 죽자 이스라엘 땅은 북이스라엘 왕국과 남유다 왕국으로 분열(주전 931년)되어 북왕국은 여로보암이 세겜을 수도로 하였고 남 왕국은 솔로몬에 이어 르호보암이 예루살렘을 수도로 하여 분단의 역사가 시작되었다.

남유다 왕국의 히스기야왕(주전 717-698)은 앗수르의 산헤립으로 부터 침범을 막기위하여 성벽을 확장 보수(대하 32:1-23)하였다. 그 규모는 솔로몬시대 보다 거의 3배가 될 정도로 크게 확장되었다. 또한 성 밖에 있는 기혼샘에서부터 성내의 실로암 못까지 땅 밑 암반을 터널로 뚫어 길이 533m의 수로를 만들어 성안에 물을 공급하기도 하였다. 오늘날에도 물이 풍부하게 흐르고 있다. 그러나 바벨론왕 느부갓네살에게 주전 586년에 남유다 왕국이 멸망하게 될 때에 도시와 솔로몬 성전이 파괴되었고 제1성전시대가 끝났다.(왕하 25:9)

4. 느헤미야 시대

이스라엘 백성이 바벨론에서 포로생활을 한지 50년이 지나자 페르시야왕 고레스에 의해 예루살렘으로 귀환(주전 537년)할 때 스룹바벨은 이스라엘 백성들을 인솔하고 돌아와 주전 515년에 성전을 재건하였다. 이때를 제2의 성전시대의 시작이라 한다.

주전 445년에 느헤미야는 유다총독에 임명되어 예루살렘에 귀환하여 성곽중수에 전력하여 52일만에 완성하였다.(느 6:15-16) 성벽은 솔로몬 성벽과 흡사하나 그 규모는 훨씬 작았다. 이때부터 이스라엘은 잠시 평온을 찾게 되었으며 예루살렘에서 중심역할을 하였다.

5. 하스모니아 왕국시대

주전 332년 희랍의 알렉산더대왕은 페르시야제국을 정복한 후 예루살렘을 점령하게 되어 프톨레미(Ptolemy, 주전 323-198)의 통치가 시작되었다.

주전 168년에 악명높은 안티오쿠스 4세(주전 175-164)에 의해 예루살렘의 전 시가지는 파괴되고 성전은 짓밟혔다. 이에 반항하여 하스모니아 출신 마카비 형제들이(Maccabean Revolt) 반란을 일으켜서 승리함으로서 예루살렘성을 다시 회복(주전 165년)하여 서쪽의 시온산과 남쪽의 다윗성 방향으로 성벽을 확장하였다.

그러나 하스모니아 왕가의 내분으로 인하여 예루살렘에서 다시 혼란이 빚어지게 됨에 따라 주전 63년에 로마의 폼페이(Pompey)에 의해 점령되어 로마의 관할하에 들어갔다.

6. 헤롯왕 시대

에돔 출신 헤롯(주전 37-4년)이 로마 황제의 총애를 받아 유대인왕으로 등극하였다.

헤롯대왕 때에 예루살렘 성벽을 북쪽으로 좀더 확장하였고 기존 성벽안에 성전을 보수했다. 또한 이스라엘 전역에 많은 요새와 도시를 만들어 유사시에 대비했다. 즉 헤로디움요새, 마사다요새, 가이사랴, 사마리아, 여리고 등에 그 유적들이 남아있다. 이때의 성이 예수님 시대의 예루살렘성이다.

7. 헤롯아그립바왕 시대

예루살렘성은 헤롯대왕의 손자 아그립바왕(재위, 주후 37-44)때에 더욱 확장하여 성의 규모가 가장 컸다.

이때에 로마의 행정권에 들어가 유대인들은 탄압을 많이 받았다. 주후 66년에 로마에 대항하여 유대인들은 제1차 대반란을 일으켰으나 곧 진압되고 주후 70년에 로마의 티투스(Titus)장군에 의해 에루살렘성과 성전이 파괴됨으로 제2성전시대가 끝났다. 이때에 유대인들은 모두 예루살렘성에서 추방되었다.

8. 로마(하드리안)시대

로마 하드리안 왕조가 예루살렘을 통치할 때 주후 132-135년에 유대인들의 제2차 바르코크바(Bar Kochba) 반란이 일어났다.

로마는 두 번의 반란이 있은 후에 유대인들에게 큰 보복을 가했다. 로마 하드리안(Hadrian)황제는 당시 유대라는 이름의 지명까지도 지도에서 지워버리기를 원하여 "팔레스타인(Palestine)"으로 이름을 바꿨다. 그것은 이 땅이 유대인들의 땅이 아니라 유대인들의 적인 블레셋 사람들의 땅이라는 의미로 유대인들에게 상처를 주기 위함이었다. 또한 예루살렘의 이름도 엘리아 카피톨리나(Aelia Capitolina)라는 로마식 이름으로 바꾸고 예루살렘성에 쥬피터(jupiter) 신전을 건축(주후 135년)하였다.

이때에 예루살렘성의 규모가 축소되고 로마양식에 따라 예루살렘성 내의 건물들이 한 건물처럼 보이도록 하고 건물과 건물사이에 복도식의 도로가 연결되는 로마식 도시로 변하게 하였다.

9. 비잔틴(로마기독교)시대

로마시대로부터 비잔틴(Byzantine)시대로의 변화는 제국의 수도가 로마로부터 비잔티움으로 옮겨가는데서 부터 시작된다.

주후 323년 콘스탄틴 황제(주후 274-337년)는 기독교를 로마 국교로 공인하게 됨으로 예루살렘은 종교적, 정치적인 새로운 전환기를 맞이하여 예수그리스도와 관련된 많은 장소에 기념 교회를 세우게 되었다.

즉, 골고다 언덕 위에 예수님 무덤교회(The Chuch of Holy Sepulcher), 베들레헴에 예수님 탄생교회, 감람산에 예수님 승천교회 등을 건축하였다. 이 시대의 건축양식의 특색은 교회바닥에 아름다운 모자이크로 채색한 것이다.

예루살렘성은 에우도니까 황제에 의해 서쪽에 위치한 시온산과 남쪽에 위치한 다윗성터가 다시 성벽 안으로 들어오게 되었다.

10. 회교아랍시대

모하메드(Muhamad, 주후 570-632)에 의해 창시된 회교도들은 페르시아와 비잔틴제국을 차례로 정복하였다.

주후 638년에 예루살렘성은 회교아랍국의 오마르왕(Omar)에 의해 점령된후 약 450년간 회교의 영향을 받았다.

예루살렘성 내에는 모리아산에 바위사원(Dome of The Rock, 주후 691년), 엘악사사원(El Aqsa Mosque, 주후 715년)이 건축되어 메카(Mecca)와 메디나(Medina)와 더불어 회교도들의 3대 성지 중의 하나가 되었다.

한편, 비잔틴시대에 세워진 많은 기독교의 교회가 대부분 이 시대에 파괴되었기 때문에 유럽의 기독교인들이 자극되어 성지탈환을 목표로 한 십자군 형성의 동기가 되었다.

11. 십자군(기독교)시대

주후 1095년 교황 우르반2세(Pope Urban Ⅱ)에 의해 소집된 십자군은 여러차례의 실패를 거듭하였지만 주후 1099년 6월 15일에 예루살렘을 탈환하였다.

첫 번째 왕위에 오른 볼드윈1세(Baldwin Ⅰ, 주후 1100-1118)는 많은 회교도들을 학살하고 그들의 사원을 파괴했으며 곳곳에 튼튼한 요새를 건설하였다. 또한 비잔틴시대에 세워졌던 교회가 파괴되었으므로 그 터 위에 다시금 웅장한 교회가 세워졌다. 당시 건물의 특징은 규모가 크고 높은 편이나 사용한 돌은 섬세하지 못하였다. 그 대표적인 교회가 스테반문 안에 있는 성 안네교회이다. 이때부터 유럽으로 부터 많은 성지 순례자들이 성지를 방문하였다.

그러나 주후 1187년 회교국의 살라딘(Saladin)장군에게 패배하게 되어 주후 1291년 십자군의 최후의 보루였던 악고(Acco)가 무너짐으로써 십자군 시대는 막을 내리게 되었다. 이때에 유대인들은 박해를 당하여 예루살렘을 떠나야 했기 때문에 도시의 규모가 작아졌고 성벽 안에 위치한 시온산과 다윗 성터가 다시금 성벽 밖으로 나가게 되었다.

12. 오스만 터키시대

터어키의 오스만(Ottoman)제국의 살림왕에 의해 주후 1453년에 콘스탄티노플이 점령된후 1516년 이스라엘에 이어서, 1517년에 애굽이 정복되었다.

슐레이만대제(Suleiman, 주후 1520년-1566년)가 1537년에서 1542년 사이에 현재의 예루살렘성을 수축하여 그 당시의 성벽과 성문이 오늘날까지 보존되고 있다.

이 기간 동안에 유럽과 러시아에 흩어져 살던 디아스포라 유대인들은 헤르츨(Teodor Herzl)을 중심으로 시온주의(Zionism)운동을 전개하면서 새로운 이스라엘 건설을 위한 준비를 하게 되었다.

13. 현대 이스라엘시대

주후 1917년 영국군 총사령관 알렌비(Allenby)장군은 거룩한 성 예루살렘을 점령하였다.

알렌비 장군이 예루살렘을 점령하기 1개월전 영국의 외무상 발포어(Balfour)는 주후 1917년 11월 "발포어" 선언을 발표하고 팔레스타인지역에 유대인 지역을 분리시켜 유대인 민족국가 건설을 선언하였다.

그러나 영국은 2년 전인 1915년 10월 29일 팔레스타인 지역에 거주하고 있는 팔레스타인들에게도 독립시켜 줄 것을 "맥 마흔 선언"으로 약속하였다.

이 두 선언이 서로 모순되는 것이어서 팔레스타인 문제는 오늘날까지 어려운 상황으로 전개되고 있다.

제1차 세계대전(주후 1914-1918년)에서 터어키가 패배하자 1920년 UN에서 영국이 이스라엘을 위임통치 하도록 결의하였다.

제2차 세계 대전이 종식된후 1947년 UN에서 팔레스타인 땅안에 유대인 국가(Jewish state)와 아랍국가(Arab state)를 양분하여 독립시킬 것을 결의했으나 아랍은 이 결정을 무효로 주장하는 반면에 유대인들은 받아드림으로서 1948년 5월 14일 이스라엘은 독자적으로 독립을 선포하였다. 그러나 아랍국가들과 마찰이 계속되었으며 중동의 4차에 걸친 전쟁을 유발하게 되었다.

이스라엘이 독립을 선포할 당시 예루살렘성은 요르단의 통치하에 들어 있었다. 이스라엘은 성벽 밖의 서쪽지역의 예루살렘만을 차지했고, 요르단은 구시가지 전역과 신시가지의 북쪽, 남쪽, 동쪽지역을 차지했다.

이스라엘과 아랍국가간에 갈등이 심화되어 중동전쟁에 휘말렸고 소위 3차 중동전쟁으로 불리우는 6일전쟁을 통하여 오늘날 예루살렘성은 이스라엘 통치하에 들어가게 되었다.

1964년에 팔레스타인 해방기구(P.L.O)가 결성되고 1969년에 야세르 아라파트(Yaser Arafat)가 의장으로 취임하여 이스라엘과의 대결이 본격화되면서 빼앗긴 예루살렘성과 기타 자치지역 회복을 위한 갈등이 계속되었다.

그후 평화정착을 위한 캠프데이비드 협정(1973. 3. 26)에 이어 마드리드 평화회담(1991. 10. 30-11. 1) 등 여러 차례 협상이 있었고 1998년 10월 와이리버 평화협정이 타결된 후 팔레스타인은 1999년 5월과 2000년 9월에 자치지역에서 독립을 선포한다는 입장이 강경했으나 이스라엘은 결코 독립은 인정할 수 없다면서 계속 대결국면에 있었다.

현 예루살렘성은 오스만 터키시대에 슐레이만 대제에 의해 주후 1537년에서 1542년 사이에 성벽과 성문을 수축되어 오늘날까지 보존되고 있다.

성벽의 높이는 평균 17m이며 총연장 길이는 약 4km로써 성벽 상부에 34개의 망대탑과 곳곳에는 현대전에 필요한 총안구와 같은 형태로 방어에 유리하도록 축성되어 있다.

그리고 성벽내부의 면적은 1km²로서 구시가지는 4개의 지역으로 구분되고 있다. 내부의 북쪽은 기독교인 지역, 북동쪽은 모슬렘인 지역, 남서쪽은 알메니아인 지역, 남동쪽은 유대인 지역으로 구분되어 각각 거주하고 있다. 성경에 기록된 다윗성과 시온성은 현 성곽밖에 위치하고 있다.

예루살렘 성곽에는 16세기 재건될 당시에는 6개의 성문이 있었는데 그중 세 개의 욥바문, 다메섹문, 시온문은 옛모습을 그대로 유지하고 있다. 이 성문들은 ㄴ자형태로 굽어들어가도록 건축한 것이 특색인데 적으로부터 방어에 유리하도록 한 것이다.

주후 1887년에 다메섹문과 욥바문의 중간지점에 새 문을 만들었다. 현재는 성문이 8개인데 황금문이 닫혀 있으므로 7개의 성문이 개방되어 있다. 각 성문마다 두 세 개의 전해져 내려오는 명칭이 있어서 혼돈하기가 쉽다.

제5절 성 문

1. 황금문 (Golden Gate)

이 성문은 성벽의 동쪽에 위치한 문으로 6세기경에 만들어 졌다고 학자들은 추정하고 있다. 이 문은 쌍문으로 되어졌고 8개 성문중에서 가장 아름다운 문인데 지금은 돌로 봉쇄되어 있다.

성전에서 이 성문을 바라보면 감람산이 정면으로 일직선상에 놓인 상태로 보인다 다시 말하면 감람산에서 예루살렘 대성전으로 통하는 성문이다.

제2성전시대에는 이 자리에 수산문(Shushan Gate)이 있었다고 한다. 바벨론 포로지인 수산에서 귀환한 유대인들이 이 문을 통과해서 입성했다고 해서 수산문이라 불렸다. 이때에 제사장들이 왕래하던 문이었다.

비잔틴시대 사람들은 미문(美門)이 바로 수산문을 가리킨다고 생각했다.(행 3:2,10) 그래서 라틴어로 뽀르따 아우레아(Porta aurea, 금으로 된 문)라고 옮겨 불렀다. 바

황금문

로 여기서 연유하여 영어로 골든 게이트(Golden Gate)라고 부르게 된 것이다.

아랍인들은 "영원의 문"이라 불렀고 여기에 연유하여 "심판의 문"이라고 부르고 있다. 또한 이 성문이 쌍문으로 되어 있기 때문에 쌍둥이의 문이라고 부르기도 한다.

쌍문의 한쪽 문은 통회의 문, 다른 한쪽 문은 자비의 문이라고 부르고 있다.

유대인들은 이 성문을 "자비의 문"(Mercy Gate)이라고 부른다. 십자군시대에는 봄에 있는 종려주일과 가을에 있는 십자가 날에 이 성문이 열렸다.

십자가의 날(The Holy Cross Day)은 주후 629년 9월중순에 비잔틴시대 왕인 "헤라클리우스"가 예수님이 달리셨던 것으로 믿어지는 십자가를 이 성문을 통해 예루살렘성에 들여왔던 날을 기념하는 것이다. 예루살렘성에 들어왔던 십자가를 주후 633년에 콘스탄티노플로 다시 옮겨갔다고 한다.

이 황금문이 봉쇄된 이유에 대하여 여러 가지 해석들이 있다. 더욱 관심을 가지게 되는 것은 신학적 해석이다. "그가 나를 데리고 성소 동향 한 바깥 문에 돌아오시니 그 문이 닫히었더라 여호와께서 내게 이르시되 이 문을 닫고 다시 열지 못할지니 아무 사람도 그리로 들어오지 못할 것은 이스라엘 하나님 나 여호와가 그리로 들어왔음이라 그러므로 닫아 둘지니라(겔 44:1-2) 즉, 예수님께서 메시야로써 이 성문을 통과하셨기 때문에 이제 봉쇄되어져야 하고 종말에 심판하러 오실 때 이 문은 다시 열리게 된다는 것이다.

유대인들은 메시야가 입성할 문이라고 믿고 있다. 황금문 바깥에는 유대인들의 무덤들이 있다. 그들은 메시야가 오실 때 성문이 열리게 되고 죽었던 영혼이 메시야를 따라 예루살렘성으로 입성할 것을 바라고 있기 때문이다.

황금문 밖에는 아랍인의 무덤이 대부분이다. 회교인들은 황금문이 닫힌 이유는 사원과 너무 가까운 거리에 성문이 위치하고 있어 회교대사원을 건립한후 사원 뜰을 더욱 거룩하게 하기 위하여 황금문으로 들어오지 못하도록 봉쇄했다고 한다.

2. 사자문 (Lion's Gate)

이 성문은 성벽의 동쪽에 있는 문으로 이 문으로 나가면 기드론 골짜기를 건너 겟세마네 동산과 여리고로 가게 된다. 이 성문을 나가 우측으로 돌아가면 황금문으로 가고 좌측으로 돌아가면 헤롯문으로 가게된다.

유대인들은 이 성문을 사자문(Lion's Gate)이라고 하는데 예루살렘 성벽과 성문을 수축한 슐레이만 대제의 꿈에서 유래되었다.

네 마리의 사자가 꿈에 나타나 먹힐 뻔 했는데 그 꿈을 풀이한 학자들이 거룩한 성인 예루살렘을 재건치 않은채 내버려 두고 왕만이 좋은 집에 살기 때문이라고 했다. 그래서 왕이 예루살렘 성벽을 수축했고 그것을 기념하기 위해 주후 1540년경 성문을 보수하면서 성문 상단 양쪽에 사자 두 마리씩 네 마리를 부각하였다. 따라서 영어로는 "라이온스 게이트", 히브리어로는 "사아르하아라요트"라고 부르고 있다.

기독교인들은 이 성문을 스테반문(St. Stephen's Gate)이라고 부른다. 기독교의 첫 순교자인 스테반이 이 성문 밖 가까운 곳에서 순교를 당했기 때문이다. 이 스테반 문에서 약 200m 남동쪽으로 내려가면 희랍정교회에 소속되어 있는 스테반 기념교회가 세워져 있다.(행 7:54-60, 8:1-2)

아랍인들은 마리아의 문이라고 부른다. 성모 마리아가 태어난 곳이 이 성문안의 가까운 곳(성 안네교회)이며 마리아의 무덤이 성문 밖 가까운 남동쪽 기드론 골짜기 언덕에 위치하고 있다고 해서이다.

현재도 매년 종려주일에 기독교인들이 종려가지를 들고 벳바게로 부터 행진하여 감람산을 넘어 겟세마네 동산을 거쳐 이 성문으로 입성하고 있다. 1920년에 영국군은 자동차가 통행할 수 있도록 개조하였으며 1967년 6일 전쟁시 이스라엘 군인들은 이 성문을 최초 점령하여 예루살렘 성을 용이하게 장악하였다.

3. 분문 (糞門, Dung Gate)

이 성문은 성벽의 남동쪽에 위치한 문으로 힌놈의 골짜기로 통하는 문이다. 예루살렘성 내의 모든 오물이 이 성문을 통해서 힌놈의 골짜기나 기드론 골짜기에 버려졌기 때문에 히브리어로는 "사아르 하아슈포트", 영어로는 덩 게이트(Dung gate, 동물의 똥)에서 연유되어 분문(糞門)이라고 부른다.

이 분문은 여러시대를 거쳐서 예루살렘성벽이 변동됨에 따라 그 위치가 많이 변했다.

제1성전시대와 제2성전시대에 이 문은 실로암못 근방이었다. 느헤미야가 성벽을 시찰하면서 분문에 이르는 동안 보니 예루살렘이 다 무너졌고 성문은 소화되었다.(느2:13) 그당시 느헤미야가 돌아본 문도 분문이었다.

또한 유다왕 시드기야와 모든 군사가 그들을 보고 도망하되 밤에 동산길로 좇아 "두담샛문"을 통하여 성읍을 벗어나서 아라바로 갔다(렘39:4)고 했다. 예루살렘이 함락될 때 "두담샛문"이 분문을 말하고 있다.

현재의 분문은 요르단 사람들에 의하여 개조되었다. 1948년에 욥바성문이 이스라엘 군에 의해 봉쇄되자 성벽안으로 자동차나 많은 사람이 출입할 수 있도록 확장해 만들어진 성문이다.

이 분문은 성내의 성전산, 유대인 지역, 통곡의 벽으로 들어가기에 용이함으로 유대인과 성지순례자들이 많이 출입하는 성문이다.

4. 시온문 (Zion Gate)

이 성문은 성벽의 남서쪽에 위치한 문으로 시온산과 통하는 문이라 해서 영어로 시온 게이트(Zion Gate), 히브리어로는 "사아르 시온"이라고 부른다. 아랍인들은 "바브 엔 네비다우드"라고 부르고 있는데 이 문을 통해 시온산에 위치한 다윗왕의 무덤으로 간다고 해서 그렇게 부른다. 이 시온문을 통하여 성문 밖의 다윗의 무덤, 마가의 다락방, 마리아 영면교회를 가게 된다.

5. 욥바문 (Jaffa Gate)

6. 새 문 (New Gate)

이 성문은 성벽의 서쪽에 위치해 있는 문으로 지중해 연안에 있는 욥바 도시와 통하는 문이라 해서 영어로는 자파 게이트(Jaffa Gate), 히브리어로는 "사아트 요빠"라고 부른다.

아랍어로는 "바브엘카릴"이라고 하는데 이는 "하나님의 친구 문"이란 뜻이다. 엘 카릴은 하나님의 친구를 뜻하는데 아브라함을 가리킨다. 따라서 아브라함의 문이라고도 말한다. 이 성문은 아브라함의 묘가 위치한 "헤브론"과 통한다고 하여 헤브론 문이라고도 부른다.

이 성문 위에는 "이 문은 슐레이만 대제에 의해 주후 1538년에서 1539년 사이에 세워진 것"이라고 아랍어로 쓰여져 있다.

이 욥바문의 남쪽에 높이 솟은 탑은 다윗망대이다. 욥바문은 예수님 무덤교회를 가는데는 가장 가까운 성문이다.

욥바문 남쪽의 성벽이 헐려서 자동차들이 왕래하고 있다. 성벽이 헐린 것은 주후 1898년 독일의 카이자르 윌헬름2세가 터어키왕의 초청으로 예루살렘성을 방문하게 되었을 때 왕의 마차가 성내로 들어오게 하기 위해서였다.

이 성문은 성벽의 북서쪽에 위치한 문으로 구시가지와 신시가지의 왕래에 편리한 통로를 위해 주후 1889년에 술탄압둘하이드가 만든 성문이다.

이 성문의 안쪽에는 기독교인들이 많이 살고 있다.

7. 다메섹문 (Damascus Gate)

이 성문은 성벽의 북쪽 중앙에 위치한 문으로 성문들 중에 가장 크고 아름다운 성문이다.

영어로는 다마스커스 게이트(Damascus Gate), 히브리어로는 세겜으로 통하는 성문이라고 해서 사아르 세겜(세겜문)이라고 부른다. 유대인들도 세겜문 또는 나블러스문이라 부른다.

이 성문의 다메섹문이라는 이름은 이 문에서 계속 되는 길이 세겜을 거쳐 다메섹으로 연결되기에 생긴 것이다.

로마시대에는 예루살렘의 중심성문이었고 이 성문에서 시온문까지 중심도로가 놓여 있었는데 웅장하고 아름다웠다고 한다.

다메섹문

8. 헤롯문 (Herod' s Gate)   ▶

이 성문은 성벽의 북동쪽에 위치해 있는 문으로 헤롯 안티파스의 궁전이 이 성문의 근처에 있었다고 하여 헤롯문이라 불렀다.

유대인들은 꽃문이라고 부르고 아랍인들은 초소의 문이라고 부른다. 이 성문은 아랍인 지역에 가까운 문이므로 아랍인들이 많이 이용하는 문이다.

제6절 예루살렘성 내부지역

법궤 성소 내부의 등대(금1달란트, 7개 촛대)
이스라엘을 상징하는 일곱촛대의 "매노라"를 둘러싼 올리브는 유대민족의 평화에 대한 갈망을 상징한다.

1. 성전산 (Temple Mount)

성전산은 14만㎡로 예루살렘성 전체 면적의 6분의 1에 해당하는 넓은 지역이다.

이 지역은 해발 750m의 숭고한 산으로 서쪽 길이는 490m, 동쪽 길이는 474m, 북쪽 길이는 321m, 남쪽 길이는 283m의 둘레를 가진 넓은 지역이다.

이 성전산 주변의 동쪽으로 기드론 골짜기의 물과 성전산의 서쪽 티로포에온 골짜기(Tyropoeon Valley, 현재 복개되어 있음)의 물이 합수하게 되며 예루살렘성 서편에서 감도는 힌놈의 골짜기의 물과도 재차 합수하게되어 세 개의 계곡에서 흐르는 물이 한줄기가 되어 에느로겔(왕상 1:9) 밑의 계곡을 통과한 후 사해 방면으로 흘러 들어간다.

성전산은 전통적으로 아브라함이 이삭을 번제로 드리려 했던 모리아산이다.(창 22:1-14) "솔로몬이 예루살렘 모리아산에 여호와의 전을 건축하기를 시작하니 그곳은 전에 여호와께서 그 아비 다윗에게 나타나신 곳이요, 여부스 사람 오르난의 타작마당에 다윗이 정한 곳이라(대하 3:1)"고 하였다.

솔로몬왕 4년 2월2일에 성전공사를 시작(대하 3:2)하여 7년에 걸쳐 주전 959년 솔로몬왕 11년 8월에 완공되었다.(왕상 6:37-38)

솔로몬왕이 건축한 제1성전은 주전 586년에 바벨론 느부갓네살왕에게 파괴되고(왕하 25:8.9, 대하 36:19) 포로에서 돌아온 스룹바벨에 의해 유대인들이 주전 515년에 재건한 것이 제2성전시대의 시작이다.(스 6:15)

제2성전은 헤롯대왕에 의해 새로 증축되었으나 주후 70년, 로마 티투스(Titus) 장군에 의해 아브월(양력, 7~8월) 9일에 완전히 파괴된후 성전이 모리아산에 다시 세워지지 못하였다.

아랍인들은 성전산을 이스마엘을 바치려 했던 곳인 동시에 모하메드가 승천한 곳이라고 한다.

성전이 파괴되어 폐허가 된 그 터에 이슬람의 황금사원과 궁전터에 엘악사사원이 우뚝 세워져 있다.

현재는 예루살렘성 안에 가장 뚜렷하게 서 있는 이슬람의 황금사원이 성전산의 거룩한 이름을 무색케하며 그 황금돔이 아침햇살과 저녁 황혼때에 유난히도 빛나고 있다.

성전산 전경

2. 황금사원 (Golden Mosque)

예루살렘의 황금사원(황금사원이 파괴될 때 지구의 종말이 올 것이다)

예루살렘성을 압도하며 우뚝 솟아 있는 팔각형으로 지어진 이슬람 황금사원의 돔(Dome)은 황금빛으로 빛나고 있다.

황금사원 일대는 다윗왕이 성전을 짓기 위하여 아라우나에게서 은 50세겔을 주고 사두었던 타작마당(대하 3:1, 삼하 24:18-25)이었는데 솔로몬이 이곳에 성전과 궁전을 지었다.(대하 3:2, 5:1)

바벨론에 의해 파괴된 제1성전은 포로에서 귀환한 스룹바벨에 의해 주전 515년에 다시 재건되었으나 헬라인들에 의해 재점거 당하여 성전제사가 일시 중단되었다.

주전 167년 안티오쿠스4세의 박해에 저항하여 일어난 마카비일가에 의하여 정화된 성전은 하스모니아 왕조로 이어지면서 정상을 되찾았다. 이어 헤롯대왕에 의하여 중건되어 예수님 당시에는 화려하고 웅장하게 수축(눅 21:5)하여 당대에 유명한 건축물이 되었다.

예수께서는 이곳 성전에 올라오셔서 성전을 정화하셨으며(눅 19:45-46) 이것이 곧 성전모독사건으로 취급되어 십자가에 처형되기에 이르렀던 가장 거룩한 장소였다.

그러나 예수님의 예언대로 성전이 돌위에 돌하나도 남김없이 주후 70년에 파괴되었다. 황금사원을 "오마르사원" 또는 "바위사원"이라고도 부른다.

주후 2세기경 로마통치시대에는 모리아산의 옛성전터에 주피터의 신전이 세워졌고 그 건물은 비찬틴시대에 기독교에 의해 사용되다가 주후 614년에 페르시아에 의해 파괴 되었다.

주후 638년 회교 아랍국의 오마르왕(Caliph Omar)에 의해 예루살렘이 점령되었다. 이때에 오마르 왕은 폐허가된 성전터에 찾아가 아브라함이 이삭을 바치려 했던 바위에서 아브라함을 기리며 기도를 했다고한다.

예루살렘 성전터에 자리잡은 회교 대사원은 옴마이드왕조의 아브드 엘 말리크왕(Caliph Abd al Malik, 재위 685-705)이 687년부터 짓기 시작하여 691년에 완성하였다. 오마르왕을 추앙하기 위하여 오마르사원이라고 부르기도하지만 잘못된 것이다.

이 사원의 가장 중요한 곳은 사원 내부의 중심에 있는 거룩한 바위이다. 바위의 크기는 높이가 1.25~2m, 길이가 약 18m, 너비가 약 13m인데 이 바위가 유대인들에 의하면 아브라함이 이삭을 번제로 드렸던 곳이요, 아랍인들에 의하면 이스마엘을 바쳤던 곳인 동시에 모하메드가 승천한 곳이다.

하나님께서 시온에 귀하고 견고한 기초 돌을 놓으셨다는 말씀의 기초 돌은 바로 이 바위라는 것이다.(사 28:16) 그래서 바위사원이라고 부르는 연유가 여기에 있다. 유대인들의 탈무드에 의하면 하나님이 세상을 창조 하실 때 제일 중심이 되는 기초라 하여 초석이라는 뜻으로 "에벤하쉐티아"라고 부른다. 따라서 예루살렘의 모리아산이 지구의 중심이라고 주장 했던 지도가 주후 1580년에 나오기도 했다

황금사원(바위사원)은 십자군시대에 기독교인들이 성전으로 사용하였다. 그러나 십자군이 주후 1187년에 회교국인 터어키의 살라딘 왕에게 멸망된후 지금까지 회교사원으로 사용되고 있다.

황금사원이라는 이름은 사원의 돔(Dome)의 색이 황금색으로 빛나고 있기 때문이다.

이 회교성전은 회교의 가장 오래된 사원이다. 이것은 비잔틴시대 다음에 지어진 건축양식으로 비잔틴식 팔각형을 이루고 장식은 회교식으로 높이가 33m이고 그 지붕위로부터 황금색의 초생달장식이 3.6m 더 올라간다. 돔(Dome)의 직경은 23.7m이다. 팔각형의 사원벽의 바깥부분은 땅에서부터 5.5m 높이까지 밝은색의 대리석으로 되어있고 그 윗부분은 아름다운 터어키산 타이루로 장식되어 있다.

최초 건축할 당시 200톤이 넘는 납의 지붕이었기 때문에 무거워 무너질 염려가 있어 1956년에 35톤의 가벼운 알미늄과 청동의 합금으로 된 지붕으로 교체했다. 그후 지붕이 비가 새서 2년간 보수공사를 하여 1994년에 마쳤는데 요르단 후세인왕(king Hussein-Abdullar 1세, 1999년 2월 사망)의 보조로 돔의 외부에 80kg(약 150만불)의 금을 녹여 도금을 했다고 한다.

회교인들은 모하메드가 천사장 가브리엘의 인도를 따라 모리아산 바위에서 승천했다가 메디나로 내려온 것이 주후 622년 7월 15일로 회교 달력으로 라기압월(Ragiab) 26일이라고 한다.

그러므로 회교인들은 예루살렘성은 메카(Mecca, 출생지), 메디나(Medina, 무덤있는곳) 다음으로 중요한 성지로 여긴다.

모하메드가 승천할 때 생겼다는 발자국이 바위 한 쪽에 있다. 그 옆의 탑속에는 모하메드의 수염과 유물이 보관되어 있어 일년에 한번씩 공개한다. 이 바위의 밑에는 큰방의 동굴이 있는데 네 개의 격실이 주변에 있어 선지자 엘리야, 다윗왕, 솔로몬 그리고 모하메드가 기도하던 곳이라고 전해지고 있다.

황금사원 내부의 바위(모리아산의 바위)　　　*아브라함이 이삭을 번제로 드리려 했던 곳이며 마호메드가 승천했다는 곳이다.

3. 엘악사 사원 (EL Aqsa Mosque)

엘악사사원은 솔로몬왕때의 궁전자리에 세워졌다. "엘악사"란 말은 "가장 먼곳"이라는 뜻으로 모하메드가 메카로부터 예루살렘까지 머나먼 길을 따라 왔음을 의미한다.

황금사원의 뜰에서 남쪽중앙에 성벽 가까이 자리잡고 있는 이 사원을 은색의 둥근지붕(The Silver Dome)이라고도 하는데 이 사원은 회교의 대사원인 황금색의 둥근지붕을 세운 왕의 아들인 "알 와리드왕"이 주후 709년에 시작하여 715년에 완공했다.

그때의 건물규모는 길이가 83m 폭이 95m나 되었으며 지금것보다 배나 커서 3천여명을 동시에 수용하여 기도할 수 있었다.

현재의 사원은 746년에 지진으로 일부 파괴된후 재건한 건물이며 정면의 문은 지진 전에는 15개였으나 지금은 7개가 있다.

1976년 8월 21일 정신착란증환자인 데니스 마이클 로한이라는 호주출신 청년의 방화로 인하여 건물내부 남쪽에 있는 아름다운 목조설교단과 은색 둥근지붕이 상당부분 파괴되었지만 보수되었다.

엘악사사원의 방향은 메카를 향하고 있으며 무슬렘들이 신발을 벗고 들어가서 메카를 향해 기도하는 모습들을 볼 수 있다. 회교사원에 들어갈 때는 모든 성지순례자들도 신발을 밖에 벗어두고 들어가야 한다.

엘악사사원에서 황금사원의 뜰 계단 쪽으로 가면 중간에 컵 모양의 원형으로 생긴 샘이 있는데 이것을 컵이라는 뜻을 가진 엘-카스(El Kas)라고 부른다. 이 샘 주위에는 돌로 된 의자가 있는데 이것은 사원에 들어갈 때 앉아서 발을 씻는 곳이다. 여자들은 별도의 장소에서 발을 씻어야 한다. 솔로몬시대에는 베들레헴 남쪽의 솔로몬의 못으로부터 무려 21km의 수로를 만들어 이 샘까지 물을 끌어와 사용했다.

엘악사사원의 동남쪽 성벽의 모퉁이 꼭대기 부분은 예수님을 사탄이 시험한 곳이다. 사탄이 예수님을 이끌고 성전꼭대기에 세우고는 "네가 만일 하나님의 아들이어든 여기서 뛰어 내리라"(눅 4:9)했을 때 예수께서 말씀하시기를 "주 너의 하나님을 시험치 말라 하였느니라"라 하셨다.(눅 4:12)

그 성벽 모퉁이 밑 지하에 있는 솔로몬 마굿간은 솔로몬 왕때부터 사용했다고 하나 사실은 헤롯대왕이 성전 뜰벽을 쌓을 때 만들어진 지하실이라고 한다. 이 지하실은 길이가 83m 폭이 60m인 큰 방으로 되어 있으며 사방이 1.2m인 네모의 돌기둥 88개가 천장을 받치고 있다. 이 마굿간의 출입문은 홀다문 중에 동쪽에 있는 세쌍문과 그 동쪽에 있는 외문이다. 이것이 마굿간으로 사용되기는 십자군시대까지이며 그후에 출입문을 돌로 폐쇄하였다.

예수님이 시험받은 성전 꼭대기

4. 통곡의 벽 (The Wailing Wall, Western Wall)

통곡의 벽이라고 불리고 있는 이 성벽은 예루살렘을 둘러싸고 있는 성벽 서쪽벽의 일부이기 때문에 서쪽벽 (The Western Wall)이라 부르기도 한다. 이 서쪽벽은 헤롯대왕때 쌓은 성벽중에서 일부분이 남아 있는 것이다.

당시 예루살렘성벽은 약 60여년 동안에 걸쳐 축성되었는데 최고 14m의 길이와 400톤이나 되는 돌을 비롯하여 평균 1-3톤의 돌을 쌓은 높이 16m의 웅장한 성벽이었다.

예루살렘성이 돌 하나도 돌위에 남지않고 다 무너뜨리우리라(마24:2)라고 예수께서 예언 하신데로 주후 70년 로마에 의해 파괴될 때 지렛대로 돌위에 돌하나 남지 않게 무너뜨려 졌다.

그러나 성전산 서쪽벽의 총길이는 약 485m였으나 약 60m의 서쪽벽만(지하 17단, 지상 7단)이 지금까지 남아서 당시 이스라엘의 멸망에 대한 역사를 대변해 주고 있다.

이스라엘이 멸망한 후에 유대인들에게 성전 출입이 금지되었으나 일년에 단 한번 성전파괴일인 아브월(양력, 7-8월) 9일만은 하루동안 예루살렘에 출입할 수 있도록 해 주었기에 많은 유대인들이 이 서쪽벽 가까운 곳에 모여 성전이 파괴된 것을 슬퍼하며 울었다고 해서 통곡의 벽이라는 이름이 붙여졌다.

주후 7세기경 회교의 오마르왕은 유대인들이 이곳에서 기도할 수 있도록 허락해 주었다. 그때부터 이 서쪽벽은 유대인들에게 가장 거룩한 기도의 장소가 되었다. 유대인들은 성전산에 들어갈 수 없기 때문에 통곡의 벽에 가서 여호와께 그들의 소원을 빌고 또 기도의 제목을 종이쪽지에 써서 벽틈에 끼워두기도 한다.

통곡의 벽 밑의 지역공간을 반으로 나누어 남쪽은 여자들이 기도하고 북쪽은 남자들이 기도하도록 구분되어 있다.

성지순례자들도 기도처에 들어갈 수 있으나 남자는 반드시 머리에 키파(둥근 작은모자)나 모자를 쓰고 들어가야하며 여자는 어깨와 무릎이 드러나지 않는 옷을 입고 들어가야 한다.

유대인들이 예루살렘성과 이 통곡의 벽을 되찾은 것은 1967년의 6일전쟁의 승리의 결과이다.

이스라엘 정예공수부대는 완강한 저항을 받으며 구 예루살렘성의 사자문을 6월 7일 10시경 통과하여 입성에 성공했다. 2000여년 동안 잃었던 예루살렘성을 그날 정오에 완전 점령한 후 이스라엘 병사들은 통곡의 벽에서 감격의 눈물을 흘렸다고 한다.

통곡의 벽은 디아스포라(Diaspora)의 유대인들에게 잃었던 이스라엘 땅을 되찾겠다는 꿈을 상징하는 성소가 되어 왔기 때문이다. 이때부터 이곳에서 유대인들의 민족적 집회가 열리고 군인들의 선서식도 가진다.

하시딤

또한 발 미쯔바(Bar Mitzvah)는 오늘날 유대인이 만 13세가 되었을 때 행하는 성년의식으로 이곳에서 성대하게 거행된다. 성년식은 결혼식과 함께 일생중 가장 성대하고 중요한 행사로 여긴다.

발 미쯔바는 "계명의 아들"이라는 뜻인데 이 의식을 통해서 성년이 되었음을 선언하고 이때부터 성년이 되어 구약성경의 계명을 잘 지키면서 살아가야 하는 책임적인 존재가 되는 것이다.

성전시대에는 성전안에서 발미쯔바의 성예식이 거행되었으며 계명의 아들이 된 후 유월절 행사에 참여 할 수 있는 자격이 부여되었다.

성지순례자들은 분문을 통해서 예루살렘성에 들어가게될 경우 맨 먼저 통곡의 벽에 도착하여 유대인들의 기도하는 모습과 성년식을 바라보게 된다.

성년식

통곡의 벽에서 기도하는 전통 종교인

5. 성 안네교회 (The Church of St. Anne)

예루살렘 동쪽성문인 사자문(스데반문)으로 들어가면 들어가자마자 오른편의 건물에서 조그마한 문을 발견하게 되는데 그곳으로 들어가면 성 안네교회가 세워져있다.

성모 마리아의 아버지 요아킴과 어머니 안네가 살면서 마리아를 낳았던 집터위에 성모마리아를 낳아준 안네에게 감사하기 위하여 1140년에 십자군에 의하여 세워졌다. 다시말해서 성모 마리아가 태어난 곳의 기념교회로 성모마리아의 어머니인 안네의 이름을 딴 기념교회이다. 교회의 지하실에 성모 마리아가 태어난 곳이 있다.

정통 십자군양식의 이 교회는 그 빼어난 아름다움 때문에 이슬람의 살라딘 장군조차도 파괴금지 명령을 내릴 정도였다.

이 교회의 내부와 천장의 특이한 건축구조를 통해서 음향의 공명이 생겨 천연음향기능을 가지게 한다. 따라서 성지순례자들이 찬송을 부를 때 실제 부르는 찬송 소리보다도 더욱 아름답고 고운음으로 은은하게 찬송이 되돌아온다. 그러므로 성지순례자들은 은혜의 찬송을 불렀던 안네교회를 오래도록 기억하게 된다.

6. 베데스다 연못 (Bethesda pool)

성안네 교회의 마당에 들어가면 이 교회의 서쪽에 인접하여 베데스다 연못의 유적이 발견된다. 베데스다는 히브리어로 "자비의 집"(House of Mercy) 이라는 뜻이다.

베데스다 연못은 현재는 성안에 위치해 있으나 예수님 당시에는 성밖의 북쪽벽에 가까운 곳으로 성전으로 들어가는 양문(Sheep Gate, 느 3:1, 요 5:2)곁에 위치하고 있었다.

성경에 예루살렘에 있는 양문 곁에 히브리말로 베데스다라는 못이 있는데 거기 행각 다섯이 있었다(요 5:2)고 기록되어 있다. 베데스다 연못이 양문곁에 있었다고 전해지고 있는데 양문이라는 이름은 구약시대부터 이 근처에 양이나 염소 등을 사고 파는 시장이 있었기

성 안네 교회(상)와 베데스다 연못(하)

때문에 생겨난 이름이다.

본래 주전 2세기에 시몬이 대제사장으로 있던 때에 세워진 못이었는데 길이가 100-110m, 너비가 60-80m, 깊이가 7-8m의 두 개의 쌍둥이 연못으로 성전에 물을 공급하기 위한 목적과 더불어 종교적, 의학적인 목적으로 건축되었다.

이 연못은 치료의 효과가 있다고 해서 많은 환자들이 늘 모여든 장소였으며 예수님이 38년된 병자를 고쳐주신 성스러운 곳이다.(요 5:2-9)

오리겐(Origenes, 185-254)의 언급에 의하면 두 개의 쌍둥이 연못과 연못가장자리에 4개, 중앙에 한 개의 기둥이 있었음을 말하고 있으며 사도요한은 "행각 다섯"에 관한 흔적을 전하고 있다.

이 연못은 그간 흙으로 덮여 있었으나 1888년에 발굴되어 그 길이가 105m, 폭이 60m, 깊이가 7.5m가 되는 직사각형의 형태로 네 개의 회랑이 둘러싸고 있고, 그 측면에는 다섯 개의 회랑이 나누어져 있었다. 이로써 요한복음의 다섯 개의 행각(요 5:2)이라는 기록이 입증되고 있다.

이 연못중의 하나에서 성전에 희생제사를 드리기 위하여 양을 잡아 깨끗이 씻어서 번제로 드려졌던 것이다.

하나님께 드릴 번제물을 이 베데스다 못에서 깨끗이 씻은 곳이기 때문에 병자들이 자기들의 몸도 하나님께 드려질 제물처럼 이곳 물로 깨끗이 씻어서 병이 낫기를 소원했다는 것이다.

예수님의 38년된 병자를 고치신 기적을 기념하기 위한 교회가 비잔틴시대에 세워졌다가 614년 페르시아에게 파괴된 후 십자군시대에 다시 작은 교회가 세워졌으나 역시 파괴되었다.

현재는 못의 일부를 발굴해 놓은 모습과 비잔틴시대의 교회 교각의 일부를 복원해 놓은 모습 그리고 십자군시대의 교회의 흔적을 조금 볼 수 있다.

7. 헤롯 궁전 (The Palace of Herod)

헤롯궁전은 주전 23년 헤롯대왕이 세운 궁전으로써 예루살렘성의 서쪽, 욥바문 남쪽에 위치한 다윗망대 부근에 자리하고 있었다.

헤롯은 하스모니아 궁전에 살기도 했으나 헤롯은 자기 가족과 함께 헤롯 궁전에서 살았다.

로마 총독은 주로 가이사랴에서 머물면서 대부분 정치적 재판을 그곳에서 집행했다.

그런데 66년경 가이사랴에 거처하고 있던 총독은 예루살렘에 와서 헤롯궁전에 머물면서 당시 폭동을 일으켰던 유대인 지도자들을 재판하고 사형에 처하기도 한 적이 있다.

하스모니아 궁전은 하스모니아 왕조시대(주전 134-37)에 세워졌다.

하스모니아 궁전의 위치는 오늘날 정확히 알 수 없으나 대략 예루살렘성 황금사원 맞은편(서쪽) 예시밭 하코텔(탈무드학교)이 위치하고 있는 곳에 자리한 것으로 추측이 된다.

주전 40년에 헤롯은 하스모니아 궁전을 강취하였다가 빼앗긴 후 로마로 피신 갔었다. 그후 주전 37년 헤롯은 로마 황제로부터 인정받아 왕위에 올라 주전 37-23년에 하스모니아 궁전을 거처로 삼았다가 헤롯궁전을 세우고 그곳으로 옮겼다.

하스모니아 궁전과 헤롯궁전 그리고 안토니 요새는 헤롯 아그립바1세(주후 37-44)때까지는 종종 로마총독의 거처로 사용되었다.

성경에 총독관저라고 번역된 브라이드리온(막 15:16)은 희랍어로 "프라이토리온"($\pi\rho\alpha\iota\tau\acute{\omega}\rho\iota\upsilon\nu$)이다.

프라이토리온은 로마총독이 어떤 법률적인 공포나 재판을 행하는 곳을 일반적으로 의미한다.

총독 빌라도 관저는 하스모니아 궁전이나 안토니 요새중 한 곳일 것이라는 주장이다.

첫째, 요세푸스에 의하면 안토니 요새의 내부는 궁전과 같은 모든 규모로 모든 시설이 되어 있었다고 한다. 그렇다면 총독의 관저로 기거하는데 불편이 없었을 것이다. 그러므로 안토니 요새는 총독관저라는 주장이 지배적이다.

둘째, 총독이 재판자리에 앉았을때에 그 아내인 프로클라가 사람을 보내어 꿈에 대한 이야기를 전달했다고 했다.(마 27:19) 그러므로 부인과 함께 기거했던 총독관저는 안토니 요새가 아닌 궁전으로 헤롯 궁전보다 하스모니아 궁전에 비중을 두는 주장도 있다.그러나 신빙성이 희박하다.

8. 안토니 요새 (Antony fortress)

안토니요새는 예루살렘 대성전의 북서쪽의 성벽 모퉁이에 위치했던 요새로써 원래는 하나넬 망대(렘 31:38)가 자리했던 곳이다.

헤롯대왕이 제2차 성전을 재건할 때 주전 31년, 성전의 북서쪽 성벽을 더욱더 넓고 크게 확장하면서 성전 수비대를 위한 안토니 요새를 건축했다.

헤롯은 그의 친구 마가 안토니(Mark Antony)를 기념하기 위하여 안토니요새라 하였으며 4개의 큰 수비탑과 함께 견고한 사각형의 형태로 지어졌다.

안토니요새는 성금요일의 이른 아침에 산헤드린에

의해 고소당한 예수께서 가야바의 집으로 부터 이곳에 끌려와서 빌라도 총독에게 재판을 받은 장소이다. 그래서 일명 빌라도 법정이라 한다.

요새의 서쪽에는 돌로 포장된 광장의 박석(薄石) 즉, 히브리어로 가바다(Gabbatha), 헬라어로는 리또스트로또스(λιθόστρωτος)라고 불리는 곳으로써 로마군인의 훈련과 사열 그리고 휴식의 장소로 이용되었던 곳이다. 빌라도는 예수님을 끌고 나와서 박석이란 곳에서 재판석에 앉았다고 했는데 예수님이 박석 위에서 재판을 받은 것이다.(요 19:13)

이 안토니 요새 안에서 예수님이 조롱을 당하고 사형선고에 처해짐으로써 골고다를 향한 행진이 처음 시작된 곳이다.

또 사도 바울이 유대인들에게 체포되어 성전 밖으로 끌려가자 로마 병정들이 그를 결박하여 "영문 안으로" 데려갔던 그곳이 바로 안토니 요새였다. 그곳 층대위에 서서 바울은 백성들을 향해 히브리 말로 연설을 한 다음 병정들의 호위를 받으면서 가이사랴에 있는 벨릭스총독에게 호송되어 갔다.(행 21:27, 23:35)

로마의 티투스 장군은 예루살렘의 북쪽으로 부터 공격을 감행하여 주후 70년 7월 24일에 예루살렘성을 완전 점령할 때 이 요새는 무너져 버렸고 로마군대를 이곳에 주둔시켰다. 현재 이 요새의 벽면을 남겨둔 채 아랍 오마리엘 초등학교(Al Omariyel Primary School)가 위치하고 있다.

9. 십자가의 길 (Via Dolorosa)

십자가의 길은 예수님이 재판을 받으신 빌라도의 법정에서 부터 예수님 무덤 교회가 있는 골고다 언덕까지의 길을 말한다.

비아돌로로사(Via Dolorosa)는 골고다를 향해 예수님이 십자가를 지시고 걸으신 마지막길로써 "슬픔의 길", "수난의 길"이라는 뜻의 라틴어이다.

십자가의 길은 예수님이 십자가를 지고 골고다 언덕을 향해 걸어가셨던 고난의 길이며 아픔의 길이다. 유대교를 율법의 종교, 이슬람교를 코란의 종교라고 한다면 기독교는 십자가의 종교이다. 그러므로 십자가의 길 곧 비아돌로로사는 기독교인들에게 구원의 생명길이다.

예수님이 십자가를 지고 이 길을 걸으신 날은 금요일이었다. 그래서 금요일이 되면 많은 기독교인들이 모

여 빌라도 법정자리였던 아랍 오마리엘 초등학교 교정에서부터 비아돌로로사의 십자가 행진이 이루어진다. 여러 나라에서 온 성지순례자들은 나무로 만든 십자가를 번갈아 지며 예수께서 걸어가신 십자가의 길을 따라 올라간다.

비아돌로로사 길을 걸어 올라갈 때 9개 지점에 각각 이를 때 마다 발길을 잠깐 멈추고 그곳에 관련된 성경말씀을 읽고 머리숙여 기도한후 찬송을 부르면서 다음 장소로 옮긴다. 최종지점인 성묘교회 내부의 10지점에서 14지점까지는 십자가를 메고 들어 갈수없다.

이 십자가의 길은 주후 12세기인 십자군시대에 만들어진 것이다. 제2지점에서 제9지점까지는 예수님이 십자가를 지고 가신 길에 있고, 제10지점에서 제14지점은 골고다 상에 있는 예수님 무덤교회 안에 있다.

십자가 수난길의 14개 지점

제1처 : 예수님께서 사형선고를 받으셨다.

제2처 : 예수님께서 십자가를 지셨다.

제3처 : 예수님께서 기력이 떨어져 넘어지셨다.

제4처 : 예수님께서 성모 마리아를 만나셨다.

제5처 : 구레네 시몬이 예수님을 도와 십자가를 대신 졌다.

제6처 : 베로니카 여인이 수건으로 예수님 얼굴을 닦아 드렸다.

제7처 : 기력이 다하신 예수님께서 두 번째 넘어지셨다.

제8처 : 예수님께서 예루살렘 부인들을 위로하셨다.

제9처 : 예수님께서 기진맥진하시며 세 번째 넘어지셨다.

제10처 : 예수님께서 옷 벗김을 당하셨다.

제11처 : 예수님께서 십자가에 못 박히셨다.

제12처 : 예수님께서 십자가 위에서 돌아가셨다..

제13처 : 예수님 시신을 십자가에서 아래로 내림.

제14처 : 예수님께서 무덤에 묻히셨다.

(3일만에 부활하셨고, 40일만에 승천하셨다.)

※ 십자가의 길 14개 지점 경로

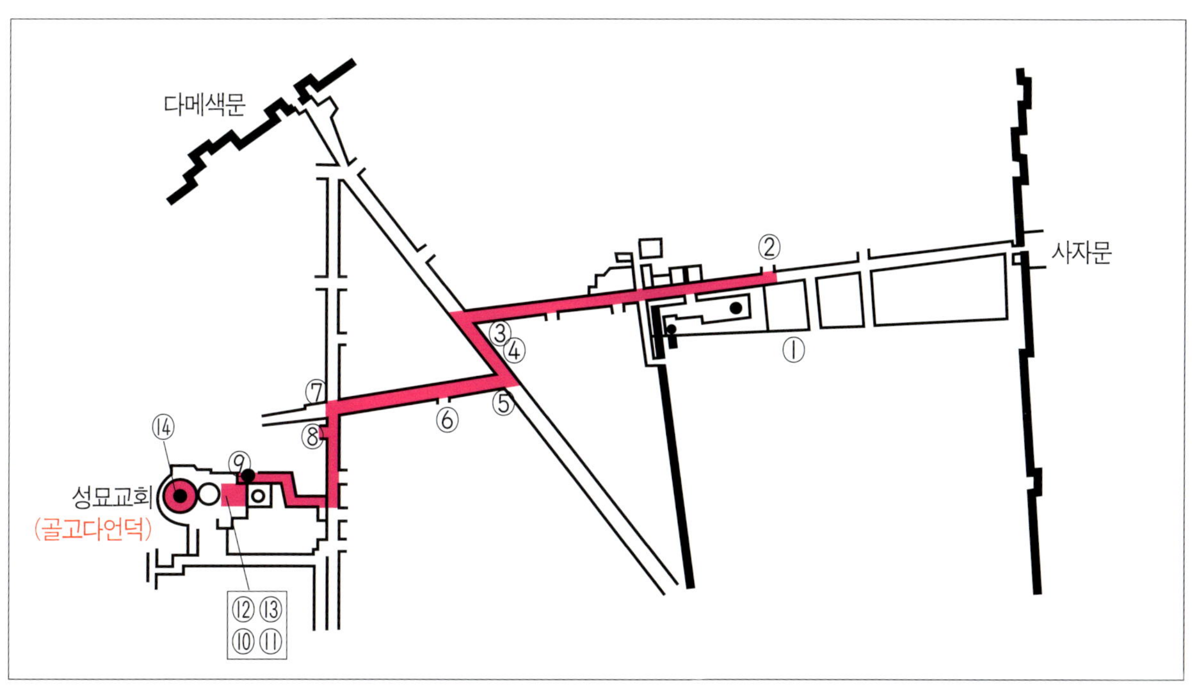

안토니요새 창문(빌라도 법정)

(1) 제1지점

비아돌로로사가 시작되는 곳은 예수님이 로마 총독 빌라도에게 재판을 받은 장소이다. 예루살렘 동편에 있는 사자문(스테반문)을 통해서 성안으로 약 250m쯤 들어가 왼편 언덕의 층계로 올라가면 아랍초등학교가 있다. 바로 이 학교가 성 안토니 요새의 자리로써 예수님에게 사형이 선고된 곳이다.(마 27:11-14)

빌라도가 예수님에게 사형선고를 내리기 전에 자기는 예수의 피에 대하여 죄가 없다고 손을 씻었다는 전설의 돌그릇이 이곳에 있다.(마 27:24)

초등학교의 교정은 학생들의 수업으로 인하여 매일 들어갈 수 없으나 아랍인의 휴일인 금요일에는 자유롭게 들어갈 수 있다.

십자가를 지신 예수님 성화

(2) 제2지점

이곳은 예수님이 십자가를 지신 곳이다. 빌라도의 병정들로 부터 채찍질을 당하고 가시면류관을 머리에 쓰시며 온갖 조롱을 당한 후에 십자가를 지신 곳이다.(마 27:27-31) 이곳에는 채찍질교회와 선고교회가 한 울안에 있다.

채찍질교회 (2지점)

○ 채찍질교회

제2의 지점에는 현재 천주교 소속의 채찍질교회가 세워져 있다. 이 교회는 주후 1839년에 지어졌는데 1929년에 십자군시대의 건축양식으로 개조하였다.

이 교회의 제단 위 천장에는 가시관이 아름답게 모자이크 되어있다. 앞쪽에는 예수님이 채찍질을 받으시는 모습을, 남쪽 유리창에 바라바가 놓임을 받고 기뻐하는 장면, 북쪽 유리창에는 빌라도가 손을 씻는 모습을 바라볼 수가 있다.

○ 선고교회

채찍질교회와 같은 울안에 위치해 있다. 이 교회는 1903년에서 1904년에 비잔틴식으로 재건되었는데 크기는 10m의 정방형으로 지어졌다.
이 교회의 바닥 부분에서 넓은 돌 판을 발견할 수 있는데 로마군인들이 놀던 놀이에 필요한 놀이기구의 모형이 돌에 파여져 있는 것을 볼 수 있다.
이곳뿐 아니라 안토니 요새의 다른 장소에서 돌 바닥에 놀이 흔적이 발견되는데 소위 왕의 놀이(The King's play)라고 부르는 곳이다. 이곳은 돌 바닥의 밑은 그 시대의 물 저장소였고 그 돌 바닥 위에서 로마군인들이 모여 쉬고 놀던 장소이다.
예수님을 끌고 자기들이 쉬며 놀던 장소에 와서 채찍질을 하고 가시로 면류관을 엮어 씌우고 자색 옷을 입힌 후 앞에 와서 "유대인의 왕이여 평안할지어다"라 하며 손바닥으로 때리며 침을 뱉고 희롱하며 놀리던 곳이라고 하여 "왕의 놀이"라는 이름이 붙여진 것이다.(마 21:21-31, 막 15:16-20, 요 19:1-3)

선고교회 내부

○ 에케호모교회 (The Church of Ecce homo)

에케호모(Ecce homo)는 "보라 이 사람이로다"라는 뜻의 라틴어이다.
빌라도가 예수님에게서 아무 죄도 찾지 못한 것을 군중들에게 가리켜 "보라 이 사람이로다"라고 한 말이다.(요 19:5)
십자가의 길에는 여러개의 아치가 있다. 채찍질교회에서 나오자마자 길 위에 걸쳐 있는 아치형 건물이 보인다. – 에케호모 아치는 주후 135년 로마의 하드리안 황제가 세운 개선문의 한 부분이 지금까지 남아 있다. 이곳이 빌라도가 군중에게 에케호모라고 말했던 자리라고 하여 에케호모 아치라고 부른다.
최초의 개선문은 가운데에 큰 아치형 문이 있고 양편 좌우로 작은 아치형 문이 있었다. 중앙의 큰 아치형 문이 현재의 에케호모 아치로써 방 두 개가 있어 창문 두 개가 보인다. 오른편의 작은 아치는 에케호모교회의 제단 부분이며, 왼편의 작은 아치는 아랍건물의 집이 지어져 있어 볼 수 없다.
에케호모교회는 1868년에 봉헌된 시온 수녀원 소속의 건물이다.

에케호모 아치

(3) 제3지점

이곳은 제2지점에서 서쪽으로 약간 경사진 길을 내려가면 다메섹 문에서 분문으로 통하는 도로를 만나게 된다. 이 티자(T)의 삼거리에서 왼쪽으로 꺾어지는 코너 지점이다.
이곳은 성경에는 기록되어 있지 않으나 예수님이 십자가를 지고 가시다가 처음 쓰러진 곳으로 전해지고 있다. 이곳에 1856년에 세워진 알메니아 기념교회가 세워져 있다.

넘어지신 곳 (3지점)

어머니 마리아 만나신 곳 (제4지점)

구레네 시몬이 십자가를 대신 진 곳 (제5지점)

베로니카가 예수님 얼굴의 땀을 닦은 곳 (제6지점)

(4) 제4지점

이곳은 예수님이 십자가를 지고 가다가 모친 마리아를 만났다는 장소이다.

제 3지점으로부터 약 15m거리의 왼편 좁은문 위에 예수님과 성모 마리아가 만나는 모습의 부각이 부착되어 있다. 1881년에 알메니아 기념교회가 세워져 있다.

(5) 제5지점

이곳은 구레네(현. 리비아) 사람 시몬(Simon)에게 십자가를 대신 지게한 장소이다.(눅 23:26, 마 27:32)

제4지점에서 약 20m 내려가면 오른쪽길로 꺾어져서 골고다로 올라가는 가파른 언덕길이 시작된다. 바로 오른쪽으로 꺾이는 길의 왼쪽 코너지점이 제5지점의 장소이다. 이 지역에는 1895년에 프란체스코교회가 세워져 있다.

비아돌로로사 길의 제3, 4, 5지점은 남북으로 연결되는 티로포에온 골짜기에 속하는 가장 저지대에 속한다. 이 골짜기는 다메섹 문에서 성전산 서쪽의 통곡의 벽 부근을 지나 실로암못 쪽으로 내려간다.

(6) 제6지점

이곳은 베로니카(Veronica)라는 여인이 예수님의 얼굴에서 흐르는 땀을 손수건으로 닦아 드렸다는 장소이다. 성경에는 기록이 없으나 땀을 닦아 드린 손수건에는 예수님의 초상이 새겨졌다고 하며 이 손수건은 로마 산피에트로 대 성당에 707년 이후 1608년까지 보존 되다가 교황 요한 5세가 그림으로 남긴뒤 치우라고 명령한 이후 지금까지 행방이 묘연하다고 한다.

베로니카 여인은 열 두 해를 혈루증으로 앓던 여자가 예수님의 옷에 그의 손을 대어 나은 여자라고 전해지고 있다.(막 5:25-34)

제6지점은 제5지점에서 약 70보 정도 걸어 올라가면 왼쪽 벽에 지점 표시가 있고 층계로 올라가면 1882년에 세워진 수녀원 기념교회가 있다.

(7) 제7지점

이곳은 예수님이 골고다를 향하여 가시다가 두 번째로 쓰러지신 곳이다.

제 6지점에서 약 80보 정도 올라가면 남북으로 뻗은 길을 만나게 된다. 바로 올라 가자마자 삼거리 교차점에서 정면으로 바라보이는 건물의 문 위에 제 7지점의 표시가 부착 되어 있다. 이곳은 예수님 당시에 성벽 밖으로 이어지는 문이 있던 곳으로 알려져 있다.(히 13:12-13) 1875년에 천주교에서 2개의 예배실을 세웠다.

두번째 넘어지신 곳 (제7지점)

(8) 제8지점

이곳은 슬피 울며 예수님의 뒤를 따라오는 여자들을 보시고 예수께서 말씀하신 장소이다. 예수님은 "예루살렘의 딸들아 나를 위하여 울지 말고 너희와 너희 자녀들을 위하여 울라"하시며 종말에 대한 경고를 하셨다.

이곳은 성지순례자들이 쉽게 찾지 못하고 지나치는 사례가 종종 있다. 제 7지점의 삼거리 교차길에서 남쪽으로 약 5m 지점에서 서편(오른쪽)으로 굽어 올라 들어가 약 15m 지점의 왼편에 위치해 있다.

제8지점의 표시는 라틴십자가에 희랍말(NIKA)이 기록되어 있다. 이곳에는 희랍정교회의 수도원이 있다.

예루살렘 여인 (제8지점)

(9) 제9지점

이곳은 예수님이 세 번째 쓰러지신 장소이다. 제8지점에서 되돌아 나와 남쪽으로 약 30m 정도의 지점에서 오른편 언덕 층계 길로 올라가 골목길을 오른편으로 세 번, 왼편으로 두 번 꺾어 들어가면 막다른 골목에 애굽정교회인 콥틱교회가 있다. 콥틱교회 왼편에 조그마한 문이 있는데 문 옆의 기둥을 보면 제 9지점의 표시가 되어 있다.

(10) 제10지점에서 제14지점은 예수님 무덤교회인 성묘교회 내에 있는데 제 10지점, 제 11지점, 제 12지점, 제 13지점은 골고다 정상에 있고 제 14지점은 교회의 중심에 있다.

세번째 넘어지신 곳 (제9지점)

성묘교회 전경

10. 성묘교회 (聖墓敎會)

골고다의 성묘교회는 비아돌로로사(Via Dolorosa)의 마지막장소로써 예수님이 마지막 처형 당한 곳에 세워진 교회이다. 성경에 의하면 예수님이 십자가에 처형 당한 곳은 해골(골고다/갈보리)이라 하는 곳이다.(눅 23:33)

해골은 히브리말로 골고다(요 19:17)라고 성경에 기록되어 있으나 골고다는 예수님 당시에 사용하던 아람어이고, 헬라어로는 크라니온(Kranion)이며, 라틴어로 칼바(Kalva)인데 연유되어 영어로 갈바리(Calvary)라 불리어 졌다, 우리말로는 갈보리라 부르고 있다.

당시 이곳은 성문 밖의 지역으로 유대인들의 처형장소 와 무덤지역이었다. 십자가에서 처형당하신 예수님은 당시 유대의 부자이며 공회의원이었던 아리마대 요셉(Joseph of Arimathea)의 무덤에 안장되었다.(눅 23:50-56)

예수님의 장례는 전형적인 유대인의 장례법의 절차에 의해 행해졌다.(요 19:40) 유대인의 장례법에 시체는 부정하므로 죽은 후 바로 장례를 치르도록 되어 있다. 그러나 안식일에 죽은 시체는 안식일이 지난 후 장례를 치렀다. 예수님의 경우 안식일이 가까워 오기 때문에 서둘러 장례를 치른 것이다.(요 19:31, 눅 23:54)

예수님을 염한 곳

시체를 향품과 함께 세마포로 싼(요 19:40)후 아직 사람을 장사한 일이 없는 새 무덤인 바위에 판 무덤에 넣어 두었다.(눅 23:53, 요 19:41) 그리고 한 사람이 움직이기에 어려운 큰돌을 굴려 무덤 문에 막아 놓고(마 27:60, 막 16:4) 장례를 끝냈다.

유대인의 전통적인 장례법에 의하면 무덤에 시체를 넣고 밀봉을 한 후 약 6개월 내지 1년의 시간이 지나 시체의 살이 썩어 뼈만 남게되면 무덤을 열고 들어가 뼈를 모아 돌상자에 넣고 무덤내의 지정된 다른 방에 쌓아둔다. 그래서 최초 시체를 넣었던 무덤은 계속 사용하게 된다.

예수님의 무덤은 아직 한번도 사용한 적이 없는 새 무덤이었다. 성묘교회의 역사적 배경은 이스라엘 역사와 맥락을 같이 한다.

기독교신앙의 핵심적인 사건이 일어났던 역사적 현장이 골고다언덕과 예수님의 묻혔던 무덤이다. 바로 이곳은 기독교회의 시작과 함께 가장 거룩한 성지가 되었다.

초대교회 기독교인들은 그 장소를 정확히 기억하였고 그들이 찾아와 기도하는 장소가 되었다. 그러던중 132-135년에 로마통치에 항거하는 유대인의 2차반란이 일어났다. 당시 로마제국의 하드리안 황제는 반란을 진압한 뒤 유대인들을 예루살렘에서 추방시켜 버렸다. 그리고 예루살렘을 완전히 로마식 도시로 변형시키고 기독교 유적도 파괴시켜 버렸다. 골고다 언덕 위에는 로마인들의 사랑과 미의 여신으로 섬기는 비너스(Venus) 신전을 건축하고 성전산에는 쥬피터 신전을 세웠다.

그후 200년후 역사는 완전히 뒤바뀌게 되었다. 콘스탄틴 황제에 의해 기독교가 공인되자 콘스탄틴 황제의 어머니 헬레나는 성지순례 길에 올랐다.

비너스 신전이 세워진 골고다 언덕내의 물저장소에서 예수님이 매달리셨던 나무십자가를 발견하고 아들 콘스탄틴 황제에게 부탁하여 335년에 성묘교회가 세워졌다.

성묘교회가 세워진지 약 300년후 페르시아 군대에 의해 예루살렘이 점령되자 파괴(614년)되었다가 재건되었다.

또다시 모슬렘교도들의 아랍인들에게 다시 파괴(1009년) 되었다가 비잔틴 시대에 재건되었다. 그후 1099년 십자군이 예루살렘을 점령하여 50년간에 걸쳐 1149년에 완전히 재건하였다. 오늘날 성묘교회는 십자군시대에 재건된 모습 그대로이다.

현재 성묘교회는 1808년 화재로 많이 파괴된 것을 1868년에 희랍정교회가 복구했으나 이때에 십자군시대의 라틴식 장식이 많이 제거되었다.

그후 1927년의 지진으로 한쪽부분이 위험성이 있어 1935년에 수리했다. 또한 1949년의 화재로 중앙의 둥근부분이 파괴되어 1958년에 수리하기 시작하여 현재까지도 계속 수리중이다.

성묘교회의 관리는 여섯 교파가 공동으로 하고 있다. 책임적인 관리는 희랍정교회, 천주교회 그리고 알메니아교회가 관리하고 작은 교파로는 시리아교회, 애굽콥틱교회 그리고 에디오피아교회가 속해 있다.

교회의 출입문이 두 개가 있었는데 1187년 아랍 살라딘 장군에 의해 점령된 후 두 개의 문 가운데 동쪽문은 돌로 폐쇄해 버렸다. 십자군시대를 지나 회교의 아랍인들이 성묘교회를 장악하면서 교회정문의 열쇠는 지금까지 회교 아랍인들이 소유하고 있다. 교회마당의 입구에 들어가면 왼쪽에 회교인 문지기가 앉아있다.

지금의 정문은 두 짝의 큰 대문으로 여닫게 되어 있다. 회교인 문지기가 바깥에서 두 짝의 문을 여닫고, 대문 안에서 상주하는 신부들이 대문을 여닫을수 있도록 하여, 동시에 서로 협력하여 안팎에서 여닫는다. 정문의 내부와 외부의 이중 잠금장치로 철저히 대문을 통제 하고있다.

정문의 두짝 대문중 오른쪽 문의 하단을 보면 약 40cm의 정방형의 작은 쪽문이 설치되어 교회 안에서 여닫도록 되어 있다. 문이 닫혔을 때 교회 안에서 작은 쪽문을 열고 신부들이 약 2m 높이의 사다리를 밖으로 내 보내면 밖에 있던 회교인 문지기가 받아서 사다리를 세우고 정문에 높게 설치된 잠금 장치의 자물쇠를 풀고 문을 연다. 그래서 바깥에서나 안에서 일방적으로 정문을 여닫을 수 없도록 되어있다. 사다리는 골고다언덕 층계 하단의 오른편 벽에 항상 세워져 있다.

정문에서 들어가면 정면으로 보이는 곳의 바닥에 넓은 침상과 같은 돌판은 예수님이 십자가에서 운명하신 후 몸을 내려 몸에 몰약과 향품을 바르고 세마포로 감아 싸았던 곳이다.(요 19:39-40)

정문으로 들어가 오른편 층계로 18계단 올라가면 그 곳이 골고다 정상이다. 이 골고다 정상에는 십자가 길의 제10지점, 11지점, 12지점, 13지점이 있다.

십자가에 못 박힌 곳 (제11지점)

십자가에서 운명하신 곳 (제12지점)

십자가의 길 (제13지점)

제10지점은 정상의 오른편(남쪽) 앞부분으로 예수님을 못박기 위해 옷을 벗긴 장소이다.

제11지점은 정상의 오른편(남쪽) 안쪽부분으로 예수님이 십자가에 못박히신 장소이다.(마 27:35)

제12지점은 정상의 왼편(북쪽) 앞부분으로 예수님이 십자가에 달려 운명하신 장소이다. 정면의 벽에는 예수님이 십자가에 달려 계신 모습의 조형물이 부착되어 있다.

제13지점은 제11지점과 제12지점의 중간지점으로 십자가상에서 운명하신 예수님을 땅에 내리신 장소이다.(눅 23:53) 이 지점에는 조그마한 제단 위에 눈물을 글썽이고 가슴에 칼을 꽂고 있는 성모 마리아의 좌상이 있는데 "칼이 네 마음을 찌르듯 하리라"(눅 2:35)하는 말씀을 상징하고 있다. 이 마리아 상은 포르투갈의 마리아 1세가 16-17세기경에 리스본에서 만든 작품으로 1778년에 기증한 것이다.

골고다언덕에서 북쪽으로 19계단을 내려와서 골고다언덕 아래층 내부에 들어가면 벽 부분에 깨어진 암반이 보인다. 이곳 일대를 전설에 의하면 아담예배소라고 부른다. 이곳은 아담의 해골이 묻힌 곳으로 골고다언덕 위에서 예수님이 운명하실 때에 흘리신 피가 그 언덕 바위틈으로 흘러내려 아담의 해골을 씻어 아담은 구원되었고 아담의 후손들인 전 인류의 구원이 골고다에서 이루어졌다는 사실을 말해 주기 위해서 그리스 정교회에서 아담의 예배소를 만들었다고 한다.

이곳에는 두 개의 십자군시대 왕들의 기념비가 있다. 그중 하나는 주후 1100년에 죽은 갓 푸로이(god froy)의 비석이며, 다른 하나는 1118년에 죽은 볼드윈1세(Baldwin 1)의 비석이다.

또한 예수님 무덤 앞의 그리스정교회 예배소 안의 중앙부를 전세계의 중심지를 상징하는 "아담의 배꼽"이라고 부르고 있다.

대문안의 지하에서
십자가가 발견된 곳

예수님 무덤 (제14지점)

제14지점은 예수님의 기념 묘소로서 예수님 무덤교회의 중앙에 위치하고 있다. 예수님의 기념 묘는 돌로 만들어진 높이 6m, 너비 6m, 길이 8m의 건물로 예수님이 묻혔던 무덤의 위치에 세워져 있다.

원래 예수님이 묻혔던 무덤은 동굴무덤으로 암석을 파서 그 안에 시신을 안치하고 돌로 입구를 막는 형태였다. 오늘날 그 동굴무덤은 찾을 수 없고 그 위치에 기념 묘가 세워져 있는 것이다. 바로 이 자리가 예수님이 부활하신 현장이다.

제7절 예루살렘성 외부지역

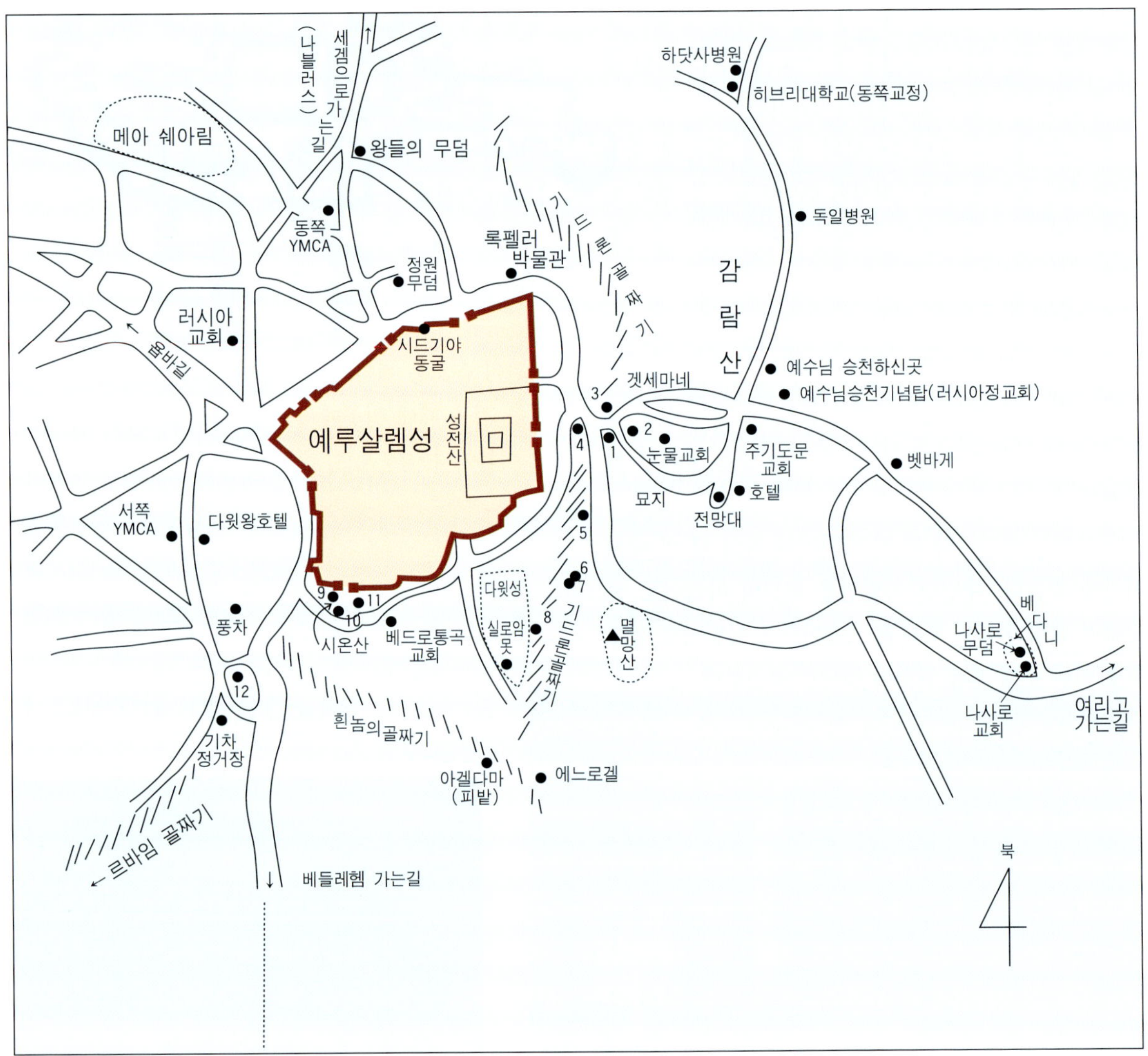

1. 겟세마네 교회 (만국 교회)
2. 막달라마리아 교회 (러시아 정교회)
3. 성모마리아 무덤교회
4. 스테반 순교 기념교회
5. 압살롬의 탑

6. 헤실의 자손들의 무덤
7. 스가랴의 무덤
8. 기혼샘
9. 가야바의 집터
10. 성모마리아 영면교회

11. 다락 방 (윗층)
　　다윗 무덤 (아래층)
12. 스코틀랜드 장로교회

1. 감 람 산
(The Mount of Olives)

감람산은 예루살렘성 동편에 위치한 해발 830m인 산으로 감람나무가 많았기에 감람산이라 부르게 되었다.

감람산은 완전히 독립된 산이 아니다. 감람산의 북쪽 히브리대학의 동쪽에 있는 해발 826m인 스코프스산에서 시작하여 산 능선을 따라 남으로 내려오면서 독일병원(Augusta-victoria Hospital), 감람산 언덕부분, 숲이 우거진 정원의 갈릴리 봉, 해발 830m의 감람산 정상을 지나 솔로몬의 후궁들이 잡신을 섬겼던 해발 746m인 멸망산(왕하 23:13) 에 이르는 능선으로 이어져서 약 3,5km에 이른다.

감람산과 예루살렘 성 사이에 기드론 골짜기의 물은 우기에 북에서 남으로 흘러 사해로 들어간다.

감람산은 예루살렘성의 성전산보다 높아서(약 80m) 기드론 골짜기를 건너 서쪽에 위치한 예루살렘 성의 전경을 한눈에 굽어 내려다 볼 수 있다.

감람산은 예수님의 생애와 밀접한 관계가 있기 때문에 기독교인들이 예루살렘성 못지 않게 관심을 갖는 곳이다.

감람산의 동쪽 산중턱에 벳바게, 산줄기 하록에 베다니가 위치해 있다.

예수님이 베다니에서 올라오시다가 벳바게에서 나귀 새끼를 타시고 감람산을 넘어서 예루살렘 성에 입성하셨고(눅 19:41), 감람산에서 제자들에게 주기도문을 가르치셨다.(눅 11장) 그리고 감람산 서쪽 하록에 있는 겟세마네 동산에서 땀이 떨어 지는 피방울 같이 흐르도록 기도하셨고(눅 22:44), 가룟 유다의 무리에게 잡히신 곳이다.

모든 기독교인들이 가장 관심을 갖게되는 감람산 정상은 예수님이 승천하신 곳이다.

감람산 능선의 길을 따라 남쪽으로 내려가면 전망대에 이른다. 전망대 밑의 서쪽과 남쪽의 언덕에는 수많은 무덤이 꽉 차 있다.

전망대에서 눈물교회로 내려가는 입구지역에는 유대인들의 무덤 중에 주전 6세기경의 선지자인 스가랴, 학개, 말라기의 무덤이 있다.

유대인들은 메시야가 오실때에 부활의 장소가 감람산이라고 믿고 있다.(욜 3:1,2, 슥 12:1-11)

성지순례자들은 반드시 감람산의 전망대에 도착하여 예루살렘성의 전경을 내려다보며 예루살렘성과 감람산의 사진을 꼭 촬영하게 된다.

2. 예수님 승천당

예수님 승천당(승천하신 곳)

성지순례자들이 동편 전망대에서 낙타를 타고 예루살렘 성을 내려다 본다.(아랍인들 소유 낙타)

예수님 승천 기념교회(러시아 정교회)

예수님이 부활하셔서 40일 후에 승천하신 것을 기념하기 위하여 감람산의 정상에 교회가 세워졌으나 현재는 그곳에 특이한 회교 건물이 세워져 있다.

예수께서 저희를 데리고 베다니 앞까지 나가사 손을 들어 저희에게 축복하시더니 축복하실 때에 저희를 떠나 하늘로 올리우시니(눅 24:50,51) 두 천사들은 하늘로 올리우신 이 예수는 하늘로 가심을 본 그대로 오시리라(행 1:11)했다.

예수님이 승천하신 후 제자들이 감람산으로부터 예루살렘에 돌아오니 이산은 예루살렘에서 가까와 안식일에 가기 알맞는 길이었다(행 1:12).

안식일에는 율법규정의 제한 거리인 1km정도의 행동반경 안에서는 걸어 다니는 것이 허용되었는데 예수께서 감람산의 승천하신 장소는 안식일에 다닐 수 있는 가까운 곳이었다.

전통적으로 예수님이 승천하신 곳은 감람산의 정상으로 여겨져 380년경 비잔틴시대에 큰 기념교회가 세워졌으나 그 자리에 십자군시대에 팔각형의 교회가 다시 재건되었다.

최초에 건축되었던 교회와 동일하게 예수님 승천을 상징하기 위하여 교회 안에서 하늘을 볼 수 있도록 천장이 없는 특수한 건축양식으로 세워졌었다.

그러나 1187년 아랍의 살라딘 장군이 예루살렘 점령 후 교회의 천장을 막고 회교식 돔(Dome)을 만들어 회교사원으로 사용하였다.

현재 작은 규모의 기념건물은 십자군시대 건물의 일부이고 그 안에는 예수님이 승천하실 때 돌 판에 박힌 발자국이 보존되고 있다. 예수님 승천당은 아랍인이 관리하고 있다.

감람산 일대를 바라보면 세 개의 우뚝 솟은 탑이 뚜렷하게 바라 보인다. 예루살렘 쪽에서 바라 보면, (1) 왼편으로 히브리대학교에 세워진 높은 탑이 보이고, (2) 중앙에 독일병원의 탑이 보이며, (3) 오른편으로 러시아 정교회의 탑이 높이 솟아 있어 잘 보인다.

러시아 정교회는 예수님 승천기념교회로써 교회 안에 높은 탑이 세워져 있다. 러시아 정교회는 성지 순례자들에게 개방되지 않고 있다.

3. 주기도문 교회
(The Church of Pater Noster)

교회 전경

한글주기도문

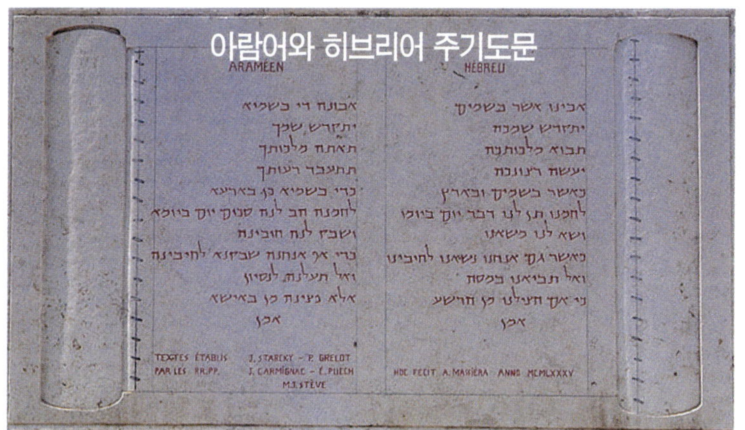

예수님 승천당에서 남쪽 방향의 아래로 약 70m지점에 주기도문 교회가 세워져 있다.

이 교회의 출입문 윗 벽면에 "Pater Noster"라는 간판이 부착되어 있다. Pater Noster는 주기도문이 시작되는 "우리 아버지"라는 뜻이다. 그래서 파테르 노스테르(Pater Noster)교회라 부르기도 한다.

예수님이 감람산에서 성전을 마주 대하여 앉으셨을 때에(막 13:3) 제자들이 기도를 가르쳐 달라 하므로 너희는 기도할 때 이렇게 하라(눅 11:2)고 가르쳐 주신 곳이다.

또한 예수님이 잡히시기 전 유월절 이틀 전에 제자들에게 세상의 끝날에 관하여 많은 것을 가르치신 곳이다.(마 24:29-44, 26:2)

예수님이 주기도문을 가르치신 곳은 한 동굴로 알려졌으며 그 동굴이 현재 주기도문 교회 옆에 붙어 있는 동굴 속의 예배소이다. 이 동굴 바닥에는 예수님 당시 사용되던 아람어와 히브리어로 주기도문이 새겨져 있다.

주기도문 교회는 콘스탄틴 황제의 어머니 헬레나에 의하여 감람산 꼭대기에 주기도문 교회를 세우게 하였으나 614년 페르시아에 의해 파괴되고 그후 1106년 십자군시대에 다시 세워졌다.

주기도문이 아람어로 지하동굴에 석판으로 새겨진 (1102년)후 현재까지 80여개국의 언어로 쓰여진 주기도문이 교회의 벽면에 부착되어 있다. 한글로 쓰여진 주기도문 액자도 부착 되어 있다.

4. 눈물교회 (Dominus Flevit)

감람산 정상에서 예루살렘성을 향하여 내려가는 감람산 중턱에 위치한 교회이다.

교회 정문의 왼편 벽에 라틴어로 Dominus Flevit(주께서 우셨다)라는 간판이 붙어 있다. 이 곳은 예수님이 예루살렘성에 입성하실 때에 예루살렘성의 최후를 생각하시고 예루살렘 성을 바라보며 우신 것을 기념하여 교회를 세운 것이다.

교회 건물의 지붕 곁의 네 귀퉁이에 눈물을 상징하는 형태의 돌이 뾰쪽하게 세워져 있다. 교회 안에 들어가 창을 통해 예루살렘 성을 내려다보면 정면으로 황금사원의 돔이 유난히도 잘 보인다.

예수님도 눈 아래로 내려다 보이는 이곳에서 예루살렘 성전을 바라보면서 눈물을 흘리셨을 것이다.

창문의 창살무늬는 예수님이 쓰셨던 가시면류관을 상징하는 형태로 만들어 창문에 부착되어 있다.

이곳에 처음 교회는 주후 5세기경에 수도원이 세워진 이후 1518년 회교사원이 세워지기도 했으나 1881년 프란체스코 수도원이 자리잡고 있다가 현재 교회는

1955년 이탈리아의 건축가 안토니 바루치(Antonio Barluzzi)의 설계로 교회가 세워졌다.

이 교회의 정문을 통해서 막 들어가자면 오른편에 무덤 유골이 있는데 주전 11세기 이전의 여부스족의 것도 일부 있으나 대부분 주전후시대의 것이라 전해지고 있다.

5. 막달라 마리아교회

이 교회는 눈물교회에서 내려오다 보면 오른 편으로 양파처럼 둥근 황금색의 큰 십자가 돔을 중심으로 작은 십자가 돔 6개가 보인다.

1880년 러시아인 찌아르 알렉산더 3세가 그 모친을 기념하기 위하여 세웠으며 교회 이름도 그의 어머니의 이름으로 막달라 마리아교회라 불렀다.

그의 어머니는 1918년 러시아 볼세비키 당원에 의해 피살되었는데 그녀가 평소에 예루살렘에 묻히기를 소원했기 때문에 이곳에 묻혔다.

이 교회의 내부에는 무수히 아름다운 아이콘이 붙어 있으며 막달라 마리아(엘리자벳)의 묘가 있다. 러시아 수도사에 의해 관리되고 있으나 성지순례자들에게는 개방되지 않고 있어 내부를 볼 수가 없다.

6. 겟세마네교회 (The Church of Gethsemane)

겟세마네(Gethsemane)라는 뜻은 히브리어로 "기름을 짠다"라는 뜻이다.

이곳은 사자문(스테반문)에서 내려가 스테반 기념교회 앞 삼거리 길에서 왼편으로 내려가면 기드론 골짜기를 건너 베다니로 가는 길이 뻗어 있다. 기드론 골짜기를 건너서자 마자 도로변의 감람산 하록이 겟세마네 동산이다.

예수님이 잡하시기 전날 밤, 최후의 만찬을 마친 후에 기드론 시내 건너편에 찾아온 겟세마네라는 곳(막 14:32)은 예수님과 제자들이 가끔 모이던 곳(요 18:2)이며 예수님이 잡히시기전 마지막으로 기도하시던 동산이다.(요 18:1, 마 26:36)

겟세마네 교회 (만국교회)

예수께서 힘쓰고 애써 더욱 간절히 기도하시니 땀이 땅에 떨어지는 피 방울 같이 되더라(눅 22:44) 조금 나아가서 얼굴을 땅에 대시고 엎드려 기도하여 가라사대 내 아버지여 만일 할만하시거든 이 잔을 내게서 지나가게 하옵소서 그러나 나의 원대로 마옵시고 아버지의 원대로 하옵소서(마 26:39)라는 기도를 하시며 죽음을 앞두고 인간적으로 가장 괴로워하신 곳이다.

교회내부에 들어가면 어두컴컴한 분위기가 조성되어 있는데 예수님이 기도하던 밤의 중압감을 느끼게 된다.

제단 앞에 넓은 바위는 예수님이 기도하던 바위로 알려지고 있다. 이 바위 주변에는 가시면류관을 상징하는 모습의 낮은 울타리로 둘려져 있고 울타리 위에는 성령을 상징하는 비둘기가 슬픈 모습으로 아래를 내려다 보고 앉아 있다. 천장은 12개의 작은 둥근 지붕의 돔이 3개씩 4줄로 되어 있는데 열두 제자를 나타내고 있다.

교회 내부의 벽 면에 3개의 아이콘이 붙어있다. 중앙에는 예수님이 바위에 앉아 기도하시는 모습(마 26:39), 그 남쪽에는 베드로가 대제사장의 종 말고의 귀를 치는 장면(요 18:10), 그 북쪽에 가룻유다가 예수를 팔기위해 예수께 입맞추는 장면이 부착되어 있다.(눅 22:47-48)

교회 입구에는 4개의 돌기둥이 세워져 있는데 이 기둥에 4복음서를 상징하며 4복음서를 기록한 사도 4명의 상이 세워져 있다. 교회의 정면에서 예루살렘 성의 황금문이 바라보인다. 현재는 닫혀 있지만 예수님 시대는 황금문

예수님 기도바위

이 열려 있었다.

이곳에 처음 교회는 379~384년 비잔틴시대에 세워졌으나 614년 페르시아 군에 의해 일부 파괴되었다가 그후 8세경 대지진으로 완전히 파괴되어 폐허 상태로 있었다.

1170년경 십자군시대에 재건된 후 어느 시기인지는 알 수 없으나 다시 파괴된 것을 1919~1924년에 세계 12개국의 모금으로 건축되었기 때문에 만국교회(Church of all Nations)라고도 부른다.

현재 교회 밖의 정원에는 감람나무들이 많이 서 있다. 이 나무들 중 여덟 그루는 예수님 생존시 부터 있었다고 전해진다. 그리하여 고목의 감람나무를 2천년 전에 예수님의 기도소리를 들은 "말없는 증인"이라 생

감람나무

각하며 사진을 찍기도 한다.

주후 70년 로마 티투스 장군에 의해 예루살렘 성이 점령될 때 많은 감람나무들이 벌목되었지만 일부 남아 있을 가능성도 있으며, 벌목되었다 하드라도 원목에서 자라난 감람나무는 현존해 있을 것이라는 것이다.

7. 힌놈의 골짜기 (Hinnom's Valley)

힌놈의 골짜기는 예루살렘 성을 서쪽에서 감돌아서 시온산의 남쪽을 지나 아겔다마 지역에서 기드론 골짜기와 합류하여 광야 계곡에 이어지면서 사해로 들어간다. 힌놈의 골짜기(느 11:30)는 히브리어로 게힌놈(Gehinnom) 또는 게헨나(Gehenna)라고 부른다.

게헨나는 지옥을 뜻하며 꺼지지 않는 불을 의미한다.(마 5:29, 10:28, 막 9:43) 이 골짜기는 전통적으로 암

몬인의 우상인 몰록(Moloch)을 섬기던 곳이다. 솔로몬왕(2년)은 모압여인에게 본받아 예루살렘 앞산에 산당을 짓고 몰록을 섬겼다.(왕상 11:7)

그리고 힌놈의 골짜기에 도벳사당을 건축하고 그 자녀를 불살랐다(렘 7:31). 도벳(Topheth)은 "불사른다"는 뜻이다.

유대왕 아하스는 이곳에서 자녀를 불태워 제사하였다.(왕하 28:3) 그러나 요시아왕은 이곳에서 자녀를 불사르지 못하도록 금지하고 제단과 도벳산당을 훼파하고 예루살렘의 오물을 버리는 장소로 만들었다.(왕하 23:10, 사 30:33)

예루살렘 성의 분문(糞門)은 힌놈의 골짜기로 통하는 문이다. 예루살렘 성내의 모든 오물이 이 성문을 통해서 힌놈의 골짜기에 버려졌기 때문에 영어로 덩 게이트(Dung Gate)라 부른다.

율법의 규례에 의하면 예루살렘 성안에는 시체를 매장하지 못하도록 금지되어 있어 성 밖에 매장하였다. 그래서 이 분문을 통해서 성밖의 힌놈의 골짜기로 가는 장례 행렬이 끊이지 않았다고 한다. 이곳은 장례와 아울러 오물과 쓰레기가 불태워지고 있어 영원히 꺼지지 않는 불이 있는 지옥을 연상케 한다.

예레미야 선지자를 통하여 "나 여호와가 말하노라 날이 이르면 이곳을 도벳이라 하거나 힌놈의 아들의 골짜기라 칭하지 아니하고 살육의 골짜기라 칭하리니 매장할 자리가 없도록 도벳에 장사함을 인함이라"고 계시 되었다.(렘 7:32)

이스라엘의 수난의 역사를 통해서 오늘날 예루살렘 성은 지금까지 20번이상 무력에 의해 주인이 바뀌고 10번이나 거의 도시가 파괴되는 과정에서 힌놈의 골짜기는 살육의 골짜기로써 피를 많이 흘리게 되었다는 사실을 입증해 주고 있다.

8. 기드론 골짜기 (Kidron Valley)

기드론 골짜기는 예루살렘 성(해발 750m)과 감람산(해발 830m)의 사이를 북쪽에서 남쪽으로 뻗어 내려와, 예

루살렘 성의 서편에서 돌아 내려오는 힌놈의 골짜기와 합쳐진 후 에느로겔 아래를 통과하여 사해로 들어간다.

기드론 골짜기는 힌놈의 골짜기와 더불어 예루살렘 성의 전략적 방어에 기여하는 천연 장애물의 중요한 역할을 하고 있다. 이 골짜기는 기드론 밭(왕하 23:4), 왕의 골짜기(삼하 18:18), 기드론 시내(렘 31:40), 여호사밧 골짜기(욜 3:2) 등으로 불리어졌다.

마지막 날에 여호와께서 열국을 치실 때 여호와의 발이 예루살렘 앞 곧 동편 감람산에 서신다(슥 14:1-4), 내가 만국을 모아 데리고 "여호사밧 골짜기"에 내려가서 그들을 국문하리니 이스라엘을 열국 중에 흩고 나의 땅을 나누었음이여(욜 3:2) 등 이곳에서 이루어지는 최후의 심판에 대한 경고를 알 수 있다.

압살롬의 반란을 맞아 백성들이 대성통곡하며 기드론 시내를 건너 광야로 향하매, 다윗왕도 머리를 가리우고 맨발로 울며 기드론 골짜기를 건너가 감람산 길로 올라간 사건으로 유명하다.(삼하 15:23, 30)

예수께서는 이 골짜기를 자주 건너 다니셨다.(요18:1) 예루살렘성에 입성하실 때와 예루살렘에서 감람산으로 기도하러 갈 때에 기드론 골짜기를 건너 다니셨다.

기드론 골짜기에는 스테반 기념교회, 마리야 무덤교회, 압살롬의 탑, 헤실자손의 무덤, 스가랴 무덤, 기혼샘, 여부스 시대의 성벽, 실로암 못, 에느로겔 등이 있다.

9. 스테반 교회 (The Church of St. Stephen's)

예루살렘성의 사자문을 기독교인들은 스테반 문이라고 부른다. 기독교의 첫 순교자인 스테반이 이 성문 밖 가까운 근처에서 순교를 당했기 때문이다. 비잔틴시대부터 십자군시대까지는 스테반 문으로 부르다가 오스만 터어키시대 이후 사자문이라 부르고 있다.

성경에 의하면 "성 밖에 내치고 돌로 칠새 증인들이 옷을 벗어 사울이라 하는 청년의 발 앞에 두니라 저희가 돌로 스테반을 치니 스테반이 부르짖어 가로되 주 예수여 내 영혼을 받으시옵소서 하고 무릎을 꿇고 크게 불러 가로되 주여 이 죄를 저들에게 돌리지 마옵소서 이 말을 하고 자니 사울이 그의 죽임 당함을 마땅히 여기었다"(행 7:58-60)

스테반 문에서 약 70m 밑으로 내려가면 예루살렘 성 밖의 일주도로를 만나게 된다. 그곳에서 우측으로 약 100m 내려가면 갈라지는 삼거리의 정면 코너에 스테반 기념교회가 세워져 있다. 스테반교회는 희랍정교회 소속이다.

10. 성모 마리아 무덤교회 (The Tomb of the Virgin)

예루살렘에서 감람산을 올라가려면 사자문(스테반 문)에서 내려가 기드론 골짜기를 건너야 한다. 감람산이 시작되는 왼쪽 부분의 기드론 골짜기에 교회가 위치하고 있고 겟세마네 교회에서 북서쪽으로 약 50m 지점에 세워져 있다.

마리아 무덤교회는 건물 입구에서부터 지하로 내려가게 된다. 11세기 흰 대리석으로 만든 약 50계단의 층계가 있어 그 계단으로 내려간다. 이 층계들의 양옆에는 예배소의 격실이 만들어져 있어 마리아의 아버지 요아킴과 어머니 안네의 묘 그리고 남편 요셉의 묘가 자리하고 있다.

층계를 다 내려가서 오른편으로 굽어 들어가면 마리아 무덤의 제단과 빈 석관이 놓여 있다.

성경에는 마리아의 죽음에 대한 기록이 없다. 마리아는 사도 요한과 함께 오늘날 터어키의 에베소에서 여생을 보냈다고 전해지고 있다. 이곳의 무덤교회는 534년에 세워졌으나 614년 페르시아 군에 의해 파괴되었으나 재건되었다가 1009년에 하킴왕이 다시 파괴했다.

십자군시대에 파괴된 상태의 조그마한 지하 예배소를 발굴하게 되어 1112년에 지하 예배소를 보수할 때 교회를 크게 확장하여 건축했다.

그러나 1187년 살라딘은 마리아의 무덤에 위치한 지하 예배소를 제외하고 교회와 수도원을 파괴했다. 그 파괴되어 얻어진 돌은 예루살렘 구 시가지와 성벽 보수에 사용되었다. 지금의 교회는 십자군시대에 세워진 것으로 희랍정교회에서 관리하고 있다.

11. 겟세마네 동굴 (The Cave of Gethsemane)

동굴교회 내부

성모 마리아 무덤교회 입구에서 오른편으로 돌아 약 20m 지점에 있는 동굴교회이다.

예수님은 제자들에게 시험에 들지 않도록 기도하라 하시고 저희를 떠나 돌 던질 만큼 가서 무릎을 꿇고 기도하셨다. 예수께서 힘쓰고 애써 더욱 간절히 기도하시니 땀이 땅에 떨어지는 피 방울 같이 되더라 기도 후에 일어나 제자들에게 가서 슬픔을 인하여 잠든 것을 보시고 이르시되 어찌하여 자느냐 시험에 들지 않게 일어나 기도하라 하셨다(눅 22:40-46)

겟세마네 동굴은 예수님이 제자들에게 시험에 들지 않도록 기도하라고 당부했으나 모두가 잠들어 있던 곳이다. 또한 예수님께서 유다야 네가 입맞춤으로 인자를 파느냐(눅 22:48)하신 곳이며 베드로가 대제사장의 종 말고의 오른편 귀를 쳐 떨어뜨렸으나 예수께서 그 귀를 만져 낫게 하신 후 가룟유다에 의해 예수님이 잡히신 곳이다.

이 동굴교회는 비잔틴시대부터 예배소로 사용되었으나 여러 번 파괴되었다가 현재의 동굴교회는 1950년에 천주교에 의해 복구되었다.

12. 압살롬의 탑 (The pillar of Absalom)

압살롬의 탑은 기드론 골짜기의 겟세마네교회에서 남쪽으로 약 70m지점에 위치하고 있다.

압살롬은 다윗이 헤브론에서 낳은 셋째 아들이다. 압살롬이 살았을 때에 자기를 위하여 한 비석을 가져 세웠으니 이는 저가 자기 이름을 전할 아들이 없음을 한탄함이라 그러므로 자기 이름으로 그 비석을 이름하였으며 그 비석이 왕의 골짜기에 있고 이제까지 압살롬의 기념비로 일컫더라(삼하 18:18)

이 탑은 압살롬이 자기 이름을 위하여 주전 10세기경에 세운 것인데 그후 파괴되었다. 현재의 탑은 주후 1세기에 약 14m의 높이로 세운 것이다.

탑의 하단부는 약 3,6m²의 넓이로 6,3m 높이의 커다란 바위 덩어리에 옆으로 2,7m 가량의 출입구가 나 있는데 이 통로는 이오니아식의 장식으로 되어 있다. 정교하게 가공된 원형 석조물로 구성된 상단부는 밧줄

모양의 장식으로 테두리가 둘려 있으며 그 위에 깔때기 모양으로 굴곡된 탑의 머리가 놓여 있다. 상단부에는 양쪽에 선반형 묘실이 놓여 있는 6m² 정도의 넓이를 가진 방이 있다.

압살롬은 부왕인 다윗에게 반란을 일으켜 스스로 왕이라 자칭하고 다윗 군대와 싸웠으나 산림 중으로 노새를 타고 패주하다가 상수리나무 가지에 머리가 걸렸다.(삼하 18:9)

그때에 요압이 상수리나무 가운데 아직 살아있는 압살롬의 심장을 찌르고 요압의 병기를 맡은 소년 열이 압살롬을 에워싸고 쳐죽였다.(삼하 18:14-15)

왕의 자리를 탐내어 아버지에게 반역하여 반란을 일으킨 자식의 비참한 죽음의 말로였다.

중세기에 이 탑은 다윗왕에게 불효한 자식 압살롬을 생각하며 유대인들은 부모에게 거역하고 대항하는 자식들에게 교훈으로 삼게 했다고 한다.

압살롬의 탑 동쪽 언덕 밑에는 여호사밧 동굴(The cave of Jehoshaphat)이 있어 주후 1세기부터 2세기까지 무덤으로 사용했다.

기드론 골짜기를 여호사밧 골짜기라고도 부른다. 여호사밧은 신의 재판이라는 뜻으로 여호와가 심판하는 골짜기라는 뜻으로 여호사밧 골짜기의 언덕에는 매장지의 무덤이 많이 있다.(왕하 23:6)

13. 헤실자손들의 무덤 (The Tombs of Hezir's Sons)

이 무덤은 압살롬의 탑에 인접하여있는 동굴 무덤으로 제사장 헤실의 가족 무덤이다. 헤실은 아론의 자손으로 다윗 시대 17번째의 제사장이다.(대상 24:15) 이 동굴은 유다왕 아사랴가 문둥이가 되어 거처하던 별궁이었다고 전해지기도 한다.(왕하 15:5) 또한 예수님이 겟세마네동산에서 잡히실 때에 야고보가 도망 나와 이 동굴에 숨었다고 해서 야고보의 동굴이라고 전해지기도 한다.

좌우로 인접해 있는 압살롬의 탑이나 스가랴의 무덤보다 먼저 만들어진 주전 1세기의 무덤이다.

14. 스가랴의 무덤 (The Tomb of zechariah)

헤실의 자손들의 무덤에 인접해 있는 무덤으로 유다왕 요아스를 보필한 제사장 여호야다의 아들 스가랴의 무덤이다.(대하 24:20-22)

요아스왕은 일곱 살에 왕위에 올랐으므로 그에게는 능력있는 충고자가 필요했다 이미 그를 보호해 주고 그에게 기름부은 대제사장 여호야다는 최선을 다해서 요아스를 보필 했다 요아스는 여호야다가 살아 있는동안 성전을 중수 하는등 참된 신앙의 소유자였다 그러나 여호야다가 나이가 많아 130세에 죽자 바알 숭배에

↑압살롬의 탑   헤실자손의 무덤↑   스가랴의 무덤↑

관심이 많은 심복들의 궤계(詭計)에 귀를 기우리기 시작 하면서(대하 24:17-18)타락 하기에 이르렀다.

이때에 여호야다의 아들 사가랴는 하나님의 영에 감동 되어 여호와의 말씀을 거역하는 백성들을 경책하였다.

요아스왕은 스가랴에 의한 하나님의 책망을 외면한채 여호야다의 은공을 생각지 않고 여호야다의 아들 스가랴를 성전 뜰에서 돌로 쳐 죽이게 했다(대하 24:20)

또한 이 무덤은 세례요한의 아버지 사가랴(Zechariah)의 무덤이라 전해지기도 한다. 이 무덤 건물의 지붕은 피라미드와 비슷한 정방형의 사각 뾰족 뿔의 형태로 주후 1세기경에 만들어졌다.

대제사장들이 그 은을 걷으며 가로되 이것은 피 값이라 성전고에 넣어둠이 옳지 않다 하고 의논한 후 이것으로 토기장이의 밭을 사서 나그네의 묘지를 삼았으니 그러므로 오늘날까지 그 밭은 피 밭이라 일컫는다.(마 27:6-8)

이 근처에는 토기장이의 밭과 토기를 만들기 위해 만들어졌던 동굴들이 있다.

현재 그곳에는 희랍정교회 수도원이 세워져 있고 교회내의 큰 지하실은 예수님이 잡히실 때에 제자들이 동굴에 숨어 있던 곳으로 사도들의 동굴이라고 전해오며 건물의 아래 부분에 무덤이 많이 있는데 기독교인들이 숨어서 은둔생활을 했던 곳이라고 전해진다.

15. 아겔다마 (Aceldama)

기드론 골짜기와 힌놈의 골짜기가 합쳐져서 끝나는 지점의 서쪽 언덕 지역을 아겔다마라고 한다. 아겔다마는 피 밭이라는 뜻이다.

가룟 유다가 예수님을 은 30에 팔아 받은 돈을 제사장들과 장로들에게 도로 갖다 주었을 때 그들은 무죄한 피를 팔고 죄를 범한 자와 상관이 없다고 했다.

그때에 가룟 유다는 은 30을 성소에 던져놓고 물러가서 스스로 목 매어 죽었다.(마 27:4-5) 그는 몸이 곧 두박질하여 배가 터져 창자가 다 흘러나온 상태로 비참하게 죽었다.(행 1:18)

16. 에느로겔 (Ein Rogel)

기드론 골짜기와 힌놈의 골짜기가 합쳐져서 남쪽으로 약간 내려가면 샘이 있는데 이곳이 에느로겔이다.

다윗왕이 아들 압살롬을 피하여 요단강 쪽으로 도망했을 때 다윗왕의 두 정탐군인 요나단과 아히마아스가 성내로 들어가지 못하고 이곳에 머물러 있으면서 정보를 입수하여 다윗에게 전달했다.(삼하 17:17) 그들을 압살롬의 종들이 잡으러 오매 바후림의 어떤 집의 뜰에 있는 우물 속에 그 집 여인이 숨겨 주었다.(삼하 17:18-20)

현재 그 부근에 "빌아윰"이라는 아랍마을이 있는데 옛 바후림의 마을일 것으로 추측된다. "빌아윰"의 뜻은 욥의 우물이라는 아랍어이다.

솔로몬의 이복형인 아도니야가 왕이 되려고 에느로겔 근방 소헬렛 돌 곁에서 양과 소와 살진 송아지를 잡고 잔치를 베풀었다.(왕상 1:9)

현재는 에느로겔 옆에 있는 바위가 아도니야가 제사드리던 자리라고 전해오고 있다. 옛날에 에느로겔에 물이 차고 넘치면 그 해에 비가 많이 올 징조라 해서 예루살렘성내의 사람들이 축제를 열었다고 한다.

17. 다윗성 (The city of David)

현재 예루살렘 성밖의 남쪽으로 경사진 오벨 언덕에 다윗이 쌓은 최초의 예루살렘 성벽을 다윗성이라고 한다.

다윗성은 동쪽의 기드론 골짜기와 지금은 메워진 서쪽의 티로포에온 골짜기(Tyropoeon Valley)사이에 자리잡고 있는 지역으로 본래 주전 20세기경 부터 가나안 원주민인 여부스의 땅이었다.

여호수아가 가나안 땅을 정복할 당시에 베냐민에게 분배된 땅이었으나 정복하지 못했다. 그후 다윗왕이 주전 1000년에 정복하여 이곳에 법궤를 옮기고 수도로 삼았다.(삼하 5:6-9, 대상 11:4-7)

다윗이 시온산성을 빼앗으니 이는 다윗성이었다. 다윗이 그 산성에 거하여 다윗성이라 이름하고 밀로에서부터 안으로 성을 둘러쌓았다.(삼하 5:7-9)

다윗은 30세에 왕위에 올라 40년간의 통치기간중에 헤브론에서 3년6개월, 예루살렘(다윗성)에서 33년동안 온 이스라엘과 유다를 다스렸다.(삼하 5:4-5)

예루살렘성, 다윗성 그리고 시온성의 3개성은 동일한 한 장소를 의미하기도 하고 때로는 각기 다른 장소를 가리키기도 하여 혼돈이 있을 수 있다.

구약시대에 다윗성을 살렘(창 14:18, 시 76:2), 시온성(삼하 5:7) 또는 예루살렘성(수 10:1)이라 불렀다. 그후 하스모니아 시대에는 잠깐 동안 성전이 있는 모리아산만을 다윗성 또는 시온성이라 하고 그 외의 성 전체를 예루살렘성이라 구분하여 불렀다.

주후 4세기경 부터는 현재 다윗 무덤이 있는 시온산을 다윗성이라고 부르기도 했다.

그러나 현재는 일반적으로 다윗성이라고 하면 다윗시대의 옛 다윗성을 말하고 시온성은 예루살렘성 남서쪽 시온문 밖의 시온산을 말한다.

여부스시대의 성벽과 주전 8세기경 유다왕국의 성벽이 기혼 샘 서북쪽 언덕 위에 일부 남아 있고 그 높은 지대에 느헤미야가 쌓은 성벽의 탑이 있다.

다윗성 내에는 다윗시대의 무덤으로 보이는 묘실들이 있다. 다윗, 솔로몬, 르호보암이 열조와 함께 다윗성에 장사되었다.(왕상 2:10. 왕상 11:43, 왕상 14:31) 그후에도 많은 왕들이 다윗성에 장사되었다. 그리하여 이 지역을 왕들의 무덤이라 불렀다.

현재 시온산에 있는 다윗왕의 무덤은 주후 12세기경 부터 그곳에 위치한 상태로 전해지고 있다.

다윗성은 본래 유일한 물 근원인 기혼 샘이 성밖에 위치하고 있으며 성안의 실로암 연못으로 물을 끌어들인 히스기야 터널이 있다.

18. 히스기야 터널 (Hezekiah's Tunnel)

히스기야 터널을 통과하기 전 반바지를 입고(수심-무릎 아래) 손전등을 들고 터널입구에서 촬영했다.(1997.6.16. 저자 외 2명)

옛 다윗성의 동쪽 기드론 골짜기에 있는 샘이 기혼 샘이다. 기혼이란 "넘쳐흐르다"라는 뜻이다.

현재에 샘의 입구에서 층계로 내려가면 물이 솟아 터널을 통해 흐른다. 이 기혼 샘은 솔로몬이 기름부음을 받고 왕이 된 곳이다.

솔로몬을 다윗왕의 노새에 태우고 인도하여 기혼으로 가서 제사장 사독이 성막 가운데서 기름 뿔을 가져다가 솔로몬에게 기름을 부으니 이에 양각을 불고 모든 백성이 솔로몬왕 만세를 불렀다.(왕상 1:38-39)

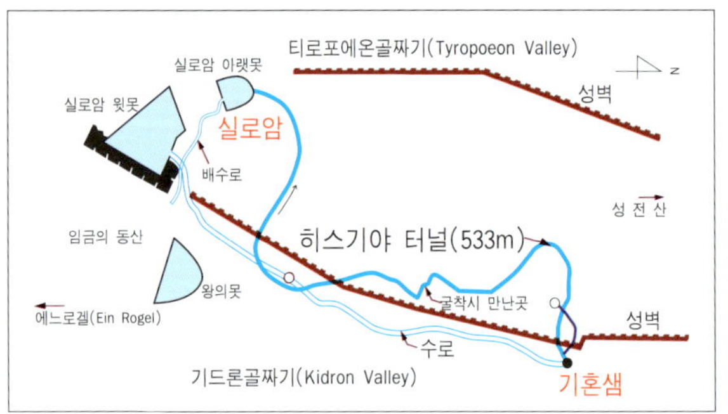

기온샘물을 남쪽으로 끌어내는 수로가 있었다.(사 8:6) 옛 수로는 기드론 골짜기 기슭의 성벽 바깥쪽으로 나 있었고 임금의 동산에 물을 대는데 사용된 수로였다.

히스기야왕(주전 727-698년)은 앗수르의 산헤립의 침략에 대비하기 위한 대책으로 적에게 성밖의 기온샘물의 사용을 거부하고 성안으로 기혼샘물을 끌어들여 성이 포위 될지라도 장기적으로 물을 사용할수 있도록 기혼샘에서 실로암못 까지 터널의 수로를 뚫었다.(대하 32:30) 이 수로를 히스기야 터널이라고 부른다..

1880년 히스기야 터널안에서 놀고있던 아랍 소년이 비문을 발견 하였다. 소년은 그의 선생인 시크(Schik) 박사에게 알렸고 시크박사는 이것이 수로에 관한 기록임을 알게 되었다 이 귀중한 비문은 여섯줄의 고대 히브리어로 적혀 있었고 현재 터어키 이스탄불 고고학 박물관에 소장되어 있다.

1906년 영국군 파커대위가 터널 전체를 조사 하였고, 빈센트 신부의 터널 촬영 결과 발표로 히스기아 터널의 실체가 세상에 완전히 드러났다.

물 근원의 기혼 샘에서부터 실로암 연못까지 터널 길이는 533m, 직선거리는 320m이다. 터널은 석공들이 구멍을 뚫는 방식으로 양편에서 서로 만날 수 있도록 파들어가 약 3규빗(약 1.3m)이 남아 있을 때 벽의 갈라진 틈으로 상대편 석공의 부르는 소리가 들렸다. 그 소리를 듣고 성공적으로 관통시켰다.

지금도 기혼샘 물이 솟아 거의 무릎 높이로 흐르고 있어 겨울의 우기에는 수량이 많고 건기에는 줄어든다. 이 터널을 통과 하려면 기혼 샘에서 출발하여 실로암 못까지 걸어서 약 30-40분이 소요되며 반바지를 입고 가벼운 신발을 신고 손전등으로 밝히며 통과할 수 있다.

실로암은 "보냄을 받았다"는 뜻이며 실로암 못의 옛 이름은 배수관이라는 뜻을지닌 "실로아"이다(사 8:5-

기혼샘
• 다윗성에 있던 연못으로 아랫 연못으로 물이 흘렀다.
• 히스기야왕 때 기혼샘과 수로가 연결되었다.
• 예수님이 이곳에서 소경을 눈 뜨게 했다.

실로암 못
• 다윗성 동쪽 기드론 골짜기의 샘이다.
• 솔로몬이 이곳에서 기름 부음을 받고 왕이 됨.
• 뒤에 히스기야왕은 성안으로 수로를 파서 실로암 연못으로 연결하였다.(533m)

7). 당시 실로암 못의 크기는 장이 16m이며 광이 5.4m였다. 실로암은 옛못인 윗못과 터널의 종착지점 인 아랫못이 있었다(사 22:9-11). 유다왕 아하스가 이사야 선지자를 만났던 윗못(사 7:3)을 통상 실로암 못으로 불렀다. 실로암 못 위에는 망대가 있었으나 무너져 치어 죽은 사람이 열 여덟 사람이나 되었다.(눅 13:4)

예수님께서 날 때부터 소경 된 사람을 보시고 땅에 침을 뱉아 진흙을 이겨 그의 눈에 바르고 실로암에 가서 씻으라고 해서 눈을 뜨게 한 이적을 나타낸 곳이다.(요 9:6-7)

19, 시온산 (Mt. zion)

시온(Zion)이란 어원을 잘 알 수 없으나 "봉우리"란 뜻을 가지고 있다.

구약시대에 옛 다윗성을 시온성이라 불렀고 하스모니아시대에는 모리아산을 잠시동안 시온성 또는 다윗성이라고 부르고 그외의 성 전체를 예루살렘성이라 구분하여 불렀다. 주후 4세기경 부터는 현재 다윗왕의 무덤이 있는 시온산을 다윗성이라 부르기도 했다. 오늘날 시온산(해발 765m)은 시온문 밖의 예루살렘성 남서쪽지역을 말한다.

시온은 "거룩한 산", "여호와의 산"으로 불렀고 시적(詩的)인 표현으로 흔히 시온이라 불렀다.(시 2:6, 9:11, 24:3) 또한 "시온의 딸"이란 말은 예루살렘 시민을 시적으로 표현한 것이다.(시 9:4, 사 1:8, 아 3:11, 슥 2:10)

신약시대에 시온은 하늘에 있는 하나님의 도성의 상징적 용어로 사용되었다.(요 14:1, 히 12:22) 또한 시온에 거한 나의 백성(사 10:24), 시온에 거하는 하나님(요 4:17, 시 20:3)등에 관련된 시온산은 이스라엘의 신앙적 상징이다.

이스라엘 백성의 바벨론 포로 기간 동안에 "시온"은 넓은 의미에서 그들의 잃어버린 조국의 땅 전체를 의미하게 되었다. 따라서 하나님의 거룩한 백성이 거룩한 땅으로의 귀향을 의미하는 강렬한 표현은 바로 시온이라는 말이었다. 이스라엘 백성들이 바벨론의 여러 강변 거기 앉아서 시온을 기억하며 울었다고 했다.(시 137:1)

이스라엘 민족의 디아스포라(Diaspora)들에게 "시온으로 돌아가는 귀향"을 하나의 신앙적 메시아 운동의 핵심으로 발전시켰다. 이스라엘로의 귀향의 사상적, 정신적, 신앙적인 모체가 되고 있는 시온주의(Zionism)는 헤르츨(Theoder Herzl)에 의해 2천년동안의 유대인의 방랑생활에 종지부를 찍게 하였고 팔레스타인 땅에 이스라엘 국가를 다시 건설하게 하는 원천이 되었다.

신약시대의 시온산은 매우 중요하고 거룩한 곳이다. 예수님의 최후의 만찬이 있었던 마가의 다락방에 오순절 성령강림의 현장으로 초기 기독교의 교회가 처음 형성된 곳이다.

시온산에는 마가의 다락방 아래층에 다윗왕의 무덤이 있고 그 가까운 인접지역에 성모 마리아 영면교회와 대제사장 가야바의 집터가 있다.

시온산의 남동쪽 중턱에 베드로 통곡교회가 세워져 있다. 베드로 통곡교회 인접건물의 옥상전망대 위에서 예루살렘의 성전산, 감람산, 멸망산, 기드론 골짜기, 힌놈의 골짜기를 잘 볼 수 있으며 아겔다마(피밭)가 눈 아래로 굽어보인다.

20. 다락방 (The Upper Room)

다락방은 서양식 건축에서 지붕 바로 아래에다 만들어

놓은 다락처럼 만들어진 방을 말한다.

시온산에 있는 다락방은 예수님이 잡히시기 전 제자들과 함께 최후의 유월절 만찬을 나누신 장소로 2층의 큰방이다.(막 14:15, 행 12:12)

예수님이 저녁 잡수시던 자리에서 일어나 겉옷을 벗고 수건을 가져다가 허리에 두르고 이어 대야에 물을 담아 제자들의 발을 씻기시고 그 두르신 수건으로 씻기시기를 시작하며, 내가 주와 또는 선생이 되어 너희발을 씻겼으니 너희도 행하게 하려 본을 보였노라(요 13:4-15) 말씀하시며 지극한 겸손과 사랑을 보여준 곳이다.

주 예수께서 잡히시던 밤에 떡을 가지사 축사하시고 떼어 가라사대 이것은 너희를 위하는 내 몸이니 이것을 행하여 나를 기념하라 하시고 식후에 또한 이와같이 잔을 가지시고 가라사대 이 잔은 내 피로 세운 새 언약이니 이것을 행하여 마실때마다 나를 기념하라 하셨으니 너희가 이 떡을 먹으며 이잔을 마실때마다 주의 죽으심을 오실때까지 전하는 것이니라(고전 11:23-26)

오늘날 교회에서 행하는 성찬식은 마가의 다락방에서 최후의 만찬으로 부터 비롯되었다.

예수께서 부활하신후 엠마오의 두제자를 만난 다음, 다락방에 나타나셔서 열한사도와 같이한 여자들에게 손과 발을 보이시고 구운 생선 한토막을 잡수셨다.(눅 24:36-43)

더욱 다락방의 중요성은 예수께서 승천하신후 사도와 문도등 120명이 기도중, 오순절날에 성령이 임하여 초대교회의 효시(嚆矢)가 된것이다.(행 1:13-15, 2:1, 12:12)

오순절 날이 이미 이르매 저희가 다같이 한 곳에 모였더니 홀연히 하늘로부터 급하고 강한 바람 같은 소리가 있어 저희 앉은 온 집에 가득하며 불의 혀같이 갈라지는 것이 저희에게 보여 각 사람 위에 임하여 있더니 저희가 다 성령의 충만함을 받고 성령이 말하게 하심을 따라 다른 방언으로 말하기를 시작였다.(행 2:1-4)

다락방 건물은 비잔틴시대에 최후만찬을 기념하기 위하여 세워졌다. 그후 폐허가 되었던 그 부지에 주후

1333년 직후 프란체스코 수도회에서 고딕식 건축양식의 기념건물을 짓게 되었다. 오늘날까지 전해지고 있는 2층의 최후만찬 다락방이다.

본래의 최후만찬의 다락방 건물이 마가의 어머니 마리아의 집이였으므로 통상 마가의 다락방이라 부른다. 다락방의 남쪽 정면 벽의 회교식 제단은 1517년 이후 회교사원으로 사용되었을 때의 것이다. 내부에서 동쪽 벽으로 계단을 통해 올라가면 조그마한 방이 두 개 있는데 동남쪽의 방은 오순절에 성령이 강림했던 것을 기념하기 위한 기도실이고 북동쪽의 방은 회교인들이 다윗의 비를 북쪽 벽에 세웠던 방이다.

성지순례자들은 이곳에서 성령강림의 찬송을 부르며 예배 드리고 성찬식도 거행한다.

21. 다윗 무덤 (The Tomb of David)

다윗의 무덤(마가의 다락방 건물 아래층)

시온산에 있는 다락방 건물의 아래층에 다윗왕의 무덤이 있다.

다윗이 그 열조와 함께 누워 자서 다윗성에 장사되었다고 했다.(왕상 2:10) 그러므로 다윗왕의 무덤은 옛 다윗성에 있어야 하나 찾을 길이 없다.

그러나 현재의 시온산에 있는 다윗 무덤은 주후 12세기로 부터 순례객이 많이 다녀가기 시작하여 지금까지 끊이지 않고 있다.

이곳은 비잔틴시대 교회의 일부분으로 페르시아에 의해 점령될 때에 불탄 흔적이 내부 벽에서 발견된다. 이 다윗 무덤은 유대인들이 관리하고 있기 때문에 순례객들은 남자는 머리에 키파(작은 모자)를 쓰고 묘실에 들어가야 한다. 그리고 여자는 어깨나 하체가 많이 노출되지 않는 옷을 입어야 한다.

22. 마리아 영면교회 (Dormition Abbey)

시온산에 교회의 지붕이 가장 높이 웅장하게 세워져있는 건물이 성모 마리아 영면교회이다. 전통적으로 성모 마리아가 잠들어 있는 곳이라 하여 마리아 영면교회라고 부르는데 라틴어로 잠잔다는 뜻을 지닌 돌미시온 교회 (Dormito Beatae Mariae Virginis)라고 부르기도 한다.

성모 마리아는 예수님이 죽으신 후 사도 요한과 함께 에베소에서 여생을 지냈다는 성모 마리아의 집이 비잔틴시대에 파나야 카풀루(Panaya Kapulu) 산속에 지어져 있어 그곳을 로마 카톨릭 과 그리스 정교회의 많은 신자들이 순례하고 있다. 그러나 성모 마리아는 말년에 시온산에서 살다가 죽었다고 한다.

이곳에는 본래 콘스탄틴 황제의 어머니 헬레나에 의해 세운 교회가 자리잡고 있었으나 파괴되었다.

1898년 터어키의 압둘하미드2세(Abdul Hamid Ⅱ)가 독일왕 빌헬름2세(Kaiser Wilhelm Ⅱ)에게 폐허가 된 교회 부지의 땅을 방문기념 선물로 주었다. 황제는 이 부지를 독일 쾰른 대교구장에 이양되었고, 그곳에 교회를 지어 독일 천주교 수도회로 넘겨주었다.

현재의 교회는 1906-1910년에 완성되어 독일 천주교회에 소속되어 있다. 교회의 지하실에 성모 마리아가 영원히 잠들어 누어 있는 모습을 만들어 놓았다. 교회 내부의 벽, 천장 그리고 바닥은 아름다운 모자이크로 되어있어 화려하게 보인다.

23. 가야바 집터 (The House of Caiaphas)

예수님이 잡히셔서 가야바의 집에서 심문을 받으셨고 그 집에서 베드로가 예수님을 세 번 부인했으며 예수님이 빌라도의 법정에 가기 직전, 잠깐 갇히셨던 곳이다. 현재 가야바의 집터는 두 군데로 주장이 엇갈리고 있다.

한군데는 시온문 밖의 알메니안 교회소속의 땅인 가야바의 집터이고 다른 한 곳은 현재 베드로 통곡교회가 세워진 곳의 가야바의 집터이다.

대제사장 안나스(주전6-15년)는 다섯 아들과 한 사위 그리고 한 손자가 대제사장을 지냈다.

예수님 당시 안나스는 대제사장에서 물러나 있었으나 산헤드린 공의회에서 지도적 역할을 할 정도로 간교하고 수단이 많았다.

예수를 잡아 결박하여 먼저 안나스에게 끌로 가니(요 18:13) 안나스가 예수를 결박한 그대로 대제사장 가야바에게 보내었다.(요 18:24) 안나스의 사위 가야바가 대제사장으로 있을 그 당시에 가야바 보다 실력자인 안나스에게 먼저 예수를 끌고 갔다. 그렇다면 안나스의 집은 어디일까 하는 것이다.

시온산의 알메니안 교회 소속 땅의 가야바의 집은 가야바가 실제로 거처할 대제사장의 관저였으나 안나스가 머물러 있었기 때문에 가야바는 지금의 베드로 통곡교회의 위치에서 대제사장의 직무를 수행했을 것으로 짐작된다. 그러므로 예수님이 대제사장 관저에 머물렀던 안나스에게 끌려갔다가 가야바에게로 보내진 사실에 부합되는 가야바의 실제의 집터는 지금의 베드로 통곡 교회의 위치로서의 주장에 비중을 더 두게된다.

24. 베드로 통곡교회
(The Church of St. Peter in Gallicantu)

시온산의 남쪽 중턱에 자리잡고 있어 성전산, 감람산, 멸망산이 펼쳐져 보이고 옛 다윗성이 눈 아래 굽어 보이며 기드론 골짜기가 앞으로, 힌놈의 골짜기가 우측으로 감싸고 있다.

예수께서 잡혀서 가야바의 집에 끌려와 심문을 받게 될 때 뒤 따라온 베드로는 예수를 세 번 부인하고 저주까지 했다.(마 26:69-74, 눅 22:60, 막 14:71) 그는 예수께서 예언한 대로 닭 울기전에 네가 세 번 나를 부인하리라 하심이 생각나서 밖에 나가서 심히 통곡하였다.(마 26:75) 그리하여 이 교회의 이름을 베드로 통곡교회라 부른다.

이곳을 주후 333년경 가야바의 집터라고 믿게되어 주후 457년에 교회가 세워졌으나 주후 1010년 초기 아랍시대에 파괴되었고 주후 1102년에 재건되었다가 또다시 1320년경에 파괴되었다. 1931년에 현재의 교회를 세우고 이 기념교회 이름을 갈리칸투(Gallicantu, 닭이운다)라 부르고 있다.

이 교회 내부 지하층에는 예수님이 천장에 매달려 고문을 당한 장소와 밧줄에 묶여 깊숙이 지하로 내려뜨려져 갇히셨던 감옥의 동굴이 보존되고 있다.

25. 베다니 (Bethany)

감람산 동쪽의 조그마한 산봉우리 넘어 산하록에 위치해 있고 예루살렘성에서 여리고로 통하는 대로변에 있는 아랍인의 마을이다. 베다니는 "가난한 자의 집" 또는 "종려나무의 집"이라는 뜻으로 부르기도 한다.

베다니는 예루살렘에서 가깝기가 한 오리쯤 된다(요 11:18)고 했으나 직선거리로 보면 오리쯤 되지만, 새로 만들어진 차도에 의한 거리는 약 5km가 된다.

베다니 동남쪽 500m지역에 "아나냐"라고 불리는 곳이 있다. 그곳은 바벨론의 포로에서 돌아온 베냐민 지파들이 살았다고 하는 곳이며(느 11:32) 그 후손들이 베다니에서 살았다고 전해지고 있다. 그러므로 베다니라는 이름은 "아나냐의 집"이라는 뜻을 지닌 "벳아나냐"에서 연유되었다고 보아진다.

베다니는 예수님이 예루살렘으로 행하실 때 자주 머물렀던 마을로 마르다. 마리아, 나사로의 삼 남매와 문둥이 시몬의 집이 있던 곳이다. 예수께서 문둥이 시몬의 집에 계실 때 한 여자가 아주 귀한 향유 한 옥합을 가지고 나아와 식사하시는 예수의 머리에 부었다.(마 26:6-7)

나사로 기념교회

나사로 무덤 입구

그 시몬의 집은 어느 곳인지 밝혀지지 않고 있다.

또한 나사로 집에서 마리아는 지극히 비싼 향유를 예수 발에 붓고 자기 머리털로 발을 씻으니 향유 냄새가 집에 가득했다.(요 12:3)

예수께서 죽은지 나흘이 되어 냄새가 나는 무덤 속의 나사로를 큰 소리로 "나사로야 나오라" 부르시니 죽은 자가 수족을 베로 동인 채로 나오는데 그 얼굴에 수건이 쌓여 있어 풀어놓아 다니게 하라 하시니 그대로 되었다.(요 11:44)

예수께서 나귀를 타고 예루살렘성에 입성하신 후 베다니에 유하시며 성전에 들어가 가르치셨고 마지막 유월절 만찬 후 겟세마네에서 잡히셨다.

나사로 무덤의 아래 위로 건물들이 세워져 있다. 맨 위에는 1967년에 세워진 희랍정교회가 있고 그 아래로 나사로 무덤에 인접하여 회교사원이 세워져 있으며 맨 아래의 나사로, 마르다, 마리아가 살던 집 터 위에 나사로 교회가 세워져 있다.

나사로 무덤의 입구에서 안으로 들어가 가파른 층계를 따라 내려가면 나사로가 죽어 누워 있던 조그마한 석실(石室)을 볼 수 있다. 무덤의 최초 입구는 회교사원 쪽에 있었으나 회교사원을 건축할 때 벽으로 막아버려

현재의 도로가로 입구를 옮겼다.

나사로 교회는 비잔틴시대에 세워졌으나 4세기경 지진에 의해 파괴되었다. 그 당시 유적은 교회 앞마당의 모자이크와 조각난 성전기둥들이 있다. 5세기경에 다시 세워졌고 십자군시대에 확장되었으나 주후 1187년 살라딘에 의해 전부 파괴되었다. 현재의 교회는 1953년에 건축되었으며 4세기와 5세기의 교회터 위에 전체적 구조를 십자가 모양으로 하여 건축했다. 교회 내부의 벽면에는 나사로가 무덤에서 나오는 모습, 마르다와 마리아가 예수님을 나아가 맞이하는 모습, 마리아가 예수님 발아래서 말씀을 듣는 모습, 그리고 여자가 예수님 머리에 기름을 붓는 모습 등 베다니에서 이루어진 장면의 네 폭의 그림이 모자이크로 되어있다.

유대인들이 세례요한에게 질문을 던졌던 곳의 베다니라는 같은 이름의 마을은 요단강 동편에 위치하고 있다. 오늘날 이곳을 예수님에게 세례 요한의 세례 주던곳 요단강 건너편 베다니에서 된 일이라(요 1:18-19) 주장되기도 한다 그러나 베다바라(Bethabara) 지역을 세례요한이 세례를 베푼지역으로 주장되어 기념교회가 세워져 있다.

26. 벳바게 (Bethphage)

벳바게 교회

뱃바게 교회 성화 (예수께서 나귀타고 입성하시는 모습)

뱃바게의 정확한 위치는 알려져 있지 않으나 베다니의 남서쪽의 아랍마을 아부디스(Abu Dis)라 전해지고 있다. 뱃바게는 히브리어로 "익지 않은 무화과의 집"이라는 뜻이다. 뱃바게는 여리고 지방에서 예루살렘 성으로 갈 때 감람산으로 올라가기 전에 경유하게 되는 곳이다.

특히 예수께서 나귀새끼를 타시고 예루살렘 성으로 입성하실 때의 출발지점이다.(마 21:1-11, 막 11:1-11, 눅 19:28-40)

그리고 뱃바게 근처에서 예수님이 무화과를 저주하신 곳이다.(막 11:12-14) 또한 예수님이 나사로를 살려 주시려고 베다니로 오실 때 마르다와 마리아가 마중 나온 곳이라는 주장도 있다.(요 11:30)

오늘날 지형적 조건으로 보면 여리고에서 예루살렘 성으로 갈 때 먼저 베다니를 지나 뱃바게를 거쳐 감람산 고개를 넘어 예루살렘 성으로 가는 것이 바른길이다. 그러나 로마시대에는 오히려 여리고에서 먼저 뱃바게를 지나 베다니를 거쳐 예루살렘 성으로 가는 길이 있

었다고 한다.

그러므로 주후 385년에 에테리아 수녀가 순례 왔을 때 마르다와 마리아가 예수님을 마중 나온 것을 기념하는 교회가 뱃바게에 이미 있었다는 사실을 카톨릭에서 일부 주장하고 있다. 그러나 현 지리적인 조건을 보아 수긍하기 어려운 점도 있다.

뱃바게에 비잔틴시대에 이어 십자군시대에 교회가 세워져 있었다. 현재의 교회는 1883년 천주교에서 옛 교회 터 위에 재건하였다.

교회 내부에는 십자군 시대의 유적으로 4각의 돌기둥이 서 있다.

그 돌(약 1m³)의 서쪽면에는 라틴어로 밧베게라는 이름이 써 있고 남쪽면은 나사로가 살아나는 모습, 북쪽면은 예수님이 나귀새끼를 타시는 모습, 동쪽면에는 종려가지를 흔들며 환호하는 모습이 그려져 있다. 교회 내부의 그림은 1955년에 그려서 부착한 것이다.

종려주일에는 비잔틴시대 부터 뱃바게 근처에서 시작하여 감람산, 겟세마네를 거쳐 예루살렘 성으로 입성하는 행진이 이루어진다.

27. 무덤동산 (The Garden Tomb)

다메섹 문밖의 도로를 건너 북쪽으로 뻗은 도로 약 200m지점에서 우측 좁은길로 50m 들어가면 무덤동

산의 출입문이 있다.

이 무덤동산을 "정원무덤" 또는 영어 그대로 "가든 툼"이라 부르기도 한다. 1882년에 영국의 고든(Charles Gordon)장군이 현 예루살렘성 밖의 소위 정원무덤을 예수님의 무덤이라 주장했다. 고든은 성경의 레위기에 근거하여 주장하고 있다.(레 1:11) 예수께서 돌아가시고 장사되어 묻히신 것은 모든 제사의 원형이므로 예수님의 무덤은 당연히 성전 제단의 북쪽에 있어야 한다는 것이다. 따라서 현 성묘교회는 서쪽에 있으나 정원무덤은 성전 북쪽에 있다고 합리화 시켰다.

또한 이곳의 언덕 위치를 보면 인체의 머리 부위에 해당되고 해골과 같이 생겼기에 골고다 언덕에 해당되며 이곳에 있는 많은 비잔틴시대 무덤 중에서 예수님의 동굴무덤을 찾았다고 주장했다.

예수의 십자가에 못 박히신 곳에 동산이 있고 동산 안에 아직 사람을 장사한 일이 없는 새 무덤이 있는 그 동산이 이 무덤 동산이라는 것이다.(요 19:14) 이 정원무덤은 1893년부터 예수님 무덤으로 기념되기 시작했다. 그러나 정원무덤이 예수님 무덤이라는 모든 주장은 고고학적인 고증이 되지 못하고 있다.

이곳에는 정원수가 아름답게 들어 서 있고 초대교회시대 것으로 보이는 동굴무덤과 지하 물저장소 그리고 포도주틀 등이 있다. 이곳은 영국 성공회에서 관리하고 있다.

28. 왕들의 무덤 (The Tombs of the Kings)

예루살렘성의 헤롯문에서 북쪽으로 뻗은 살라헤딘거리(Salahedin Street)와 다메섹문에서 북쪽으로 뻗은 데레크쉐켐거리(Derekh Shkhem Street)와 만나는 지점의 우측 코너에 위치하고 있다.

이 무덤들은 집의 큰 마당 만한 넓은 암반의 평지를 네모 깊이 파내어 큰 뜰을 만들었다. 그 뜰 밑에서 동굴을 파 들어가 정면과 양측면으로 카타쿰 형식(Catacomb Style)의 격실에 의한 무덤을 만들었다.

이 무덤에는 메소포타미아의 여왕 헬라나가 주후 45년경에 그의 자녀들과 같이 예루살렘으로 이민 와서 살다가 묻힌 곳이다. 주후 1874년에 유대계 불란서 여자가 이 지역을 구입했다. 그래서 불란서 정부에서 관할하고 있고 정문 위에 불란서 국기를 게양하기도 한다.

29. 록펠러 박물관 (Rockefeller Museum)

예루살렘성의 북동쪽에 있는 헤롯문의 길 건너 오른쪽(북쪽) 언덕에 세워진 건물이다. 주후 1927년에 존 록펠러(John D. Rockefeller, 1839-1937)에 의해서 박물관이 세워졌기 때문에 록펠러 박물관이라고 부른다.

이 박물관에는 이스라엘 지역의 고대 역사와 문화의 변천에 따른 고대 유물들이 전시되어 있다. 특히 여리고에서 발굴된 유물과 십자군시대에 조각한 최후의 만찬장면이 재조립된 것과 각종 가치 있는 유물들이 많이 진열되어 있다.

이스라엘 국립박물관의 입장권을 구입하면 록펠러 박물관을 포함해서 관람할 수 있다. 두 군데의 박물관을 관람하여 이스라엘의 고대 역사와 문화를 유물을 통해서 잘 이해하게 된다.(☞ 이스라엘 박물관)

느보산 (모세기념교회 바닥의 모자이크)

제8절 새 예루살렘 지역

1. 풍차, 헤롯의 동굴
2. 스코틀랜드 장로교회
3. 자유의 종 공원
4. 회교 박물관
5. 십자가 수도원
6. 러시아 교회

7. 성경 동물원 (Biblical Zoo)
8. 홀리랜드 호텔 (예루살렘 성전 모형)
9. 시므온 수도원
10. 세례요한 탄생교회
11. 성모 마리아 방문 교회

· 국회의사당
· 국립묘지 (헤르츨산)
· 육백만 학살 추모관(야드바쉠)
· 이스라엘 국립 박물관
· 히브리 대학교 (서쪽 교정)

1. 세례요한 탄생교회 (The Church of St. John the Baptist)

세례요한 탄생장소

예루살렘 서쪽지역의 엔케렘 마을에 교회가 위치하고 있다. 예루살렘성에서 엔케렘 까지는 약 8km가 된다. 엔케렘(Ein Kerem)은 "포도원의 샘"이란 뜻이며 아인케렘 이라고도 부른다.

엔케렘 이라는 마을에는 세례요한 탄생교회와 마리아가 엘리사벳을 방문한 기념교회와 마리아의 샘이 있다.

세례요한이 태어난 장소에 비잔틴시대와 십자군시대에 교회가 세워져 있었다. 그 교회 터위에 17세기경 다시 세워져서 1885년에 개축하고 보수하여 오늘에 이르렀다.

현 교회의 밑에서 비잔틴시대의 모자이크를 볼 수 있다. 교회 내부의 조그마한 동굴이 세례요한이 태어난 곳으로 베들레헴에 있는 예수님 탄생의 동굴과 흡사한 모습으로 만들어 졌다.

동굴정면에는 제단이 만들어져 있고 그 옆의 벽에는 대리석 판으로 "여기에 구주보다 앞서 온 자가 태어났다."라고 라틴어로 기록되어 있다.

교회 내부 벽에는 예수께서 세례요한에게 세례를 받으시는 모습의 그림 등 아름다운 그림이 많이 부착되어 있다. 교회마당 앞의, 담벽 위에 세계 여러 나라 말로 된 사가랴의 노래(눅 1:67-79)가 붙어 있는데 한국 카톨릭에서도 한국어로된 액자를 만들어 붙여 놓았다.

2. 마리아 방문교회
(The Church of the Visitation Mary's)

세례요한 탄생교회에서 남쪽으로 약 1.5km 떨어진 산기슭에 교회가 세워져 있다.

이 교회는 세례요한의 아버지인 제사장 사가랴와 어머니 엘리사벳의 여름별장자리에 비잔틴시대와 십자군시대에 교회가 세워졌었다. 현 교회는 옛 교회 터 위에 아래층은 1862년에 윗 층은 1955년에 건축되었다.

이 교회는 성모 마리아가 세례요한의 어머니 엘리사

벳을 방문하여 3개월 동안 머물렀던 것을 기념하기 위하여 세워진 교회이다.(눅 1:39-56)

교회 입구 정면에서 마리아가 엘리사벳을 방문하는 모습의 모자이크를 볼 수 있다. 아래층 교회내부에 들어가면 정면에 동굴이 있고 그 안에 우물이 있다. 한쪽 벽에는 "기적의 바위"라는 조그마한 바윗돌이 있다. 이 바윗돌은 어린 세례요한과 엘리사벳을 죽음의 위기에서 모면케 해준 바위라는 것이다. 헤롯대왕이 두 살 이하 남자아이를 죽일 때에 세례요한이 숨어있던 동굴을 막았던 돌이라고 전해진다.

아래층 내부벽에는 가브리엘이 스가랴에게 요한의 탄생을 알리는 모습(눅 1:8-20), 마리아가 엘리사벳을 방문하는 모습(눅 1:41-45), 군인들이 남자아이를 잡아 죽이는 모습(마 2:16)의 그림이 부착되어 있다.

위층에는 아름다운 벽화를 볼 수 있고 제단 뒤쪽의 둥근 부분은 십자군시대 것의 원형을 살려서 만들었다.

교회의 마당 벽위에는 마리아가 하나님을 찬양한 찬송(눅 1:46-55)이 45개국어로 기록된 액자들이 붙어있다. 그 가운데 한솔 이효상의 친필로 된 한국어판 액자도 볼 수 있다.

3. 마리아의 샘 (Mary's Spring)

세례요한 탄생교회에서 마리아 방문교회로 가는 도중의 왼쪽에 샘이 있다. 마리아 방문교회를 찾는 순례자들은 차량을 주차시키고 도보로 층계를 따라 올라가게 된다. 바로 주차시키는 지역의 근처에 마리아 샘이 있다.

이 샘 위의 벽에는 "목마른 자들아 물로 나오라"(사 55:1)라는 말씀이 써 있다. 이 마리아의 샘을 요한의 샘(John's Spring)이라 부르기도 한다.

4. 육백만 학살추모관 (Yad Vashem)

예루살렘의 야드바쉠(육백만 학살 추모관)의 추모 부조
* 유대인들은 바벨론 포로 때부터 디아스포라의 역사적 수난이 시작된 민족이다.

유대인 학살의 비참함을 상징화한 조각품

엔케림의 북쪽산 언덕에 자리잡고 있다. 이곳은 헤르츨 산(Mount Herzl)입구에서 약 1km 서쪽으로 들어가야 한다.

육백만 학살추모관을 히브리어로 야드 바쉠(Yad Vashem)이라고 부르는데 "영원한 기념"이란 뜻이다. 야드 바쉠이라는 이름은 "내 성 안에서 자녀보다 나은 기념물과 이름을 주며 영영한 이름을 주어 끊치지 않게 할것이다"(사 56:5)에서 나온 말이다.

제2차 세계대전 때 나치 독일의 히틀러(Adolf Hitler, 1889. 4. 1-1945. 4. 30)에 의해 희생된 육백만 유대인들을 추모하고 기념하기 위하여 1957년에 건립되었다.

이 곳에는 추모탑, 추모관, 유물전시관이 있다. 정원에 있는 많은 나무들의 밑에 세워진 푯말에는 유대인들을 나치에서 구해준 단체와 사람들의 이름들이 새겨져 있다. 전시관으로 들어가는 길 따라 탕자로 비유되는 쥐엄나무들이 많이 심겨져 있다.

넓은 지역에는 많은 건물들과 기념비 그리고 조각들이 세워져 있는데 대부분 나치가 정권을 잡은 시기부터 전쟁이 끝난 후 이스라엘 땅으로 귀환하는 시기까지 시대별로 설명하고 있는 전시관들이다. 이곳을 먼저 들른다.

전시관 입구의 현관 벽에는 검은색 바탕에 알미늄 합금으로 된 4개의 부조(浮彫)가 관심을 끈다. 육백만 학살의 참혹 상, 항쟁의 분출, 팔레스타인으로 귀환, 이스라엘 건국을 상징하는 부조이다.

그 외에도 희생된 600만명 중 200만명의 이름이 보존되어 있는 이름관, 유대인들이 학살당했던 희생자의 재가 묻혀 있는 22개의 수용소 이름이 있는 기억전당, 수용소에서 그려진 그림이 전시되어 있는 예술관 등이 있다.

육백만이나 되는 사람들이 오직 유대인이라는 이유만으로 참혹하게 학살 당한 역사적 사건은 유대인들에게 결코 잊을 수 없는 것이다. 따라서 이 추모관은 유대인들에게 생생한 산 교육의 현장이다.

유대인 학살의 수난사 교육현장(군인들)
(1996.12.18. 중앙 뒤편에서 지켜보는 저자)

폴란드의 유대인을 학살한 아우슈비츠 수용소 (2015.5.8. 현지답사. 저자)

아우슈비츠 수용소 전시실 입구 (2015.5.8. 현지답사. 저자)

폴란드 유대인 학살 아우슈비츠 수용소 이중철조망 (2015.5.8. 현지답사. 저자)

독일 베를린의 홀로코스트 추모기념관(2,711개 상징묘)
히틀러(1889.4.10~1945.4.30)가 자살한 지하벙커 위치를 답사하여 확인했다.(2015.5.7. 저자)

5. 이스라엘 국립묘지 (National Cemetery)

예루살렘성에서 엔케림으로 가는 도중에 육백만학살 추모관으로 갈라 들어가는 오른편 지점에 위치하고 있다

이스라엘 국립묘지는 헤르츨산에 위치하고 있다. 시온주의 창시자인 헤르츨(T. Herzl)이 국립묘지에 묻혀있어 이 산이름을 통상 헤르츨 산이라 부른다.

국립묘지에는 많은 영웅들이 묻혀 있다 헤르츨을 비롯하여 레비 에슈콜 수상(4대), 골다 메이어 여사, 이즈하크 라빈 수상(11대)등의 많은 이스라엘 지도자들이 묻혀 잠들어 있는 곳이다.

국립묘지는 이스라엘 시민뿐 아니라 군인들에게 이스라엘의 역사교육의 산 현장으로 활용되고 있다 그리하여 이스라엘 군인들이 소규모 단위로 인솔되어 교육받고 있는 모습을 자주 볼수 있다.

6. 이스라엘 국립박물관 (The Israel Museum)

예루살렘성에서 서쪽으로 약 3km되는 지점에 위치해 있으며 북동쪽으로 국회의사당이 인접해 있다.

이 박물관은 1965년에 개관되어 예술관, 고고학관, 청소년관, 그리고 성서 전당으로 구분하여 유물이 전시되어 있다.

특히 성지순례자들이 관심을 가지고 방문하는 곳이 사해 사본(Dead Sea Scrolls)이 전시되어 있는 성서 전당이다. 사해 주변의 "쿰란"에서 발견된 사본을 사해사본이라 하는데 사해사본을 일명 쿰란사본(Qumran Scrolls)이라고 부른다.

사해사본이 전시되어 있는 성서 전당의 흰색지붕에 유달리 시선이 집중된다. 그 지붕의 모양은 쿰란사본이 발견될 때 들어있던 질그릇 항아리의 뚜껑을 본뜬 것이다.

성서 전당에는 사해주변에서 발견된 성경사본들, 주석책, 편지들과 그 외의 여러 유물들이 전시되어 있다.

또한 전시실내의 원형 유리 안에는 주전 2세기경의 이사야 66장 전권과 그 외 시편, 하박국 주석 등도 전시되어 있다.

성서전당을 통상적으로 "책의 전당" 또는 "도서전당"이라 부르기도 한다.

고고학 관에는 주전 50만년 전부터 시작되어 가나안시대, 구약시대, 희랍시대, 로마시대, 비잔틴시대, 아랍시대, 십자군시대를 거쳐 회교 아랍시대까지의 유물들이 시대순으로 전시되어 있다.

이 전시된 유물을 통해 시대에 따라 이스라엘의 역사, 문화, 종교의 특징과 변화된 모습을 한 눈으로 바라볼 수 있다.

성서전당의 지붕
(항아리 뚜껑 상징)

7. 국회의사당 (Knesset)

이스라엘 국립박물관의 북동쪽에 인접하여 1966년에 국회의사당의 건물이 세워졌다.

국회의사당의 앞마당에 들어서기 전 길 건너편에 세워진 메노라(일곱줄기 촛대)는 이스라엘을 상징하고 있다.

이 메노라는 1956년 영국의회에서 이스라엘 국회에 기증한 것이며 영국출신 유대인이 조각한 이 메노라는 일곱 줄기에 21개의 조각이 되어 있다. 이 조각에는 성경의 주요역사와 인물들이 묘사되어 있다.(☞ 정치 37쪽)

8. 메아 쉐아림 (Me'a she'arim)

예루살렘성의 다메섹 문에서 북서쪽으로 약 1km 지역에 위치한 정통파 유대인들인 하시딤(Hasidim)들이 살고 있는 시가지의 마을이다.

메아 쉐아림(שְׁעָרִים מֵאָה)은 백이라는 숫자(數字) 메아(מֵאָה)와 문(門)이라는 쉐아림(שְׁעָרִים)의 합성어 이다.

이 마을의 이름을 메아쉐아림이라고 부르게 된 것은 창세기에서 이삭이 땅에서 농사하여 얻은 "백배의 수확"(창 26:12)을 뜻하기도 하고 이 마을에 아취형의 문이 백개 있어서 메아 쉐아림이라 부른다고 한다.

본래의 마을은 주후 1875년에 세워져서 정통파 유대인만이 살고 있고 그들만의 회당, 학교, 서점들이 많이 있다.

유대광야

제9절 중앙산악지역

1. 베들레헴 (Bethlehem)

베들레헴은 예루살렘성의 욥바 문에서 남쪽으로 약 10km 지점의 해발 770m, 유대광야의 모퉁이에 위치하고 있다.

베들레헴은 떡집(벧:집, 레헴:떡〔빵〕)이라는 뜻을 가지고 있다.

베들레헴의 옛이름으로 "에브랏" 또는 "에브라다"라고 불렀다.

구약시대에 야곱이 하란에서 돌아오는 도중 벧엘에서 발행하여 에브랏에 이르다가 난산으로 인하여 베냐민을 낳고 라헬이 죽으매 에브랏 곧 베들레헴 길에 장사되었다.(창 38:15)

베들레헴의 부유한 보아스와 모압여인 룻이 결혼하여 증손인 다윗이 태어나게 되었다.(룻 4:13-122, 마 1:5)

베들레헴은 목동 다윗의 고향으로 어렸을 때 주변 유대광야에서 양을 쳤으며 다윗은 베들레헴에서 사무엘로부터 기름부음을 받았다.(삼상 16:13)

"베들레헴 에브라다야 너는 유다 족속 중에 작을지라도 이스라엘을 다스릴 자가 네게서 내게로 나올 것이라"

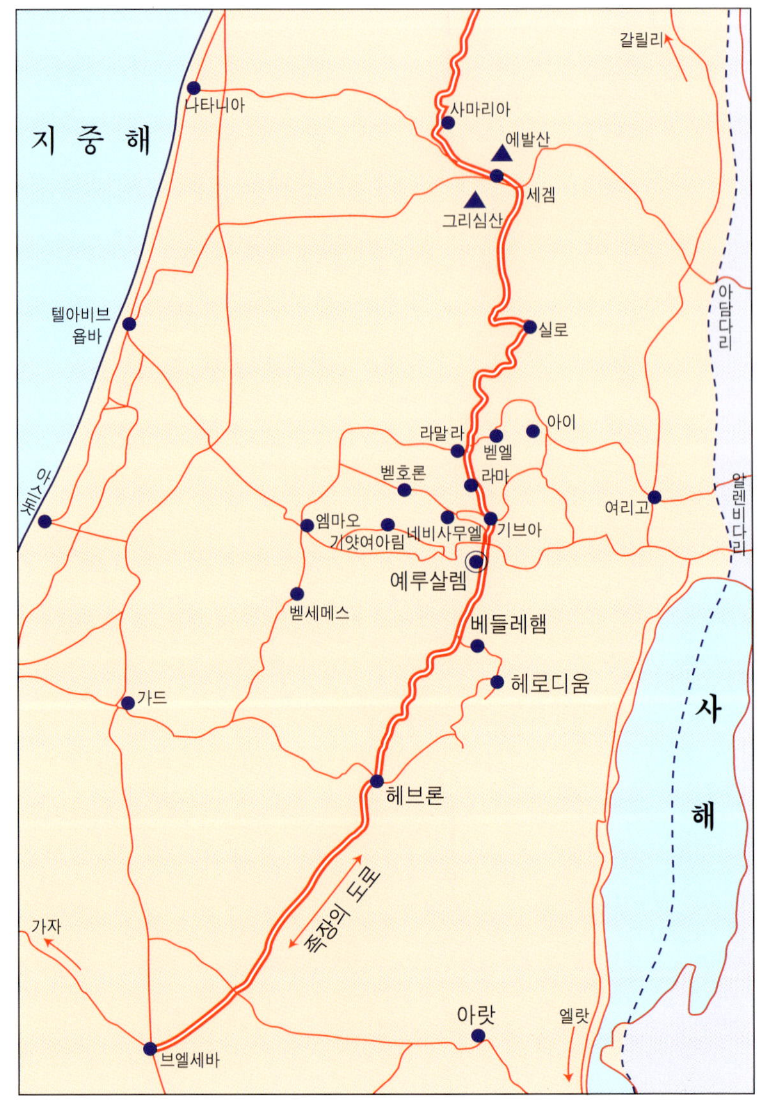

는 미가 선지자의 700년 전의 예언 그대로 베들레헴에서 예수님의 탄생이 성취되었다.(미 5:2, 마2:6)

예수님은 베들레헴의 양이나 염소를 사육하던 동굴의 한 외양간에서 탄생했고 강보에 싸여 구유에 뉘어졌다. 그러나 아기 예수의 탄생은 하나님의 독생자가 성육신 한 위대한 기적의 사실이다.(요 1:14) 그리고 인류의 역사를 크게 둘로 나누어 가르는 대사건이 일어났다. 예수님이 탄생한 해를 원년(元年)으로 삼은 서력(西曆)기원이 되어 서기전 (B.C Before Chirst)과 서기후 (A.D, Anno domini : in the year of our Lord)로 나누어 진다. 그러나 기독교인들은 주전과 주후로 구분 하기도 한다.

예수님 탄생하신 곳의 평면도

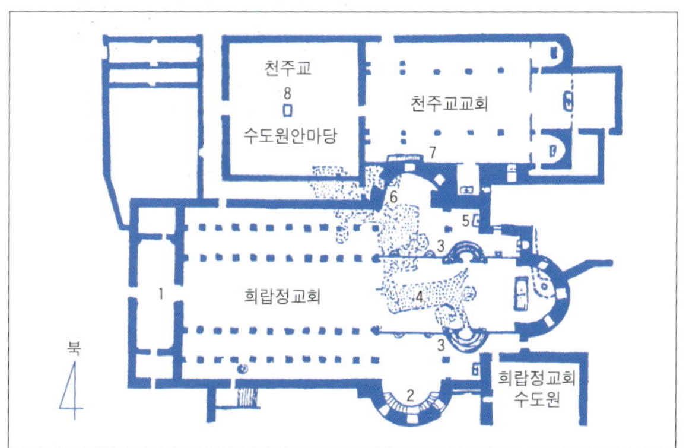

동굴 내부 평면도

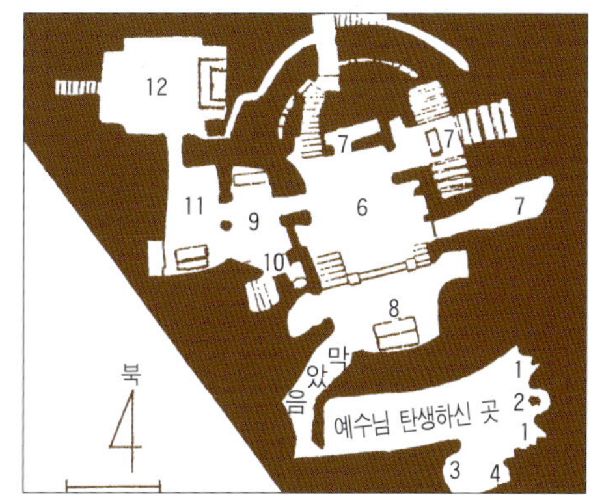

1. 희랍 정교회의 입구
2. 희랍 정교회의 수도원으로 나가는 길
3. 예수님 탄생하신 동굴로 들어가는 입구
4. 예수님 탄생하신 동굴
5. 알메니안 예배소
6. 천주교 교회 입구
7. 지하실 입구
8. 성 제롬의 상

1. 희랍 정교회로부터 내려오는 계단
2. 예수님이 탄생하신 곳
3. 구유가 놓였던 곳
4. 동방박사가 경배한 곳
5. 천주교회로부터 내려오는 계단
6. 헤롯왕이 2살 이하의 아이들을 모아 죽인 곳
7. 아이들을 묻었던 곳
8. 요셉의 예배소
9. 성 제롬을 따르던 사람들의 무덤
10. 옛날에 물저장소였는데 주후 4세기에 콘스탄틴대제가 이곳에 교회를 지을 때에 매립됨
11. 제롬의 무덤 (13세기에 시신을 로마로 옮김) 제롬이 거주, 성경을 번역한 곳.

2. 예수님 탄생교회 (The church of the Nativity)

탄생하신 장소

구유동굴

주후 135년에 베들레헴의 예수 탄생 동굴 위에 로마의 신전이 세워졌다. 로마제국의 하드리안 황제의 기독교 말살정책에 따른 것이었다. 그러나 약 200년 후에 박해받던 기독교는 콘스탄틴 황제가 기독교를 공인함으로 종교의 자유를 얻게 되었다.

황제의 어머니 헬레나는 예루살렘을 비롯한 성지를 순례하게 되었다. 그후 헬레나는 황제를 통해서 주후 339년 베들레헴의 예수 탄생교회를 세우게 되었다. 그러나 그후 파괴되었다.

다시 비잔틴시대의 유스티니안 황제는 아름다운 교회를 세웠지만 또다시 파괴되었다. 현재의 교회는 주후 12세기의 십자군시대에 다시 재건되어 희랍정교회에서 관리하고 있다.

주후 1100년 십자군에 의해 탈환되면서 베들레헴에서 십자군 초대 왕 볼드윈1세(Baldwin I)의 왕위 즉위식이 거행되었다. 베들레헴에서 즉위식을 가진 것은 예수께서 가시면류관을 쓰신 예루살렘에서 인간의 왕이 황금면류관을 쓸 수 없다는 이유에서 였다.

베들레헴의 중심 시가에 접어들어 구유광장(Manger's

겸손의 문

Square)이라 부르는 넓은 광장을 지나 탄생교회의 입구에 도착하게 된다. 교회로 들어가는 입구에는 높이가 120cm 폭이 80cm 밖에 되지 않는 좁은 돌문이 설치되어 있다.

교회 안으로 들어가려면 누구든지 돌문을 통과 할때 반드시 머리를 숙여야 한다. 그래서 돌문을 "**겸손의 문**"이라 통상 부른다. 원래 건축 당시에는 높은 문이었으나 말을 타고 교회 내로 들어가는 것을 막기 위하여 높이와 폭을 좁혔다고 한다.

겸손의 문을 통해서 교회안으로 들어가면 11개의 돌기둥이 양편에 둘씩 모두 4줄로 늘어선 바실리카(Basilica) 형태의 건축양식과 바닥에 보존되어 있는 비잔틴시대의 일부 모자이크가 아직도 남아 있어 볼 수 있다.

교회 내부의 제단에서 지하계단으로 내려가면 예수님이 탄생한 곳, 예수님의 구유가 놓였던 곳, 동방박사가 경배한 곳이 있다. 특히 예수님이 탄생한 곳에는 은으로 만든 별 모양의 장식이 되어 있다. 이것은 1717년 천주교에서 만든 "**베들레헴의 별**"로써 별 둘레에는 라틴어로 "이곳에서 동정녀 마리아에게서 그리스도가 탄생하셨다."는 문구가 새겨져 있다.

베들레헴의 별은 전쟁의 불씨가 되기도 했다. 1847년 러시아 정교회 측에서 천주교가 만든 베들레헴의 별을 일방적으로 제거했다. 당시 성지를 지배하던 오스만 터어키 당국은 원상회복을 요구했다. 결국 이 문제로 1853년에 크리미아 전쟁이 유발되었다.

탄생교회 바로 옆에 1881년에 천주교회가 세워져서 내부로 서로 통하고 있다. 예수탄생 동굴에서 천주교회로 가는 동굴 통로에 알메니안 교회가 자그마한 제단을 만들어 놓고 예배를 들인다. 이 제단을 통해서 올라가면 천주교회로 가게 된다.

천주교회는 예수탄생을 기뻐하고 찬미하는 마음과 뜻을 모아 세워졌다고 한다. 천주교회 내부의 지하계단으로 내려가면 지하동굴이 있다. 동굴의 넓은 바닥은 헤롯왕이 두살 이하의 아이들을 모아 죽인 곳이며 왼편 두곳의 좁은 동굴은 어린아이를 묻었던 곳, 그리고 정면에 요셉의 예배소, 오른편으로 들어가면 제롬을 따르던 제자의 무덤, 제롬의 무덤, 제롬이 성경을 번역한 곳들이 동굴내에 있다. 천주교회의 동굴과 예수탄생 동굴은 서로 통할 수 있는데 현재는 막아 놓았다.

천주교회 정문의 안마당에는 "제롬"을 기념하는 동상이 세워져 있다. 제롬(주후 347-419)은 지금의 유고슬라비아에서 태어나 어린시절 로마에 유학하여 라틴문학을 배웠다 그는 초대 서방교회에서 어거스틴과 함께 가장 박식한 인물로 평가 되었다. 제롬은 라틴어로 성경 번역작업을 382년에 시작하여 로마에서 신약을, 베들레헴에서 구약을 406년경에 완역하는데 장장 20년 이상의 기간이 소요되었다 또한 남성수도원의 지도자로 활동하면서 많은 주석성경을 썼으며 여생을 베들레헴에서 보냈다 천주교에서는 번역된 성경을 권위 있게 읽혀지고 있다.

매년 아기예수 탄생의 찬미를 위한 성탄전야에 가지는 베들레헴 예배는 이곳 천주교회와 구유광장으로 부터 전세계로 TV에 의해 방영되고 있다.

3. 목자들의 들판 (The Shepherd's field)

베들레헴에서 동쪽으로 내려다보이는 약 1.5km 지역의 현재 벧자훌(Beitsahur)이라는 아랍마을 지역이 목자들의 들판이었다.

이 들판은 구약시대에 베들레헴의 부유한 보아스가 소유했던 밭이었다. 추수때에 이르러 보아스와 이삭을 줍는 룻과의 사이에 이루어진 아름다운 러브스토리는 바로 보아스 밭에서 이루어 졌다.

하나님께서 복을 주시므로 이 두 사람이 결혼에 의한 사랑의 열매를 맺게되어 그 후손으로 증손자인 다윗을 태어나게 했다.(룻 4:13-22, 마 1:5, 눅 3:32)

그 "보아스의 밭"은 "목자들의 양치는 들판"으로 변했다. 그 들판에 천사들이 나타나 목자들에게 아기예수 탄생의 큰 기쁨의 소식을 전하여 오늘날 다윗 동네에 너희를 위하여 구주가 나셨으니 곧 그리스도 주시니라 너희가 가서 강보에 싸여 구유에 누인 아기를 보리니 이것이 너희에게 표적이니라 하였다.(눅 2:8-12)

아기예수 탄생의 기쁜 소식을 전해준 그 들판에 천주교와 희랍정교회는 인접된 지역에 각각 기념교회를 세웠다. 그 중 비잔틴시대에 천주교에서 세운 동굴과 유적이 남아 있다.

현재의 교회는 1954년에 건축된 것으로 교회의 외형을 목자들의 천막을 상징하는 형태의 석조 건물로 세워졌다. 특히 교회 내부의 구조와 부착되어 있는 벽화는 아기예수 탄생의 기쁜 소식을 찬미하는 듯 화려하기 그지없다.

목자들의 들판 기념교회

4, 라헬의 무덤 (Rachel's Tomb)

5. 헤로디움(Herodium)

• 베들레헴의 남동쪽 9km지점의 요새화 된 궁성이다.
• 헤로디움은 해발 758m의 산으로 유대광야를 비롯 전지역을 내려다 볼 수 있는 전략요충지이다.
• 유대인이 수난을 당할 때마다 저항의 요새였다.
• 이곳에 헤롯대왕이 죽어 묻혔다고 전해오고 있으나 찾을 길이 없다.

예루살렘에서 헤브론 방향의 도로를 따라 가다 보면 약 8km 지점에서 베들레헴으로 들어가기 위하여 주유소를 왼편으로 끼고 갈라 들어가는 길을 맞게 된다. 그 갈라 들어가기 직전의 오른편 도로변에 라헬의 무덤이 위치하고 있다. 야곱이 하란에서 돌아오는 도중 세겜을 거쳐 벧엘에서 발행하여 에브랏에 이르다가 난산으로 인하여 베냐민을 낳고 라헬이 죽으매 에브랏 곧 베들레헴 길에 장사되었다.(창 35:18)

라헬은 라반의 둘째 딸로 언니 레아와 함께 야곱의 아내가 되어 야곱의 열두아들 가운데 그녀는 요셉과 베냐민을 낳았다.

베들레헴의 남동쪽 약 9km 지점에 위치한 요새화 된 궁성으로 주전 20년경 헤롯대왕에 의해 건설되었다.

헤로디움을 헤로디온(Herodion)이라 부르기도 한다. 멀리서 보면 마치 평지에 흙을 쌓아 올린 형태로 큰 무덤산처럼 솟아 있는 유대광야의 해발 758m의 산이다. 헤로디움에 오르면 예루살렘의 근교, 사해, 베들레헴, 유대광야를 한 눈에 내려다 볼 수 있는 전략 요충지이다.

비잔틴시대에는 수도사들이 살았고 건물은 부분적으로 개조되었지만 대부분의 유적의 흔적이 산 정상에 남아있다.

헤로디움의 북쪽 하단 평지에는 부속건물인 탑, 경기장, 수영장의 연못, 테라스, 별장 등의 유적이 있고 그 옆부분에 비잔틴시대 교회의 모자이크 바닥이 남아 있어 볼 수 있다.

헤로디움은 이스라엘이 수난을 당할 때 유대인들의 저항의 거점이 되었다. 주후 70년에 로마에 의해 이스라엘이 멸망할 때 예루살렘이 함락된 후 이곳에서 로마군에 저항하다가 마사다로 퇴각했는데 그때에 헤로디움의 일부가 파괴되었다.

주후 132-135년 바르코크바의 유대인 반란으로 로마의 하드리안 황제에게 대항 할때에 헤로디움은 열심당원의 중추적 본거지가 되기도 했다.

현재 어느 곳인지는 알 수 없으나 헤롯대왕이 헤로디움에 묻혀 있다고 전해지고 있다.

6. 솔로몬의 못 (Solomon's Pool)

예루살렘성에서 헤브론으로 가는 도중의 라헬무덤에서 약 6km 지점의 왼편 골짜기에 있는 세 개의 못이 솔로몬의 못이다.

현재 베들레헴 방향의 골짜기에 위치한 세 개의 못은 약 50m 간격으로 위로부터 아래로 만들어져 있으며 크기의 규모는 약간 다르다.(①118m×70m 깊이8m, ②130m×70m 깊이12m, ③180m×64m 깊이15m)

이 솔로몬의 못은 솔로몬왕과 관계가 없으며 솔로몬의 못이라는 이름이 붙여진 배경에 대하여는 아직 밝혀진바 없다.

헤롯대왕은 해발 780m인 솔로몬의 못으로부터 21km의 물길(水路)을 이용하여 예루살렘성 내의 해발 750m 성전산의 뜰에까지 물을 끌어 들였다. 또한 솔로몬 못에서 약 12km지점, 해발 758m의 헤로디움에 물을 끌어들여 사용했다.

솔로몬 못에 저장되는 물은 솔로몬 못의 남쪽, 직선거리로 약 13km지점의 해발 820m에 위치한 아룹샘(Arrub Spring)으로부터 계곡을 따라 약 45km의 수로를 이용하여 물을 끌어들였다.

아룹샘은 브라가 골짜기(대하 20:26)에 있는 샘으로 갈렙이 그의 딸 악사에게 결혼 선물로 준 윗샘과 아랫샘이 있는 지역이다.(수 15:17-19)

16세기 오스만 터어키시대에도 솔로몬 못에서 예루살렘까지 물을 끌어들여 사용하였다.

영국 통치시대에는 아룹샘으로 부터 예루살렘까지 파이프관을 설치하여 물이 공급되이 사용되었다.

현재는 솔로몬의 못에서 베들레헴에 물을 공급해 주고 있고 건기의 갈수기에는 못이 말라 있을 때도 있다.

7. 엘리야 교회 (The Church of St. Elijah)

예루살렘에서 베들레헴으로 가는 중간지점의 도로 왼편에 세워져 있는 독립된 교회가 엘리야 기념교회이다.

최초의 교회는 주후 6세기에 세워졌으나 파괴되었다. 현재의 교회는 주후 1160년에 재건되어 희랍정교회에서 관리하고 있다.

엘리야 선지자가 갈멜산에서 기도하여 불로 응답 받고 제물과 도랑의 물까지 모두 태워 버린 후 바알과 아세라 선지자 850명을 기손시내로 끌고 내려와 모두 죽였다.(☞ 갈멜산 136쪽)

그때 아합왕과 왕비인 이세벨은 엘리야를 죽이려고 하므로 이때에 그들에게 쫓겨 브엘세바로 도망가다가 이 곳에서 쉬었다고 하여 기념교회를 세웠다.(왕상 18:19-40)

8. 탄투르 (Tantur)

엘리야 기념교회에서 베들레헴 방향으로 약 500m 지점의 도로 오른편 언덕에 자리잡고 있는 건물이 탄투르이다.

이곳은 모든 교파의 신학자들이 모여 연구하는 아카데미기관이다. 매주 토요일에는 모여 예배드리고 성지순례도 한다.

주후 1963년 바티칸 공회에 업저버로 참석했던 오스카 쿨만 등 개신교 신학자들이 바울6세 교황에게 개신교, 천주교, 정교회의 학자들이 한자리에 모여 대화하며 연구할 수 있는 장소 마련을 건의했다. 이 건의가 받아들여져 교황의 주선으로 예루살렘 탄투르가 문을 열게 되었다.

그후 1971년, 신학연구소(Ecumenical Institute for Advanced Theological Studies)로 발족되었다.

탄투르의 도서관에는 신학에 관한 도서가 30,000권이나 장서 되어 있어 많은 신학자들이 도서관을 찾고 있으며 한국의 뜻 있는 신학교수, 목사 그리고 신부들이 종종 들리는 곳이다.

9. 헤브론 (Hevron)

막벨라 굴 위에 세워진 회교사원

예루살렘에서 남쪽으로 약 37km, 브엘세바에서 북쪽으로 약 48km 지점, 해발 950m의 고지대에 위치한 현재 아랍회교인들의 도시이다.

1967년 6일 전쟁시 이스라엘 점령지로서 가자와 세겜 다음으로 큰 도시이다.

헤브론은 주전 2000년 전부터 사람이 거주한 흔적이 있고 세계에서 먼저 건설된 도시중의 하나로 애굽의 유명한 "소안"보다도 7년이나 먼저 건설되었다.(민 13:22)

또한 지리적으로 교통이 편리한 요지로 소위 족장의 길을 따라 예루살렘과 브엘세바를 오고 갈 수 있으며 쉐펠라 지역과도 쉽게 접할 수 있다.

헤브론의 옛 이름은 기럇아르바라. 아르바는 아낙사람 가운데 큰 사람이라고 했다.(수 14:15) 기럇은 동네라는 뜻이다. 그러므로 헤브론을 아르바의 동네라는 이름으로 불리어 졌다.

아브라함이 그 아내 사라를 가나안 땅 마므레 앞 막벨라 굴에 장사하였다 마므레 는 곧 헤브론이라고 했다.(창 23:19-20)

지금은 헤브론 언덕에 1970년에 새로 건설된 유대인 마을을 **기럇아르바**(Kiryat Arba)라고 하여 아랍인이 거주하는 헤브론과 구분하고 있다.

현재 아랍인들은 헤브론을 베이트 엘 칼릴(Beit el Khalil)이라 부른다. 그들은 "하나님의 친구"를 엘 칼릴, "동네"를 베이트라는 뜻으로, 하나님의 친구인 아브라함이 살던 동네라 하여 베이트 엘 칼릴이라 부른다.

헤브론에서 가장 중요한 관심지역은 아브라함의 상수리나무가 있던 마므레(Mamre)와 막벨라굴(The Cave of Machpelah)이다.

막벨라굴은 헤브론에서 가장 거룩한 장소로 생각한다. 아브라함이 헷

족속 소알의 아들 에브론으로 부터 은 사백 세겔을 주고 바꾸어 구입한 굴의 매장지였다.(창 23:16-20)

사라가 매장된 후 아브라함도 175세에 죽어 함께 장사되었고,(창 25:7-10), 이삭도 180세에 죽어 장사되었으며(창 35:27-29), 애굽에서 요셉이 죽은 그의 아버지 야곱을 이곳에 옮겨와 장사하였다.(창 50:12-14)

현재의 회교사원에 가장 큰방에는 이삭과 리브가의 무덤, 그 옆에 붙어 있는 작은 방에는 아브라함과 사라의 무덤, 작은 마당을 건너 작은 방에는 야곱과 레아의 무덤이 있다. 이들 세 쌍의 무덤에서 조금 떨어져 이름이 붙지 않은 한 개의 무덤이 출구 쪽으로 있는데 아담의 무덤이라고 전해지고 있다.

막벨라 굴 위의 교회는 헤롯대왕시대에 세워졌으나 파괴되었다. 그후 비잔틴시대와 십자군시대에 재건되어 현재에 이르고 있고 아랍 회교인이 관리하고 이스라엘 무장군인들이 지키고 있다.

마므레(Mamre)는 헤브론에서 북쪽으로 약 4km지점 해발 1,024m의 주위에서 가장 높은 지대에 위치하고 있는 현재 라메트 엘 칼릴(Ramet el Khalil)이라는 곳이다.

아브람이 헤브론에 있는 마므레 상수리 수풀에 이르러 거하며 거기서 여호와를 위하여 단을 쌓았다.(창 13:18)

하나님께서 "이제 후로는 네 이름을 아브람이라 하지 아니하고 아브라함이라 하리니 이는 내가 너로 열 국의 아비가 되게 함이니라"(창 17:5)

열국의 아버지라는 아브라함의 이름을 주셨으며 "너희 중에 남자는 다 할례를 받으라"는 언약의 명령을 주신 곳이다.(창 17:9-14)

또한 하나님께서 아브라함의 아내 사래를 사라(열국의 어머니)로 이름을 바꿔 주시고 "아들을 낳으리니 이름을 이삭이라 하리라"(창 17:15-19)고 약속해 주신 곳이다.

이곳에는 헤롯대왕시대 것으로 보이는 유적도 있으나 주후 325년 콘스탄틴 대제에 의해 교회가 세워졌던 유적이 남아있다. 그 울타리 안에는 아브라함의 우물과 상수리나무가 있던 자리도 전해지고 있다.

헤브론의 에스골 골짜기에서 모세가 보낸 정탐꾼이 굉장히 큰 포도송이를 따서 두 사람이 막대기에 꿰어 메고 돌아왔다. "우리를 보낸 땅에 간즉 과연 젖과 꿀이 흐르고 이것은 그 땅의 실과라"고 하였다.(민 13:23-27) 에스골은 포도송이라는 뜻이다. 포도가 많이 재배되는 곳임을 알 수 있다.

아브라함을 도와 포로된 롯을 구했던 아모리족속의 3형제인 마므레, 에스골, 아넬의 이름은 지명(地名)과도 밀접한 관련이 있다.

여호수아가 헤브론 성을 취하여 일부는 갈렙에게 일부는 레위 지파의 아들 아론에게 주었다.

다윗은 이곳에서 즉위하여 7년6개월간을 통치하다가 예루살렘의 다윗성으로 옮겼다.(삼하 5:7)

다윗의 셋째아들 압살롬이 이곳에서 태어나 반역의 난을 일으켜 혁명기지로 삼았다.(삼 15:7) 헤브론 사람들이 압살롬을 동조한 것은 다윗이 수도를 예루살렘으로 옮겼기 때문이었다.

헤브론은 전략적으로 중요한 지역이었기 때문에 르호보암이 유다왕국을 강화할 때 견고한 성읍으로 방어성을 구축했다.(대하 11:5-12)

현재에도 이스라엘과 팔레스타인간에 자주 충돌이 있으며 성지순례자들이 안전하게 순례할 수 없는 곳이다.

10. 아랏 (Arad)

텔 아랏

현재 유대인들이 거주하고 있는 현대도시 아랏(Arad)과 성경에 나오는 옛성터의 텔 아랏(Tel Arad)이 있다.

텔 아랏은 브엘세바에서 동쪽으로 약 30km, 현대도시 아랏에서 서쪽으로 약 10km 떨어진 지점에 위치하고 있다.

텔 아랏은 해발 640m의 높은 지대이며 근방에는 유목민인 베드윈(Beduin)들이 많이 살고 있다. 또한 교통의 요충지로 남으로 광야, 북으로 유다산지, 동으로는 유대 광야, 서로는 브엘세바와 이어지는 전략적으로 중요지역이다.

텔 아랏은 그 넓이가 넓은 만큼 같은 곳에 열두번의 다른시대의 건물이 세워졌던 역사적으로 중요한 지역이다.

초기 청동기시대와 철기시대의 유적이 발굴되어 가나안의 전형적인 성전형태가 잘 보존되어 있다. 그러나 정작 여호수아시대 것은 발견되고 있지 않다. 애굽 시삭의 문서에 의하면 두 개의 아랏이 존재하는데 여호수아때의 아랏은 텔 아랏에서 약 10km지점의 남서쪽에 위치한 텔 말라타(Tel Malhata)가 아닌가 한다.

11. 브엘세바 (Beer Sheba)

브엘세바는 현대 도시인 브엘세바와 성경에 나오는 옛 성터의 텔 브엘세바(Tel Beer Sheba)가 있다. 브엘세바는 "맹세의 우물" 또는 "일곱개의 우물"이라는 뜻이다.

브엘세바는 예루살렘에서 남쪽으로 약 83km 지점의 네게브 사막에 위치하고 있다. 또한 네게브 중심부에 위치하는 교통

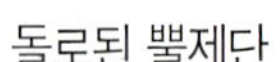

돌로된 뿔제단

아브라함의 우물

의 요충지이다. 토질은 바람이 불어 쌓인 황토이어서 비가 적당히 오면 매우 풍부한 소출을 거둘 수 있으나 가물 때는 살기가 거의 불가능한 지역이다.

그러므로 철저히 하나님을 의뢰하지 않으면 살기 힘든 지역이다. 현대 브엘세바의 남쪽에 "아브라함의 우물"이 한 울타리 안에 두 개가 있다. 아브라함의 우물로 알려지기 시작한 것은 1870년경 부터이다.

현재 네게브사막의 중심도시로 주위에 공장도 많고 초대 수상을 지낸 벤 구리온(Ben Gurion) 이름으로 세워져 있는 벤 구리온 대학교가 있다. 또한 브엘세바 근방에는 유목민인 베드윈(Beduin)이 많이 살고 있어 그들의 짐승이 브엘세바 시내에서 매매가 이루어지는데 아브라함의 우물에 가까운 공터에서 매주 목요일 마다 짐승시장이 열린다.

텔 브엘세바는 현대도시 브엘세바의 북동쪽에 인접해 있다.

고대 이스라엘 영토의 경계를 단에서 부터 브엘세바까지라고 했다.(삿 20:1, 대상 21:2, 삼상 3:20) 아브라함이 그랄왕 아비멜렉과 어린 암 양 일곱 마리로 우물의 계약을 맺은 곳이다.(창 21:22-24)

아브라함이 이삭을 번제로 드리려고 브엘세바에서 예루살렘의 모리아산 으로 가서 여호와 이레의 수양으로 아들을 대신하여 번제로 드리고 돌아와서 이곳에 거주했다.(창 22:1-19) 이삭도 브엘세바에 단을 쌓고 장막을 치고 우물을 파고 아비멜렉과 우물의 계약을 맺었다.(창 26:23-33)

야곱이 브엘세바에서 형 "에서"의 축복을 가로채고 하란으로 떠났고, 야곱이 애굽에 있는 요셉에게로 떠난 곳도 브엘세바이다.(창 28:1-10, 46:1-7)

이스라엘민족이 출애굽하여 여호수아가 가나안 땅을 정복할 때 브엘세바를 유다지파에게 분배되었으나 후에 시므온에게 넘겨주었다.(수 15:28, 19:2)

사무엘의 두 아들인 요엘과 아비야가 브엘세바에서 사사가 되었으나 그 행위가 아버지 사무엘과 같지 않고 뇌물을 취하고 판결을 그릇되게 했다. 그러므로 이스라엘의 모든 장로가 왕을 세워 다스리기를 간청함에 사무엘을 통해 하나님께서 왕을 세우도록 허락하여 이스라엘의 왕정이 시작되는 계기가 되었다.(삼상 8:1-9)

주전 9-8세기에 건축된 신전이 있었으며 현재에도 언덕중심에 제단과 돌로된 뿔단이 남아 있다.

현재 텔 브엘세바에서 볼 수 있는 것은 대부분 옛 이스라엘시대인 주전 12-8세기경의 유적이다. 텔 브엘세바에 사람이 거처한 흔적으로는 주후 3세기경의 로마시대가 마지막이었다.

12. 기브아 (Gibeah)

예루살렘성의 다메섹문에서 북쪽의 세겜으로 가는 길을 따라 약 6km 지점의 오른편 산 정상에 큰 건물이 건축하다가 중단된 상태로 보인다. 건설도중 중단된 건물은 1967년 6일전쟁 이전에 요르단 후세인 왕(king Hussein-Abdullar 1세,1999년2월 사망)이 그의 별장으로 건축하다가 이스라엘에게 점령되어 중단되었다. 현재 그곳의 이름은 텔 엘 풀(Tel el Ful) 이다.

기브아라는 이름은 히브리어로 "산"또는 "언덕"이라는 뜻이다. 이곳은 베냐민 지파의 성읍으로 사울왕의 고향이자 이스라엘의 첫 번째 왕국의 수도였다.(삼상 11:4, 15:34)

동으로는 와디 파라, 서로는 소렉 골짜기가 위치하여 에브라임 산지에서 예루살렘으로 향할 때 병목지역으로 전략적 요지이다.

사울왕은 블레셋 군대와 싸울 때 기브아에 요나단의 병력 1천명을 배치했다.(삼상 13:1-2)

사울왕은 놉에 있는 제사장들을 기브아로 불러 다윗과 공모하여 대적한다는 이유로 85명을 죽이고 그 가족을 다 죽였다.(삼상 22:18-19) 놉은 현재 히브리대학교가 위치한 스코프스산 지역일대이다.

기브아는 유다왕 아비야의 모친 미가야의 고향이기도 하다.(대하 13:1-2)

호세아 선지자는 북 이스라엘을 향하여 기브아의 시대와 같이 심히 패괴한지라 여호와께서 그 악을 기억하시고 그 죄를 벌하시리라(호 9:9) 경고하며 기브아를 상기 시켰다.

기브아 정상에서 세겜쪽으로 내려다 보이는 큰 마을이 사무엘의 고향인 라마(Rama)이다.(삼상 1:19-20)

라마의 가까운 북편에 경비행기의 이착육이 가능한 예루살렘 비행장이 있다. 이 비행장은 6일전쟁 이전에 요르단 후세인왕이 예루살렘의 황금사원을 방문할 때 사용 되었다.

비행장에서 북쪽으로 예루살렘에서 약 12km 지점에 사울을 왕으로 세운 "미스바" 가 위치해 있다. 미스바는 온 이스라엘이 모여 국민대회를 열고 금식기도로 죄를 고백한 신령한 집회소였다(삼상 7:3-11). 지금은 텔 나즈바(Tel Nazba)라고 하는 곳이다.

미스바에서 북쪽으로 약1,5km, 해발 870m지점에 위치한 아랍도시인 라말라(Ramallah)는 팔레스타인의 자치정부가 있는 핵심 도시중의 하나이다.

13. 기브온 (Gebeon)

기브온 산당(솔로몬이 일천 번 번제 드렸던 곳)
* 정상의 남쪽에는 사원이 세워져 있고 지하에는 사무엘의
  묘가 있다.

태양과 달이 멈춘 기브온 전투

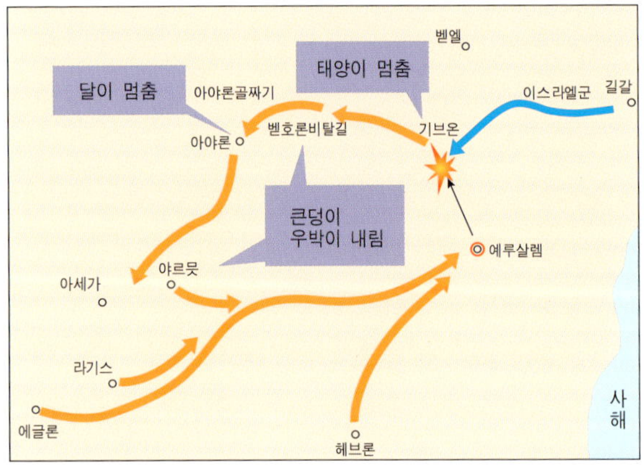

예루살렘의 북서쪽으로 10km 지점, 기브온 산당에 네비사무엘이 위치하고 있다.

옛 기브온은 현재 엘집(El Jib)이라는 곳과 네비 사무엘이라고 하는 두 곳이 있다.

보통 기브온이라고 하면 엘집을 말하고 성경에 나오는 기브온의 산당이 있던 높은 곳은 네비 사무엘을 말한다.

이곳은 베냐민 평지 남쪽 경계지역으로 해안으로부터 벧호론 능선길로 올라가는 베냐민 평지의 첫 관문이다.

또한 옛 기브온 지방에서 제일 높은 곳으로 해발 900m가 넘기 때문에 맑은 날씨에는 지중해와 동쪽의 요르단 산들이 보이며 예루살렘이 선명하게 보인다. 더욱 주변 베냐민지파의 마을인 기브온(엘집), 기브아,

라마, 벧호론, 기럇여아림이 잘 내려다보인다.

네비 사무엘이라는 뜻은 "사무엘의 무덤"이라는 아랍어로 부르는 말이다. 십자군들이 이 높은 언덕에서 처음으로 예루살렘을 바라보고 기뻐하였다 하여 이 언덕을 기쁨의 언덕(Mount Joies)이라 불렀다.

여호수아가 예루살렘왕 아도니세덱 등 아모리의 다섯 왕과 싸울 때 이곳에서 큰 기적이 나타났다. 태양아 너는 기브온 위에 머무르라 달아 너도 아얄론 골짜기에 그리할지어다 하매 태양이 머물고 달이 그치기를 백성이 그 대적에게 원수를 갚도록 하였느니라.(수 10:1-13)

모세가 광야에서 만든 여호와의 장막인 회막이 다윗왕 시대에 기브온 중에서 제일 높은 이곳에 있었다.(대상 16:39, 21:29)

솔로몬이 기브온 산당에서 일천번제를 드릴 때 하나님께서 지혜와 부귀를 주신 곳이다.(왕상 3:4-15, 대하 1:3-13)

네비사무엘에는 주후 1157년에 세워진 교회를 회교사원으로 사용하고 있다. 그 건물 지하실에 사무엘의 무덤이 있다. 성경에는 사무엘이 그의 고향인 라마에 장사되었다고(삼상 25:1) 기록되었으나 주후 6세기경부터 사무엘의 무덤이 이곳에 있다고 전해지고 있다.

또한 이곳에 비잔틴시대에 교회가 세워져 있던 유적이 현재 회교사원의 북동쪽 아래에 폐허로 남아 있어 볼 수 있다.

옛 기브온인 현재 엘집은 아랍마을이다. 엘집에서 일어난 성경에 기록된 사건으로 여호수아가 가나안을 정복할 때에 기브온 성읍사람들은 그비라와 브에롯과 기럇여아림과 함께 화친을 하여 참화를 모면했다.(수 9:3-27)

사울이 이 성 사람을 많이 죽인 까닭에 3년간 기근이 있으므로 기브온 사람들이 다윗왕의 허락을 받아 사울의 자손 7명을 죽였다(삼하 21:1-6)

다윗의 신복인 요압과 이스보셋의 신하 아브넬과 대접전을 버린 못가는 헬갓 하수림이며 이곳이 바로 기

브온에 있고(삼하 2:16) 요압의 동생 아세헬이 아브넬에게 피살되었으며(삼하 2:23) 아마사가 요압에게 기브온의 큰 바위 곁에서 피살되었다.(삼하 20:8-10)

기브온에는 헬갓 하수림의 못이 있었고 큰 물가가 있었다.(삼하 2:16, 렘 41:12) 오늘날 기브온 대지(大池)라고 하는 큰 저수조가 있다. 이것은 이스라엘 민족이 가나안에 정착하였을 무렵인 3000년전 물에 대한 심각한 어려움을 당하자 만들어진 대공사였다. 이것은 직경, 깊이가 다같이 약 11m, 내벽에 폭이 1.5m되는 나선형의 돌계단을 설치하여 지하수실(地下水室)까지 파서 내려간 것이다. 이것을 기브온 대지라고 기록된 것은 빗물을 저수하는 못으로 착각한 때문인데 사실은 우물이었다.

14. 엠마오 (Emmaus)

예루살렘으로 부터 텔아비브(Tel Aviv)로 가는 1번 국도상의 약 26km지점 라투룬(Latrun) 십자교차로의 오른쪽 코너지역에 엠마오의 유적이 자리잡고 있고 기념교회가 세워져 있다.

이곳은 예루살렘으로 올라가는 길목 위에 위치해 있기 때문에 군사적으로 중요한 지역이다.

엠마오라는 이름의 뜻은 히브리어 또는 아람어로 "더운물이 나오는 곳"(온천)이라는 의미이다. 특히 아랍사람들은 이곳을 엠마오와 비슷한 발음으로 오늘날 "암바스"라고 부른다.

라투룬의 엠마오는 비잔틴시대의 교회 터 위에 십자군시대에 교회가 세워졌던 흔적의 유적을 볼 수 있다. 이 교회에서 얼마 멀지 않은 곳에 반쯤 묻혀있는 로마시대의 온천으로 보이는 목욕소의 흔적이 남아있다.

성경의 누가 복음에 그날(부활 후)에 저희 중 둘이 예루살렘에서 이십 오리 되는 엠마오라는 촌으로 가면서 이 모든 일을 서로 이야기하더라(눅 24:13, 14)라고 기록되어 있다.

라투룬의 엠마오는 25리의 거리보다 훨씬 먼 65리가 되지만 옛 지명상의 엠마오인 것만큼은 분명하다.

그러나 누가복음에 예수께서 부활후 두 제자들을 만났고 저녁식사를 같이 나눈 엠마오가 어딘가 하는 것은 계속 논란이 되고 있다.

따라서 예루살렘에서 라투룬 엠마오는 거리 상으로 약 26km(6.5리)의 먼 거리에 위치하고 있기 때문에 예루살렘에서 가까운 거리에 위치하고 있는 "엘 쿠베이아"(12.4km), "아브고쉬"(16.8km) 및 "모짜"(5.7km)등을 성경에 기록된 엠마오라고 주장하는 자도 있다.

이중 엘 쿠베이바(El Qubeiba)와 아브고쉬(Abu Ghosh)는 거리상으로는 별 문제가 없으며 아브고쉬는 예루살렘으로부터 25리가 되는 곳으로는 제일 알맞는 거리에 위치하고 있으나 예수님시대의 엠마오로 뒷받침되는 고증이 희박하다.

그리고 모짜(Motza)는 예루살렘에서 약 5.7km 지점의 언덕 위에 위치하고 있다. 예루살렘에서 하루 왕복할 수 있는 거리이기 때문에 누가복음의 엠마오로 보는 주장도 있지만 속단하기 어렵다.

예수님이 엠마오로 가던 제자들이 가졌던 예수 부활체험에 관한 기사는 단순한 역사적인 어떤 사실만을 말해 주는 것이 아니라 그보다 더 차원 높은 예수 부활신앙의 체험과 증언 그 자체이다. 성경에 기록된 장소의 엠마오가 어느 곳이든 우리의 부활신앙에는 하등 문제가 될 수 없다.

엠마오 기념교회

15. 쉐펠라의 골짜기 (Shephelah Valley)

블레셋 평야와 유다 산지 사이의 구릉지대를 "쉐펠라"라고 한다. 쉐펠라의 어원은 "낮은 땅"이라는 뜻이다. 그러나 실제로는 낮은 땅이 아니다. 서부 블레셋 평야방면에서 바라보면 상당히 높은 산지인대 비해 유다고지의 산지에서 볼때는 상대적으로 낮기 때문에 "쉐펠라"라고 부르고 있다. 그리하여 성경에는 20번이나 평지라고 기록되어 있다.

일반 평야지대와 구분하여 편의상 쉐펠라 구릉지대라 부르고 있다. 쉐펠라 구릉지대는 서부평야와 동부 산간지 사이의 중간지대로서 산지에 거주하는 유다인들은 이곳의 블레셋인에 대한 최전방 방어선이었고 블레셋인들은 이곳이 유다인의 정복에 대한 방어의 제일선이었다. 그리하여 구릉지는 영속적으로 어느 한편에 지배된 사실이 없고 양자간에 유혈의 전쟁터가 되었다.

쉐펠라 구릉지대는 남북길이 45km, 동서너비 평균 6km, 높이 해발 평균 450m(동부300-600m, 북부 400m, 남부 500m)로서 남에서 북으로 유다산지를 향하여 높아진다. 이 지대에는 계곡이 45개에 달한다. 그중 중요한 계곡은 척추의 갈비뼈 모양의 능선이 형성되어 북으로부터 아얄론 골짜기, 소렉 골짜기, 엘라 골짜기, 구부린 골짜기, 라기스 골짜기의 다섯 골짜기가 있다.

(1) 아얄론 골짜기

이 계곡은 블레셋 평야에서 유다고지로 올라가는 가장 중요한 접근로로서 게셀로부터 벧호론과 기브온을 지나 예루살렘에 이르는 길이다. 이 계곡에서 기브온 전쟁때 여호수아가 적군을 패망시킨 것으로 유명하다. 여호수아가 "태양아 너는 기브온에 머무르라 달아 너도 아얄론 골짜기에 그리할지어다(수10:12)"라고 태양과 달에게 명령한 곳이 이 계곡의 기브온 산당이다. 이 동쪽의 넓은 충적층의 골짜기 양측에 기브온과 게셀의 강력한 성읍이 있다.

(2) 소렉골짜기

예루살렘 북쪽에서 발원하는 케살론 골짜기와 르바임 골짜기가 합류하여 루빈시내가 되어 욥바의 남쪽 14km 지점에서 지중해로 들어간다. 길이가 70km이며 하류는 연중 물이 마르지 않는 편이다. 이 계곡에 딤나, 벧세메스, 소라의 세 성읍이 있다. 이 계곡은 사사 삼손이 영웅적 활동을 한 곳으로 유명하다.

(3) 엘라골짜기

베들레헴의 남서에 위치하며 오늘날의 에산드시내가 흐르는 계곡으로 비옥하다.

이 계곡에 소고와 아세가 성읍이 있다. 소고에서 다윗이 블레셋 장군 골리앗을 추격하여 그를 이곳에서 죽였다. 소고는 솔로몬 왕궁에 식물을 공급하는 성읍이었다.(왕상 4:7) 솔로몬왕시대에 이스라엘에 열두 관장을 두어 왕과 왕실을 위하여 일년에 한달씩의 식물을 예비하였다가 공급했다.

르호보암이 유다방비를 위한 견고한 성읍을 소고와 아세가에 건축 하였으나(대하 11: 5-7) 아하스왕때 블레셋이 이를 다시 탈취 했다.

(4) 구부린골짜기

구약성경에 "스바다" (사본과 동일지역)골짜기로 기록되어 있다.(대하 14:10) 해안지대에서 헤브론으로 이르는 지름길이다. 유다가 포로되어간 이후에 에돔사람들이 유다남방과 쉐펠라에 들어와 정착했는데 헬라시대에 "이두매"라고 불렀으며 그 중심지는 구부린 골짜기의 마레사였다. 이 골짜기에서 아사왕과 구스사람의 전쟁이 있었고(대하 14:9-15) 르호보암이 마레사에 요세성을 건축했다.(대하 11:8) 가드 마레셋은 미가의 고향으로 추정된다.(미가 1:14)

(5) 라기스골짜기

유다의 남서 측면에 위치하고 있으며 아도라임 골짜기 등 몇 개의 작은 골짜기들이 지중해로 향하고 있다. 라기스는 유다의 가장 큰 병거성이자 남쪽 쉐펠라 입구에 위치하여 유다산지를 들어가기 위해서 꼭 거쳐야 하는 성읍이다. 여호수아가 라기스를 점령하여 유다지

파에게 주었다.(수 15:39) 르호보암은 이곳을 견고한 요
새로 지켰다. (대하 14:9) 유다왕 아마샤가 반역에 몰려
이곳에 도망왔으나 피살되었다.(왕하 14:19)
앗수르왕 산헤립이 이곳을 포위하여 히스기야 왕에게
조공 받을 것을 조약했다.(왕하 18:12,14) 바벨론의 느
브갓네살이 점령하여 불살랐다.(렘 34:7)

16. 벧세메스 (Beth Shemesh)

예루살렘에서 소렉골짜기의 산지를 따라 개척된 도
로로 갈수도 있으나 예루살렘에서 텔아비브로 가는 1
번 국도 약 25km 지점의 십자교차로에서 좌회전하여
에스다올(Eshtaol)을 거쳐 약 4km 정도가면 도로변에
성경에 기록된 벧세메스의 유적이 있다.

벧세메스는 히브리어로 "태양의 집"(The city of Sun)
이라는 뜻이다. 이곳에서 발굴된 도자기로 보아 주전
2,000-600년까지 주민이 살았으며 견고한 요새였으
나 마침내 느부갓네살 2세의 군대에게 멸망되었다.

지금까지의 유적은 대부분 비잔틴시대의 것이다. 그
이전에 삼손이 태어났고 그의 무덤이 있는 "소라"는
에스다올과 벧세메스의 중간의 길 서쪽에 있는 산 정
상지역이다.(수 15:33, 삿 13:2)

사사시대 말기 엘리 제사장때 블레셋과의 전쟁에서
실로에서 가져다가 법궤를 빼앗겼는데(삼상 4:11) 그
후 에그론에서 일곱달만에 벧세메스로 돌려 받았
다.(삼상 6:1-16)

이스라엘의 요아스왕이 유다왕 아마야를 사로잡은
곳이다.(왕하 14:13, 대하 25:23) 그리고 이곳에서 차를
타고 남쪽으로 10여분정도 가면 다윗과 골리앗이 싸운
엘라골짜기가 나온다.

17. 기럇여아림 (Kiryat Yearim)

예루살렘에서 텔아비브로 가는 1번 국도상의 약
13km 지점에서 우회전하여 약 2km 들어가면 도로를
중심으로 왼편마을이 기럇여아림이고 오른편 언덕 아
랫마을이 아브고쉬이다.

기럇여아림 기념교회 (아비나답 집터 위)

기럇여아림
은 "산 림 의
마 을"이 라 는
뜻이다. 기 럇
여 아 림 은 유
다 지 파 에 게
준 땅 이 며
"바 알 레 유
다"라고도 불
렀 다 . (삼 하
6:2)

여호수아가
가나안 땅을
정복할 때 여
호 수 아 에 게
나아와 화친한 네 성읍중 하나이다.(수 9:3-18)

기럇여아림 마을의 입구에서 왼편으로 올라가면 마을
에서 제일 높은 곳에 불란서 수녀원이 있다. 이 수녀원
안의 기념교회는 블레셋에게 빼앗겼던 법궤를 벧세메
스에서 기럇여아림으로 옮겨와 20년 동안 보존해 두었
던 기럇여아림의 아비나답의 집터(삼상 7:1-2) 위에 세워
져 있다.

다윗이 이 법궤를 바알레 유다(기럇여아림)에서 옮겨
오벧에돔의 집에 3개월 보존한 후 다윗성으로 옮겨갔
다.(삼상 6:1-15, 대상 13:5-8)

현재 수녀원 안에는 주후 2세기경의 로마시대에 세
워졌던 건물의 유적이 남아 있으며 모자이크 바닥을
볼 수 있다. 주후 5세기경의 모자이크 바닥이 교회 제
단 앞에 남아 있다.

주후 6세기경 비잔틴시대의 유스티니안 황제에 의
해 세워졌던 교회유적과 십자군시대 교회의 유적도 볼
수 있다.

이곳의 교회지붕 위의 정면에는 아기예수를 안은 마
리아 상이 조각되어 예루살렘을 향하여 바라 보도록
세워져 있다.

아브고쉬(Abu Ghosh)는 기럇여아림의 아랫마을이다. 이곳은 예수님이 부활한후 엠마오로 가던 두제자를 만난곳의 후보지이다.

아브고쉬는 예루살렘으로부터 약 25리가 된다. 원래 이곳은 히브리어식 발음으로 "카리엘 엘 에나브"라 칭했다. 아랍어식 발음으로는 "키리얍 에아림"이라 불렀다.

그러나 19세기 초엽부터는 이곳을 지나가는 여행객으로부터 금품을 강탈했던 산적두목의 이름을 따서 아브고쉬라 불리게 되었다고 한다. 그러므로 아브고쉬는 인접한 기럇여야림과 동일지역의 개념으로 볼수도 있다.

아브고쉬에서 1141년에 로마시대 유적이 발견되었으며 이 유적부근에서 부활하신 예수께서 제자들과 함께 저녁을 나누셨다고 주장하기도 했었다. 그러나 불과 40년 후 1187년에 십자군 왕국이 살라딘에 의해 패망하면서 아브고쉬가 잊혀졌다.

현재의 교회는 십자군시대에 세워졌으며 교회 지하실에서 로마시대부터 있던 못의 일부분을 볼 수 있다. 또한 아부고쉬 교회는 예루살렘의 성 안네교회와 같이 교회안에서 찬송을 부르면 공명이 생기는 교회이다.

벧 엘

18. 벧엘 (Bethel)

예루살렘 북쪽의 세겜 방향으로 약 19km, 실로에서 남쪽 약 16km, 아이에서 서쪽 약 1.5km 지점의 해발 880m의 산 위에 위치한 오늘의 아랍동네 베이틴(Beitin)이 벧엘이다.

예루살렘에서 출발하여 기브아, 라마를 경유하여 라말라를 지난 직후에 우회전하여 449번 도로로 들어가면 벧엘에 도착하게 된다.

이곳은 고대로부터 유다 산악지방을 오고가는 교통 중심지였으며 주전 21세기 부터 사람이 살아왔다.

벧엘의 본래의 이름은 루스(Luz)였다. 성경에 예루살렘 다음으로 가장 많이 나오는 곳이 벧엘이다.

벧엘은 "하나님의 집"이라는 뜻이며, 벧엘이라는 이름의 기원은 야곱으로 인하여 연유되었다.

야곱은 브엘세바에서 밧단아람(하란)으로 형 에서를 피하여 피난 가는 도중 이곳에서 한 돌을 취하여 베개하고 누워 자더니 꿈에 사닥다리 위에 나타나신 하나님은 "땅의 모든 족속이 너와 네 자손을 인하여 복을 얻으리라" 하시므로 야곱이 아침에 일찍 일어나 베개하던 돌을 가져 기둥으로 세우고 그 위에 기름을 붓고 그곳 이름을 벧엘이라 하였다.(창 28:1-22)

그리고 야곱이 하란에서 돌아오는 길에 다시 이곳에 들러 단을 쌓고 엘 벧엘이라 부르고 하나님께서 야곱에게 복을 주시고 이스라엘이 네 이름이 되리라 하셨다.(창 35:1-15)

야곱의 돌 베개는 스코틀랜드로 옮겨졌다가 영국의 에드워드 1세(Edward I , 127-1307)에 의해 웨스트민스터사원으로 옮겨져 왕의 대관식 의자 밑에 보관되고 있다고 전해지고 있다.

아브라함(아브람)이 최초로 장막을 쳤던 곳이며(창 12:8) 애굽에서 나온 그가 여호와를 위하여 처음으로 단

을 쌓고 여호와의 이름을 부른 곳이다.(창 13:2-8)

하나님께서 아브람에게 이르시되 너는 눈을 들어 너 있는곳(벧엘)에서 동서남북을 바라보라 내가 너와 네 자손에게 주리니 영원히 이르리라 약속한곳이 벧엘이다.(창 13:14-15)

아브라함과 롯은 이곳에서 각각 헤어져서 롯은 소돔이 있는 요단의 넓고 좋은 들로 떠나 살았고, 아브라함은 척박한 가나안 땅에서 살았다.(창 13:1-13)

여호수아가 가나안 땅을 정복한 후 벧엘은 베냐민 지파의 땅에 속했으며 북쪽으로 요셉의 자손 에브라임 족속의 땅과 경계를 하고 있었다.

남북으로 분열된 이스라엘의 초대 왕 여로보암은 백성들을 예루살렘에 올라가지 못하게 하고 두 송아지를 만들어 하나는 벧엘에 두고 하나는 단에 두어 우상을 숭배하게 하였다.(왕상 12:28-29)

예언자 아모스(암 4:4), 호세아(호 10:15) 그리고 예레미야(렘 48:13)는 한결같이 이들의 우상숭배를 경고했다. 이 우상은 주전 621년 유다왕 요시아의 종교개혁 때에 벧엘에 세운 제단과 산당을 왕이 헐고 또 그 산당을 불사르고 빻아서 가루를 만들며 또 아세라 목상을 불살랐다.(왕하 23:15)

현재 벧엘의 유적은 십자군시대의 탑이 무너져 돌무더기만 남아 있고 그 탑 주위의 낮은 부분에 로마시대의 유적을 볼 수 있다.

벧엘에서 동쪽으로 여리고 방향의 계곡으로 약 1km 지점의 남쪽산 언덕은 엘리사가 벧엘로 올라갈 때 아이들이 "대머리여 올라가라" 하며 조롱하다가 엘리사의 저주를 받고 암콤(熊) 둘에게 42명이 죽임을 당한 곳이다.(왕하 2:23-24) 벧엘의 동쪽으로 약 1.5km 지점에 아이의 유적이 남아 있다.

19. 아이 (Ai)

벧엘 동쪽으로 약 1.5km 지점에 위치하고 있는 가나안의 요새로써 현재 유적만 남아 있다. 아브라함은 가나안에 들어가 벧엘과 아이(Ai)사이에 장막을 쳤다.(창

12:8) 여호수아는 여리고성을 정복한후 다음 공격목표로 아이성을 선정했다.

여호수아는 여리고성 공격 직전에 이스라엘 백성들에게 전리품에 대한 특별한 주의를 환기 시켰다 그러나 유다지파에 속한 "아간"이 여호와의 명을 어겨 바친 물건을 취하였으므로 여호와께서 이스라엘 자손에게 진노 하셨다.(수 7:!)

제 1 차 전투

아이는 여리고 북서쪽 약 22km, 벧엘 동쪽 약 1.5km 지점에 위치한 가나안족의 요새였으나 현재는 유적만 남아있다. 여호수아는 여리고고성을 무너뜨려 교두보로 삼고 아이성을 점령하기 위하여 길갈에서 정탐군을 보내어 정탐 결과를 보고 받았다. 아이성 그들이 소수(실제는 12,000명)이니 많이 올라갈 필요 없으며 2,000-3,000명으로 공격하면 될 것이라는 보고 내용이었다.(수 7:3)

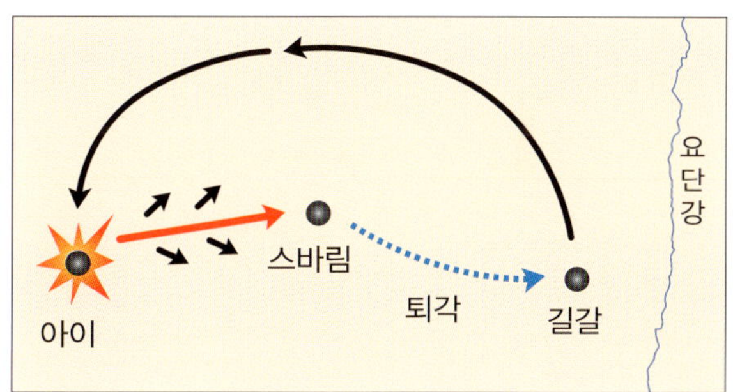

여호수아는 3,000명으로 아이성을 공격했으나 36명이 사살되고 참패하여 퇴각하게 되자 아이성 군사가 그 근처 채석장인 스바림까지 쫓아와 내려가는 비탈길에서 쳤으므로 이스라엘 백성의 마음이 녹아 물같이 되었다.(수 7:4-5)

제 2 차 전투

아이성의 1차 공격에 실패한 여호수아는 옷을 찢고 장로들과 함께 언약궤 앞에서 땅에 엎드려 머리에 티끌을 무릅쓰고 저물 때까지 기도하였다. 그는 하나님께 요단을 건너게 하여 아모리 사람의 손에 멸망시키려 하셨느냐고 하며 차라리 요단저편(동쪽)을 족히 여겨 거하였으면 좋았을 것이라는 후회와 원망을 하였

다.(수 8-9)

여호와께서 여호수아에게 이르시되 일어나라 어찌하

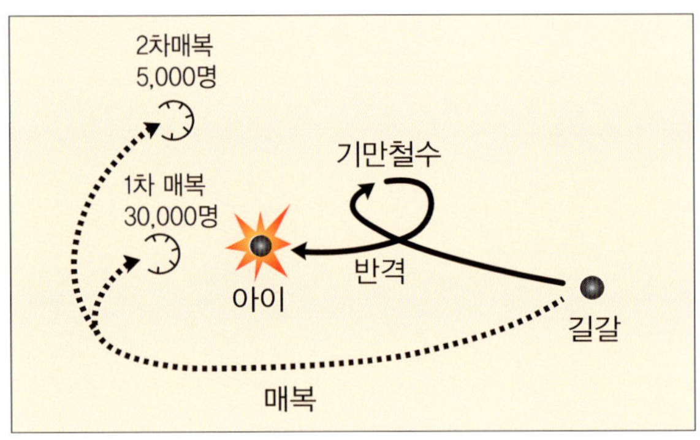

여 엎드렸느냐 너희는 일어나서 백성을 성결케 하여 내일을 기다려라 하셨다.(수 7:10)

여호수아가 아간에게 이르되 어찌하여 우리를 괴롭게 하였느뇨 여호와께서 오늘날 너희를 괴롭게 하시리라 하니 하나님께서 온 이스라엘이 아간을 돌로 치고 물 건들도 돌로 치고 불사르고 그 위에 돌무더기를 크게 쌓았더니 오늘 날까지 있더라. 여호와께서 그 극렬한 분노를 그치시니 그러므로 그곳 이름을 아골 골짜기라 불렀다.(수 7:22-26)

여호수아에게 두려워 말라. 놀라지 말라. 군사를 거느리고 일어나 아이로 올라가라 하셨다.

20. 믹마스 (Michmash)

예루살렘에서 북쪽으로 약 11km지점에 위치하고 있는 지금의 묵마스 와디(Mukhmas wadi)에 있는 지역이다.(삿 10:28) 이 곳에서 골짜기 건너로 남쪽 언덕 위에 있는 베냐민의 게바(Geba)가 바라다 보인다.

사울은 3,000명을 모아서 2,000명을 자기와 함께 믹마스와 벧엘산에 있게하고 1,000명은 요나단과 함께 베냐민 기브아에 있게한 후에 남은 백성은 각기 장막으로 보냈다.(삼상 13:1-2)

요나단이 게바에 있는 블레셋 사람의 수비대를 치매 블레셋이 병거 30,000, 마병 6,000 그리고 백성을 많이 모아 벧엘 동편 믹마스에 진을 쳤다.

그러자 이스라엘 사람들이 위급함을 보고 절박하여

굴과 수풀과 바위들과 은밀한곳과 웅덩이에 숨으며 어떤 히브리인은 요단을 건너 갓과 길르앗땅으로 가되 사울은 길갈에 있고 그를 좇는 모든 백성이 떨고 있었다.(삼상 13:1-7) 이 때에 사무엘이 정한대로 7일을 기다려도 길갈로 오지 안하여 사울이 직접 망령되게 번제와 화목제를 드렸다 사울은 백성들이 흩어지고 블레셋이 믹마스에 진치고 나를 치러 길갈로 내려오겠거늘 하나님께 은혜를 간구치 못하여 부득이 번제를 드렸다고 사무엘에게 변명했다.(☞길갈 168쪽)

믹마스 전투

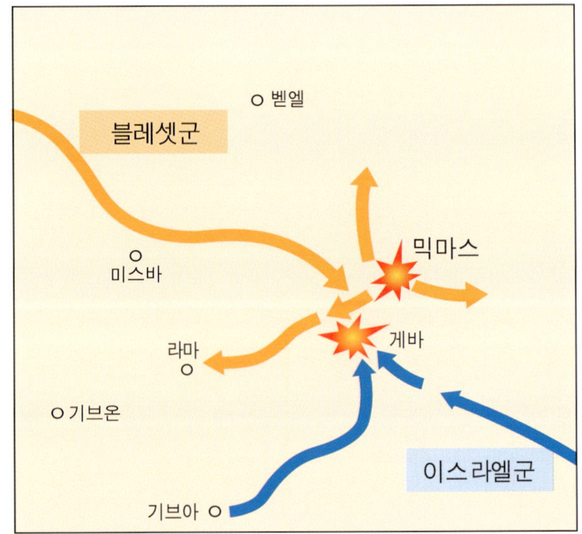

블레셋 대군을 앞에 두고 있는 사울의 군대는 겨우 600명 그것도 창과 검을 갖고 있지 못했다. 오직 요나단과 부하 한 소년만 병기를 들고 있었다.

그 이유는 블레셋 군대가 이스라엘 사람의 무장을 해제 하였고 무기를 만들 수 있는 철공소를 철폐시켰기 때문이다.

요나단은 말하기를 "여호와께서 우리를 위하여 일하실가 하노니 여호와의 구원은 사람의 많고 적음에 달려 있지 아니하였느니라"하였다. 그때 부하 소년은 "당신의 마음에 있는 대로 다 행하여 앞서 가소서 내가 당신과 마음을 같이하여 따르리이다" 하면서 순종했다.(삼상 14:6-7)

요나단이 블레셋 부대에게로 건너가려는 어귀사이 이편에도 험한 바위가 있고 저편에도 험한 바위가 있는데 하나의 이름은 보세스(Bozez)요 하나의 이름은 세네(Seneh)였다. 지금도 믹마스 언덕에서 바라보면 골짜기 어귀 사이에 험한 바위 2개가 있는데 북쪽에 보세스, 남쪽에 세네로서 요나단이 블레셋을 치기위 하여 이곳을 건너간 지역이라 전해지고 있다.

요나단은 사울의 금령(禁令)을 어기고 부하 소년과 단둘이서 용감하게 블레셋진영에 침투 하여 20명을 죽이고 교란(攪亂)시켰다. 이스라엘은 적은 숫자 였지만 많은 블레셋군대는 지리멸렬(支離滅裂)하게 되자 격퇴시키고 추격하여 승리했다.

21. 실 로 (Shiloh)

유적 일부

예루살렘에서 북쪽의 세겜으로 가는 도중 약 38km, 벧엘에서 북동쪽으로 약 16km 지점, 높은 산이 둘러싸여 있는 중앙지역의 해발 379m의 고지대에 위치한 실로는 천연의 요새적 환경에 의한 교통의 요충지였다. 현재는 폐허의 유적만 남아 있다.

실로는 히브리어로 "안식의 장소" 라는 뜻의 이름이다, 여호수아가 가나안 땅에 들어온 후 200여 년 동안 이스라엘의 거룩한 법궤가 머물러 있던 곳으로 종교적, 정치적 중심도시였다.(수 18:1, 18:8-10, 22:11-12) 사사시대에 베냐민지파의 남자들이 매년 "여호와의 절기"에 실로의 여인들을 아내로 취하여간 사건이 있었다.(삿 21:19-24)

가나안 정복을 마친 후 여호수아는 이스라엘 각 지파 대표 3명씩을 이곳 실로에 불러모아 영토 분배의 모든 계획을 제비뽑아 결정했다.(수18:1-10, 19:51)이스라엘의 마지막 사사이며 선지자와 제사장을 겸했던 "사무엘"이 실로에 있던 "엘리" 제사장 밑에서 자랐다.(삼상1장-3장)

블레셋과 에벤에셀(아벡)에서 싸울 때 실로에 머물러 있던 법궤를 가져다가 빼앗겼고 엘리의 두 아들 홉니와 비느하스도 전사했다. 실로에서 그 소식을 들은 엘리 제사장은 의자에서 자빠져 목이 부러져 죽었다.(삼상 4:17-18)

그후 법궤는 일곱달을 블레셋 땅에 있다가 벧세메스로 돌아와 기럇여아림에 옮겨져, 20년간 보존되어 있다가, 다윗성으로 옮겨졌고, 빼앗긴 법궤는 실로에 돌아오지 않았다.(삼상 6:1-15, 7:1-2)

이곳은 여로보암이 왕이 될 것을 예언했던 선지자 아히야의 출신지이다.(왕상 11:29)

창세기에 홀이 유다를 떠나지 아니하며 치리자의 지팡이가 그 발 사이에서 떠나지 아니하시기를 "실로"가 오시기까지 미치리니 그에게 모든 백성이 복종하리로다(창 49:10)라고 기록되었다. 여기에서 실로에 대한 여러 가지 주장이 있지만 메시야로 주장하는 견해가 있으며 70인역(LXX)에서도 실로를 메시야로 해석하고 있다.

법궤를 빼앗긴 아벡전투

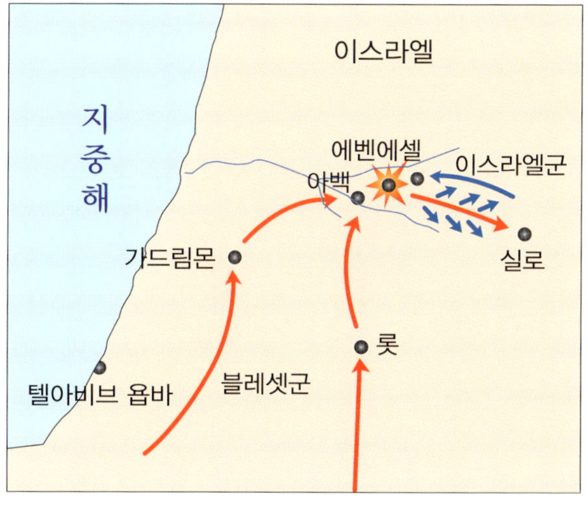

22. 세 겜 (Shechem)

세겜의 전경(나불러스) 우측에 보이는 산이 에발산이다.

예루살렘 북쪽 약 60km 지점에 위치한 도시로서 라말라와 실로를 경유하여 60번국도를 따라 가게되면 좌측(서쪽)으로 해발 890m의 그리심산(Mt. Gerizim)과 우측(북쪽)으로 해발 930m의 에발산(Mt. Ebal)의 두 높은산의 협곡에 자리잡은 천연적 요새로서 이스라엘에서 가장 오래된 도시 가운데 하나이다.

세겜은 로마시대에 이 도시를 점령한 후 Neapolis(New city)라는 "새로운 도시"의 뜻으로 이름을 불렀으며 현재는 그 이름을 아랍식으로 나블러스(Nablus)라 부른다.

지금의 세겜에서 동쪽으로 내려가면 야곱의 우물이 있고 요셉의 묘가 있다. 성경에 나오는 세겜은 이 지역을 말하며 "텔 바라타"(Tel Balata)라고 한다.

아브라함이 여호와의 지시를 받고 하란을 떠나 세겜에 이르렀을 때 여호와께서 다시 나타나시어 이 땅을 네 자손에게 주시겠다고 허락하시므로 아브라함이 단을 쌓았다.(창 12:1-7)

아브라함은 이곳을 중심으로 헤브론, 브엘세바를 지나 애굽 그리고 다메섹, 메소포타미아 등지를 왕래했다.

야곱의 딸 디나가 그 땅 하몰의 아들인 추장 세겜에게 강간 당하자 디나의 오라비 시므온과 레위가 보복하여 참혹하게 살육한 사건이 있었다.(창 34:1-31) 요셉의 형들이 이곳에서 양을 칠 때 야곱이 아들들의 안부를 알기 위하여 헤브론에서 요셉을 보냈다. 그러나 형들이 도단으로 떠났기 때문에 그곳으로 찾아갔을 때 형들은 요셉을 구덩이에 넣고 죽이려하다 실패하자 미디안 상고(商賈)에게 은 이십 개에 팔아 넘겨져 애굽으로 갔다.(창 37:12-28)

여호수아가 가나안 땅에 들어와 이스라엘 민족의 절반은 그리심산에 절반은 에발산 앞에 세우고 율법의 모든 말씀을 낭독했다.(수 8:33-55) 여호수아시대에 만든 여섯 도피성 중 하나가 세겜이었다.(수 20:7)

여호수아가 모든 지파를 세겜으로 모아 언약을 세운 후 여호와의 성소 곁에 있는 상수리나무 아래에 큰돌을 세워 증거로 삼았다. 현재 텔 바라타의 신전 입구에 세워져있다.(수 24:1-28)

출애굽할 때 이스라엘 백성은 요셉의 뼈를 가져와 야곱이 하몰의 자손에게 금 일백 개를 주고 산 세겜땅에 장사하였다.(수 24:32)

이스라엘 백성들이 세겜에 모여 르호보암을 왕으로 삼으려 했으나 10지파가 반기를 들고 여로보암을 왕으로 삼아 이곳에 성을 쌓고 수도로 삼았다.(왕상12:1-25)

그후 북이스라엘의 수도는 세겜의 북쪽 12km 지점인 디르사(Tirza)로 옮겨졌다(왕상 14:17)가 다시 사마리

아 성으로 옮겨졌다.(왕상 16:24)

특히 주전 722년 북이스라엘이 앗수르로부터 멸망 당한후 이곳에 살던 사마리아인에 대한 유대인들의 적대감이 심화되면서 세겜은 유대인들과 더욱 거리감이 있게 되었다.

신약시대는 유대인과 사마리아인간에 상종하지 않았고 이 도시에 지나가는 것 조차 꺼려했다. 그러나 예수께서 현재의 아스카(Askar)라 부르는 마을, 야곱의 우물이 있는 수가성에서 이틀이나 머므르셨다.

세겜에 있는 야곱의 우물교회

이 물은 먹는 자마다 다시 목마르려니와 내가 주는 물을 먹는 자는 영원히 목마르지 아니하리니 나의 주는 물은 그 곳에서 영생하도록 솟아나는 샘물이 되리라(요4:13-14) 예수께서 야곱의 우물곁에 앉아 계시다가 물을 기르려 온 사마리아 여인에게 하신 말씀이다. 야곱의 우물은 십자군시대에 완성되지 않은 교회 내에 있으며 깊이가 35m나 된다.

그리심산(Mt. Gerizim)은 세겜의 서편 해발 890m의 높은 산인데 이 산에서 시므온, 레위, 잇사갈, 요셉, 베냐민의 6지파를 축복했다.(수 8:33-55) 그래서 축복의 산이라 부른다. 그후 주전 5세기경부터 사마리아인들에 의해 성산으로 믿어왔다.

사마리아인들은 그리심산 정상에 그들의

성전을 짓고 텔 에라스(Tel er-Ras)라 불렀다. 사마리아인은 그리심산의 정상이 아브라함이 이삭을 번제로 드리려 했던 모리아산 이라고 주장하고 있다.

이 산 위에 주후 6세기에 비잔틴시대 유스티니안 황제에 의해 세워졌던 유적이 남아 있다. 사마리아인은 그리심산 중턱 마을에 약 250명이 살고 있는데 이들은 자기들만이 가지고 있는 사마리아의 모세오경만을 믿고 있고 유월절에는 아직까지 양을 잡아 희생제사를 행하고 있다.

이 유월절 행사시에는 세계에서 많은 학자와 성지순례자들이 모여들고 있다.

이스라엘백성이 포로로부터 귀환해온 에스라와 느헤미아의 예루살렘성전 건축에 반대한 사마리아의 산발랏은 유대인과 더 이상 화해를 불가능케 만들었다.(에 4:1-6, 느 4:1-9)

에발산(Mt. Ebal)은 세겜을 사이에 두고 그리심산과 맞보고 있는 해발 930m의 산이다. 에발산은 벗은 산이요 그리심산은 수목이 무성한 산이었다.(삿 9:7-8)

에발산에서 르우벤, 갓, 아셀, 스브론, 단, 납달리를 저주한 산이다.(신 27:13) 그래서 저주의 산이라 부른다.

율법을 거역한 자에게 저주하게 하고 여호와께 큰 제단을 쌓고 제사하였다.(신 11:29, 27:2-13, 수 8:30-31)

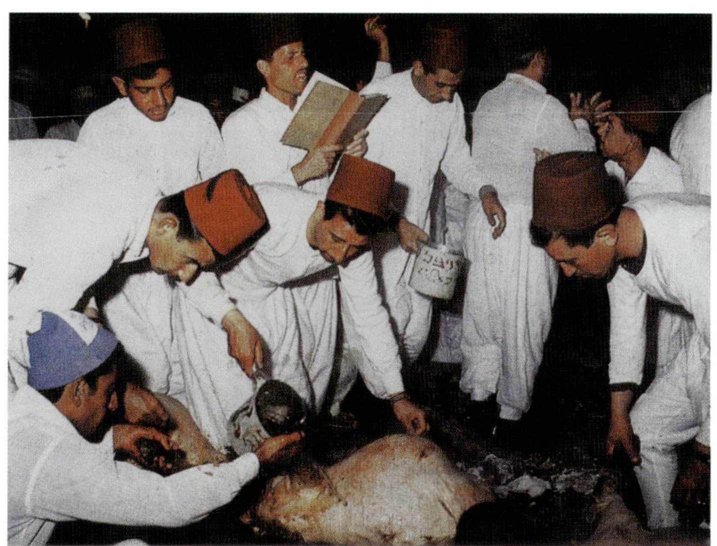

그리심산 사마리아인들이 오늘날도 유월절을 위해 양을 잡고 있다.

23. 사마리아 (Samaria)

사마리아의 유적

예루살렘으로부터 약 72km, 세겜 북방 약 12km 지점, 해발 440m의 언덕 위의 동산에 사방의 계곡으로 싸여 있는 현재 세바스티아(Sebastia)라는 곳으로 보잘 것 없는 옛 마을이 되었다.

사마리아는 사마리아성을 포함하여 중부산간지방 전체를 사마리아 지방이라고 부른다.

아합왕의 아버지 오므리왕(주전 886-875)은 12년간의 재임중 북이스라엘의 수도를 디르사(6년간)에서 사마리아(6년간)로 옮겼다. 사마리아란 명칭은 오므리왕이 세멜이라는 사람으로부터 산의 부지를 은 두 달란

트를 주고 산후 그 소유주의 이름을 따서 히브리어로는 "소므론" 희랍어로는 "사마리아"로 부르게 되었다.(왕상 16:23-24)

사마리아 지방은 여호수아가 가나안 땅을 정복할 당시 12지파 가운데 에브라임, 단, 므낫세 반지파에게 준 땅이 곧 예수님 당시 사마리아 지방이다.(수 16장-18장)

여로보암을 왕으로 삼아 북이스라엘 왕들이 250여년 간 사마리아지방을 통치하였으나 주전 722년 앗수르왕 살말에셀에게 멸망 당하였다.(왕하 17:3-6)

그 후에 마케도냐 알렉산더대왕이 점령하여 사마리아인을 축출하고 자기 백성을 사마리아 지방에 들어오게 하니 자연히 2차에 걸친 외침으로 인해 혼혈족이 되어 버렸다.

그때부터 유대인들은 사마리아인을 이방시하였다. 또한 유대인들이 바벨론 포로에서 귀환하여 예루살렘 성전을 건축할 때 사마리아인이 방해하였고 일방적으로 그리심산에 성전을 건축하였다.(스 4:1-6)

이 두 가지 원인으로 유대인과 사마리아인간에 반목 질시가 지속되었고 서로 상종도 하지 않았다. 그래서 예루살렘에서 갈리리로 갈 때 가까운 사마리아를 통과하지 않고 멀리 요단강변길로 돌아다녔다.

그러나 스데반의 순교 후 사마리아 지방에도 들어가 빌립, 베드로, 요한 등은 교회 설립의 기초를 만들었다.(행 8:1-25)

사마리아 성은 오므리왕과 아합왕을 거쳐 여로보암 2세 기간중 가장 전성기였으며 주전 722년 앗수르에 의해 멸망될 때 파괴되었다.(왕하 18:10-12)

사마리아지방이 로마의 통치아래 있던 주전 30년경에 로마의 아구스투스(Augustus)가 이 땅을 헤롯대왕에게 주었으며 헤롯은 이곳에 헬레니즘과 로마시대의 건축양식을 살려 웅장한 건축물을 많이 구축했다.

사마리아성의 왕궁의 화려함은 겨울궁, 여름궁, 상아궁, 큰궁 등의 엄청난 규모의 모습을 보아 알 수 있다.(암 3:15, 6:4, 왕상 22:39) 오늘날 남아 있는 유적

은 오므리왕과 아합왕시대의 방탄벽과 상아궁의 일부
가 남아 있으며 3세기경의 희랍시대의 둥근탑, 로마시
대의 원형극장 등 많은 유적이 남아 있다.

헤롯왕은 이곳에 성을 건축(약 3,700m)하고 사마리
아 여인을 그의 넷째 부인으로 삼아 낳은 아들이 아켈
라오와 안디바이다.(마 2:22, 14:1-12)

세례요한은 불륜의 결혼을 한 헤롯왕(안디바)을 강
력하게 비난하다가 투옥되어 요르단의 사해부근 마캐
루스 요새 안의 궁전에서 헤롯(안디바) 자신의 생일
파티시에 비참하게 참수되었다.(마 14:1-12, 막
6:14-29)

그리하여 요한의 제자들이 와서 시체를 가져다가 장
사하고 가서 예수께 고했다.(마 14:12) 그러나 세례요
한의 시체가 매장된 장소는 분명히 밝혀져 있지 않다.

그러나 이곳에 4세기경부터 세례요한의 무덤이 있다
고 전해지고 있고 기념교회가 세워졌다. 십자군시대에
큰 규모로 개축되었으나 1187년에 아랍사람들에게 파
괴되어 교회의 일부는 회교사원으로 변모되어 오늘에
이르고 있다. 그러나 세례요한의 묘소는 역사적으로
신빙성이 희박하고 고증하기가 매우 힘들다는 주장도
있다.

사마리아성 유적 평면도

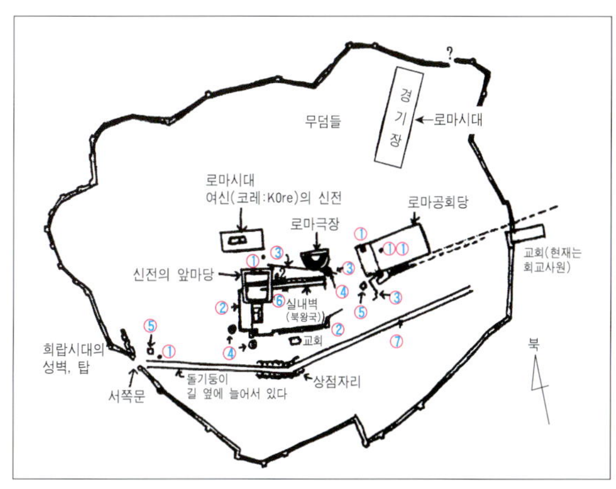

1. 북왕국 시대 건물의 터
2. 오므리왕과 아합왕때의 방탄벽의 유적
3. 북왕국시대의 성벽 유적
4. 희랍시대 둥근탑의 유적
5. 로마시대 사원터
6. 아합왕때 상아 궁전터
7. 로마시대 동서로 약 800m의 성내를 연
   결하는 거리의 양쪽에 600개의 둥근기
   둥이 세워져 있었다.

여리고에서 벧엘(믹마스)
지역으로 가는 계곡길

제10절 해안평야지역

1. 해안평야

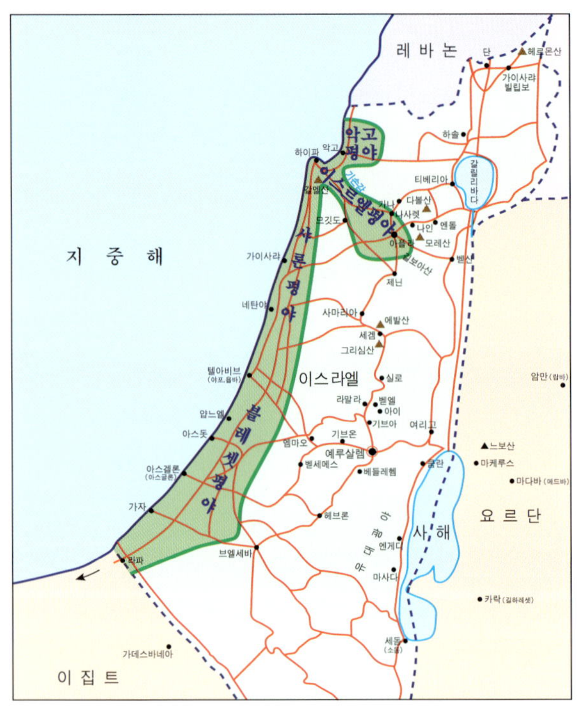

이스라엘은 지중해에 접한 약 270km의 해안선을 유
지하고 있다.

해안평야는 해안선에 접하여 그 폭이 북은 10km미
만이며 남으로 내려오면서 점차 넓어져서 32km가 되
는 지역도 있다. 이 평야는 토사의 퇴적으로 형성된 평
야로 극히 단조로운 전 해안선에 걸쳐 사구가 발달되
어 있는 것이 특징이다.

이곳은 지중해의 영향으로 강우량이 비교적 풍부하
고 잘 발달된 해안도로를 따라 고대로부터 큰 도시들
이 건설되어 이스라엘 전체인구의 절반 가량이 해안지
역에 살고 있다.

해안평야지역은 모래와 사암이 대부분이어서 농작물
의 재배가 잘 되지만 특히 포도, 사과, 오렌지 등의 과
일에 적합하다.

이곳에는 키프츠와 모샤브가 많이 들어서 있다. 해안

에 인접한 평원은 북쪽으로부터 남쪽으로 내려오면서
악고평야, 이스르엘평야, 샤론평야, 블레셋평야로 이
어져 있고 고대로부터 매우 기름진 곡창지대이다.

이스르엘 평야

(1) **악고평야**는 이스라엘의 최대 항구도시이며 공업도
시로 발전한 하이파에서 북으로 뻗어 있다. 평야는 폭
이 북단은 3km이나 남하할수록 점점 넓어져 남단은
13km 정도 되는 협소한 평야이다. 기손강과 기타 소
하천에서 흘러내린 토사로 퇴적된 충적평야이기 때문
에 토질이 매우 비옥하다.

(2) **이스르엘평야**는 갈멜산을 끼고 남동쪽으로 평원이
펼쳐져 있어 기손강과 하롯샘이 연결되고 지중해와 요
르단계곡을 연결하는 큰 계곡의 평원으로 동서간을 잇
는 유일한 횡단로를 제공하고 있어 교통상의 요지이
다. 또한 이스르엘 평야에 이어지는 계곡은 이스라엘
중앙고지를 가로지르는 회랑지대이다. 이곳은 애굽에
서 해안지방으로 올라가 수리아와 갈릴리 방면에 이르
는 해변길, 악고와 베니게로 통하는 길, 헤브론과 예루
살렘 방면에서 북상하는 길 등 3대 간선도로가 교차하
는 교통상의 최대요지로 팔레스타인의 지배권을 장악
하는데 전략적 가치가 대단히 컸다.

(3) **샤론평야**는 갈멜산 남쪽으로부터 욥바에 이르는
약 50km, 동서의 폭이 3-5km에 이르는 평원이다. 샤

론(Sharon)이라는 이름은 히브리어의 의미는 "평평한 지방"이라는 뜻이다.

성경에 갈멜과 샤론의 아름다움을 얻을 것이라 그것들이 여호와의 영광 곧 우리 하나님의 아름다움을 보리라(사 35:2) 나는 샤론의 수선화요 골짜기의 백합화로구나(아 2:1) 등 주님을 샤론에 피는 들꽃에 비유하여 참사랑의 향기와 겸손을 상징했다.

이 평원의 소택과 습지는 양떼와 소떼가 풀을 뜯는 안전한 방목지로 이용되었다. 샤론은 양떼의 우리가 되었고(사 65:10) 샤론사람 시드래는 샤론에서 먹이는 소떼를 맡았고 우들래의 아들 사밧은 골짜기에 있는 소떼를 맡았다(대상 27:29)는 사실로 보아 샤론은 좋은 목축지였음을 알 수 있다.

고대는 상수리나무숲이 많았고 얄곤강을 비롯한 5개 소하천에서 흘러 들어와 사구가 형성되어 욥바에서 가이사랴 사이에는 늪지대가 많았다.

상수리나무는 제1차 세계대전때 터어키가 철도용으로 베어 사용했다. 그후 오래 방치되었던 샤론평원은 현재 크게 변모했다. 소택과 늪지는 배수시설을 잘하여 좋은 농토로 전환되고 고대에 농사에 적합지 않았던 붉은 모래밭은 오렌지 재배에 적지가 되어 "황금 오렌지지대"로 바뀌었다. 오렌지는 이스라엘의 중요 수출품으로 "욥바 오렌지(Jaffa Orange)"라는 상호를 붙여 수출하고 있다.

(4) **블레셋평야**는 욥바로부터 가자(가사)까지의 최남부 해안지대를 블레셋 사람의 땅이라고 한다. 블레셋평야는 동쪽은 유다산지에 연속된 쉐펠라의 구릉지대에 접한 남쪽길이 약 70km, 동서폭은 북단이 21km 남으로 향하여 점점 넓어져 남단이 32km나 된다.

블레셋평야가 북쪽 샤론평야와 뚜렷하게 구별되는 것은 해안에 있어서 사구의 발달이다. 이 평야는 아스글론 에서 라기스에 이르는 선을 경계로 땅의 낮은 북부와 땅이 높은 남부의 두지구로 구분된다.

북부에는 밀, 남부에는 보리가 잘 재배된다. 남부에는 사막의 영향을 받고 있으나 적당한 강우량으로 옛날에는 산림이 우거졌고 목축으로 양떼들이 많았다.

2. 악고 (Akko)

악고항구

이스라엘의 북쪽 해변의 항구도시로 예루살렘으로 부터 약 181km, 하이파에서 약 23km, 티베리아에서 약 56km의 거리에 위치하고 있다.

악고는 악고만에 접해 있는 옛 악고에는 아랍인들이 주로 살고 있고 옛 악고의 북쪽에 있는 현대 악고는 유대인들이 주로 살고 있다.

악고는 십자군시대의 전성기에 건축된 성벽과 건축물의 일부가 남아 있는데 지하 건물의 일부분이 잘 보존되고 있다. 악고는 여호수아가 점령하지 못한 도시 중의 한 지역이다.(삿 1:31)

본래 이 도시는 페니키아의 도시로 두로(Tyre)와 시돈(Sidon)과 더불어 군사적, 상업적인 중심지였다.

주전 4세기에 희랍의 알렉산더 대왕조에 의해 점령되었다가 프톨레미에 의해 통치되면서 이 도시를 돌레마이(프롤레미)라 불리어져 오다가 주전 200년경에 시리아의 지배하에 들어갔다.

예수님시대에는 헤롯대왕이 가이사랴를 로마 사람의 본거지로 삼아 개발하게 됨으로 악고 보다 더 중요한 항구도시가 되었다.

사도바울이 3차전도여행을 마치고 돌아오는 길에 두로를 떠나 돌레마이에 이르러 하루를 있다가 가이사랴에 있는 빌립의 집으로 떠났다.(행 21:7)

주후 638년 모슬렘이 팔레스타인에 들어오면서 이 도시는 아랍의 매우 중요한 요새로 발전되어 오다가 주후

1104년 십자군의 볼드윈(Baldwin I)장군에 의해 점령되면서 십자군의 수도로써 성지탈환의 꿈을 달성할 수 있었다. 그러나 주후 1187년 아랍의 사라딘 장군에 의해 전국이 점령당할 때에 악고도 점령 당했으나 1191년에 십자군에 의해 회복된 후 1291년에 다시 아랍국에 의해 완전히 멸망되었다.

터어키시대가 끝나자 주후 1917년부터 영국의 통치하에 있다가 1948년에 이스라엘이 독립할 때 이스라엘 영토가 되었다.

3. 하이파 (Haifa)

하이파 항구 전경

이스라엘에서 북쪽 약 159km 지점의 해변에 위치한 이스라엘 3대 도시중 하나로서 예루살렘, 텔아비브에 다음가는 큰 도시이다.

하이파는 북부이스라엘의 중심도시로 지중해를 통한 통상교역 및 해상수송의 역할을 담당하는 이스라엘의 가장 큰 항구도시이며 최대의 공업도시이다.

하이파는 첨단기술이 집약되어 있는 산업도시로써 많은 공장이 있으며 공업관계 박물관, 공업기술연구소가 있고 세계적인 테크니온 공과대학교와 하이파 대학교가 있다.

이 도시에는 유대인들이 대부분 살고 있고 두르즈, 이슬람교, 기독교, 바하이교를 신봉하는 소수 종교인들이 살고 있다.

바하이교(Bahai)는 하이파가 중심지이다. 바하이교는 주후 1863년 페르시아의 후세인 알리(Husayn' Ali)가 전인류 화합을 제창하여 창시한 종교이다. 바하이교는 회교의 시아파계에서 파생되었고 전 종교진리의 통일과 세계인류의 통합을 강조하고 있다.

하이파가 정면으로 내려다 보이는 갈멜산 언덕에 황금색 둥근지붕을 한 페르시아 양식의 아름다운 건물이 바하이교의 본부이다. 전세계에 약 2백만명의 바하이교 신도가 있다고 한다.

4. 갈멜산 (Mt. Garmel)

갈멜산 정상의 엘리야 승리의 동상
(바알신과 앗세라신 선지자 850명을 엘리야 선지자가 혼자서 무찔러 칼 끝이 굽었다)

엘리아 기념교회

이스라엘의 지중해 해안선을 따라 북쪽으로 올라가면 불쑥 튀어 나온 돌출부분이 갈멜산 지역이다.

하이파만으로 부터 시작되어 이스르엘 평야를 따라 내륙쪽 23km지점까지, 높이는 보통 500m, 폭이 10km로 뻗어 있는 산맥의 산악지대 전체를 갈멜산지역이라 부른다.

갈멜산은 제일 높은 곳이 해발 546m이고 엘리야교회가 있는 무흐라카는 해발 486m로 샤론과 이스르엘의 두 평원사이에 높이 솟은 산으로 수목이 우거져 있고 산아래 기손강이 흐르며 지중해까지 내려다 볼 수 있는 아름다운 산이다. 갈멜산은 히브리어로 "하나님의 포도원"이라는 뜻이다.

구약성경에 갈멜산은 아름다움(아 7:5, 사 35:2)과 풍요함(렘 50:19)의 명산으로 알려졌다. 갈멜산은 여호수아가 가나안 땅에 들어와 12지파에게 땅을 분배할 때 아셀지파에 속했으며 여호수아가 이 산중에 있던 "욕느암" 왕을 격멸했다.(수 12:22)

북왕국 이스라엘의 아합왕은 시돈왕(지금의 레바논)의 공주인 이세벨과 왕실 결혼을 했다. 그녀는 바알신을 섬기는 광신자로 왕권을 이용하여 이스라엘에 확산시켜 종교적으로 큰 위기를 맞게했다. 이런 상황에서 이스라엘의 예언자 엘리야가 혜성처럼 나타났다.

주전 860년 바알신의 중심지였던 갈멜산에서 엘리야 선지자는 혼자서 바알과 아세라 선지자 850명과 참신

과 거짓신을 분별하는 대결에서 승리하는 동시에 기손강에서 저들을 전멸시켰다.(왕상 18:19-40)

그후 엘리야의 일곱차례 기도로 손바닥만한 구름이 지중해에서 떠올라 큰 비가 내리기도 했다.(왕상 18:41-46)

엘리야가 이 산에 있을 때 아합의 아들 아하시야가 엘리야를 잡으러 50부장과 50명을 두 번 보냈을 때 하늘에서 불이 내려오게 하여 그들을 살라 죽였다.(왕하 1:9-12)

엘리야가 승천한후 엘리사가 잠시 이 산에서 머물렀으며 수넴 여인을 만나 함께 그 집에 가서 죽은 아이를 다시 살리기도 했다.(왕하 2:25, 4:25-35)

엘리야가 단신으로 바알과 아세라 선지자와 대결하여 승리한 곳은 갈멜산 줄기중 무흐라카(Muhraqa)라 부르는 산 정상이다. 무흐라카는 "불의 장소" 또는 "불이 내려온 곳" 이라는 뜻이다.

무흐라카 산에는 엘리야의 석상이 세워져 있다. 석상 받침대 앞면에는 라틴어, 아랍어, 히브리어의 3개 언어로 엘리야에 관계되는 구절이 기록되어 있다. 오른 팔을 높이 들어 칼 끝이 휘어진 상태의 칼자루를 잡고 서 있는 엘리야를 바라 보노라면 그 놀라운 선지자의 믿음의 능력에 압도된다.

갈멜산 줄기를 따라 지중해 방향으로 내려가다 보면 전망 좋은 위치에 갈멜수도원이 세워져 있다.

엘리야 동굴이라고 전해지는 동굴을 중심으로 세워

진 수도원이다. 12세기 십자군시대에 이 동굴을 중심으로 갈멜수도회(Carmelite Order)가 결성되었고 그후 수도원 건물이 세워진 것이다.

오늘날 이 수도원은 전세계 갈멜수도회의 중심이 되고 있다. 엘리야 동굴은 엘리야가 아합왕을 피해 숨었던 곳이며 아기예수와 그 가족이 애굽에서 돌아올때에 이 동굴에서 지내다가 나사렛으로 갔다고 전해지고 있다.

5. 가이사랴 (Caesarea)

가이사랴 항구

오늘날 이스라엘에서 가장 큰 항구도시인 하이파에서 지중해 해안선을 따라 남쪽으로 약 37km 지점의 해안 지역이 가이사랴이다.

현재는 사람이 거주하는 도시가 형성되어 있지 않고 오직 옛 유적만 남아 있다.

가이사랴는 지중해 연안에 있는 다른 항구들과 달리 항구로서의 좋은 조건을 갖추지 못한 곳이다. 로마 황제 가이사 아구스도(Augustus Caesar 주전 27-주후 14년)는 헤롯왕에게 가이사랴 지역을 하사했다. 헤롯왕은 건축광인으로, 로마 황제 가이사에 대한 감사 표시로 항구와 도시를 건설한 후 이 항구도시 이름을 가이사랴(Caesarea)라고 불렀다.

가이사랴는 시장터 아고라(Agora)와 경기장, 야외원형극장, 로마식 공중목욕탕 등을 건축하여 당대 어느 곳에도 뒤지지 않는 대도시로 만들었다. 로마제국은 가이사

랴를 유대지방의 행정수도로 하여 정치중심지로 삼았다.

로마에서 파송된 총독의 관저와 행정본부가 이 도시에 위치하고 있었다. 가이사랴는 로마시대와 비잔틴시대에 아주 큰 도시를 이루었다는 사실은 그 유적을 보아 알수 있고 비잔틴

주전 4년-주후 135년경
유물 빌라도 기념석비

시대에 10만명이 거주했었다. 그후 십자군시대에 전성기를 이루었다.

십자군시대에 가이사랴에 거대한 요새를 건설했고 그 유적은 지금도 남아 있다. 십자군 원정이 실패로 끝나자 십자군의 보루였던 가이사랴가 1265년 마믈묵에 의해 점령되면서 완전히 파괴되어 모래속에 매몰되어 버렸다. 그후 600년이 지난후 20세기에 접어들어 고고학자들에 의해 발굴작업이 이루어졌다.

가이사랴의 성은 십자군시대의 규모가 가장 작았고 희랍시대의 성은 십자군시대의 성보다 3배 컸으며, 헤롯시대의 성은 십자군시대의 성보다 8배나 규모가 컸다.

야외원형극장

특히 인상적인 것은 관객들이 바다를 바라보고 앉을 수 있는 야외 원형극장이다. 지금도 예술가들의 공연장으로 사용되고 국제적인 규모의 이스라엘 음악제도

열린다.

가이사랴의 유적 가운데 로마식 수로(水路)는 갈멜산 줄기의 샘에서 물을 끌어 들인 대역사의 흔적이 지금도 남아있다.

또한 관심을 끄는 유물로 "유대 총독 본디오 빌라도"라는 글씨가 새겨진 기념돌비이다. 이 돌비는 예수를 재판했던 로마 총독 빌라도가 가이사랴에 주재했었다는 증거이다. 기념비의 진품은 이스라엘 박물관에 소장되어 있고 가이사랴에 있는 기념비는 모조품이다.

가이사랴에 주둔하고 있던 로마의 백부장 고넬료는 욥바의 피장시몬의 집에 머물러 있던 베드로를 모셔오게 하여 고넬료와 같이한 모든 사람은 세례를 받게 되었다(행10장) 베드로가 유대인이 아닌 로마제국 장교 고넬료와 그 친지들에게 세례를 줌으로서 유대인이라는 울타리를 벗어나 인종과 국가를 초월하여 범세계적으로 이방인에게 복음이 전파된 역사적인 일이었다.

가이사랴는 사도 바울이 여러 번 전도여행 중 들렸던 곳이며 일곱집사 중 하나인 빌립의 집에 머물러 있기도 했다(행 21:8) 마지막으로 바울이 로마로 이송되기 전 2년간(주후 57-59년)을 가이사랴 감옥에 수감되었다가 배를 타고 로마로 향한 것이 마지막 여정이 되어 로마에서 참수형을 받고 순교했다.

텔아비브 – 욥바

6. 텔아비브–욥바 (Tel Aviv – Jaffa)

예루살렘으로 부터 북서쪽 약 63km지점의 지중해 해안에 위치한 도시이다. 텔아비브는 "봄의 언덕"(Hill of Spring)이라는 뜻을 가진 성경의 뎰아빕(Tel-Aviv)에서 유래되었다.(겔 3:15)

텔아비브는 1948년이후 남쪽에 있는 욥바가 통합되어 텔아비브–욥바가 되었으며 예루살렘 다음가는 큰 도시가 되었다.

욥바(Jaffa)는 가장 오래된 항구도시 가운데 하나로 전설에 의하면 노아의 도시였다. 홍수이후 노아의 아들 야벳은 아름다운 욥바에 도시를 건설하고 정착했다고 한다.

여호수아가 가나안 땅에 들어와 단 지파에게 이곳 땅을 분배 했으나 점령하지 못했다.(수 19:46)

솔로몬시대에 예루살렘 성전건축을 위해 레바논에서 수입되는 백향목 같은 목재를 실어 나르던 항구였으며(대하 2:16) 선지자 요나는 이 항구를 통하여 니느웨로 가지 않고 다시스로 도망갔었다.(욘 1:3)

이 항구는 이집트, 바벨론, 페니키아, 페르시야, 헬라에 의해 사용되어 오다가 헤롯대왕이 가이사랴에 새로운 항구도시를 건설하면서 쇠퇴하기 시작하여 항구의 기능을 점차 상실하게 되었다.

신약시대에 베드로의 선교지로 "다비다"가 병들어 죽자 다시 살렸으며(행 9:36-41) 피장시몬의 집에 머물러 있을 때 하나님의 환상을 통해 가이사랴에 있던 백부장 고넬료에게 가서 복음을 전파하고 세례를 주었다.(행 10장) 현재 이곳에는 1147년에 세워진 천주교 소속 베드로 수도원이 있다.

욥바는 잘 조화를 이루고 있는 예술문화의 항구도시

로써 많은 예술가들이 모여 살고 있고 박물관, 미술관, 공예전시장 등이 있다. 또한 해변가의 위락시설 및 각종 문화행사는 관광객들에게 관심이 높다.

텔아비브–욥바는 이스라엘 최대의 현대 도시로 문화, 외교, 경제, 상업활동의 중심지로 발전을 거듭하고 있다.

7, 아스돗 (Ashdod)

텔아비브로부터 남쪽으로 해안을 따라 약 41km지점에 위치한 조그마한 항구도시이다. 현대 아스돗에서 동남쪽 약 5km 떨어진 주위보다 약간 높은 언덕지대가 구약시대의 옛 아스돗이다.

아스돗은 아스글론, 가자, 가드, 에글론과 같이 블레셋의 중심이 되는 5대성읍 중의 하나였다.
엘리 선지자때 실로에 있던 법궤를 에벤에셀 전투시에 가져다가 블레셋에게 빼앗겼다. 그 법궤를 아스돗에 있는 다곤신전에 두었다.

다음날 아침에 다곤이 여호와의 궤 앞에 엎드려져 있어 세워 놓았는데 그 다음날 아침에는 다곤의 머리와 두 손목이 끊어져 몸둥이만 남아있었다.

더욱 독종의 재앙이 아스돗의 사람에게 번져 망하게 하니 성읍 사람들에 의해 법궤를 가드로 옮겨졌다.(삼상 5:1-7, 5:2-9) 유다왕 웃시아가 정복하여 견고한 성을 쌓았으나(대하 26:6), 앗수르왕 사르곤에 의해 아스돗이 침략당했다.(사 20:1) 신약시대는 아스돗을 아소도라 불렀으며 집사 빌립이 가사(가자)에서 이디오피아 내시에게 전도하고 이 성에서 머물러 복음을 전하였다.(행 8:40)

8. 아스글론 (Ash Kelon)

예루살렘에서 남서쪽으로 약 75km, 가자에서 북쪽으로 27km지점의 지중해 해안지역의 작은 도시이다. 아스글론은 블레셋 5대 성읍중의 하나이였다.
현대 아스글론은 바다가에 있는 옛 아스글론보다 2km 동쪽 내륙에 위치하고 있다.

아스글론은 애굽과 메소포타미아를 연결하는 해안도로의 한 통과하는 지점으로 아벡(Aphek), 므깃도(Megiddo), 하솔(Hazor)과 같이 중요한 곳이었다.

삼손때 부터 다윗때 까지 블레셋이 점령하고 있었고(삼상 6:17, 삼하10:20) 그후 선지자들이 이 성이 장차 멸망할 것을 예언하였다.(암1:8, 렘 25:20) 삼손이 그 아내의 일로 아스글론 사람 30명을 죽였다.(삿 14:19) 유적으로는 주전 4000년경의 유물과 로마시대의 건물과 조각들을 볼 수 있다.

9. 가자 (Gaza)

예루살렘으로부터 남서쪽 약 92km, 텔아비브에서 남쪽으로 약 60km, 브엘세바에서 북서쪽으로 약 40km 지점의 지중해 해안도시이다.

가자는 노아 때 부터 있었으며 본래 가나안 지역으로 여호수아가 가나안 땅에 들어와 유다지파 에게 분배되었으나 점령치 못했다.(수 11:22)
블레셋의 5대 성읍중(아스돗 아스글론, 가드, 에글로, 가자) 하나로 성경에는 가사로 기록되었다.

삼손이 들릴라의 꾀에 속아 힘의 비밀을 토설하여 블레셋 사람들에게 잡혀 가자로 끌고가 옥중에서 맷돌을 돌리게 했다.(삿 16:4-22)

블레셋 사람들이 삼손을 끌어내어 다곤의 신전에서 재주를 부리게 한 다음 신전의 두 기둥을 껴안고 몸을 굽혀 신전을 무너뜨리고 그 자신도 죽었다.(삿 16:23-31)

빌립 집사가 이디오피아 내시에게 세례를 준곳이다.(행 8:21-29)

가자에는 아기 예수가 애굽으로 피난 갔다 돌아오는 길에 머물렀던 곳이라 전해지는 곳이 있다.

가자는 주후 592년에 세웠던 유대교 회당의 모자이크 바닥을 볼 수 있다. 현재 시내의 큰 회교사원은 비잔틴시대와 십자군시대의 교회자리에 세워져 있다.

1967년 6일전행후 이스라엘이 점령하고 있는 가자 지역에는 현재 팔레스타인의 자치 정부수립을위한 중심지역으로 성지순례자들은 들어갈 수 없다.

제11절 갈릴리 주변지역

예수님시대의 배

1. 갈릴리 바다 (The Sea of Galilee)

예루살렘에서 북쪽으로 약 150km지점에 위치한 지중해 보다 수면이 무척 낮은 해저 212m의 호수이다. 이 호수는 남북길이 21km, 동서의 폭 13km, 수심 평균 44m, 호수둘레 50km, 넓이 약 170㎢의 큰 호수의 바다이다.

갈릴리 호수는 하프(Harp)같이 생겼다고 하여 그 악기를 히브리어로 긴놀(Kinnor)이라고 부르는데서 유래되어 구약시대에 긴네렛 바다라 했고 신약시대는 게네사렛 호수라고 불렀다. 그래서 이 바다를 갈릴리바다(마 4:18), 긴네렛바다(민 34:11, 수 12:3), 디베리야바다(요 6:1), 게네사렛호수(눅 5:1) 등으로 불리었다.

구약시대 갈릴리는 호수의 이름이 아니라 호수의 서편 지역을 지칭하는 말이었다.

갈릴리지방은 통상 상부갈리리와 하부갈리리로 구분된다. 상부지방은 가릴리바다 북서쪽의 산지로 평지가 거의 없고 확실한 능선도 별로 없는 지역이다 그러나 하부지역은 갈릴리바다 남서쪽의 능선들과 계곡들이 있어 평평한 분지(약 30%)와 완만한 경사지(약 15%)로 형성 되어 있다.

갈릴리 호수는 3분의2 이상이 헬몬산으로 부터 훌라계곡을 따라 내려오는 물이 저장되어 다른 골짜기에서 흘러들어온 물과 함께 호수를 이루어서 요단강을 따라 사해로 흘러 들어간다. 또한 갈릴리 호수에 저장된 물은 이스라엘 전지역에 공급되는 생명수로 남쪽의 네게브사막의 브엘세바 까지 공급된다. 그리하여 황무지의 땅에 각종 농작물과 과실(포도, 사과, 바나나, 감, 토마토 등)을 재배하여 오늘날에 젖과 꿀이 흐르는 땅의 이스라엘로 변하게 하고있다.

예수께서 갈릴리 호수를 중심으로 약 12개의 마을에서 공생애를 시작하셨다. 예수님의 12제자 가운데 베드로, 안드레, 야고보, 요한, 빌립, 마태, 도마 등 7명이 이곳 출신이다.

예수님 당시 갈릴리 바닷가의 사람들은 주로 고기잡이를 했고 현재도 바다에 40종의 물고기가 서식하고 있으며 그중 16종은 이 호수의 고유 원산 어종이다.

예수께서 어부들을 향해 "나를 따라 오너라 내가 너희로 사람을 낚는 어부가 되게 하리라"하시면서 고기잡이하는 시몬 베드로와 그 형제 안드레 그리고 야고보와 그 형제 요한을 부르셨다.(마 4:18-22, 막 1:16-20, 눅 5:1-11)

베드로가 어부였던데서 유래된 민물고기의 일종인 베드로 고기가 있다. 호수에서 잡은 싱싱한 베드로 고기를 기름에 튀기던가 매운탕으로 끓여먹게 되는데 산뜻한 맛은 없으나 예수님과 제자들이 먹었던 생선을 맛보는데 큰 의미가 있다. 예루살렘의 큰 슈퍼마켓의 생선코너에서도 팔고 있다.

예수님은 갈릴리 호반에서 말씀을 전파하시고 많은 병자를 고치시며 기적을 행하셨다. 또한 여러 번 배를 타고 갈릴리 호수를 건너기도 하셨다.

호수는 저녁에 바람이 불어 물결이 일기도 하고, 갑자기 큰 바람이 불고 세찬 풍랑이 흔히 일어난다. 그러나 아침에는 통상 잔잔하다.

이러한 행상상태의 원인을 본 저저 필자가 현구하여 아래와 같이 기술한다.

바람은 온도차가 원인이 되어 생기는 기압차(고기압에서 저기압으로 이동)에 의해서 불게된다. 낮에 햇볕을 받아 가열된 산사면(山斜面)의 공기는 가벼워져 상승하게 되어 호수로 부터 골짜기를 따라 산꼭대기로 부는 바람을 골바람(Valley wind)이라 한다. 그러나 밤에는 온도차에 의한 대류(對流)때문에 반대현상으로 빨리 냉각된 산으로 부터 호수를 향하여 불어 내리게 되어 산바람(Mauntain wind)이라고 한다.

갈릴리 호수는 해저 212m의 낮은 곳이다 호수의 북쪽에는 높은 헬몬산(해발 2,814m)이 있고, 북동쪽에는 해발평균 1,000m나 되는 골란고원 지대가 있으며 주변에 약300m의 험준한 산들로 둘러 싸인 상태에서 호수가 현저하게 침강(沈降)되어 있다.

갈릴리 바다

그러므로 헬몬산이나 그밖의 다른 곳에서 찬 공기가 몰려와 가파른 산 사이의 좁은 골짜기를 따라 산바람이 호수를 향해 강하게 불어 내려온다. 이때에 호수 위에 있는 저기압의 더운 공기와 세차게 조우(遭遇) 할 때면 격렬한 바람의 돌풍이 일어난다. 이러한 현상은 산바람이 불어내리는 저녁에 일어나며 이 돌풍은 뱃머리, 난간 등을 강타하고 때로는 항해하는 배에 역풍을 일으키기도 한다.(연세대학교 대기과학과 김준 교수 감수)

예수께서도 배를 타고 호수를 건너실 때 큰 풍랑이 일어났다. 제자들은 겁에 질려 주무시고 계신 예수님을 깨우고 구원하소서 우리가 죽겠나이다 할 때 예수께서 "어찌하여 무서워하느냐 믿음이 적은자들아"하시고 곧 일어나 바람과 바다를 꾸짖어 잔잔케 하셨다.(마 8:23-27, 막 4:35-41, 눅8:22-25)

또한 밤 사경(四更)에 예수께서 바다위로 걸어서 제자들에게 오시니 제자들이 그 바다위로 걸어 오심을 보고 놀라 유령이라하며 무서워하여 소리 지르거늘 예수께서 즉시 일러 가라사데 "안심하라 내 니 두려워 말라", 베드로가 대합하여 가로되 주여 만일 주시어든 나를 명하사 물위로 오라 하소서 한대 "오라" 하시니 베드로가 배에서 내려 물위로 걸어서 예수께로 가되 바람을 보고 무서워 빠져가는지라 소리질러 가로되 주여 나를 구원하소서 하니 예수께서 즉시 손을 내밀어 저를 붙잡으시며 가라사데 "믿음이 적은자여 어찌 의심하느냐"하시고 배에 함께 오르니 바람이 그쳤다 .(마 14-22-33, 막 6:45-52, 요 6:16-21)

1986년 초에 가뭄이 극심하여 갈릴리 호수의 바닥이 드러나자 개펄에 묻혀 있던 배 한 척이 발견되었다. 이스라엘 고고학자들에 의해 연대를 측정한 결과 예수님 당시에 건조된 배로 판명되었다. 배는 두께 3cm의 나무로 만든 길이 8m, 폭 2.3m의 목선인데 양편으로 2명씩 모두 4명이 노를 젓도록 되어 있다. 예수님이 타셨던 배라는 사실은 증명할 수 없으나 그 당시 배로서 관심이 집중된다. 발굴된 이 배는 현재 호숫가에 있는 "노프노사" 키브츠 안에 보관되어 있다.

갈릴리 호수 주변에는 예수님이 주로 활동하신 가버나움, 벳새다, 고라신, 티베리아, 막달라, 거라사 등의 마을이 있고 많은 기적을 행하시고 말씀을 전파한 곳에 기념교회들이 있는데 베드로 집터위의 교회, 베드로 수위권교회, 오병이어 교회, 팔복교회 등은 순례객들이 꼭 방문하게 된다.

2. 요단강 (Jordan River)

요단 계곡지역은 요단강 전지역과 남쪽으로 아라바(Arabah)에 이어져 홍해에 이르는 전 계곡을 포함한다.

요단강은 골란고원 북쪽 해발 2,814m인 헬몬산에서 발원하여 훌라계곡을 따라 갈릴리 호수에 물이 합류하면서 다시 요단계곡으로 이어져 지구상에서 가장 낮은 해저 398m의 사해로 강물이 흘러 들어간다. 요단강의 총길이는 약 220km이고 갈릴리 호수에서 사해까지의 길이는약100km가 된다.

요단강물은 우기가 되면 이스라엘 중앙 고지대의 골짜기와 와디에서 흘러 들어오는 물과 트란스 요르단의 야르묵강과 얍복강에서 흘러 들어오는 물이 상류의 물과 합류하여 요단 강물을 이룬다.

오늘날 갈릴리 호수에서 건기에는 물을 저장하여 이스라엘 전지역에 물을 공급하기 때문에 수문을 열지 않으면 요단 강물이 흐르지 않아 말라 있을 때가 많다. 그러나 고대 요단강은 매우 강폭이 넓고 범람하기도 했다.

출애굽한 이스라엘 백성을 여호수아가 이끌고 요단강을 건널 때 "요단이 모맥 거두는 시기에는 항상 언덕에 넘치더라"(수 3:15)라는 기록으로 보아 요단강이 우기(10월-3월)에 큰 강을 이루고 범람했음을 알 수 있다. 또한 이러한 요단강을 여호와의 언약궤를 맨 제사장들은 요단강 가운데 마른땅에 굳게섰고 온 이스라엘 백성은 마른땅으로 행하여 요단을 건넜다.(수 3:17)

모세가 기적을 행하여 이스라엘 백성이 홍해를 건넜던 것과 같이 여호수아가 기적을 행하여 요단강을 건너 가나안 땅을 정복할 수 있었다.

요단강의 여리고 지역에서 엘리야와 엘리사에 의해서도 기적이 일어났다. 엘리야가 겉옷을 취하여 말아 물을 치매 물이 이리저리 갈라지고 두 사람이 육지 위로 건넜다.(왕하 2:8) 엘리사는 엘리야가 회리바람을 타고 승천할 때 엘리야의 몸에서 떨어진 겉옷을 가지고 엘리야 하나님 여호와는 어디 계시니이까 하고 저도 물을 치매 물이 이리 저리로 갈라지니 엘리사가 건넜다.(왕하 2:13-14)

아람왕의 군대장관 문둥병자 나아만이 엘리사에게 와서 그의 명령에 따라 요단강에 일곱 번 몸을 잠그니 그 살이 여전하여 어린아이의 살 같아서 깨끗하게 되었다.(왕하 5:14) 그 장소는 벧산(Beth Shean)에 가까운 요단강일 것이다.

특히 요단강은 세례요한이 세례를 베풀던 장소였으며 예수님이 세례를 받으신 곳으로 세례에 의한 복음

세례 장소

의 시작을 알리신 곳이다. 예수께서 세례 받으신 곳은 여리고에서 가까운 베다라바(Beth Arabah)라는 곳으로 전해지고 있다. 또한 이곳은 출애굽한 이스라엘 백성이 이곳을 통하여 가나안 땅에 들어온 곳이기도 하다. 이곳에는 이스라엘과 요르단을 왕래할 수 있는 아렌비 다리가 놓여져 있고 국경 통과 업무의 취급사무소가 있다.

3. 티베리아 (Tiberias)

예루살렘에서 북쪽으로 약 198km 지점, 갈릴리 바닷가 서쪽 언덕에 위치한 도시이다.

티베리아는 주후 20년경에 헤롯대왕의 아들 헤롯 안티바스(성경에 안디바, 주전 4 – 주후 39년)가 건설한 도시로 로마황제인 티베리우스(Tiberius)의 이름을 따서 티베리아라 불렀다.

제1차 유대 반란의 진앙지가 바로 티베리아를 중심으로한 갈릴리 지역이었으며 유대인들의 저항은 예루살렘에서 전세계로 확산되었다.

주후 70년 예루살렘이 로마에 의해 멸망 당한 후 유대인들이 갈릴지방으로 많이 이주하게 되어 티베리아는 유대 랍비 문학의 산실이 되었다. 랍비 나파하(R Johanaben Nappaha, 주후 180-279년)가 티베리아 학파를 주도하여 미쉬나(Mishnah, 유대교 구전율법)와 탈무(Talmud, 유대율법과 주해집대성본)가 완성된 곳이며 지금까지 가장 권위있는 히브리어 성경으로 전해지고 있는 마소라(Masorah)성경이 완성된 곳이다.

티베리아는 주후 638년 모슬렘에 의해 파괴된후 1099년 십자군시대에 재건되고 1291년 다시 마믈룩에게 점령당하면서 파괴되는 등 건설과 파괴가 연속되다가 20세기에 들어오면서 이스라엘에서 가장 좋은 휴양지로 발전하게 되어 갈릴리 호수가 내려다 보이는 곳에 많은 호텔이 건설되었다 또한 티베리아 인접 2km되는 지역의 하맛(Hammath)에 온천이 개발되어 많은 휴양객이 모여 들고 있다.

4. 가버나움 (Capernaum)

갈릴리 호숫가의 북서쪽에 위치한 가버나움에는 지금은 마을이 없고 유적만 남아 있다.

가버나움은 다메섹에서 지중해 방면의 해변길(사 9:1)로 왕래하는 통로로써 어촌이었지만 상업이 번창하여 예수님 당시에는 가장 번화했으며 유대인 회당(눅 7:5)과 로마 병영(마 8:5) 그리고 세관(막 2:14)이 있었다.

예수께서 나사렛을 떠나 공생애의 첫 활동을 하신 곳이다. 이곳에서 처음으로 제자 베드로, 안드레, 야고보, 요한, 마태를 부르셨다.(마 4:13-22)

예수께서 유대인 회당에서 사람을 가르치시기도 했고 예수님의 수제자 베드로와 그 형제 안드레가 살던 집이 이곳에 있어 자주 들르셨다.

가버나움에서 예수님은 많은 병자들을 고치시는 이적을 행하셨다. 안식일에 회당에 들어가서 더러운 귀신 들린 사람을 고쳐 주셨고(막 1:21-28, 눅 4:31-37) 베드로의 집에 들어가 베드로의 장모가 열병으로 누워 있는 것을 보고 손을 잡아 일으키니 나았다.(마 8:14-15, 막 1:29-31, 눅 4:38-39)

지붕을 뜯어 구멍으로 중풍병자의 누운상을 달아 내렸을 때 중풍병자의 병을 고쳐 주셨고(막 2:1-12) 안식일에 회당에 들어가시어 오른손 마른사람의 손을 고쳐 주셨다.(마 12:9-13, 막 3:1-6, 눅 6:6-11)

백부장으로 부터 그의 하인이 중풍병에 걸려 집에 누워 괴로워한다는 말을 듣고 예수께서 내가 가서 고쳐 주리다 했으나 백부장은 다만 말씀으로만 하옵소서 그러면 하인이 낫겠삽나이다 하니 예수님은 "네 믿은대로 될지어다" 하시니 그시로 하인의 병이 나았다.(마 8:5-13, 눅 7:1-10)

현재 가버나움에는 2-3세기의 유대교 회당의 유적과 베드로의 집터 위에 세워져 있는 8각형 형태의 건물을 볼 수 있다. 또한 유물은 회당을 지었던 터에 남아있는 벽과 돌들, 돌에 조각된 바퀴 달린 법궤, 메노라, 다윗 방패 그리고 검은색 현무암으로 만들어진 기름틀과 맷돌들을 볼 수 있다.

회당의 유적

가버나움 베드로교회

베드로 집터의 일부

가버나움에서 발굴된 유물들

5. 오병이어교회 (The Church of Two fishes and five loaves)

교회 바닥의 오병이어 모자이크

예수께서 오병이어(五餅二魚)로 5천명을 먹이신 기적을 행한 것을 기념하기 위해서 세워진 교회가 오병이어 교회이다.

사도들이 돌아와 자기들의 모든 행한 것을 예수께 고한대 데리시고 따로 벳세다라는 고을로 떠나 가셨으나 무리가 알고 따라 왔거늘 예수께서 저희를 영접하사 하나님 나라의 일을 이야기하시며 병 고칠자는 고치시더라.

날이 저물어 가매 열두 사도가 나아와 여짜오되 무리를 보내어 두루 마을과 촌으로 가서 유하며 먹을 것을 얻게 하소서 우리 있는 여기가 빈들이니이다.

예수께서 이르시되 너희가 먹을 것을 주어라 하시니 여짜오되 우리에게 떡 다섯 개와 물고기 두 마리밖에 없으니 이 모든 사람을 위하여 먹을 것을 사지 아니하고는 할 수 없삽나이다 하였으니 이는 남자가 한 오천 명 됨이러라 제자들에게 이르시되 떼를 지어 한 오십 명씩 앉히라 하시니 제자들이 이렇게 하여 다 앉힌 후 예수께서 떡 다섯개와 물고기 두 마리를 가지사 하늘

을 우러러 축사하시고 떼어 제자들에게 주어 무리 앞에 놓게하시니 먹고 다 배불렀더라 그 남은 조각 열두 바구니를 거두었다.(눅 9:10-17)

1930년대초 티베리아에서 북쪽으로 약 12km 지점에서 독일 고고학자들에 의해 타브가(Tabgha)라는 곳을 발굴하게 되었다. 그때에 비잔틴시대의 교회의 유적과 바닥에 오병이어의 모자이크가 발견되었다. 두 마리 물고기 사이에 둥근모양의 떡들이 그려진 작품은 예수께서 기적을 베풀었던 오병이어를 묘사한 모자이크로 여러 가지 색깔의 자연석들을 사방 1cm정도 크기로 잘라서 조각들을 짜 맞추어 만든 예술작품이다.

오병이어의 모자이크가 발견되자 독일 카톨릭교회에서 이 교회 유적의 터위에 1936년 기념교회를 건축했으며 현재의 교회는 1982년에 새로 세운 교회이다.

오병이어 기념교회

예수께서 오병이어의 기적을 행하신 사실은 복음서에 기록되어 있다. 그러나 예수께서 5천명을 먹이신 오병이어의 기적을 행하신 후에 4천명을 먹이신 칠병이어(七餅二魚)의 기적을 행하신 사실은 마태복음(15:32-39)과 마가복음(8:1-10)에만 기록되어 있다. 무리를 먹이신 기적을 행하신 장소와 관련하여 벳새다로 기록된 것은 마가복음(6:45)과 누가복음(9:10)에만 기록되어 있다. 이 벳새다는 분봉왕 빌립에 의해 재건되어 그당시 번성했던 어촌으로 아구스투스(Augustus)

의 딸을 기념하기 위하여 그녀의 이름을 따서 붙인 벳새다 줄리아스(Bethsaida Julias)마을이다. 또한 복음사가들의 주장에 따르면 오병이어의 기적을 행하신 장소는 갈릴리 호수의 서편이 아니라 동편에 가까운 어느곳 일것이라는 것이다. 실제 4복음서를 대조하여 읽어보아도 이해할 수 있다. 그러나 주후 3-4세기경 성지순례가 불가능했던 동편지역을 피하여 현 타브가 지역에 기념교회를 세웠을 불가피성을 이해할 수 있다.

6. 팔복교회 (The Church of the Beatitudes)

티베리아에서 북쪽으로 해안을 따라 약 11km 지점, 타브가에 도착하기 전에 약간 좌측편 산언덕으로 약 3km 올라가면 팔복산 정상에 이른다. 이곳에 예수께서 팔복의 산상보훈(山上寶訓)을 선포하신 것을 기념하기 위하여 카톨릭 교회 수녀원에 속한 팔복기념교회가 세워져 있다.

타브가와 가버나움이 언덕아래로 굽어 내려다 보이고 갈릴리 호수 전경이 한눈에 들어오는 전망 좋은 곳으로 갈릴리 호수가 더할 나위 없이 아름답게 펼쳐 보이는 절경의 산 정상이다.

예수께서 무리를 보시고 산에 올라가 앉으시니 제자들이 나아온지라 첫째, 심령이 가난한 자는 복이 있나니 천국이 저희 것임이요 를 비롯하여 여덟가지의 복에 대하여 선포하셨다(5:1-12)

예수께서 복음을 전파한 실제 장소는 산 정상이 아니라 아마도 무리들에게 말씀이 잘 들릴 수 있는 자연조건을 갖춘 계곡의 넓고 낮은 아늑한 곳이었을 것이다.

팔복산에 처음 교회가 세워진 것은 주후 5세기경이었고 현재의 교회는 1936년-1938년에 건축되었다. 이 교회의 외부는 여덟가지 복을 상징하는 팔각형 구조로 건축되었으며 지붕은 둥근 지붕의 돔을 만들어 세운 것이 특이하다. 교회 내부의 윗부분에는 여덟개의 유리창에 라틴어로 팔복의 내용이 하나씩 아름답게 기록되었으며 유리창을 통해 밖으로 갈릴리 바다를 내다볼 수 있다.

교회 정원에서 예수님의 산상보훈의 말씀을 상고하며 야외예배를 드릴 때 평생 잊지못할 감격과 감동을 체험하게 된다.

7. 베드로 수위권교회 (The church of The Primacy of St. Peter)

타브가(Tabgha)는 티베리아에서 북쪽으로 12km, 가버나움에서 남쪽으로 2km의지점에 위치하고 있다. 타브가는 "일곱개의 샘"이라는 히브리어에 근거한 아랍어형의 이름이다.

옛날에는 실제로 일곱 개의 샘물이 있었다고 한다. 오늘날 그중 다섯 개의 흔적이 남아 있다.

이곳 타브가에는 베드로 수위권 교회와 오병이어교회가 있다. 타브가의 해안지역에서 예수님의 제자들이 고기를 잡고 있던 곳이라는 사실은 이곳에 샘들이 있었기 때문에 따뜻한 샘물이 흘러 들어가는 곳과 갈릴리 바다의 찬물이 교차하는 지점에 물고기가 많았기 때문이다.

예수께서 부활하신 후 세 번째로 갈릴리 호수에 나타나셔서 고기잡이 생업에 다시 종사하고 있는 제자들에게 어느날 새벽에 나타나셨다. 그들에게 그물을 배 오른편에 던지도록 하여 물고기를 많이 잡도록 도와주고 제자들과 함께 떡과 생선으로 식사를 하셨다.

식사한 후 말씀하시기를 "요한의 아들 시몬(베드로)아 네가 이 사람들 보다 나를 더 사랑하느냐 하시니 가로되 주여 그러하외다 내가 주를 사랑하는 줄 주께서 아

시나이다 가라사대 내 어린양을 먹이라, 내 양을 치라, 내 양을 먹이라"하며 세 번이나 당부하셨다.(요 21:1-17) 이 말씀에 근거하여 베드로가 제자들중 으뜸가는 위치를 차지했다 해서 이 교회를 베드로 수위권 교회라 이름 붙였다는 것이다.

그러나 카톨릭교회에서 베드로를 초대 교황으로 보는 것은 가이사랴 빌립보에서 베드로의 신앙고백(마 16:13-20)에 촛점을 두고 있다.

이 기념교회는 검은색의 현무암으로 지어진 자그마한 교회로 해변에 세워졌다. 이 교회의 제단 앞에 있는 큰 바위를 "예수님의 식탁"이라하여 부활후 제자들과 같이 식사하신 것을 기념하고 있다.

이 교회는 4세기 후반에 세워졌던 교회터 위에 주후 1933년에 새로 건축되었다.

베드로수위권 교회의 예수님과 베드로석상

8. 거라사 (Kursi)

거라사 유적

거라사는 갈릴리 해변 북동쪽 해안에 위치하고 있으며 현재의 이름은 쿠르시(Kursi)이다.

그러나 거라사를 갈릴리 바다의 남동쪽에 흐르고 있는 야르묵강의 남쪽지역에 위치한 주후 31년 대지진때에 무너진 "움케이스"라는 폐허로서 현재 그 산하에 유황 온천장이 있는 지역이라고 주장하기도 한다.

성경에 거라사(막 5:1-15, 눅 8:26-39) 또는 가다라(마 8:28-33)라는 지역에서 예수께서 귀신들린 사람 속에 있던 군대라는 귀신을 명하사 2천 마리가 되는 돼지 떼에게 들어가게 하시니 그 돼지 떼가 물 속으로 들어가 몰사했다.

현재의 쿠르시 교회의 유적은 비잔틴 시대의 것이며 건물은 주후 5세기 중엽에 지어진 것으로 동쪽 끝에 제단부분이 있고 그 남쪽의 작은방은 주후 584년부터 침례 받던 곳으로 쓰였으며 남쪽의 조그마한 방은 기도소였다. 교회 북쪽의 작은 방에는 기름 짜던 틀이 있고 교회 내부에는 비잔틴 시대의 모자이크가 몇 군데 남아 있다.

9. 고라신 (Korazim, Chorazin)

가버나움에서 북쪽으로 약 4km 지점의 산위에 위치하고 있는데 하솔을 향해 올라가는 육로의 길로 돌아가게 되면 약 12km지역이다.

고라신 주위에 사람이 처음 거주한 것은 주전 6000-4000년 경으로 추정되는데 주변에서 그 시대의 고인돌이 약 300여개 발견되어 고증해 주고 있다.

이곳은 화산지역으로 산 전체가 검은 색의 현무암으로 되어 있고 건물의 유적도 검은 현무암이 그대로 남아있다. 유적은 가버나움에 있는 유대인 회당과 같은 연대에 건축된 것이다. 이 회당 정면의 좌향이 예루살렘쪽으로 향해졌고 장식들도 아름답다.

회당 유적 중에는 "돌로 된 의자"가 있는데 이것을 "모세의 의자"라고 한다. 그 당시 회당에서 상석으로 모세의 자리가 있었음을 예수님의 말씀에서도 나타나 있다.(마 23:1-2)

예수께서 권능을 많이 베푸신 고을들이 회개치 아니하므로 고라신은 벳새다와 가버나움과 함께 예수께 책망을 받은 곳이다.(마 11:20-24)

고라신 유적

10. 벧 산 (Beth Shean)

벤산유적

예루살렘으로부터 북쪽으로 120km, 여리고에서 85km, 갈릴리 호수에서 남쪽으로 약 30km의 요단강에 근접한 서쪽지점이며 이스르엘 계곡의 동쪽에 위치한 도시로 교통의 중심지이다.

고대에는 요단강 동쪽에서 벧산을 거쳐 이스르엘 계곡을 따라 므깃도 지역을 경유, 해변도로를 이용하여 애굽으로 왕래했다.

성경에 벧스안(수 17:11, 왕상 4:12), 벳산(삼하 21:12)이라고 기록되고 있으나 벧산(삼상 31:10)과 동일한 곳이다.

벧산쪽으로 약 10km 뻗어 있는 길보아산의 북서쪽 산하록의 계곡에서 하롯샘물이 흘러나와 벧산을 거쳐 요단강으로 흐른다.

벧산에 처음으로 도시가 형성된 것은 주전 3,000년경으로 추정되며 18차례나 도시가 건설되었던 역사적 사실이 주후 1921년부터 발굴작업이 시작된 이래 그 유물에 의해 고증되고 있고 유물들은 예루살렘의 록펠러 박물관에 소장되어 있다.

여호수아가 가나안 정복시에 므낫세에게 분배된 지역이었으나 철병거를 가진 가나안의 이 도시를 정복하지 못했다.(수 17:11, 삿 1:27) 그후 사울왕의 시체와 세 아들의 시체를 블레셋인들이 벧산 성벽에 못 박았다.(삼상 31:1-13)

솔로몬왕 시대에 이스라엘에 열두 관장을 두어 일년에 한 달의 식물을 예비시키매 아힐룻의 아들 바아나가 이 지역 관장으로 있으면서 왕과 왕실을 위하여 일년중 한 달씩 식물을 준비했다.(왕상 4:7-12)

주전 3세기는 희랍 사람들이 정복했으며 그후 애굽의 통치를 직접적으로 받기도 했다.

주전 62년부터는 로마의 폼페이에 의해 데가볼리의 한 도시가 되어 시도폴리스(Scythopolis)라 개칭되기도 했다.

주후 200년경 로마 원형극장이 약 5,000명을 수용할 수 있는 큰 규모로 "사울왕 거리"에 건축되었다. 이 원형극장에서 건너다 보이는 언덕지대가 텔 벧산이며 그 밑으로 하롯시내가 지나간다. 벧산은 비잔틴시대에 대규모의 도시로 발전하였다.

현재 진행중인 고고학적 발굴작업은 대규모의 로마-비잔틴시대의 도시를 확인해 주고 있다. 극장과 목욕탕, 거리와 화려한 모자이크를 비롯해 발굴된 유물들은 가장 아름다운 도시였음을 입증해 주고 있다.

11. 나사렛 (Nazareth)

나사렛 전경

예루살렘에서 산간지역 북쪽으로 약 135km, 티베리아에서 남서쪽으로 약 32km, 아플라에서 북쪽으로 약 13km지점, 해발 380m의 지대에 위치한 도시이다.

나사렛은 주전 2000년경에 사람들이 거주했던 곳으로 갈릴리 지방에서 아주 오래된 도시중 하나이다. 그러나 구약성경에 한번도 언급되지 않은 이름없는 작은 마을이었다.

성경에 천사 가브리엘이 하나님의 보내심을 받들어 갈릴리 나사렛이란 동네에 가서 다윗 자손 요셉이라 하는 사람과 정혼한 처녀에 이르니 그 처녀의 이름은 마리아라. 보라 네가 수태하여 아들을 낳으리니 그 이름을 예수라 하라(눅 1:26-31)하며 예수의 잉태와 출생을 예고하였다.

또한 베들레헴에서 탄생하신 예수께서 얼마간 애굽으로 피난 갔다가 이스라엘로 다시 돌아와 이곳 나사렛의 이름 없는 작은 마을에서 성장했다.(마 2:14-23)

아플라에서 북쪽으로 나사렛을 향해 평지를 가로질러 가다보면 산길이 시작되는 지점의 오른쪽의 가파른 산의 낭떠러지 부분이 보인다. 그곳이 나사렛 사람들이 예수님을 낭떠러지에서 밀쳐 떨어뜨리고자 했던 곳이다.(눅 4:29)

예수님 당시 사람들은 예수를 "**나사렛 예수**"라 부르고 예수를 믿고 따르는 사람들을 "**나사렛 사람**"이라고 불렀다. 오늘날도 이스라엘 사람들이 사용하는 히브리어로 기독교인을 노즈리(Notzri)라 부른다. 즉, 나사렛 사람이란 뜻이다.

오늘날 나사렛은 아랍사람이 주로 살고 있는 아랍 마을이다. 그러나 예수를 영접하고 믿는 아랍 기독교인들이 60%이상 되는 도시로 전 세계에서 방문하는 순례자들이 붐비는 성지중의 성지이다.

천사가 동정녀 마리아에게 예수 수태의 사실을 고지(告知)해 준 곳인 마리아 집터 위에 처음 교회가 세워진 것은 기독교를 공인한 로마 콘스탄틴 황제때 그 어머니 헬라나의 요청에 따라 교회가 세워졌다. 그러나 수난의 역사와 함께 비잔틴시대 및 십자군시대를 거쳐 수 차례의 주인이 바뀜에 따라 파괴와 복구가 다섯 번이나 반복되었다.

현재의 마리아 수태고지 교회는 주후 1955-1969년에 이탈리아의 무치오(Muzzio)의 설계에 의해 건축되어 극찬을 받는 걸작품의 교회이다.

교회규모는 정면 폭이 30m, 길이가 70m나 되어 성지에 있는 교회중 가장 크다. 교회의 전면에는 가브리엘 천사가 마리아에게 예수 수태소식을 전해주는 장면과 성경의 4복음서를 기록한 마태, 마가, 누가, 요한이 조각되어 있다. 예수 탄생과 관련된 성경 말씀도 라틴어의 음각(陰刻)으로 쓰여져 있다.

수태고지 교회

수태고지 교회 벽면에 부착되어 있는 예수님과 마리아의 성화(공주사대 이남규 교수 작품)

교회 안으로 들어가면 바닥이 아름다운 모자이크로 되어 있다. 그리고 마리아의 수태고지 장소라고 전해지는 동굴이 있다. 이 동굴의 벽에는 수채화로 그려진 낙원을 묘사한 그림의 꽃들과 승리의 화환이 그려져 있고 희랍말로 "그리스도 하나님의 아들"이라고 기록해 놓았다.

이 교회에서 가장 특이한 것은 뾰족탑 형태의 지붕이다. 위로 올라 갈수록 좁아져서 정점에서 만나도록 설계되었다. 높이가 60m나 되는 이 뾰족탑은 교회 안에서 올려다 보면 백합꽃을 거꾸로 세워 놓은 것 같아 하늘에서 백합꽃이 내려오는 느낌이다. 백합꽃은 세상에 내려오신 예수님을 상징하는 것이다.

이 교회를 유명하게 만든 것은 교회의 넓은 벽면에 가득 채우고 있는 성화들이다. 이 성화들은 전세계 50여개 나라의 교회에서 보내온 것으로 각 나라의 토착화된 신앙의 묘사로 모두 성모 마리아와 성자 예수의 모습을 주제로 하고 있다. 한국에서 보내온 이남규 교수(공주사대 미대)의 작품은 한복을 곱게 차려입은 마리아가 색동옷을 입은 어린 예수를 안고 서 있는 모습의 성화이다.

성 요셉 교회(The church of St. Joseph)는 수태고지 교회와 한 울타리 안에 있으며 수도원 앞을 지나가면 예수님이 소년시절에 목수 일을 배우며 살던 집터에 1914년 교회가 세워졌다.(마 13:55) 이 교회 벽에 어린 예수가 목수 일을 배우는 그림이 그려져 있고 지하실에는 사방 2m 크기의 세례 받은 곳이 있다.

마리아의 샘

그리고 바닥 옆에 있는 계단으로 내려가면 곡식과 물을 저장하는 장소가 있다.

가브리엘 교회

가브리엘 교회(The Church of St. Gabriel)는 수태고지 교회에서 북쪽으로 약 600m 지점에 있는 희랍 정교회 소속 교회이다. 비잔틴시대와 십자군 시대의 교회자리에 18세기에 새로 세워졌다. 교회 건물의 가장 안쪽 부분에 샘이 있다. 마리아가 물을 길으러 왔을 때 천사 가브리엘이 은혜 받은 자여 평안할지어다(눅 1:28)하니 마리아가 놀라 집으로 돌아간후 수태고지를 받았다는 전설에 의해 그 샘을 교회내부에 넣고 교회를 세웠다.

오늘날 이 샘물이 남쪽 약 100m지점에 있는 마리아 우물로 흘러 들어간다.

마리아 우물(Mary' s Well)은 나사렛에서 티베리아로 가는 큰 길의 왼쪽 길가에 있다.

유대교인 회당 겸 교회(Synagogue & Church)는 수태고지 교회에서 서북쪽으로 약 150m 지점에 위치하고 있다. 희랍 천주교의 소속 건물내에 옛날 예수님 당시 유대교 회당이 있고 초대 교회시대에 교회로 사용하였던 곳이다. 예수께서 설교(눅 4:16)를 하셨던 그 시대의 유대교회당이라 전해지고 있다.

12. 가 나 (Cana)

혼인잔치 기념교회(좌편)

나사렛에서 북동쪽으로 약 7km 지점에 위치하고 있는 작은 마을이다. 이 마을에는 아랍 기독교인들과 러시아에서 온 회교인들이 주로 살고 있다.

가나는 예수께서 첫 번째 기적을 행하신 곳이다. 사흘 되던 날에 갈릴리 가나에 혼인이 있어 예수의 어머니도 거기 계시고 예수와 그 제자들도 혼인에 청함을 받았더니 포도주가 모자란지라 예수의 어머니가 예수에게 이르되 저희에게 포도주가 없다하니 예수께서 가라사대 여자여 나와 무슨 상관이 있나이까 내 대가 아직 이르지 못하였나이다 그 어머니가 하인들에게 이르되 너희에게 무슨 말씀을 하시든지 그대로 하라 하니라 거기 유대인의 결례를 따라 두 세 통 드는 돌 항아리 여섯이 놓였는지라 예수께서 저희들에게 이르시되 항아리에 물을 채우라 하신즉 아구까지 채우니 이제는 떠서 연회장에게 갖다 주라 하시매 갖다 주었더니 연회장은 물로 된 포도주를 맛보고 어디서 났는지 알지 못하되 물떠온 하인들은 알더라.

연회장이 신랑을 불러 말하되 사람마다 먼저 좋은 포도주를 내고 취한 후에 낮은 것을 내거늘 그대는 지금까지 좋은 포도주를 두었도다 하니라 예수께서 이 처음 표적을 갈릴리 가나에서 행하여 그 영광을 나타내시매 제자들이 그를 믿었다.(요 2:1-11)

가나에 왕의 신하가 있어 그 아들이 병들어 죽게 되었을 때 예수께서 고쳐 주셨다. 예수께서 갈릴리에 오신 후 행하신 두 번째 이적이었다.(요 4:46-54)

예수님 당시에 가나는 왕의 신하가 거주할 정도로 큰 마을이었다. 예수님의 제자가 된 나다나엘은 이곳 가나의 출신이다.(요 21:2) 나다나엘은 작은 마을 나사렛을 지칭하여 나사렛에서 무슨 선한 것이 날 수 있느냐고 비웃은 사실이 있다.(요 1:46)

혼인잔치를 기념하기 위하여 세워진 천주교회 소속 가나교회는 주후 1883년에 완공되었다. 교회안의 바닥에는 주후 3세기경에 유대인들이 사용하던 아람어로 기록된 모자이크가 있고 지하실에 내려가면 돌 항아리를 볼 수 있다.

가나의 첫 기적에 사용된 돌 항아리는 고대 이스라엘 사회에서 흔히 볼 수 있는 것이다. 이 돌 항아리는 정결 예식을 행하기 위하여 물을 담아 놓았던 것이다.

돌 항아리

13. 아플라 (Afula)

예루살렘에서 북쪽으로 약 120km, 나사렛에서 약 13km, 므깃도에서 약 10km, 벧산에서 약 26km 지점의 사마리아 산간지방과 갈릴리 산간지방 사이에 동서로 펼쳐져 있는 이스르엘 계곡의 중심부에 위치한 교통의 요지이다.

엘리사가 살던 "언덕"이 지금의 아플라이다.(왕하 5:24) 아플라의 지명은 히브리어의 "언덕"에서 유래되었다.

엘리사 선지자가 아플라에 살고 있을 때 아람왕의 군대 장관인 나아만이 문둥병에 걸려 엘리사 선지자에게 찾아왔다. 그는 엘리사의 말대로 요단강에 일곱 번 몸을 담그니 그 살이 여전하여 어린아이의 살 같이 깨끗하게 되었다.(왕하 5:14)

모래산은 아플라 동쪽 약 5km 지점에 위치한 산이다. 그 산의 남쪽 기슭에 수넴마을이 있다. **수넴마을**에서 엘리사 선지자가 한 여인의 아들이 죽었을 때 살려주었다. 죽은 아이가 일곱 번 재채기하고 눈을 뜨게 되는 기적이 일어났다.(왕하 4:8-37)

나인성은 아플라에서 북동쪽으로 약 7km지점, 다볼산을 향해 가는 도중에 모래산의 북쪽 기슭에 위치하고 있다.

나인이란 이름은 히브리어의 "즐겁다", "좋다"의 뜻이다. 예수께서 과부의 죽은 아들을 살려준 기쁨의 마을이다.

이곳에 예수께서 제자들과 허다한 무리와 함께 가실 때 한 과부의 아들이 죽어 메고 나오는지라 예수께서 관에 손을 대고 멈추게 한 후 "청년아 내가 네게 말하노니 일어나라"하시니 죽었던자가 살아나 일어나 앉고 말도 하였다.(눅 7:11-17)

14. 길보아산 (Mt. Gilboa)

길 보아산

이스르엘 평야의서쪽에 위치한 산으로 하나의 산맥을 이루고 있다. 길이는 32km, 가장 넓은 폭은 14km,

최고봉의 높이는 해발 546m에 이른다.

요단강 동쪽에서 벧산을 거져 이스르엘 계곡을 따라 므깃도에 연결되는 통로는 수리아에서 애굽을 왕래하는 주요도로 이며, 대상들의 왕래와 군사의 이동에 중요한 통로였다.

이 골짜기의 통로를 경계로 하여 남쪽으로 길보아산과 북쪽으로 모래산이 마주 보고 있다. 그리고 길보아산 북서쪽 하롯계곡 에서 하롯샘이 흘러나와 벧산을 거쳐 요단강으로 흐른다.

기드온은 모여든 수많은 백성들을 데리고 길보아산 기슭에 있는 하롯샘(Harod Spring)으로 가서 그곳에 진을 쳤다.

하롯샘

미디안 군사는 기드온 군사의 진을 마주보고 하롯샘의 북쪽 모래산(Moreh Hill) 앞의 골짜기에 진을 쳤다. 하나님께서 기드온에게 인원이 너무 많으니 용기 없는 자는 떠나도록 하였다. 최초 모인 인원은 32,000명이었다.

돌아간 자가 22,000명이었고 남은 자가 10,000명이었는데 하롯샘의 물가에서 물을 먹도록 하여 개처럼 혀로 물을 핥는 자와 무릎을 꿇고 마시는 자로 구별하였다.

적의 진영을 바로 눈앞에 두고 고개를 숙이고 아무런 경계심도 없이 무릎을 꿇고 물을 먹는자 9,700명은 용사로서의 자질이 부족한 자였기에 모두 돌려보냈다. 오직 물을 손으로 움켜 입에 대고 핥는 자 300명만을 선택하였다.(삿 7:1-8)

미디안 동맹군 135,0000명은 골짜기에 누워 있어 그 수가 메뚜기만큼 많았으며 약대는 해변의 모래같이 많았다. 기드온은 이스라엘 진중에 돌아와서 일어나라! 여호와께서 미디안 군대를 너희 손에 붙이셨느니라 하며 자신있게 외쳤다.(삿 7:14)

기드온의 전법은 특이했다. 300명을 100명씩 세대로 나누고 각각 나팔과 빈항아리를 들게하여 항아리 안에는 횃불을 준비하게 하였다. 그리한 후 미디안 진영에 이르러서 기드온과 그를 좇는 100명의 군사가 나팔을 불게되면 모두 진의 사면에서 나팔을 불고 "여호와를 위하여", "기드온을 위하여"를 외치도록 명령하였다.

드디어 기드온의 군사 100명이 밤 10시경에 미디안 진에 이르자 일시에 나팔을 불며 손에 들고있던 항아리를 부수었다. 이어서 진을 둘러싼 나머지 기드온의 군사가 나팔을 불며 항아리를 부수고 왼손에 횃불을 흔들며 "여호와 기드온의 칼이여!"라고 크게 외쳤다. 하나님이 준비시킨 횃불은 성령의 상징이요 나팔은 복음의 나팔이며 항아리를 깨뜨림은 인간적 자아를 깨뜨림을 의미한다.

캄캄한 밤에 모두 잠든 진영에 갑자기 나팔소리가 요란하고 항아리 깨지는 소리가 크게 들리며 횃불이 사면에서 왔다 갔다 하고 큰 소리로 외쳐대니 미디안 군사들은 혼비백산하여 눈에 보이는 것은 전부 적으로 오인하여 저희들끼리 서로 칼부림을 하였다.

기드온 300명 용사는 추격의 고삐를 늦추지 않고 요단 동편 숙곳에 이르렀다.

미디안 군사는 무려 120,000명이 죽고 남은 15,000명은 미디안의 두 왕과 함께 갈골에 숨어 있었다.

기드온이 기습적으로 공격하여 두 왕 세바와 살문나를 사로잡고 그 군대를 진멸시켰다. 그리고 브누엘에 가서 망대를 헐고 두 왕을 죽였다.(삿 8:4-17)길보아산 전투에서 승리한 기드온 300명의 군사는 소수

정예화 된 정병으로 오늘날 이스라엘 군대의 표상이 되고 있다.

길보아 산에서 기드온은 승리했지만 사울은 치욕적으로 패전한 곳이다. 블레셋 사람이 모여 수넴에 이르러 진치매 사울이 온 이스라엘을 모아 길보아에 진쳤다.(삼상 28:4) 길보아 산에서 사울은 수많은 블레셋의 군대를 보고 불안에 못이겨 변장을 한 후에 신접한 여인을 찾아갔다. 신접한 여인은 엔돌에 살고 있었다.

모래산 기슭의 수넴에 블레셋이 진치고 있는데도 불구하고 모래산 넘어의 조그만한 마을인 엔돌을 찾아갔다. 사무엘이 죽은 후 사울은 하나님의 계시를 받을 수 없었기 때문이었다.

사울은 초기에 신접한 자와 박수를 모두 쫓아냈다. 그러나 몸소 신접한 여인을 찾을 만큼 심령이 타락해 있었고 불안하였다.

신접한 여인에게 죽은 사무엘을 불러 올리기를 원했을 때 홀연히 나타난 사무엘을 통하여 왕위는 다윗에게 넘어가고 전쟁에 패하여 세 아들과 함께 죽을 것이라는 말에 졸도하여 넘어지고 말았다.(삼상 28:19) 사무엘의 예언대로 길보아 전투에서 블레셋 군사에 의해 세아들 요나단, 아비나답, 말기수아는 죽고 말았다. 또 사울은 크게 패하여 도망하다가 중상을 입게 되었다.

그때에 자신의 병사에게 네 칼을 빼어 나를 찌르라"고 했으나 병사는 심히 두려워서 그렇게 하지 못하였다. 이에 사울이 자기 칼을 뽑아 그 위에 엎드러져 죽었다.(삼상 31:4) 자살을 택한 것이다.

이튿날 블레셋 사람들이 사울의 머리를 베고 갑옷을 벗기고 자기들의 신당과 백성에게 전파하기 위하여 갑옷은 아스다롯의 신당에 보내고 시체는 벧산 성벽에 못 박았다.(삼상 31:8-10) 이것이 이스라엘 초대왕 사울의 비참한 말로였다.

15. 다볼산 (Mt. Tabor)

나사렛에서 남동쪽으로 약 10km, 아플라에서 약 20km 지점, 이스르엘 계곡의 북쪽 끝에 우뚝 솟은 해

발 588m의 둥그스름한 산으로 납달리, 스블론, 잇사갈 3지파의 경계지점이다.

이 산 정상에서 사면을 바라보면 북서쪽으로 나사렛, 남쪽으로 모래산과 길보아산 그리고 이 산들 사이의 이스르엘 계곡이 펼쳐져 보이고 서쪽으로 갈멜산과 그 밑으로 흐르는 기손강과 평야가 아름답게 바라 보인다.

다볼산은 주전 1125년 여사사 드보라와 하솔군대장관 야빈과의 격전지였다.

이스라엘이 하나님 앞에 악을 행하고 있을 때 하솔왕 야빈에게 이스라엘을 붙이셨다. 당시 야빈왕의 군대장관은 시스라였는데 철병거 9백승으로 20년동안 이스라엘을 심하게 괴롭혔다. 이에 이스라엘 자손들은 하나님께 부르짖었다. 그때에 랍비돗의 아내 드보라가 이스라엘에서 최초의 여선지자가 되었다. 드보라는 "꿀벌"이라는 뜻이다.

드보라는 이스라엘 군대장관인 바락을 불러서 납달리 자손과 스블론 자손 1만명을 거느리고 다볼산으로 가라고 지시하였다.

바락은 드보라와 같이 가기를 원하였다. 바락은 드보

다볼산 전경

라의 말대로 스블론과 납달리를 게데스로 부르니 10,000명이 그를 따라 올라갔고 드보라도 함께 하였다. 게데스는 야빈의 도성 하솔에서 북동쪽으로 약 4.8km 밖에 있다. 게데스에서 바락은 군사를 다볼산으로 이동시켰고 그 소식을 의도적으로 야빈왕의 군대장관인 시스라에게 알렸다.

시스라는 모든 철병거 9백승과 자기와 함께 한 모든 군사를 이방 하로셋으로 부터 기손강으로 모았다.

이때 드보라가 바락에게 "일어나라!" 이는 여호와께서 시스라를 네 손에 붙이신 날이라 여호와께서 너의 앞서 행하지 아니하시느냐 이에 바락이 10,000명을 거느리고 다볼산에서 내려가자 하나님께서 바락 앞에서 시스라와 모든 병거와 모든 군대를 칼날로 쳐서 파하게 하셨고 시스라는 병거에서 내려 도망하였다.

바락이 그 병거들과 군대를 추격하여 이방 하로셋에 이르니 시스라의 온 군대가 다 칼에 엎드러졌고 남은 자가 없었다.(삿 4:1-16)

이방 하로셋은 "이방에 있는 숲"이라는 뜻으로 샤론 평지에 있는 것으로 추정된다.

드보라와 바락이 하솔왕의 군대를 이스르엘 평원에서 물리칠 수 있었던 것은 우기의 장마철로 이스르엘 평원이 진흙이어서 철병거가 움직이기 어려움에 처해 있을 때 바락 군사 10,000명이 다볼산에서 내려와 시스라 군대를 진멸한 것이다.

다볼산을 성경에 예수님이 변화하셨던 산이라 하여 변화산으로 부르기도 한다.

엿새후에 예수께서 베드로와 야고보와 그 형제 요한을 데리시고 따로 높은산에 올라가셨더니 저희 앞에서 변형되사 그 얼굴이 해같이 빛나며 옷이 빛과 같이 희어졌더라 때에 모세와 엘리야가 예수로 더불어 말씀하는 것이 저희에게 보이거늘 베드로가 예수께 여짜와 가로되 주여 우리가 여기 있는 것이 좋사오니 주께서 만일 원하시면 내가 여기서 초막 셋을 짓되 하나는 주를 위하여, 하나는 모세를 위하여, 하나는 엘리야를 위하여 하리이다 말할때에 홀연히 빛난 구름이 저희를 덮으며 구름 속에서 소리가 나서 가로되 이는 내 사랑하는 아들이요 내 기뻐하는 자니 너희는 저의 말을 들으라 하는지라 제자들이 듣고 엎드리어 심히 두려워하니 예수께서 나아와 저희에게 손을 대시며 가라사대 "일어나라 두려워 말라" 하신대 제자들이 눈을 들고 보매 오직 예수 외에는 아무도 보이지 아니하였다.(마 17:1-8)

성경에 예수님이 영광스러운 모습으로 변화된 산이 어떤 산인지 분명한 산 이름이 없다. 그러나 주후 348년 예루살렘의 주교인 치릴루스가 다볼산이 변화산이라고 주장하였다. 그후 제롬등 교회지도자들이 지지하였고 주후 4세기경 부터 성지순례자들의 발길이 많아졌다.

다볼산에는 비잔틴시대에 초막 셋을 상징하는 세 개의 교회가 세워졌었으나, 주후 614년 페르시아에 의해 파괴된 후 십자군시대에 재건되었지만, 다시 살라딘에 의해 파괴되었다.

다볼산 정상에 도착하게 되면 바람문(The Gate of wind)이라는 돌문이 있다. 이 문은 아랍왕이 십자군시대의 교회를 헐고 요새를 건설할 때 정문으로 만들었던 것으로 1897년에 다시 보수한 것이다.

이 돌 문 안으로 들어가면 두 교회가 세워져 있다. 하나의 교회는 주후 1911년에 세워진 희랍정교회 소속의 엘리야교회이다. 이 교회 구역 내에는 십자군시대부터 전해오고 있는 멜기세덱 동굴이 있다. 멜기세덱이 다메섹 좌편의 호바에 쫓아가서 조카 롯을 구해주고 돌아오는 아브라함을 영접한 곳이라고 한다.(창 14:13-20)

또 다른 교회는 주후 1924년에 로마 천주교회 소속으로 세워졌다. 입구에 들어가면 모세와 엘리야를 위한 기도소가 각각 만들어져 있다.

교회는 2층으로 되어 있어 윗층 제단에는 예수님을 중심으로 좌우에 모세와 엘리야가 서 있고 베드로, 야고보, 요한이 놀란 표정으로 예수님을 바라보는 모자이크로 되어있다.

16. 므깃도 (Megiddo)

예루살렘에서 북쪽으로 약 120km, 하이파항에서 약 17km, 나사렛에서 약 18km지점 이스르엘 평야의 남서쪽에 위치한 평지보다 약 40-60m 높은 언덕 위의 고원지대로 지금은 폐허로 되어 있다.

이스르엘 평야는 이스라엘에서 가장 비옥한 평야이며 유일한 곡창지대로 중요한 곳이다. 고대로부터 이스르엘 평야에서 가장 크고 중요한 도시는 므깃도였다.

므깃도는 이 평야를 지키는 관문의 전략적 위치의 도성이었다. 가나안 땅을 장악하려면 이스르엘 평야를 장악해야 하고 이스르엘 평야를 장악하려면 먼저 므깃도를 장악해야 한다는 지리적 중요성은 역사적 사실로 입증되고 있다.

므깃도는 교통의 요충지이다. 이곳에서 (1)해안길을 따라 애굽으로, (2)남쪽으로 사마리아와 세겜을 거쳐 예루살렘으로, (3)북쪽으로 악고를 지나 두로와 시돈지방으로, (4)다볼산을 빗겨 돌아서 갈릴리 호수를 지나 다메섹으로, (5)아플라와 벧산을 거쳐 요르단지역으로 가는 통로 이다. 그러므로 평시에는 대상(隊商)들이 왕래하는 길목의 통로이며 전시에는 군사적인 주요 접근로 상의 성읍이었다. 그러므로 북쪽의 앗수르, 바벨론, 페르시아 등의 나라가 애굽을 치러 갈 때나 남쪽의 애굽이 북쪽을 치려할 때에 므깃도는 언제나 중요한 발판 아니면 교두보가 되었다.

애굽의 바로 투트모세 3세는 므깃도를 점령하는 것이 1,000개 성읍을 점령하는 것 못지 않다는 높은 비중의 전략적 가치를 인정했다.

역사 고고학자들에 의하면 주전 3500년전 부터 마을이 형성되었고 역사적으로는 주전 1468년경 애굽의 투트모세3세에 의해 므깃도를 점령하여 힉소스족의 세력을 꺽기 이전에는 반애굽 저항세력 사이에서 중요한 역할을 했다.

여호수아는 가나안 땅을 정복할 때 이곳을 점령한 것으로 기록되었으나(수 12:21) 그후의 기록에는 므낫세

므깃도 유적 전경

주전 3000년경부터 므깃도는 끊임없는 전쟁의 소용돌이 속에 휩싸여 왔었다. 주전 4세기까지 무려 24번이나 파괴되었다가 다시 재건된 흔적을 발견할 수가 있다. 그래서 므깃도는 고대로부터 "전쟁터의 상징"처럼 여겨왔다.

따라서 성경에 아마겟돈이라는 이름으로 종말에 있을 마지막 날의 전쟁터로 계시되었다.(계 16:16) 므깃도 언덕을 히브리어로 할 므깃도(Har Meggido)라고 하며 히랍인들은 이를 "아마겟돈"라 불렀다.

므깃도 언덕에 도착하면 먼저 박물관에 들어가게 된다. 박물관 안에는 솔로몬왕 시대에서 아합왕 시대까지의 므깃도 모형을 볼 수 있다.

박물관에서 나와 옛 므깃도에 오르면 처음 솔로몬왕 때의 성문의 유적이 있다. 성안의 동쪽 끝 지역에 주전 2500년경 가나안 인들이 자기들의 신을 섬긴 제단이 있다.(출 20:25)

성안의 남쪽지역에는 솔로몬시대의 궁전 터가 있고 궁전 터의 북쪽 앞에 주전 8-7세기에 만들어진 우물같이 굴착된 지하 깊이 7m, 반경 11m의 곡물저장소가 있다. 곡물저장소의 내벽에는 나선형으로 파져 있어 밑바닥까지 내려갈 수 있다.

에 분배되었으나 점령하지 못한 지역에 포함되어 있다.(수 17:11-13, 삿 1:27)

므깃도는 다윗왕에 의해 점령되었고 솔로몬왕이 병거성을 건축했다.(왕상 10:26-29) 또한 므깃도를 비롯해서 하솔과 게셀을 견고한 요새로 구축했다.(왕상 9:15) 므깃도성은 솔론왕때에 번창기의 절정을 이루었다.

유다왕 아하시야(주전 842-841년)가 예후에게 공격을 받고 구르 빗탈길에서 쫓겨 도망하다가 므깃도에서 죽었다.(왕하 9:27) 애굽왕 바르느고는 앗수르 왕을 치고자 북진하다가 므깃도에서 유다왕 요시아(주전 640-609년)를 만나본후 죽였다.(왕하 23:29)

므깃도의 솔로몬의 병거성은 애굽의 바로 시삭에 의해 주전 923년경에 파괴되었고 그후 북왕국의 오므리왕(주저 885-853년)과 아합왕(주전 874-853년)이 다시 재건한 성이 주전 722년 앗수르에 의해 완전히 파괴되었다.

주전 322년 알렉산더대왕이 팔레스타인을 점령할 때에 파괴되어 성으로서의 생명이 끝이났고 더 이상 사람들이 정착한 기록은 없다.

주후 1798년에 나폴레옹군이 주둔했었고, 1917년 영국의 알렌비 장군이 오스만 터어키를 몰아내는 군사기지로 사용했으며, 1948년 이스라엘 독립전쟁 당시 아랍동맹군을 맞아 싸운 곳이다.

므깃도의 지하수로

성안의 남서지역에 솔로몬의 마굿간의 유적이 있다. 이 마굿간은 약 450마리를 먹일 수 있는 큰 규모였다. 고고학자들은 이 마굿간을 솔로몬 왕때 만들었던 것으로 생각했으나 계속 연구한 결과 약 100년뒤인 아합왕 때 만들어진 것이라 한다.

솔로몬 마굿간 옆에 수로 터널로 들어가는 입구가 있다. 아합왕은 므깃도의 급수문제를 해결하기 위하여 지하터널을 만들었다. 므깃도에는 원래 지하 10m지점에서 솟아나는 샘이 하나밖에 없었다. 그런데 지하샘이 성밖의 언덕 기슭에 있었던 것이다. 평시에는 문제가 없는데 적에게 포위 당할 경우에도 물공급을 받을 수 있도록 성안으로 지하터널을 만든 것이다. 그래서 아합왕은 암석지대를 굴착하여 지하터널을 만들어 물을 끌어들였다.

지표면에서 땅 밑으로 약 35m 내려가서 지하 수평터널 약 70m를 지나면 물근원의 샘에 도착하게 된다.

오늘날 중동지역의 분쟁은 구약시대의 연속선상에 있다. 4차에 걸친 중동전쟁이후 이스라엘과 팔레스타인간에 테러와 분쟁은 끊임없다.

이스라엘을 둘러싸 포위하고 있는 나라는 이집트, 요르단, 시리아, 레바논 그리고 2중 포위하고 있는 나라는 이란, 이라크, 사우디아라비아 등 아랍국가들이다. 이들 국가들은 구약시대의 애굽, 암몬, 모압, 앗수르, 바벨론, 바사 등의 나라와 같다. 중동지역에 평화가 정착되어 가는 듯 보이지만 언제 평화가 깨어져 마지막 날이 도래할지 아무도 모른다. 오직 하나님만이 아신다. 그러한 뜻에서 므깃도는 마지막 전쟁의 상징적 장소가 되고 있다.

17. 하 솔 (Hazor)

하솔의 요새성 유적

갈릴리 바다에서 북쪽으로 약 20km, 단(Dan)에서 남쪽으로 약 40km지점, 므깃도와 연결되어 해변길의 통로에 위치한 곳으로 주위의 평지보다 약 40m 높은 언덕위에 형성된 이스라엘에서 가장 큰 성읍이었다.

이곳은 정치적, 군사적, 경제적으로 중요한 요충지였으나 지금은 폐허가 되어 유적만 남아 있다.

하솔은 주전 3000년경부터 도시가 형성되어 20회 이상 도시가 건설되었다가 파괴되었다.

하솔성은 남쪽의 윗성과 북쪽의 약간 낮고 넓은 아랫성으로 구분되는데 성경에는 주로 윗성에 관련되어 있다. 주전 18-13세기에 가나안시대에 가장 번창하여 아랫성과 윗성의 넓은 지역의 전부를 점유했었다.

성경의 기록에 본래 그 모든 나라의 머리였더니 그때에 여호수아가 돌아와 그 왕을 칼로 쳐 죽이고 성읍을 불살랐다.(수 11:10-11) 하솔을 모든 나라의 머리라고 부르기까지 했다.

하솔왕 야빈과 그 군대장관 시스라가 철병거 9백승으로 20년동안 이스라엘을 심히 괴롭혔다. 그때에 여선지자 드보라와 군대장관 바락이 이스르엘 계곡에서 야빈의 군사를 진멸시켰다.(삿 4:1-16)

솔로몬왕은 하솔, 므깃도, 게셀에 견고한 요새의 병거성을 건축했다.(왕상 9:15) 하솔의 솔로몬 성문은 그 구조가 므깃도와 게셀의 것과 같다. 오므리왕(주전 885-855)때에도 하솔을 견고하게 요새화 하였다.

성문 남쪽에 두 개의 돌기둥이 서 있는 곳은 저장실로 사용되었다. 성안의 남쪽 언덕 기슭에 므깃도에 만든 것과 비슷한 원리로 만들어진 지하 수로의 터널이 주목된다. 지하 40m에 있는 물 근원까지 돌을 굴착하여 내려갔다. 입구는 가로가 19m, 세로가15m인 직사각형으로 벽을 따라 회전하여 수직으로 약 30m를 내려가면 동굴의 입구가 나온다. 굴속으로 약 25m 거리에 약 10m 낮은 곳에 물 근원이 있다.

오므리왕때의 성은 약 100년 후인 여로보암 2세(주전 793-753)때에 있었던 지진으로 일부 파괴되었으나 이스라엘 왕 베가(주전 752-732)때에 앗수르왕 디글랏 빌레셀에게 빼앗겼으며 백성들은 앗수르로 끌려갔다.(왕하 12:29) 하솔은 북왕국이 앗수르에게 멸망될 때에 파괴되었다.

하솔언덕에서 내려와 길을 건너면 조그마한 하솔 박물관이 키브츠 안에 있다.

18. 단 (Dan)

예루살렘에서 북쪽으로 약 223km 지점, 레바논과의 국경에 가까운 곳이다. 구약시대에도 이스라엘 민족의

텔 단의 유적

땅을 경계지어 말할때에 단에서 브엘세바까지라고 했으며 단은 북쪽의 끝지역으로 언급되었다.(삿 20:1, 삼상 3:20, 삼하 3:10,17:11,24:2)

현재의 단(Dan)에서 북쪽으로 약 2km 지점에 폐허의 유적으로 남아 있는 텔 단(Tel Dan)이 있다. 텔단은 주전 2500년경부터 큰 도시가 형성되었다.

아브라함은 그 조카 롯이 사로 잡혀 갔음을 듣고 집에서 길리고 연습한 자 318인을 거느리고 단까지 쫓아가서 밤에 그들을 쳐서 파하고 다메섹 좌편 호바까지 쫓아가서 모든 빼앗겼던 재물과 자기 조카를 찾아 돌아왔다.(창 14:16)

단이라는 이름은 창세기에 최초로 언급되었으나 본

래의 이름은 레센(수 19:47) 또는 라이스(삿 18:29)였다.

주전 19세기 애굽의 문서에서 투트모세 3세에 의해 점령된 도시의 하나로 라이스가 기록되어 있다.

본래 단지파에게 분배된 땅은 남쪽의 지중해 연안에 위치한 소라지역이었다. 그러나 블레셋 침공에 견디지 못하여 이곳 라이스라는 북쪽지방을 점령한 후 정착하면서 지파의 이름을 따라 단이라 불렀다.(수 19:40-46, 삿 18:29)

분열왕국이 시작될 때 북이스라엘의 초대왕 여로보암이 금송아지를 둘 만들어 하나는 벧엘에 하나는 단에 두었다.(왕상 12:25-32) 여로보암은 종교의 중심지로 삼아 성벽을 웅장하게 쌓고 성문과 제단을 만들었다. 그 당시 제단은 아합왕시대와 여로보암 2세 때에 보수되어 로마시대까지 제단으로 사용되었다. 오늘날 유적 가운데 제단의 일부가 남아 있다.

유다의 아사왕(주전 908-867)때에 앗수르의 벤하닷에 의해 파괴되었다가 아합왕때 재건되기도 했지만 주전 732년 앗수르의 디글랏 빌레셋의 침공때와 이스라엘이 멸망될 때 완전히 파괴된 것으로 여겨진다.(왕상 15:20, 왕하 15:29)

단은 헬몬산 밑에 가까워 풍부한 물을 공급 받을 수 있는 수원의 지역이다.

요단강이라는 이름도 단에서 부터 비롯되었다. "단에서 부터 흐른다"는 말의 뜻으로 히브리어로 요레드단(בירדן) 이라고 한다. 이 말에 연유되어 요르단(Jordan)으로 부르게 되면서 요단강의 이름이 되었다.

눈덮힌 만년설의 헬몬산

19. 가아사랴 빌립보 (Caesarea Philippi)

텔 단(Tel Dan)으로부터 동쪽으로 약 4km지점, 이스라엘 최북단의 헬몬산 남서쪽 기슭에 자리잡고 있는 오늘날 바니야스(Banyas)라고 부르는 곳이다.

구약성경에는 한번도 기록된바 없으며 신약에서 단 두 번밖에 언급되지 않았다.(마 16:13, 막 8:27)

바니야스는 텔 단과 함께 헬몬산에서 나오는 풍부한 물 근원(초당 20m³분출)이 되고 레바논에서 나오는 세너의 물과 합류, 주요 수원이 되어 북요단강을 통해 갈릴리 호수로 흘러 들어간다.

이 지역은 주전 2세기초에 시리아의 셀루시드왕조(Seleucids)가 애굽의 프톨레미(Ptolemy)왕조로 부터 빼앗은 땅이다.

가나안 시대에는 바알신전이 있던 곳이었으나 희랍시대에는 "목자들의 신"인 판신(Pan god)을 섬기던 곳으로 이 지역을 파니야스(Paneas)라 불렀다. 그러나 아랍인들이 프(P) 발음을 하지 못하여 바니야스라고 부르게 되었다.

헤롯대왕이 주전 20년 로마황제 아우구스도(Augustus)로부터 하사 받은 도시로 헤롯은 이곳 물가에 대리석으로 신전을 만들어 아우구스도 황제에게 바쳤다. 헤롯대왕이 죽은후 그 아들 헤롯빌립이 분봉왕이 된 후 이곳을 자기의 수도로 정하여 로마황제와 자기의 이름을 결합한 이름으로 가이사랴 빌립보(Caesarea Philippi)라 불렀다.

예수께서 이곳을 방문하셨다. 예수께서 "사람들이 인자를 누구라 하느냐 너희는 나를 누구라 하느냐"고 제자들에게 물으셨을 때에 베드로는 "주는 그리스도시요

살아계신 하나님의 아들이시니이다"라는 위대한 신앙고백을 한 곳이다.(마 16:13-20, 막 8:27-30) 예수께서 시몬 베드로에게 "너는 베드로라 내가 이 반석위에 내 교회를 세우리니 음부의 권세가 이기지 못하리라"이하셨다.(마 16:18)

아그립바2세는 이 도시를 발전시키고 네로 황제를 위하여 이곳을 네로니아스(Neronias)라고 이름을 고친 적이 있으나 별로 사용되지 않았다.

예루살렘을 멸망시킨 로마 티투스장군은 얼마동안 이도시에 머물면서 축제를 가졌다고 한다.

이곳의 암벽에는 판신의 동굴을 비롯하여 작은 신상을 두기 위해 절벽을 파서 만든 벽감(壁龕, Niches)들이 있고 절벽 밑으로는 사철 변함없이 풍부한 물이 흐르고 있다.

가이사랴 빌립보

제12절 요단 계곡 지역

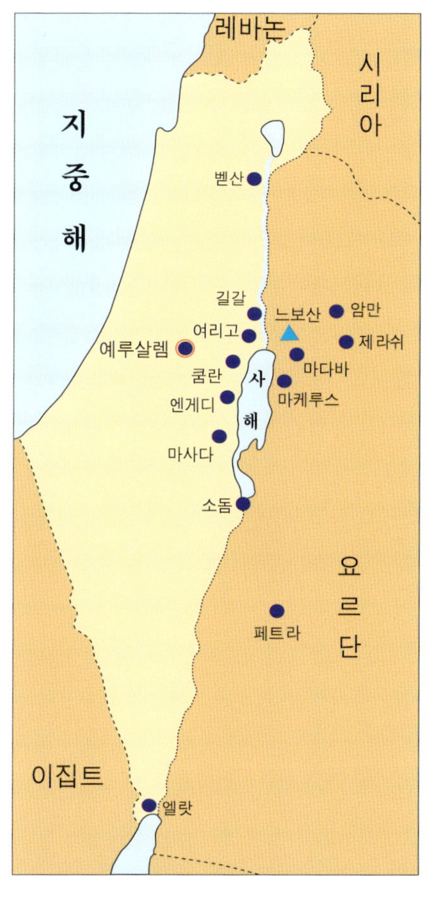

1. 여리고 (Jericho)

예루살렘으로 부터 북동쪽으로 약 35km지점의 요단 계곡에 위치하고 있다. 여리고를 기점으로 하여 (1)유대광야를 통해 내륙으로, (2)요단강을 건너 암만으로, (3)갈릴리 호수를 지나 다메섹으로, (4)사해를 통해 아카바만 지역으로 통하는 중심적 요지의 도시이다.

여리고는 지구상에서 가장 오래된 도시이자 해저 255m의 가장 낮은 곳에 자리잡은 오아시스의 성읍이다. 이곳은 여름에 매우 덥지만 겨울에 춥지 않아 온난한 날씨가 계속된다.

그리고 물이 귀한 광야 가운데 물이 솟아나는 샘이 여러개 있어 물을 공급받아 옥토를 이루게 되어 종려나무를 비롯하여 열대성 식물이 잘 자란다. 그리하여 향기(香氣)라는 뜻을 지닌 여리고를 "종려의 성읍"이라 불렀다.(신 34:3, 삿 3:13)

황량한 유다 광야와 대조되는 천연적인 아름다움의 여리고는 사람들이 살기 좋은 곳이다. 여리고를 안토니오가 애굽의 클레오파트라 여왕에게 선물로 줄 정도로 아름다운 땅이었다.

역사가 요세푸스에 의하면 클레오파트라는 욕심을 내어 안토니오에게 헤롯의 왕위를 빼앗고 유대국을 자신에게 달라고 노골적으로 요구 했으나 놀랍게도 안토니오는 클레오파트라의 요구를 들어주지 않았고 여리고를 주는 것으로 끝났다고 한다

엘리야가 불말을 타고 승천한 땅의 무너진 유적

헤롯왕은 여리고의 땅을 클레오파트라로 부터 빌려서 사용 했다. 헤롯왕의 겨울궁이 있었고 늙고 병들어 요양하다가 이곳에서 죽어 헤로디움에 장사되었다.

여리고는 주전 8000년경 구석기시대에 사람이 살았고 주전 7000년경 신석기시대 초기에 도시가 형성된 것으로 밝혀졌다. 그 당시 유물로는 텔 슐탄 언덕 서쪽 바닥에 자연석으로 쌓아올린 둥근 탑이 있다. 고대로부터 17회 이상 도시가 건설되고 파괴되었다.

텔 여리고 의 유적

성경의 여리고는 구약과 신약의 각각 다른 두 곳으로 구분된다.

여호수아가 가나안 땅을 정복하기 위해 요단강을 건너 최초로 점령하여 교두보로 삼은 구약시대의 여리고를 텔 슐탄(Tel Sultan)이라 부른다.

텔 슐탄은 주후 1907년에 발굴되었으며, 지금의 여리고에서 북서쪽으로 약 1.5km 지점에 있는 높이 약 22m되는 언덕지역이다.

예수께서 예루살렘과 갈릴리 지역을 왕래할 때 자주 들르셨던 신약시대의 여리고는 현대 여리고에서 남서쪽의 1km 지점인 헤롯이 지은 별장이 있는 와디 킬트(Wadi Qilt)의 입구에 위치했었다.

와디킬트의 성 죠지 수도원(여리고 인근계곡)

하나님께서 "너희 모든 군사는 성을 둘러 성 주위를 매일 한번씩 돌되 엿새 동안은 그리하라 제사장 일곱은 일곱 양각을 잡고 언약궤 앞에서 행할것이요 제 칠일에는 성을 일곱 번 돌며 제사장들은 나팔을 불것이며 나팔소리가 들릴때 백성들은 다 큰 소리로 외쳐 부를 것이라 그리하면 그성이 문어져 내리리니 백성은 각기 앞으로 올라갈지니라"(수 6:4-21)하시매 여호수아는 그대로 행함으로 여리고성은 문어졌다.

여호수아가 여리고를 점령한 후 "여리고 성을 누구든지 건축하는 자는 여호와 앞에서 저주를 받을 것이라"(수 6:26) 했다 그후 500년뒤의 아합왕 때에 벧엘 사람 히엘이 여리고를 개축했는데 저가 그 터를 쌓을 때에 맏아들 아비람을 잃었고 그 문을 세울 때에 말째 아들 스룹을 잃었다.(왕상 16:24)

여리고에 기생 라합이 살았는데 이스라엘 정탐군을 도와준 고로 약속데로 성안의 모든 백성이 피살될 때 라합과 그 가족은 구원을 받았다(수 2:1-21, 6:17) 나중에 살몬의 아내가 되고 보아스의 어머니가 되어 다윗의 조상 할머니(고조모)가 되었다(마 1:5-16)

다윗왕은 암몬의 왕이 죽자 조문 사신을 보냈으나 다음

왕 하눈은 성을 엿보고 탐지하여 함락하고자 함이라 하고 조문사신의 수염 절반을 깎고 의복의 중동 볼기까지 자르고 돌려보냈다. 그 때에 다윗왕은 수염이 자라기까지 여리고에 머물다가 돌아오라고 명했다.(삼하 10:1-5)

엘리야가 승천하기 전에 엘리사와 세 번이나 작별인사를 했으나 떠나지 않으므로 "무엇을 구하느냐" 물으니 당신의 영감을 배나 원한다 하므로 내가 승천하는 것을 보면 성취하리라 하고 여리고를 떠나 요단강 건너편에서 겉옷을 떨어뜨리고 홀연히 불수레와 불말이 두 사람을 갈라 놓고 엘리야는 회리바람을 타고 승천하였다.

엘리사의 샘

엘리사가 엘리야에서 떨어진 겉옷으로 요단강물을 쳐서 갈라지게 하고 돌아왔다.(왕하 2:1-11) 여리고에 돌아와 성읍의 터는 아름다우나 물이 좋지 않다는 말을 듣고 물 근원으로 나아가 소금을 던져 물을 좋게 변화시켜 주었다(왕하 2:19-22) 이 물 근원을 "엘리사의 샘"이라 하고 아랍인들은 "슐탄의 샘"이라고 한다. 이곳에서 많은 물이 쏟아져 나와 농작물의 유용한 용수가 되었다. 이 샘에서 북서쪽으로 약 3km 지점의 덕샘(Ein Dug)에서도 물이 흘렀다.

유다의 마지막 왕 시드기야는 바벨론 왕 느부갓네살 왕의 군사에게 예루살렘이 포위되자 빠져나와 도망했으나 여리고 평지에서 붙잡혀 하맛의 립나에 있던 바벨론 왕에게 끌려가 시드기야 아들들은 저의 목전에서 죽이고 시드기야는 두 눈을 빼고 사슬로 결박하여 바벨론으로 끌고 갔다.(왕하 25:1-7) 남 유다왕국이 망하게된 마지막 왕의 비참한 말로의 현장이 여리고 였다. 헤롯시대에 지금의 여리고에서 남서쪽으로 와디 킬트(Wadi Qilt) 양쪽에는 겨울 별장을 지었고 그 언덕위에 헤롯왕의 어머니 키프로스의 이름을 따 "키프로스 요새를 구축하였다. 겨울 별장과 텔 슐탄 사이에는 경기장과 극장이 있었다.

여리고에서 약8km 북동쪽에 요르단으로 건너가는 국경 검문소가 있다, 이 요단강을 건너가는 다리를 알렌비다리(Allenby Bridge)라고 한다.

예수님이 지금의 여리고 남동쪽에 있는 요단강에서 세례를 받으신 것을 기념하는 조그마한 교회가 세워져 있다. 그곳의 현재의 지명은 **베다바라**(Bethabara)인데 요르단지역이기 때문에 이스라엘에서 국경을 넘어야 순례할 수 있다.

예수님이 요단강에서 세례를 받으시고 광야에서 40일간을 금식한 후 시험받으신 곳은 여리고 서쪽에 보이는 시험산이다.

시험산(기념교회)

예수님이 세 번의 시험을 받으셨는데 첫 번째는 시험산 중턱이고 둘째번은 예루살렘에 있는 성전 꼭대기이며 새째번은 시험산의 꼭대기였다.(마 4:1-11)

시험산 꼭대기의 성벽은 비잔틴시대와 십자군시대에 쌓았으며 산기슭의 희랍정교회 소속 수도원은 비잔틴시대에 세워졌다.

예수님은 뽕나무에 올라간 세리장 삭개오와 거지 소경 바디매오를 구원하셨다.(눅 19:1-10, 막 10:46-52) 여리고 시가지에 기념으로 심겨져 있는 삭개오가 올라갔다는 뽕나무는 돌무화과나무(Sycamare Tree)로 나뭇잎은 뽕나무 잎보다 약간 좁고 길며 열매는 무화과 열매를 맺는다. 열매의 맛이 참무화과만 못하기 때문에 돌무화과 라고 한다.

뽕나무 (돌무화과 나무)

신약의 여리고는 주후 69년경 로마 군대가 예루살렘을 침공하기 위하여 올라가면서 모두 멸망시켜 버렸다. 엘리사의 샘의 북동쪽으로 약 1km 지점에 비잔틴시대의 유대교 회당의 유적이 있다. 이곳에서 아름다운 모자이크 바닥을 볼 수 있고 이 회당의 중심부에는 법궤의 모자이크와 법궤 밑에 있는 원형모자이크 안에는 유대인의 상징인 메노라가 있다. 그 아래 부분에는 히브리어로 "이스라엘의 평화"라고 쓰여져 있다. 가장 중요한 부분은 모세의 오경을 모셔놓은 제단이 예루살

렘을 향하고 있는 것이다.

아랍시대에 지금의 여리고에서 북쪽으로 약 3km 지점에 주후 723년에 오마야 왕조의 히쌈왕에 의하여 건축된 히쌈궁전(Hisham Palace)의 유적이 남아 있다.

지금의 여리고는 이스라엘이 1948년 독립할 당시 부터 요르단의 통치하에 있었으나 1967년 6일 전쟁 때에 이스라엘 점령지가 되었다. 현재는 팔레스타인의 자치지역의 중심도시의 하나이다.

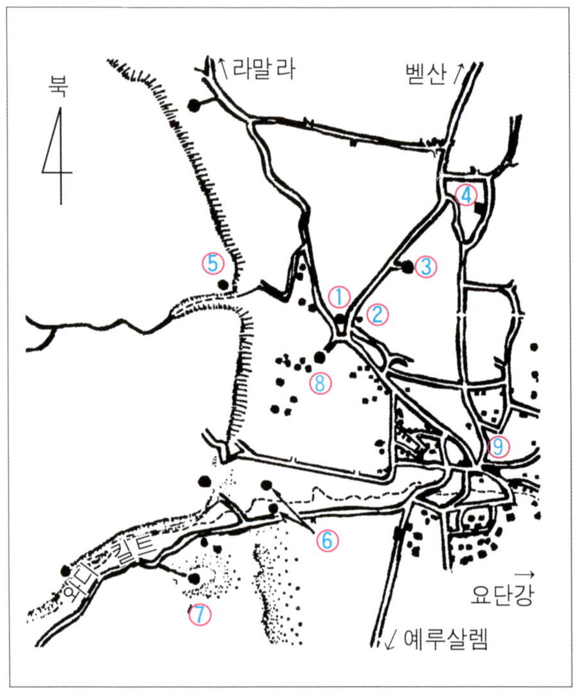

1. 옛 여리고 (텔 술탄)
2. 엘리사의 샘
3. 유대교회당 (비잔틴 시대)
4. 히쌈궁전
5. 예수께서 시험받은 산
6. 헤롯왕의 겨울 별장
7. 키프로스 요새
8. 헤롯시대의 극장과 경기장
9. 현대 여리고

2. 선한 사마리아인의 여관 (The Inn of the good Samaritan)

선한 사마리아인의 여관

예루살렘에서 여리고로 가는 중간지점의 오른편 도로변에 기념교회가 있다. 예루살렘에서 여리고로 가는 길이 험하여 강도가 많았던 장소였다.

예수님은 이러한 현장을 고려하여 사마리아인이 행한 이웃사랑의 자비에 관한 비유의 말씀을 하셨다. 한 강도를 만난 사람이 거의 죽게된 상태에 있을 때 제사장과 레위인은 보고도 피하여 갔으나 당시 천시 받던 사마리아인은 현장에서 간호해 주고 주막에 데리고 가서 자비를 베풀었다.(눅 10:25-37)

선한 사마리아인의 여관(주막)의 터라고 알려진 곳에 처음 교회가 세워진 것은 비잔틴 시대이고 교회주변에 남아있는 돌로 된 울타리는 십자군 시대의 것이다. 또한 마당 가운데 오래된 우물 하나가 있다.

교회에서 큰길을 건너 언덕 위에 망대가 있는데 비잔틴시대 수도사들이 교회를 지키기 위하여 세워진 망대의 유적이다. 이곳 여관을 나와서 여리고 쪽으로 700m정도 가다보면 해발고저가 수평인 지점에 Sea Level 지표석이 세워져 있다.

씨 레벨

3. 길 갈 (Gilgal)

성경에 길갈은 여리고에서 동편 3km지점에 위치하고 있다.(수 4:19) 현재 이곳은 여리고 북동쪽의 키르벳 엔 니틀렙(Khirbet en Nietleb)으로 추정된다.

여호와께서 이르시되 내가 오늘날 내가 애굽의 수치를 너희에게 굴러가게 하였으므로 그곳 이름을 오늘날까지 길갈이라 하느니라.(수 5:9)하였다

이스라엘 백성이 40년이란 긴세월을 유리하다가 요단강을 건너 가나안땅에 들어 서면서 이곳 길갈에서 할례를 받았다 할례를 받은 것은 애굽과 시내광야에서 우상을 섬겼던 수치를 굴러버리고 수치를 벗어버렸다는 의미로 행한 것이다.

또한 이스라엘 백성이 여리고 평지에서 첫 번째 유월절을 지킨 것은 매우 의미 있는 것이다.(수 5:12) 이곳에서 그땅 소산을 먹은 다음날에 만나가 그쳤으니 이스라엘 사람들이 다시는 만나를 얻지 못 하였고 그 해에 가나안 땅의 열매를 먹었다.(수 5:12)

여호수아가 가나안을 점령하기 위하여 요단에서 건너와 맨 처음 길갈에 진치고, 여호수아가 물이 많던 요단강을 이스라엘이 마른땅으로 밟고 건너 올라온 것을 기념하기 위하여 열두지파 수대로 요단강에서 각기 돌 한개씩 취하여 어깨에 매고 오게한 열두돌을 길갈에 세웠다.(수 4:19-20)그러나 오늘날 발견할 수 없다.

여호수아는 이곳에서 가나안땅을 제비 뽑아 두지파(유다, 에브라임)와 반 지파(므낫세)에게 분배하고(수 14:2) 작전기지로 정하였다.(수 4:19, 5:10, 9:6, 14:6)

사무엘이 사사직을 수행하면서 순행하였으며(상삼 7:16) 사울왕의 즉위식을 이곳에서 행하였다(삼상 10:8, 11:15) 사울이 왕이된지 2년에 사무엘의 정한 기한대로 7일을 기다리되 사무엘이 길갈로 오지아니하매 백성이 사울에게서 흩어지는지라 사울이 가로되 번제와 화목제물을 이리로 가져 오라하여 번제를 드렸다(삼상 13:8-9) 늦게 도착한 사무엘이 그 사실을 알고 탄식을 하면서 지금은 왕의 나라가 길지 못할것이라 여호와께서 왕에게 명하신 바를 지키지 아니하였으므로 여호

와께서 그 마음에 맞는 사람을 구하여 그백성의 지도자를 삼으셨느니라 예언을 하고 사무엘이 일어나 길갈에서 떠나 베냐민 기브아로 올라 갔다.(삼상 13 :14-15)

사울이 범한 과오는 제사장만이 드릴 제사를 자기가 친히 드렸을뿐 아니라 사무엘을 무시하여 기다려주지 않은 것이다. 그것은 신성한 제사법을 무시한 그의 불신앙이며 교만이었다.

압살롬이 죽은후 다윗이 예루살렘으로 돌아 갈 때 유다백성들이 이곳 까지 와서 출영했다.(삼하 19:15-40)

4. 사 해 (Dead Sea)

- 수면 : 해발 −398m
- 둘레 : 약 200km
- 수심 : 평균 146m
- 길이 : 75km
- 폭 : 18km
- 염도 : 보통 바다의 10배
  (생물 생존 불가)

예루살렘에서 동쪽으로 사해 북단까지 약 35km의 거리에 위치하고 있다. 성경에 사해는 염해로 불리어졌다.(창 14:3)

염해는 히브리어로 얌하멜라크(Yamha Melach)의 "소금의 바다"라는 뜻에서 연유되었다.

사해지역에 위치했던 도시로는 소돔, 고모라, 아드마, 스보임, 소알이 있으며 이 도시의 왕들의 이름도 기록되어 있다.(창 14:2)

사해는 수면이 해저 398m 남북의 길이는 약 75km, 동서의 폭이 약 18km, 바다의 둘레는 약 200km, 수심은 평균 146m, 최대 깊이 399m, 넓이는 약 1,020km²가 되는 지구상에서 가장 지표면이 낮은 사해바다 이다.

사해는 갈릴리 바다에서 흘러 내려오는 요단강물과

사해주변의 이스라엘과 요르단의 와디와 강으로 부터 흘러내려 오는 물을 받아들이기만 하고 바다에서 흘러 내보내는 곳은 없다. 사해 바닷물은 잠겨 있으면서 건조한 기후 때문에 물이 증발하므로 자연적으로 물이 줄어들어 수면이 조절된다. 물의 증발은 우기에는 매일 2mm, 더위가 심한 여름에는 매일 25mm정도, 년간 1.5m가 증발하므로 광물질이 농축된다.

건기에는 사해로 들어오는 물을 갈릴리 호수에서 제한하므로 바다로 유입되는 물의 양이 급격히 줄고 있다. 더욱 사해물을 이용하여 광물질을 생산하게 된 이후 사해의 물이 심각하게 감소되고 있다.

이제 사해는 죽은 바다가 아니라 광물의 보고로 경제적 가치가 대단히 높은 살아있는 바다가 되었다.

사해 물속에는 염분만 있는 것이 아니라 수출품목으로

염 화 물 (Choloride) ， 보 롬 (Bromide) ， 중 탄 산 염 (Bicarbonate)， 유황(Sulphate)， 나트륨(Sodium)， 칼륨 (Potassium)， 칼슘(Calcum)등의 광물질을 생산하는 공 장들이 많이 들어서 있다. 사해에서 비료 원료만도 60 만톤을 채광한다.

사해 바다물은 여러 가지 무기질을 많이 함유하고 있 고, 염도는 약 30%가 되어 보통 바다의 염도 4-6%보 다 7-10배가 높아 어떤 생물도 살 수 없다. 바다에서 소금이 결정되어 하얀 꽃처럼 수면에 떠 있는 모습과 석순같은 소금기둥 들을 많이 볼 수 있다.

사해지역에서 오랜시간 태양 광선에 피부가 노출되 어도 화상을 입지 않고 그을름 만이 있다 그 원인은 기 존 공기층에 사해에서 발생한 안개층이 작용되어 피부 에 해로운 파장이 작은 자외선을 차단하고, 피부에 해 롭지 않은 파장이 큰 자외선을 통과 시키기 때문이다.

사해지역은 세계에서 공기중의 산소 함유량이 가장 높 은 곳이다. 지중해 해안보다 해수의 염도와 공기의 산소 함유량이 각각 10배정도 높으며 공해요소가 없는 청정공 기를 유지하여 호흡기질환 환자들에게 치료효과가 높다.

이와같이 사해지역은 천혜의 기후 풍토 요법과 온천 요법의 적지로써 그 치료의 효과는 고대로부터 널리 알려져 왔다. 헤롯왕은 사해 광물온천에서 심신 치료 를 했다고 전해지고 있다.

사해주변에 광물질 온천수가 솟아나는 온천이 많이 있다 특히 사해 남서해안에 위치한 "조하르"온천과 엔 게디의 "마조르"온천은 유명하여 많은 관광객들과 질 병환자들이 찾고있다.

사해 바닷물의 고유한 화학적 성분은 치료의 효과가 많다. 그 성분 가운데 피부나 기관지의 알레르기 방지 효과가 있는 마그네슘이 보통 바다보다 15배나 더 함 유 되어 있으며, 신경계통에 안정을 주는 보롬이 50배 나 녹아 있기 때문이다.

또한 사해에서의 수영은 건선-습진과 신경성 피부염 치료에 현저한 효과가 있으며, 바닷물은 광물질의 높 은 함유량으로 인하여 수영을 하지 않아도 저절로 몸 이 뜨게되어 관절의 운동을 가능케 한다. 따라서 온천

욕과 더불어 류머티슴과 관절염의 치료 효과를 가져 오며 각종 마비증세, 근육경직증의 재활용운동을 도와 준다.

성지순례자들은 누구나 사해에서 수영을 하고자 하 는 호기심을 갖게 되는데 물속에 들어가면 몸이 누운 채로 저절로 둥둥 뜨기 때문에 신기하게 생각 되기 때 문이다. 그러나 바닷물을 마시거나 눈에 들어 가면 위 험하므로 주의해야 된다.

또한 사해의 검은 진흙을 얼굴과 몸에 바르는 팩 (Pack)이 피부미용에 좋기 때문에 옛날부터 널리 행해 져 왔다.

이곳의 충적토 진흙은 이끼류등 동식물성 유기물, 소 금성분, 광물질등이 혼합됨으로 유발되어진 호르몬성 분이 콜로이드(Colloid,교질)상태의 진흙에 함유되어 있 다 그러므로 이 진흙은 피부의 수분을 70%까지 흡수 할수 있어 신축성과 성형성을 가져 오게 한다

이집트의 클레오파트라는 정기적으로 사해의 검은 진흙을 가져다가 그것을 발라 아름다운 피부를 유지했 다고 한다.

현재 이스라엘에서 만들어지는 지도는 사해의 이름 을 히브리어로 된 지도일 경우에 "염해"로 영어로 된 지도일 경우에 "사해"로 표기하고 있다.

바닷물에 누워
책을 읽고 있다.

5. 쿰 란 (Qumran)

질그릇 항아리

사해사본이 발견된 쿰란동굴 (1996.11.9. 저자 현지촬영)

사해의 북단으로부터 해안길을 따라 남쪽으로 내려가는 도중 약 5km지점의 오른편 언덕에 위치하고 있다. 쿰란은 주전 13세기경 여호수아가 가나안 땅을 정복할 때 유다지파에 분배된 성읍중에 염성(城)이라고 하는 지역이다.(수 15:62)

주전 150년경에 유대교의 3대종파중 한 분파인 엣세네인들이 예루살렘을 떠나와 쿰란에서 공동체를 이루고 살았다. 그들은 자기들만이 선민이라고 믿고 임박한 세상의 종말을 대망하며 살았던 종말론적 신앙의 공동체였다. 이들의 생활은 사유재산이 인정되지 않고 율법에 엄격했으며 가장 경건하고 금욕적이었다.

주전 31년에 지진으로 인하여 멸망되었다가 다시 시작된 공동체는 주후 68년 로마에 의해 멸망당하여 해체되었다. 그들은 멸망 당시에 그들이 사용하던 중요한 문서들을 질그릇 항아리(높이 65.7~47.5cm, 직경 25~26.5cm)에 담아 근처 여러 동굴에 숨겨 놓았다.

쿰란이 유명하게 된 것은 1947년 2월 동굴에서 쿰란 공동체 사람들이 숨겨 두었던 항아리속에서 "에스더기"만을 제외한 구약의 모든 옛 사본들이 여러종류 발견되었기 때문이다. 더욱 그 사본들은 주전 2세기로부터 주후 1세기에 속하는 사본 들로써 마소라 본문 보

다 천년 이상이나 더 옛 것일 뿐아니라 구약 본문이 확정되기 이전의 본문 상태를 반영 하고 있기 때문이다

이곳에서 발견된 성경 사본을 "사해사본" 또는 "쿰란사본"이라고 부른다.

이 사본이 질그릇 항아리 속에 약 2,000년이상 보관되어 왔어도 썩거나 많이 훼손되지 않은 것은 사해 주변의 건조한 기후의 영향이었다.

사해사본의 최초 발견된 경위는 다음과 같다. 1947년 2월 쿰란 광야에서 베두인의 한 소년이 잃어버린 양을 찾고 있었다. 어느 동굴 안으로 양이 있는지 확인하기 위하여 돌을 던졌을 때 그릇 깨지는 소리가 들렸다.

쿰란에서 발견된 성경사본

그 소리를 듣고 호기심을 가지고 들어가서 8개의 항아리를 발견한 것이다.

그곳에는 아마포(亞麻布)에 잘 싸인 가죽 두루마리가 들어있는 항아리(높이 65-75cm, 지름 25cm정도)가 있었다. 그 얼마후 베들레헴 골동품상인 칸도(Kando)에게 넘어가 여러 골동품상인을 거친후 그 항아리에 들어있던 두루마리중 4개를 시리아의 예루살렘 정교회 대주교 마르아타나시우스 사무엘이 샀으며 나머지 3개는 베들레헴의 아랍상인으로부터 예루살렘 히브리 대학교 "**수케닉**"(Sukenik) 교수가 구입했다.

수케닉 교수가 1953년 사망한 후 이스라엘 군 총사령관을 지낸 그의 아들 "**야딘**"(Yadin) 은 아버지의 대를 이어 교수이자, 고고학자가 되어 1954년 사무엘 대주교로 부터 4개의 두루마리를 사들였고 1967년에 1개의 두루마리를 추가 구입하여 총 8개의 사해 사본 두루마리를 보유했었다 그러나 그 사본들은 현재 이스라엘 국립 박물관의 성서의 전당에 보존되어 있다.

사해사본의 중요성은 발견된 후 오늘날까지 높이 평가되고 있다.

오늘날 성경의 원본은 남아있지 않고 필사한 사본만이 남아 있는데 사해사본이 발견되기 이전까지는 주후 10세기 때의 사본이 가장 오래된 사본이었다. 그러나 쿰란에서 주전 2-1세기경의 지금부터 약 2000년전의 최고의 사본이 발견된 것이다. 그중에서 가장 귀중한 것은 이사야서 66권 전권으로 길이가 72m, 너비가 25.9cm의 두루마리이다.

그 외에도 하박국서 주석, 훈련교본, 빛의 자녀와 어둠의 자녀사이의 싸움, 감사찬송, 외경창세기등이 많이 발견 되었다.

1948년 이스라엘의 독립전쟁으로 동굴 조사작업이 중단되었고, 1949년 2월 15일부터 3월 5일 사이에 요르단의 고고학자 R.드보에 의해 발굴 조사되어 이때 성경의 사본과 외경 그리고 700점이상의 여러 문서가 발견되었다. 그후 1951-1956년까지 6년간 고고학자들은 쿰란 주변 11개의 동굴에서 약 800개의 두루마리 책의 일부와 작은 조각들을 발견했다.

쿰란 주위에는 공동묘지 3개와 1,200개의 무덤이 있는 것으로 확인되었으며, 그중에 50개의 무덤을 발굴했는데 모두가 남자의 무덤이었다.

쿰란의 유적으로는 그들의 주거지역에서 책임자의 방, 성경을 기록하던 방, 정결례 목욕탕, 항아리 빚던 곳, 집회소, 식당, 물저장소, 부엌, 마굿간 등의 공동체를 이루며 생활하던 흔적을 볼 수 있다.

쿰란 유적의 평면도

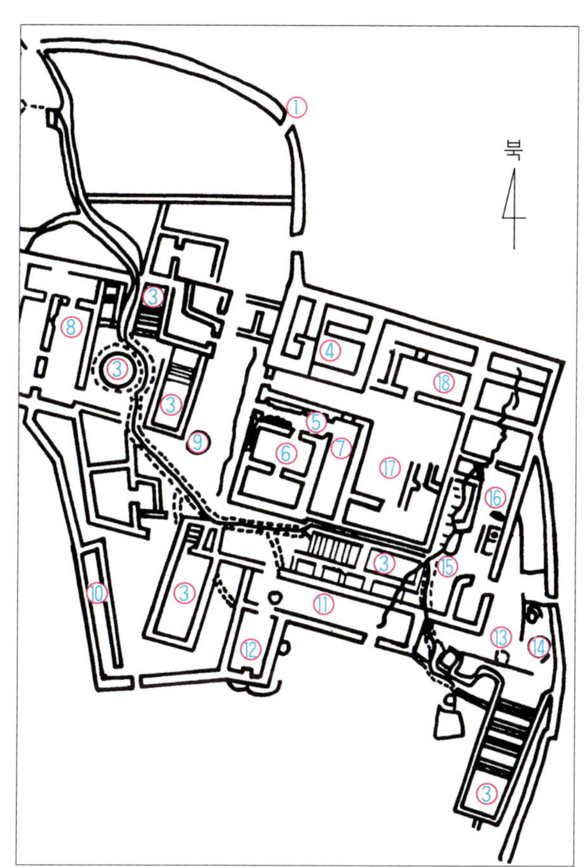

1. 입 구	7. 성경 기록하는 방	13. 항아리 빚는 곳
2. 수 로	8. 창 고	14. 항아리 굽는 곳
3. 물저장소(정결례)	9. 화 덕	15. 지진의 흔적(주전33년경)
4. 탑	10. 마굿간	16. 세탁장소
5. 기다리는 방	11. 집회소 겸 식당	17. 염색하는 곳
6. 책임자 방	12. 항아리 저장소	18. 부 엌

6, 엔 게디 (En Gedi)

사해 서안 중앙부에 위치한 쿰란에서 남쪽으로 약 35km, 마사다에서 북쪽으로 16km지점, 유대광야에서 가장 이상적인 오아시스로 종려나무, 포도, 바나나, 장미, 고벨화가 유명하다. 엔게디는 아랍어로 "새끼염소의 샘"이라는 뜻이 있다.

솔로몬의 아가서에 "나의 사랑하는 자는 엔게디 포도원의 고벨화 송이로구나(아 1:41)"라고 아름다움을 비유했다. 고벨화는 여자들의 손톱을 물들여 아름답게 하는 향기로운 꽃이다.

엔게디의 뒤 계곡에 유대 광야에서 흘러나와 185m의 높이에서 떨어지는 폭포수의 장관은 아름다운 자연의 정취를 더해 준다. 엔게디의 "시스"고개를 넘어 예루살렘으로 가는 길이 있다.(대하 20:16) 엔게디의 바닷가에는 넓은 주차장과 수영장이 있어 성지순례자들이 많이 찾고 있다. 여호수아가 가나안 땅을 정복할 때 유다지파에게 분배된 땅으로 쿰란의 염성(城)과 함께 여섯 성읍중의 하나였으며(수 15:62) 옛 이름은 "하사손다말"이라 불렀다.(대하 20:2)

다윗이 사울왕을 피하여 오랫동안 숨어지내던 "엔게디요새" 혹은 "엔게디 황무지"가 이곳이었다.(삼상 23:29)

제1차–2차의 유다 반란기간 중에 엔게디를 중심으로 싸우던 요새로 중요한 역할을 했다.

엔게디는 주전 3000년경 부터 사람이 살았고 그 당시 신전과 제단의 유적과 비잔틴시대의 회당과 건물들의 유적이 남아 있다.

1949년 유대인의 정착촌 마을이 건설되어 풍부한 샘물의 덕택으로 농사와 작물의 재배가 잘되며 관광 사업이 활발 하다.

엔게디의 들염소

<h2 align="center">사무엘상(14:1-12)</h2>

1.사울이 블레셋 사람을 따르다가 돌아오매 혹이 그에게 고하여 가로되 보소서 다윗이 엔게디 황무지에 있더이다 2.사울이 온 이스라엘에서 택한 사람 삼천을 거느리고 다윗과 그의 사람들을 찾으러 들염소 바위로 갈쌔 3.길 가 양의 우리에 이른즉 굴이 있는지라 사울이 그 발을 가리우러 들어가니라 다윗과 그의 사람들이 그 굴 깊은 곳에 있더니 ......

10.오늘 여호와께서 굴에서 왕을 내 손에 붙이신 것을 왕이 아셨을 것이니이다 혹이 나를 권하여 왕을 죽이라 하였으나 내가 왕을 아껴 말하기를 나는 내 손을 들어 내 주를 해치 아니하리니 그는 여호와의 기름 부음을 받은 자가 됨이니라 하였나이다 .나의 아버지여 보소서 내 손에 있는 왕의 옷자락을 보소서 내가 왕을 죽이지 아니하고 겉옷자락만 베었은즉 나의 손에 악이나 죄과가 없는 줄을 아실찌니이다 왕은 내 생명을 찾아 해하려 하시나 나는 왕에게 범죄한 일이 없나이다 12.여호와께서는 나와 왕 사이를 판단하사 나를 위하여 왕에게 보복하시려니와 내 손으로는 왕을 해하지 않겠나이다

7. 마사다 (Masada)

마사다 전경

로마식 목욕탕

마사다 요새의 평면도

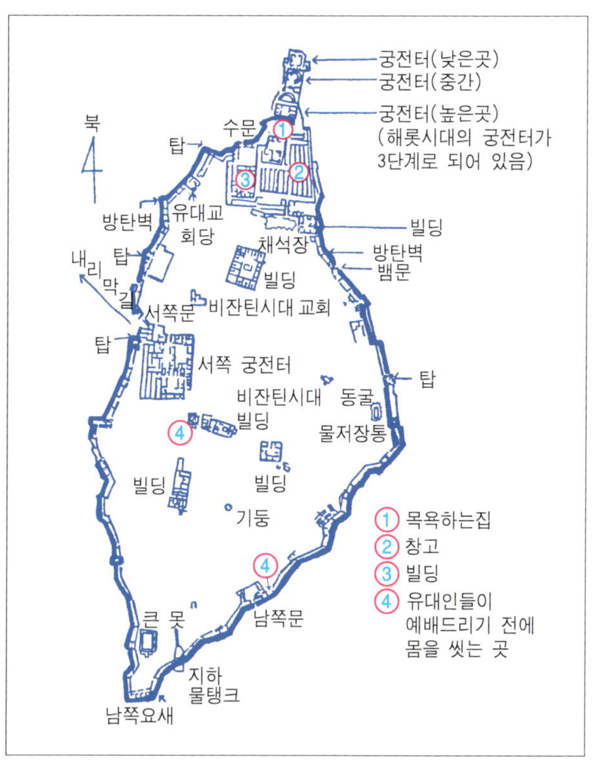

사해의 남서쪽에 위치한 쿰란에서 남쪽으로 약 50km 지점, 사해 수면보다 높이가 약 410m 높은 지역에 길이 약 600m, 폭이 약 250m의 마름모 꼴의 천연요새로 고립되어 우뚝 솟아 있다 또한 사면이 가파른 절벽의 경사로 둘러싸여 있어 정상을 쉽게 정복할 수 없는 난공불락의 요새지이다. 마사다(Masada)는 본래 히브리어로 "산의 성"이라는 뜻을 가지고 있다.

이 산 정상에 처음으로 유사시에 피난처로 삼기위해 요새를 구축한 것은 하스모니아 왕조의 대제사장 요나단 (Jonathan the high priest, 주전 161-142년)이었다. 그 후에 헤롯대왕(주전 37-4)은 유대인들이 자신의 왕위를 찬탈할 것을 염려하여 유사시에 대비해 피난할 요새 궁전으로 주전 36년부터 30년에 걸쳐 마련했다. 요새의 북쪽 끝의 절벽부분에 3층 궁전을 계단식으로 지었다. 이 궁전은 아주 호화스러운 별궁으로 건축기술의 걸작품으로 평가되고 있다.

헤롯은 요새와 궁전을 더욱 안전하게 하기 위해 정상

부분에 약 1,300m의 성벽을 둘러쌓고 망대를 38개나 건설 했다. 성벽 안에는 병사, 병기고, 저수장, 곡식창고, 목욕탕 등 각종 건물을 만들었다. 또한 만일의 경우 외부에서 식량을 들여올수 없을때를 대비하여 성안에 경작지를 남겨 놓았다 그러나 헤롯왕때에는 마사다 요새를 유사시에 사용할 기회는 없었다.

헤롯이 죽은 후 주후 66년 유대인들은 로마제국 통치에 반대하는 반란을 일으켰다. 5년이나 계속된 반란으로 말미암아 주후 70년 8월 로마의 티투스(Titus)장군이 예루살렘을 점령하고 성전을 완전히 파괴하였다. 예루살렘이 로마군대에 점령될 때까지 저항하던 유대인의 열심당원(Zealots)은 예루살렘을 빠져나와 헤로디움과 사해 일대로 피신하여 계속 저항했다.

이때에 **엘리아살 벤 야일**(Eleazar ben Yair)을 지도자로 한 열심당원은 마사다 요새에 올라가 진을 치고 저항을 계속했다. 예루살렘이 함락된지 2년이 지난 주후 72년 가을 로마 실바(Silva)장군이 이끄는 제10군단의 군사들이 마사다에 도착했다. 마사다 정상의 요새성을 공격 하기 위하여 로마군 9,000명과 유대인 포로 6,000명을 이용하여 마사다 주변에 8개의 램프(Ramp)를 설치하여 정상높이 가까이 까지 토담경사로를 만드는데 성공했다.

주후 73년 4월 서쪽편의 토담경사로를 타고 올라간 로마군사는 성벽을 향해 횃불을 던져 손쉽게 불이 붙어 무섭게 타오르기 시작 했다. 처음에 북풍이 불어 로마군 쪽으로 불길이 휩싸여 타격을 받았다. 그러나 이런 상황이 갑자기 돌변하여 바람의 방향이 남쪽으로 바뀌어 불기시작하자 성벽은 걷잡을수 없이 불길에 휩싸이고 말았다 로마군은 전세가 호전되었으나 날이 저물자 다음날 총 공세를 취하기로 하고 퇴각했다.

그 날 저녁 유대인지도자 **벤 야일**은 960명의 유대인 열심당원을 모아놓고 마지막 연설을 했다. 그 연설의 요지는 다음과 같았다 "나의 고결한 동포들이여! 우리는 오래전 부터 결코 로마인들의 노예는 되지 않겠다고 굳게 맹세 했습니다 우리는 참되시며 공의로우신

만인의 하나님 외에는 그 누구에게도 굴복하지 않기로 거듭 다짐 했습니다. 그런데 우리의 그같은 각오를 실천에 옮길때가 다가 왔습니다 결코 노예가 되지 않겠다고 맹세한 우리가 목숨이 아깝다는 이유로 로마인의 노예가 될 수는 없습니다.

나는 자유로운 상태에서 스스로 용감하게 죽을수 있다는 능력이 아직 우리에게 남아 있다는 것은 하나님의 은총이라고 생각 합니다. 우리가 로마군에게 함락되는 것은 시간문제이며 하루를 넘기지 못할 것 같습니다. 우리의 아내들이 능욕당하고 더럽혀 지기전에 죽게 하고, 우리의 자녀들이 노예가 되기전에 세상을 떠나게 합시다.

우리가 먼저 처자식을 죽인 다음 우리도 서로 영광스러운 죽음을 죽게 합시다. 이렇게 자유를 누리면서 세상을 떠나는 것이 우리에게는 더할 나위 없는 영광스러운 기념비가 될것이기 때문입니다.

식량에는 손대지 말고 그냥 남겨 둡시다 우리가 자결한 것은 식량이 부족해서가 아니라 초지일관하여 노예가 되느니 차라리 죽음을 택하겠다는 자유의 열망 때문이었다는 사실을 만방에 과시 하도록 합시다. 우리모두 서둘러 용감하게 죽도록 합시다"라는 지도자의 애절한 설득이자 호소였다. 이 연설을 듣고 처음에는 당황하고 의아스럽게 생각 했지만 모든 사람이 공감하게 되어 다같이 죽음의 길을 택하기로 결심했다

그들은 자결하기 전에 식량외에 모든 소유물을 한곳에 모아 불살랐다. 그리고 남자들에게 가족중 여자와 어린아이들의 목숨을 전부 끊게 했다.

그러나 그들에게는 천륜의 정은 남아 있었다. 그들은 아내와 자식들을 번갈아 껴안고 눈물을 글썽이며 영원한 이별의 마지막 몸부림을 쳤다. 그러면서도 그들은 냉정 했다 그들은 식구들이 적들에게 온갖 고통과 불행을 당하느니 보다 차라리 자기들의 손에 죽는 것이 백번 낫다는 것을 유일한 위로로 삼았다. 그들은 단 한 명도 자신들의 잔인한 행동에 양심의 가책을 느끼지

않고 가장 사랑하는 처자식들의 목숨을 끊었다.

생존한 가운데 남자들 모두를 죽일 사람 10명을 제비로 뽑았다 그후 그들은 각자 처자식의 시체 옆에 누워 그 시신들을 팔로 껴안고 비통해 하면서도 죽음을 맞이하기 위해 모두가 목을 내밀고 있을때 제비뽑힌 10명이 전부를 죽였다. 그 다음에 남은 10명가운데 한 명이 제비 뽑혀 아홉명을 죽이고 마지막 한명도 스스로 자결했다.

다음날 새벽 마사다 정상에 다시 침투한 로마군사는 아무 저항 없이 정적이 감도는 가운데 무혈 점령을 하게 됐다. 그때 상황은 3년간 완강하게 저항하던 열심 당원들이 모두 자결한 후였기 때문이었다.

역사가 요세푸스에 의하면 로마군대가 마사다를 함락시켰을 때 지하동굴에 숨어있던 2명의 여자(노인)와 5명의 어린아이들은 대학살을 모면하여 후세에 증언을 했다. 그들이 목숨을 끊은 때가 주후 73년 4월 15일 저녁이었다.

헤롯왕이 비축해 놓았던 10,000명의 병사가 사용하고도 남을 정도의 무기가 있었으며, 식량이 없어 죽은 것이 아니라는 것을 로마군인에게 보이기 위하여 식량창고 한 두 개를 태우지 않고 보존해 두었다.

유대인들은 마사다 항전을 끝으로 로마의 핍박을 피하여 전 세계로 흩어지는 디아스포라(Diaspora)가 되었다.

주후 110년까지 로마군이 이곳에 주둔하였고 비잔틴시대에는 기독교 수도자들이 살면서 교회를 세우기도 했다.

이곳은 1963-65년에 히브리대학교의 고고학자 야딘(Yadin)교수의 지휘아래 발굴되어 그 시대의 유물이 밝혀졌다.

하스모니아시대의 성벽과 도시, 헤롯대왕시대의 걸작인 궁전과 화려한 목욕탕 그리고 저항하면서 만든 성벽과 물탱크, 회당 그리고 두루마리 사본 등이 확인되었다.

오늘의 마사다는 유대인들이 힘이 약해서 죽음으로 항거할 수 밖에 없었던 비극의 역사가 다시는 되풀이되어서는 안된다는 이스라엘 민족의 굳은 결의를 다짐하는 곳이다.

또한 이곳은 이스라엘의 젊은 병사들에게 애국 애족의 강인한 이스라엘 특유의 항전 불패의 군인정신을 함양하는 도장으로써 이스라엘 군인들의 마지막 훈련 과정에서 군대의식을 행할때에 "마사다는 이제 두 번 다시 함락되지 않는다"는 구호를 선언하고 있다.

마사다 정상에 올라가기 위해서는 케이불카를 이용하거나 로마시대부터 만들어져 있는 뱀처럼 꾸불꾸불하고 협착한 길이라서 이름이 붙여진 뱀길(Snake Part)을 따라 올라갈 수 있으며 도보로 약 40분이 소요된다.

로마군이 쌓아 올린 공격용 토성 경사로(Ramp)

로마군이 사용한 포탄 대용의 돌덩이 (직경 약 30~40cm)

8. 엘 랏 (Eilat, Elat)

예루살렘에서 남동쪽으로 약 330km지점, 홍해의 연안도시로 홍해를 거쳐 인도양으로 진출하는 관문인 이스라엘의 최남단 항구도시이다. 요르단의 아카바와 이스라엘의 엘랏의 해안이 연결되는 항만을 통상 아카바만이라 한다. 그러나 이스라엘에서는 엘랏만이라고 부른다.

성경에 에일랏을 엘랏(신 2:8) 또는 엘롯(왕상 9:26, 대하 8:17,26:2)으로 기록되었으나 같은 곳이다.

이곳은 에돔인들의 항구로 이스라엘 백성이 출애굽하여 긴 여정을 광야에서 마치고 사해남쪽의 아라바를 지나 엘랏과 에시온 게벨 을 경유하여 모압 광야 길로 행했다.(신 2:8)

엘랏(에시온게벨)은 솔로몬이 건설한 산업도시의 항구였으나 화재로 인하여 소실 되었다 솔로몬왕이 에돔땅 홍해 물가 엘롯 근처 에시온게벨에서 배들을 지어 오빌의 금을 실어오기도 했다.(왕상 9:26-28)

성경의 기록에 엘롯 근처 에시온게벨로 기록하고 있어 각각 다른 곳으로 주장하는 학자도 있으나 동일한 인접 성읍으로 보는 것이 지배적이다.

주후 1935-37년에 아카바에 인접한 텔 엘 게리페(Tel Khelefa)에서 발굴한 동과 철광의 용광로와 무역품 제조 설비기구 등 유적을 발견했다.

지금의 아카바는 1955년에 새로운 항만시설이 완공된 요르단의 유일한 무역항구도시이며, 이스라엘의 엘일랏은 1951년부터 사람들이 정착하기 시작하여 도시가 형성되면서 이 도시 이름을 성경의 이름으로 "엘랏"이라 부르게 되었다.

성서시대의 엘랏은 중요한 통상로의 중심지였다. 엘랏의 통상로를 장악하는 자가 부와 권력의

아카바 시내와 아카바 만(요르단)

소유자가 되었다. 오늘날도 엘랏은 이스라엘의 무역항구로서의 중요성은 예나 지금이나 다름없다.

1967년 6일 전쟁은 이집트 사다트 대통령이 아카바만을 자기들의 영해로 주장하며 봉쇄를 선언하므로 시작되었다. 6일전쟁의 결과인 이스라엘의 점령지 처리문제로 팔레스타인과 분쟁은 계속되고 있다.

엘랏은 겨울에 평균 섭씨 10도로 온난하고 여름에는 매우 건조한 편이다. 엘랏만의 바다는 아름다우며 수중박물관을 통하여 많은 종류의 물고기와 산호들의 아름다움을 볼 수 있다. 그리고 주변에는 겨울 휴양지와 해안리조트 시설이 많이 있다.

카이로 콥틱 박물관

이집트 룩소의 바위계곡 동굴 안에 바로(왕)들의 묘실(Necropolis)이 있다.(1997.7.17. 저자)

제2장 이집트와 요르단

제1절 이집트(Egypt)

1. 카이로 지역

(1) 카이로 (Cairo)

이집트의 국토는 약 100만km^2 의 면적에 인구 약 6,600만명으로 우리 나라 남북 전체 면적의 약 4.6배에 달하며 전체 면적의 95%가 사막인 나라이다. 이 사막의 중앙을 남북으로 약 6,670km 이상 흐르는 이집트의 젖줄기라고 부르는 나일강은 북쪽의 지중해로 흘러 들어간다. 그 지중해로 흘러 들어가기 전 약 200km 지점에서 부채꼴 모양으로 강줄기가 갈라져 나일 하류 삼각주를 이룬다. 나일 삼각주의 물줄기가 여러 갈래로 시작되는 지점에 거대한 도시 카이로가 위치하고 있다.

카이로는 이집트의 지금의 수도로 인구 1,200만 이상의 인구를 가진 아프리카와 중동지역의 최대의 도시이다.

이집트의 최초의 왕국은 5000년전에 현재의 카이로에서 남서쪽으로 25km 지점에 위치한 멤피스(Memphis)에 최초의 수도를 두었다. 그러나 힉소스족의 침범으로 점차 수도를 남쪽으로 이전함에 따라 중 왕국과 신 왕국 사이의 주전 2133년경에 현재의 카이로에서 730km남쪽의 테베(Thebes, 현- Luxor)를 수도로 삼았기 때문에 멤피스는 잊혀져 갔다.

이집트의 바로왕이 멸망한 후 희랍의 프톨레미 왕조는 주전 322년 알렉산드리아를 수도로 삼았다. 그러나 주전 30년 마지막 여왕 클레오파트라의 자살로 프톨레미 왕조는 끝이 났다. 그후 로마의 아우구스투스(Augstus) 황제가 현재의 구 카이로(Old Cairo)지역에 바벨론 성채를 건설함으로 로마 통치시대의 카이로 역사가 시작되었지만 그때는 아직 카이로라는 지명을 사용하지 않았다. 그러나 바벨론 성채를 중심으로 거대한 지역이 형성되어 번영일로에 들어갔다.

그후 주후 641년 다마스커스에 도읍을 둔 이슬람제국의 아무르(Amur)장군에 의해 바벨론 성채가 함락되었다. 아무르 장군은 로마의 잔재인 바벨론 성채를 파괴하고 여기에서 조금 떨어진 푸스타트에 새로운 이슬람 도시를 형성하여 번창해 졌다. 주후 969년에 지금의 이슬라믹 카이로 지역인 푸스타트를 이슬람제국의 수도로 삼

소년왕 투타카멘의 황금 마스크

고 이슬라믹 카이로는 천년동안 수도로 발전해 왔다. 그러나 영국 통치시대에 접어 들어 새로운 도시 계획에 의해 현재의 신시가지로 옮겨졌다.

카이로 중심부에 세워진 카이로 타워(높이 187m)에 올라가서 시내를 내려다 보면 이슬람 사원들의 뾰쪽한 "미나렛"(Minaret)이 도시를 뒤덮고 있다.

현재의 카이로는 (1)로마 통치시대의 구 카이로(Old Cairo), (2)이슬람 통치시대의 이슬라믹 카이로(Islamic Cairo), (3)영국 통치시대의 신 시가지 카이로(New Cairo)의 3개 지역으로 크게 구분된다.

카이로는 기자의 피라미드와 스핑크스, 국립박물관, 성 마가교회, 예수님 피난교회, 헬리오 폴리스 등 기독교인들이 순례할 곳이 많이 있다.

(2) 피라미드 (Pyramid)

피라미드는 옛 바로왕들의 무덤이다. 옛날 애굽의 왕들을 파라오(Phraoh)라고 불렀으며, 그 뜻은 큰 집(Great House)을 의미한다. 구약성경에 애굽왕 바로라고 기록되었다. 바로는 애굽왕들에 대한 일반호칭이다.

이집트에는 약 80여 개의 크고 작은 피라미드가 산재해 있다. 그 중에서도 기자 사막에 솟은 거대한 피라미드는 바로 왕의 전성기를 뚜렷하게 보여주고 있다.

기자(Giza)에 있는 피라미드는 주전 2680년 조세르 왕이 계단식 피라미드를 세웠다.

오른편에서 부터 대 피라미드, 중 피라미드, 소 피라미드 그리고 아주 작은 피라미드들이 이어져 있다. 원래 대 피라미드는 해가 지는 서편을 향해 세워졌다. 이집트인들의 사후 세계에 대한 믿음은 곧 신앙이었고 사후 세계를 위한 네크로 폴리스(Necropolis, 무덤지대)를 대단히 중요시했다.

당시 왕들은 사후 세계에서도 풍요로운 생활을 영위하기 위하여 사후의 집을 짓고 생전에 쓰던 물건들과 때로는 왕비와 하인들을 생매장 시키기도 했다. 따라서 순장(殉葬)은 이집트에서 최초로 시작 되었다. 순장제도(殉葬制度)는 왕이나 귀족이 죽었을 때 신하(臣下)나 노비(奴婢)를 때로는 짐승을 함께 매장하여 살아 있을때의 생활이 죽었을때의 생활로 그대로 이어진다고 생각하는데 있었다.

세계 최초의 피라미드는 멤피스가 수도였을 때 그곳에서 서쪽으로 약 3km 지점의 사카라(Saqqara)에 건설되었으나 모래바람에 묻혀 있다가 주후 1924년에 뒤늦게 발굴되었다.

기자에 있는 피라미드를 바라보면서 도대체 이 많은 돌을 어디서 가져다 쌓았을까 궁금하기도 하다. 나일강 건너 960km 이상 먼 곳에서 나일강이 범람할 시기에 배로 운반하여 와서 물이 빠질 때 작업이 이루어졌다고 한다.

피라미드는 하나를 건설하는데 20년 이상 걸리고 그 공사에 연 10만명이 넘는 인력이 동원 되었다 또한 돌 하나의 길이가 평균 1m, 하나의 무게가 평균 2-2.5톤, 개중에는 돌 하나가 15톤이나 되는것도 있으며, 총 소요된 돌은 230만개나 된다고 한다.

피라미드

그 당시는 철기시대가 아니어서 단단한 돌로 만든 연장이 대부분이지만 석공들이 바위를 두부 자르듯 네모꼴로 잘라 쌓았다. 피라미드는 여러 가지 이해가 어려운 고대 세계 7대 불가사의한 건축물의 하나이다.

피라미드의 건축물에 감탄한 나폴레옹은 사진기가 없던 때라 화가를 불러 이 위대한 업적을 그림으로 남기고, 건축, 토목, 측량기사를 불러 상세하게 조사했는데, 대 피라미드에 사용된 돌을 1열로 풀어 놓으면 프랑스 국경을 한 바퀴 돌정도로 대단하였으므로 찬사를 아끼지 않았다고 한다.

스핑크스

(3) 스핑크스 (Sphinx)

스핑크스의 원래의 의미는 무덤을 지키는 수호신이다. 주전 2650년경 고대왕국 제4왕조 때의 카프레왕의 스핑크스인데 피라미드 중에서 두 번째의 피라미드에 가까이 있다. 그러므로 기자의 스핑크스의 역사는 지금으로부터 4650년 전의 것이라 볼 수 있다.

스핑크스 전체의 길이 약 70m, 높이 약 20m, 얼굴 너비 약 4m나 되는 거상(巨像)인데 그 얼굴은 상당히 파손되어 있으나 카프레왕의 생전의 얼굴이라고 한다. 앞으로 뻗은 앞다리 사이에는 투트모세 4세에 의해 꿈의 석비(石碑)가 세워져 있다. (☞ 출애굽연대 196쪽)

이 스핑크스는 그 크기가 너무 거대해서 다른 돌을 옮겨다가 만든 것이 아니라 그 자리에 있는 바위를 깎고 조각해서 만든 것이다. 스핑크스의 모습은 몸은 사자이고 머리는 사람이다. 사자는 힘의 상징이요, 두상을 사람으로 한 것은 인간의 지혜를 의미한 것이다. 이마에는 왕권을 상징하는 코브라(Cobra)가 조각되었으나 꼬리만 남아 있다. 머리에는 왕관이 쓰여져 있었으나 현재는 볼 수 없다.

사자의 앞발부분, 뒤 꼬리부분 등은 형체를 거의 찾아 볼 수 없고 머리부분이 많이 파손되어 원형을 찾아

보기가 힘들다.

그리스 신화에서는 에키도나와 오로트로스의 아들, 또는 라이오스의 딸이라는등 여러 가지의 전설이 있다. 그중에서도 테베(룩소)의 암산 부근에 살면서 지나가는 사람에게 "아침에는 네 다리로, 낮에는 두다리로, 밤에는 세다리로 걷는 짐승이 무엇이냐?"라는 이른바 스핑크스의 수수께끼를 내어 그 수수께끼를 풀지 못한 사람을 잡아 먹었다는 전설은 유명하다.

그러나 오이디프스가 그것은 사람이다. 즉, 사람은 어렸을 때 네 다리로 기고, 자라서 두발로 걷고, 늙어서는 지팡이를 짚어 세다리로 걷기 때문이라고 대답하자 스핑크스는 물속에 몸을 던져 빠져 죽었다고 한다.

(4) 국립박물관 (The national Museum)

카이로에서 성지순례자들이 꼭 들리는 곳은 피라미드와 함께 빼놓을 수 없는 국립박물관이다.

카이로 국립박물관은 주후 1902년에 개관되었다. 이집트는 5000년의 역사를 가지고 있지만 신 왕국이 멸망한 후 1952년 낫세르 장군이 이집트 인민공화국을 세울 때까지 2600년 넘게 외세의 지배를 받아왔다.

그동안 고유의 문자와 언어는 지배자들의 문자와 언어를 사용해 왔기 때문에 그들의 역사는 잊혀져 왔다. 삼폴리옹이 이집트 상형문자를 해독함으로써 갑자기 이집트의 역사가 부각되기 시작했다. 유물의 중요성을 잊고 있던 그들에게 1855년 프랑스 루불박물관 이집트 전시관소속 고고학자 아구스테 마리에테(Auguste Mariete)가 이집트 고고학 감독관으로 부임함으로서 유물을 하나 둘씩 모으기 시작한 것이 현재의 박물관으로 개관되었고, 소장되어 있는 유적 유물품은 12만점이 넘는다.

유물전시관의 1층에는 10만점의 일반 발굴품이, 2층에는 소년왕 투탄카멘의 보물실과 미이라 전시관이 있다. 2층만 관람하는데도 2-4시간 소요된다.

박물관 전면(前面)

(5) 헬리오폴리스 (HelioPolis)

성경에 관련된 카이로와의 관계는 요셉으로부터 시작된다. 애굽의 종으로 팔려(주전 1898년-17세)간 요셉은 바로의 꿈을 해몽해 줌으로써 바로로 부터 사브낫바네아(하나님께서 말씀 하심, 유대인들은 비밀을 들어내는자라 함)라는 이름을 받고 총리직(주전 1885년-30세)에 까지 오르게 된다.

요셉은 온(On)이라는 도시의 제사장 보디베라의 딸 아스낫과 결혼을 했다.

온(On)은 당시 고센의 수도였다. 온은 태양신을 섬기던 도시로 신전이 있었으며 그후 희랍인들은 태양의 도시라는 뜻으로 헬리오폴리스(HelioPolis) 라고 불렀다. 그러나 지금의 카이로 북동쪽 카이로 공항 근처에 있는 헬리오폴리스는 옛 온(On) 땅이 아닌 것으로 보고 있다.

모세도 헬리오폴리스에서 주전 1527년에 출생 했다고 전해 오고있다.

방첨탑(Obelisk)

최근에 옛 헬리오폴리스는 현재의 엘 마타리아 들판이라고 주장되고 있다. 엘 마타리아는 지금의 헬리오폴리스에서 북서쪽으로 약 5km 지점에 위치하고 있다.

엘 마타리아에서 옛 유적을 볼 수가 있다. 제 19왕조 때의 바로인 세티1세의 태양의 신전 터와 제12왕조 때의 바로왕인 세소스트리스1세의 방첨탑(方尖塔, Obelisk)이 옛 헬리오폴리스를 입증해 주고 있다.

또한 엘 마타리아는 예수님의 성 가족이 애굽으로 피난했을 때 와디 엘 나투룬에서 이곳으로 오셔서 잠깐 쉬셨던 곳이기도 하다.

예수님이 쉬셨다는 뽕나무

1987년 10월에 개통된 전철을 이용하면 대단히 편리하다. 무바라크역(람세스역)에서 탑승하여 아홉번째 역인 엘 마타리아에서 하차하면 된다.

성가족 방문 기념교회

2천년전 성 가족이 이곳에 오셨을 때는 이곳은 폐허의 들판이었고 거기에 한 그루의 뽕나무가 있어 그 그늘에서 성 가족이 함께 쉬셨다고 전해지고 있다.

엘 마타리아 역에서 멀지 않은 시가지에 위치한 울타리 담장 안에 뽕나무가 보존되어 있어 뜻 있는 방문자들은 볼 수 있다. 이곳에는 카톨릭에서 성 가족 방문기념교회를 세웠고 교회 벽에는 예수님의 피난 배경을 생생하게 그린 대형 화폭의 액자를 여러 장 부착해 놓았다.

(6) 성 마가 기념교회 (The church of st, mark)

콥틱교회의 교황청이 경내에 있다.

콥트(copt)는 이집트에 사는 고대 이집트인으로 그리스도의 단성설(單性說 - 神性)을 신봉하는 사람들을 말하며 그 명칭은 그리스어의 아이깁티오이(Aigiptioi, 이집트인)에서 나온 아랍어의 킵트(Kibt) 또는 쿱트(Kubt)에서 유래되었다.

콥틱(Coptic)은 콥트인 혹은 그들이 사용하는 말을 지칭한다. 콥틱교회는 주후 451년 칼케돈 종교회의에서 로마 카톨릭 교회에서 분리되어 나갔다. 그 이유는 로마 카톨릭 교회에서는 예수그리스도의 인성(人性)과 신성(神性)의 두 가지를 주장했던 반면 콥틱 교회는 신성만을 고집하여 주장한 것이다. 그리하여 로마 카톨릭에서 떨어져 나와 독자적인 길을 걸어 왔다.

콥틱교회는 자기들의 교회 원년을 주후 284년으로 한다. 이 해는 로마 황제 디오클레시안(Diocletian)이 즉위한 해이다. 교회 역사에서는 이 황제의 통치기간을 "순교자의 시대"라고 부르는데 극심한 박해로 인하여 콥틱교인들이 많이 순교했다. 그리하여 콥틱교회에서는 순교자의 시대가 시작되는 해를 콥틱교회의 공식적인 출발의 원년으로 삼고 있다.

이집트는 이슬람 국가임에도 콥틱교인이 750만 명에 달한다. 전체 인구의 15%를 점하고 있는 셈이다. 이집트의 종교는 국가의 정책과 시민의 모든 생활을 좌우한다. 아버지의 종교에 따라 자녀의 종교가 결정된다. 신분증에도 종교의 표시를 한다. 콥틱교회는 이러한 종교의 탄압에도 굴하지 않고 있다. 콥틱교인들은 오른손목 안쪽 중앙부분에 하늘색의 작은 십자가의 문신을 하여 평생 변함없는 콥틱교인임을 자부

하고 있다.

카이로에는 **콥틱교회의 총 본산인 교황청**이 있고 그 안에 콥틱교회의 성 마가교회가 세워져 있다,

성 마가교회는 카이로(람세스) 중앙역에서 약 3km 지점의 아밧시아거리(Abassia Street)에 위치하고 있다. 카이로 시민들은 성 마가교회 보다는 콥틱 교황청이라고 하면 쉽게 이해한다.

마가 요한은 사도 바울과 전도여행을 떠났던 최초의 선교사였고 마가복음을 기록했다. 마가 요한이 알렉산드리아에서 최초 복음을 전파하고 교회를 세운 것이 시작이 되어 이집트의 곳곳에 십자가가 세워져 있고 오늘날까지 기독교인들이 믿음을 지키고 있다.

교황청 안에는 여러개의 건물이 세워져 있다. 교황청 앞에 주후 1200년에 세워진 성 Rowis교회가 있고 그 인접지역에 주후 1968년에 성 마가교회가 2층으로 웅장하게 건축되었다. 이 교회의 2층 전체가 본당이며 1층은 성마리아교회, 성비쇼이교회 등의 교회와 용도별 부속 사무실이 있다. 성 마가교회의 뒤편 지하층에는 마가의 성묘(Shrine, 聖廟)가 있어 성 마가의 유해가 안치되어 있다. 알렉산드리아 에서 순교한 후 여러 곳에 유해가 흩어졌다가 이곳에 안치되었다고 한다.

마가의 유해 봉안실

올드카이로 지역의 유적 분포도

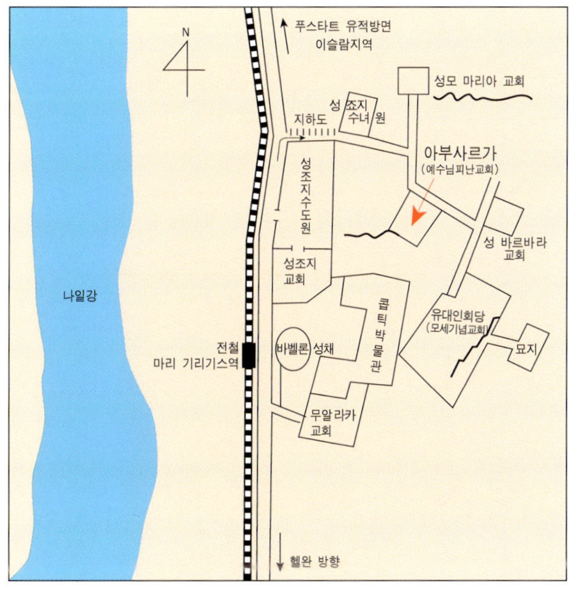

(7) 바벨론 성채 (Fortress of Babylon)

성채의 유적

올드카이로를 가는 길은 여러 가지 방법이 있으나 단체 순례가 아니면 전철을 이용하면 편리하다. 무바라크(람세스역)역에서 헬완행을 타고 일곱 번째 역인 마리기르기스(Marigirgis)에서 하차하면 된다. (☞ 약도)

역구내에서 나오며 바라보면 바로 길 건너에 바벨론 성채, 그 오른편 옆에 알무알라카 교회, 왼편에 콥틱 박물관과 둥근 지붕의 성 죠지교회가 눈 아래로 보인다. 그리고 안쪽으로 지하도를 통해 걸어 들어가면 주변에 수도원, 수녀원, 아부사르가 교회, 성바르바라 교회, 그리고 유대회당이 있다.

이집트에서 오래 전 기독교의 흔적을 볼 수 있는 곳이 구 카이로(Old Cairo)이다. 이곳에는 1천년이 넘는 역사를 지닌 이집트 고대 초대교회들이 존재하고 있었고 이슬람시대에도 수만 명의 기독교인들과 유대인들이 이 지역에 살고 있었다. 초대 기독교의 중심지역으로 전성기 때의 교회들이 오늘날까지 남아있다.

바벨론은 세 군데의 바벨론이 있다. (1)현재의 이라크지역의 바벨로니아 제국의 수도인 바벨론, (2)우상의 도시로 언급되는 로마의 바벨론 (3)이집트 올드 카이로의 바벨론이다. 바벨론의 이름은 혼돈하기 쉽다.

올드 카이로의 바벨론 성채는 크레오파트라와 안토니우스가 자살한 후 새로운 통치자가 된 로마의 아우그스투스(Augustus, 가이사 아구스도)가 주후 30년 이후 이집트를 지배하기 위해서 나일 강변에 세운 성채로써 주후 98년 로마 트리아안 황제가 비잔틴양식으로 보완 개축하였고 주후 395년 아르카디우스가 재건 하였다.

성채의 망대사이에 입구는 수문이며, 현재의 지표면보다 6m의 낮은 위치였음을 알수 있다 현재의 성채 모습은 당시 거대한 성채의 극히 일부에 지나지 않는다.

주후 641년 이슬람제국의 아무르(Amur)장군이 이곳의 바벨론 성을 함락시키고 군사기지로 삼아 이슬람통치가 시작되었다. 바벨론성의 붕괴는 이집트가 이슬람화하는 서장이 되어 주후 658년부터 본격적으로 이집트를 지배했다. 그후 영국 통치시대를 거쳐 금일에 이르기까지 콥틱교회는 가혹한 탄압을 받아왔다.

(8) 콥틱 박물관 (Coptic Museum)

둥근 지붕의 성 죠지 교회와 바벨론 성채 사이의 넓은 부지에 위치한 콥틱 박물관은 주후 1세기에서 오늘날까지 약 2000년간의 콥틱 교회의 역사를 생생하게 보여주는 약 14만점의 유물이 소장되어 있다. 이 박물관은 주후 1908년에 건축이 시작되어 1910년에 개관되었다.

박물관 내부에 들어가면 1층에 주로 4~6세기의 콥틱 교회의 건축물의 원추기둥(Colums), 기둥머리(Capitals), 머릿돌 등이 아주 섬세하고 아름다운 조각으로 새겨져 있다. 그리고 2층에는 파피루스와 양피지 등에 색채로 아름답게 필사한 콥틱 성경 사본들이 진열되어 있다. 고대 콥틱교회의 제사장과 사제들이 입던 에봇의 종류, 여러 가지 직물, 장식품, 농기구 등 다양한 유물들이 전시되어 있다.

이곳은 콥틱 교회의 역사를 조명해 주는 신앙의 뿌리를 살펴볼 수 있는 중요한 박물관이다.

(9) 알 무알라카교회 (The Church of Al Muallaqa)

콥틱 박물관 바로 오른편에 위치하고 있는 아름다운 교회로 주후 7세기말(684-687)에 세워졌다. 그러나 9세기에 파괴되었다가 11세기에 복구되었으나 그후 12세기에 일부 파손 되었다.

콥틱 교회 중에서 가장 오래된 교회중의 하나이다. 이 지역에 피난온 성 가족이 쉬어간 것을 기념하는 뜻

으로 일명 성 마리아 교회(Church of Virgin Mary)라고 부르기도 한다.

교회 내부의 제단 중앙에 성모 마리아 상이 있고 북쪽 편에는 성 죠지, 그리고 남쪽에는 세례요한의 초상화가 그려져 있다. 중앙에 있는 성모 마리아 성상을 살펴 보면 예수님이 한 가운데에 위치해 있고 그 오른편에는 성모 마리아, 천사장 가브리엘, 사도 베드로가 위치해 있고, 그 왼편에는 세례요한, 천사장 미가엘 그리고 사도 바울이 함께 있다.

알 무알라카 교회

(10) 성 죠지교회 (The church of St, Jeorge)

둥근 지붕의 우람한 교회는 주후 13세기경에 세워졌다. 이 교회의 다른 이름은 마리기르기스 교회(Church of Marigirigis)이다. 이 교회의 이름에 연유되어 마리기르기스 거리의 이름이 붙여졌고 전철역의 이름도 마리기르기스 역이다.

교회의 정문을 들어서면 수도원이 자리잡고 있는데

일반인 출입이 금지되어 있다. 교회의 층계를 따라 올라가 안으로 들어가면 오랜 역사를 증명해 주는 듯 약간 어두운 편인데 아름다운 아이콘이 많이 붙어 있고 콥틱 성경을 읽는 신도들의 모습을 볼 수 있다.

교회의 정문에서 나와 지하도를 지나면 왼편에 Convent of St. George for Coptic Nun's라는 수녀원의 영문 간판이 붙어있다. 남자는 수녀원내의 지하 기도실에는 들어갈 수 있으나 1층의 수녀원 예배당에는 들어갈 수 없다.

성 죠지교회

(11) 아부사르가 교회 (The Church of Abu Sarga, 예수님 피난교회)

아랍어 이름의 아부사르가 교회(Church of Abu Sarga)는 일명 성 서지우스 교회(Church of St. Sergius)라고 부른다.

예수님이 헤롯대왕을 피하여 마리아와 요셉과 함께 얼마간 피신하여 계셨던 곳이다. 이 교회가 세워지기 전에는 로마의 사원이 있었다고 한다. 예수님과 함께 이곳에 온 요셉은 이 사원의 동굴에 머물면서 사원을 돌보며 몇 개월간 생계를 유지했다고 한다.

그후 로마의 기독교에 대한 박해가 심할 때 성 서지우스(St. Sergius)와 성 바쿠스(St. Bachus) 그리고 예수님이 몇 개월간 피신했고, 이집트 초대 교회 구성원들이 비밀 회합을 가졌던 지하동굴에서 피신을 했다가 주후 296년에 이곳에서 그들이 순교를 했다. 그들 유품을 근거로 하여 4세기말에서 5세기초에 지금의 교회가 세워졌다.

이 교회 안에는 예수님이 피난하셨고 성 서지우스와 성 바쿠스가 순교한 곳을 기념하여 지금의 지실(地室)을 만들어 유적지로 보존하고 있다.

교회 안의 제단 왼편의 문을 열고 들어가면 좁은 방 안에 각목으로 창살 울타리를 만들어 출입을 금지시킨 지하계단으로 지실에 들어갈수 있다 그러나 아스완 댐을 막은 후 나일 강물이 스며들어 계단 절반 이상이 물에 잠겨 있어 올드 카이로에서 가장 중요한 유적의 내부를 볼 수 없게 되었다.

이곳은 사진 촬영 금지구역 이지만 필자가 사진 촬영할 기회를 얻게 되었다. (☞ 사진 188쪽)

교회 외관은 전혀 교회답지 않지만 내부는 실로 소중한 교회이다. 본당 내부에는 열두 제자를 상징하는 12개의 기둥이 서 있다. 각 기둥마다 십자가와 제자의 성상이 새겨져 있는데 그중 한 기둥에는 십자가와 제자상이 새겨져 있지 않다. 그것은 가룟 유다를 상징하는 것이다.

전면 중앙에 제단이 있고 그 왼편에 강단이 있는데 그 강단에는 십계명을 상징하는 10개의 기둥으로 받혀져 있다. 그리고 교회 내부 북쪽에는 예수님 탄생의 모습과 오병이어의 기적을 새겨 놓은 모습의 아이콘이 붙어 있다.

예수님은 이곳에서 출발하여 나일 강변의 **"마아디"**(Maadi)에서 배를 타고 남쪽으로 내려 가셨다.

마아디에는 성 마리아 교회가 강변에 세워져 있다. 교회는 세 개의 둥근 지붕으로 되어 있는데 그 자리에 유대회당이 있어 성 가족이 예배를 드렸을 것이라고 한다. 교회 안에는 모세의 우물이 있다. 나일 강물을 지하로 끌어들여 이 우물물을 세례수로 사용하였다, 이곳에 성지순례자들이 많이 찾아오고 있다.

예수님 피난 동굴

아부사르가 교회
(예수님 피난 교회 : 후면)

마아디 마리아교회

(12) 성 바르바라교회 (The Church of St. Barbara)

아부사르가 교회에서 조금 진행하면 가로막힌 길 왼편에 교회 같지 않은 허술한 건물의 교회가 있다.

딸 바르바라는 아버지에게 전도하려다가 아버지에게 매 맞아 죽었다. 아버지에게 맞아 순교한 처녀 바르바라에게 바쳐진 교회이다. 대단히 오래된 교회로 나무로 된 천장과 석조기둥 등은 아부사르가 교회와 비슷하다.

마침 필자가 예배드리는 시간에 참석했을 때 참새 몇 마리가 날아 들어와 교회 안에서 이리 저리 날으는 가운데 예배가 진행되는 모습을 보면서 색다른 감회를 느꼈다.

(13) 유대회당 (Ben Ezra Synagogue)

최초의 회당은 주전 350년경에 세워졌으며 회당 이름을 예레미아 시나고그라고 불렀다. 그러나 주전 30년에 로마에 의해 파괴되었다. 지금의 회당 입구 정원 쪽의 허물어진 터에는 원래 4세기경 알 무알라카 교회에 소속했던 교회가 있어 9세기경까지 가브리엘교회 또는 미가엘교회로 불렀다.

그후 이슬람 지배하에 들어가게 되면서 엄청난 세금을 콥틱교회에 부과함으로 인하여 세금 지불이 곤란해지자 지금의 회당부지를 이슬람 인에게 매각하기에 이르렀고 이곳에 이슬람 사원이 세워졌다. 그후 12세기에 이븐툴룬 왕조때(주후 868-905년)에 유대인 손으로 다시 넘어오게 되어 유대인 회당이 다시 세워졌다. 이 회당의 이름은 당시 예루살렘의 유명한 랍비 아브라함 벤 에즈라(Abraham Ben Ezra)의 이름으로 명명되어 벤 에즈라 교회라고 부르게 되었다.

이 유대회당은 많은 전설이 전해오고 있다. 회당 뒤편에 보면 우물이 있어 회당 밖의 지하로 들어가면 우물과 연결되어 물이 흐르고 있음을 볼 수 있다.

나일 강변에 버려진 갈대사이 상자의 모세를 바로의 공주가 물에서 건져 낸 곳이 바로 이곳이라는 것이다.(출 2:1-10) 그래서 이 샘은 모세의 샘이라 전해지고 있다. 성모 마리아는 이 지역에 피난 와서 아기예수를 이 샘의 물을 길어 씻겼다고 전해오고 있다.

로마시대에 바벨론 성채 밑으로 나일강이 흐르고 있었다는 사실로 보아 모세가 태어날 당시에 유대회당 지역에 나일강이 흐르고 갈대밭이 있었을 가능성도 배제할 수 없다. 이곳은 바로의 궁전이 있던 수도권지역이 아니었으며 모세가 출생한 헬리오폴리스도 아니다. 그러나 바로의 별궁지역이라는 항설(巷說)이 있을 수 있다.

또한 모세가 이곳에서 기도를 하고 출애굽 했

회당안에 설치된 단상의 기록물

위 사진 히브리어 원문 번역

"설 화"

이 도시 사람들의 이야기에 의하면 우리의 랍비 모세가 이곳에서 하나님께 기도했다고 전해진다. 이 장소에 대해서 토라에 이렇게 기록되고 있다.

모세가 성에서 나가서 여호와를 향하여 손을 펴매 그 손에 응답이 되었더라 바로 이 장소에서 기도가 있었기 때문이다.

다고 전해지고 있다. 회당안에 들어가자마자 눈에 띄는 두쪽판의 히브리어로 쓰여진 설화의 내용에 관심을 갖게 된다.(☞사진 189쪽)

출애굽기 10장 22-23절을 보면 모세가 하늘을 향하여 손을 들매 캄캄한 흑암이 삼일동안 애굽 온땅에 있어서 그 동안은 사람 사람이 서로 볼 수 없으며 자기 처소에서 일어나는 자가 없으되 이스라엘 자손의 거하는 곳에는 광명이 있었다고 기록되어있다.

현재 이 회당에는 토라(Torah)와 탈무드(Talmud) 그리고 시가서(Poetics)가 보존되어 있다.

모세의 우물

예레미아는 남유다 왕국의 선지자로 주전 586년에 유다 왕국이 바벨론 에게 멸망되자 애굽으로 끌려와 죽었는데 어느 곳에서 죽었는지 분명치 않으나 이곳에 들렸었고 이곳에서 죽었다는 전설도 있다. 회당주변에 오래된 묘지들이 있기도 하다.

2. 알렉산드리아 (Alexandria)

카이로에서 북서쪽으로 약 220km, 나일삼각주 서단에 위치한 지중해 연안의 국제무역 항구도시로 카이로 다음가는 큰 도시이다. 이집트인들은 알렉산드리아를 아랍어로 이스칸다리야(Iskandariya)라고 부른다.

마케도니야왕 필립 2세가 주전 336년에 암살됨에 따라 그의 아들 알렉산더는 나이 20세에 왕위에 올랐다.

알렉산더는 왕이 된 후 희랍을 비롯하여 페르시아 와 소아시아 전역을 정복하였다. 바벨론에 도읍을 정하고 동쪽으로는 멀리 인도 국경지역까지 진출하였고, 24세가 되는 주전 332년에 이집트를 정복하게 됐다.

알렉산더는 천혜의 항구도시인 **"라코티스"**(Rhakotis)를 발견하고 이집트 왕국의 수도로 삼기로 결정했다. 라코티스라 불리던 작은 어촌의 항구는 알렉산더대왕의 이름을 따서 알렉산드리아로 개명하고 대왕의 거대한 도시계획이 그리스의 위대한 건축가인 디노크라테스(Dinocrates)에 의해 설계되었다.

대왕의 정복욕은 끝이 없어 인더스강 유역으로 진군하자 마침 군사 가운데 열병이 퍼지고 장마가 계속되어 군대를 되돌려 주전 324년에 페르세폴리스(Persepolis, 페르시아의 도시)에 되돌아왔다.

주전 323년에 바벨론에 돌아와 아라비아 원정을 준비하던 중 33세(주전 356-323년)의 젊은 나이로 갑자기 죽었다.

대왕이 정복한 땅은 그 뒤를 이은 4명의 충성스런 사령관들에게 분할통치하게 되었다. 그리하여

알렉산드리아 역전시장

프톨레미(Ptolemy, 헬라어로 戰士 라는 뜻)는 이집트의 통치자가 되었다.

프톨레미 왕조가 시작되어 프톨레미왕은 알렉산드리아 도시를 완성하여 헬레니즘시대에 세계적인 문화와 경제의 중심도시로 발전하게 되었다. 그러나 주전 30년 프톨레미 왕조의 마지막 여왕 클레오파트라(주전 50-30년)가 독사(Cobra)에 물려 비극적으로 자살하게 되어 알렉산드리아의 영광은 끝이 났다.

기독교인들은 알렉산드리아에 많은 관심을 갖게 된다. 세계에서 최초로 기독교를 받아들여 이집트 초기 기독교가 이곳을 중심으로 정착했고 알렉산드리아가 가진 문화와 학문적 배경으로 그리스도의 복음을 체계적인 기독교 신학으로 발전시킨 곳이다. 알렉산드리아 학파가 이런 환경 속에서 생겨진 것이다.

아주 유명한 학자로는 클레멘트(Clement), 오리겐(Origen), 필로(Philo), 아다나시우스(Adanasius) 등이다.

더욱 중요한 것은 알렉산드리아에서 최초로 히브리어로 기록된 구약성경을 헬라어로 번역한 것이다.

알렉산드리아에는 상업에 종사하는 많은 유대인이 살고 있었지만 그들의 언어인 히브리어를 잊어버리고 당시 국제 공용어인 헬라어를 사용하고 있었다. 따라서 히브리어로 기록된 구약성경을 헬라어로 번역할 필요성이 생기게 되었다. 그리하여 주전 250년경에 번역 작업이 이루어졌다.

알렉산드리아에서 70인의 유대인 학자들에 의해 번역되었다고 하여 70인역(LXX)이라고 하며 알렉산드리아 역본(Alexandria Version), 그리고 셉투아진트(Septuagint)라고도 한다. 이 **70인역**은 기독교 문화를 전세계에 보급하고 복음을 전파하는데 절대적으로 기여했다.

또한 알렉산드리아에는 50만권의 장서가 있던 학술원 성격의 무세이온(Mouseion)이라고 하는 세계 최대 도서관에서 기하학의 아버지라 불리는 유클리드(Euclid), 지구가 둥글다는 것을 알고 지구의 둘레를 계산했고 해와 달까지의 거리를 측정한 에라토스테네스(Eratosthenes), 해부학을 연구한 헤로필로스(Herophilos) 같은 저명한 학자들이 가르치며 활동했다.

성 마가교회는 기독교인이라면 관심을 가지고 순례하게 되는 곳이다. 마가는 주후 64년경에 알렉산드리아에 와서 기독교의 복음을 전파하고 교회를 세워 이집트의 콥틱교회가 시작되었다.

알렉산드리아 시내에 위치하고 있는 성 마가교회 안에 들어가면 교회의 역대 성직자의 이름이 돌 판에 기록되어 있다. 첫 번째 성직자 이름이 "전도자 마가"라고 희미하게 남아 있어 볼 수가 있다.

마가 기념교회

유서깊은 알렉산드리아 해안에서 (저자)

마가 순교추모탑

그리고 전설에 의하면 마가는 알렉산드리아에서 순교 했다고 한다. 알렉산드리아 항만의 오른쪽 제방입구의 광장에 마가 요한의 순교 추모탑이 세워져 있다.

쿰 엘 샤카파의 카타콤(Catacombs of Kom El Shakafa) 은 대규모의 카타콤(Catacombs, 지하무덤)이다. 폼페이 원주에서 가까운 지역에 위치하고 있다. 주전 2세기에 로마시대에 만들어졌는데 로마의 기독교인에 대한 박해가 심할 때 기독교인들이 지하무덤에 들어가 신앙생활을 했다고 한다. 지하무덤은 깊이 30m에 지하 3층으로 되어 있는데 기독교인이라면 꼭 들어가 볼 필요성이 있는 곳이다.

알렉산드리아에는 고대 세계의 7대 불가사의중 하나인 "바로의 등대"를 비롯하여 콰이트베이 성채, 폼페이원주, 로마원형극장, 그레크로만 박물관, 쿰 엘 샤카파 카타콤, 수족관 및 해양 박물관 등의 볼거리가 많다.

엘 알라메인(El Alamein)은 알렉산드리아에서 약 106Km지점의 지중해 연안 사막지역으로, 제2차 세계대전중 광활한 북부아프리카의 사막에서 이루어진 유명한 격전지이다. 1942년 10월 23일에 시작되어 단기전으로 2주일만에 끝난 전쟁이다.

사막의 여우(The Desert Fox)라 불리던 동맹군 총사령관 롬멜(Rommel) 장군과의 결전에서 사막의 생쥐(The Desert Mouse)라 불리던 연합군 총사령관 몽고메리 (Montgomery)장군은 승리했다.

몽고메리(Montgomery,(1887.11.17-1976.3.24)는 1908년 영국 육사를 졸업하여 1차 세계대전에 초급장교로 참전했으며(1914-1918년) 제2차 세계대전 기간중에 팔레스타인에서 잠깐 초급장교로 근무한 적이 있고, 그후 팔레스타인에서 사단장으로 근무(1938년)한적이 있다.

몽고메리는 거룩한땅 이스라엘 광야에서 지휘력을 연마한 근무경력이 바탕이되었고, 당시 유대인들이 5,000명이나 영국군에 지원하므로 영국군에 전력화 되어 사막전에서 롬멜의 독일군을 격퇴 시킬수 있는 요인의 하나가 되기도 했다.

그는 1944년 노르망디 상륙작전시 영국군 총사령관이 된후, 1946년 백작이 되었으며 참모 총장이 되었다.

롬멜((Rommel, (1889.4.20-1945.4.30)은 1910년 육군에 입대하여 제1차 세계대전에 초급장교로 참전 했으며,(1914-1918년) 그후 히틀러의 친위대장이 되었다(1938년) 제2차 세계대전이 발발하자 기갑사단장으로 프랑스전선에서 활약하다가 원수로 승진(1942년)하여 북 아프리카의 엘 알라메인의 사막전투에서 교모한 작전으로 영국군을 괴롭혀 "사막의 여우"라는 별명을 얻기까지 했지만 몽고메리에게 참패 했다 .

1944년 독일 방위군 총사령관으로 작전지휘중 부상되어 병원에서 요양중에 있을 때 히틀러암살 사건에 참여, 히틀러의 명령에 의해 자살 했다.

엘 알라메인의 작전에 투입된 병력과 장비는 영국군 23만명, 탱크 1,030대인데 비해 독일군 10만명, 탱크

500대였다 이 격전은 2주간의 짧은 전쟁이었지만 총 피해는 8만 여명의 인명피해와 950대의 전차가 파괴된 참혹한 전쟁이었다.

이곳에는 군사박물관이 세워져 있어 전시관 내에는 유물이 전시되어 있고 밖에는 그 당시 전차를 비롯하여 각종 장비들이 많이 전시되어 있다.

또한 참전했던 국가별로 사막의 격전지 해변에 영국군묘지, 이탈리아군묘지, 독일군묘지를 만들어 놓았는데 수많은 묘지의 비석들이 처절했던 현장에 세워져 있다.

엘 알라메인 격전지역을 군사 전문가들은 꼭 방문할 필요성이 있는 곳이다.

롬멜의 흉상

몽고메리의 흉상

독일군 묘지

영국군 묘지

전시된 독일군 전차

독일군 150mm 장착 전차

3. 고센땅 (The land of Goshen)

(1) 야곱 가족의 이주

고대 애굽의 역사는 그 시대를 구분할 때에 왕조 이전시대와 왕조시대로 나누게 된다. 왕조 이전시대는 주전 3200년 이전시대를 말한다. 그리고 왕조시대는 다시 세분하여 옛 왕조시대(The Old Kingdom, 주전 3200-2270년), 중간왕조시대(The Middle Kingdom, 주전 2270-1570년), 새 왕조시대(The New Kingdom, 주전 1570-525년)로 구분된다.

이집트의 기자(Giza)에 있는 피라미드(Pyramid)는 옛 왕조시대(제3왕-제6왕)인 주전 2690년-2270년경에 건축되었다.

아브라함은 하란을 떠나 가나안을 경유하여 주전 2100년경에 애굽으로 이동하였다. 그러므로 아브라함이 애굽에 들어오기 전에 피라미드가 건축되었음을 알 수 있다.

고대 애굽역사에 있어 중간 왕조시대 가운데 주전 1785년에서 1580년까지의 왕조시대를 제2중간시대(제13왕조-제17왕조)라고 한다. 이 시대의 100년간(주전 1680년-1589년)을 가리켜 소위 힉소스(Hyksos)시대라고 부른다.

이 왕조시대는 그들로서는 이방민족의 통치시대인 것이다. 힉소스 족은 아시아 계통의 셈족으로 주전 1710년경부터 애굽으로 들어온 것이다. 그래서 힉소스 족은 셈 계통의 히브리인들 이라는 주장이다.

당시에 애굽의 혼란한 기회를 틈타서 이방인들이 많이 모여들어 본토의 왕을 몰아내고 주전 1680년경부터 애굽에서 가장 비옥한 땅인 삼각주지역과 상부 애굽의 북쪽지방을 다스리기 시작하였다.

역사가 요세푸스에 의하면 야곱의 최초 70인 가족은 힉소스시대에 애굽에 이주했다고 주장하고 있으나 연대를 살펴보면 힉소스시대보다 약 200년전인 제1중간대에 속한 제12왕조의 세소스트리시스시대에 해당된다. 야곱의 나이 130세에 이곳에 이주하여 그 후손들이 430년간(주전 1876 - 1446년)삼각주지역의 고센땅에서 거주하였다.

애굽의 나일강은 상류의 고원에서 발원하여 총 6,671km의 강물이 흘러 지중해로 유입되고 있다. 카이로에서 그 하류 일대에 걸쳐 약 2만4천km^{2}의 면적을 가진 대삼각주 평야가 전개된다. 이 삼각주평야는 이 하천에 운반되는 퇴적한 물질로 비옥한 충적평야를 형성하여 곡창지대를 이루고 있었다.

애굽의 바로(Pharaoh)는 이 삼각주 들판 가운데 "고센"이라는 지역을 지정하여 주면서 그곳에서 야곱의 가족을 살게 해 주었다.

고센은 다른 이름으로 "라암셋"이라고 부르기도 하였다.

라암셋은 "태양의 도시(벧세메스)"라는 뜻을 가진 이름이다. 이를 헬라어로는 헬리오 폴리스라고 일컫고 있으나 지금의 카이로 동북방 카이로 공항 근처에 있는 헬리오 폴리스가 아니고, 현재의 알 마타리야 들판이며 바로 이곳이 고센의 수도인 온(On)이라고 주장하는 학자가 많다.

야곱이 고센땅에서 17년간 생활하다가 147세에 세상을 떠나자 요셉은 그 아버지를 가나안땅 헤브론의 막벨라 굴에 장사하였다(창 50:12-14).

요셉도 110세에 죽으매 그의 유언 (창 50:25)에 따라 출애굽할때 그의 뼈를 옮겨와 가나안 땅 세겜에 장사하였다(수 24:32).

숙곳

출　애　굽
(주전1527－1466년)

양치는 베두인족

하나님이 택한 모세

여호와의 사자가 떨기나무 불꽃 가운데서
그에게 나타 나시니라.
그가 보니 떨기 나무에 불이 붙었으나 사라지지 아니하는지라…
모세야 모세야 하시매 그가 가로되 내가 여기 있나이다.
하나님이 가라사대 이리로 가까이 하지말라
너의 선 곳는 거룩한 땅이니 네 발에서 신을 벗으라.
또 이르시되 나는 네 조상의 하나님이니
아브라함의 하나님, 이삭의 하나님, 야곱의 하나님이니라.
모세가 하나님 뵈옵기를 두려워하여 얼굴을 가리우매
여호와께서 가라사대 내가 애굽에 있는 내 백성의 고통을
정녕히 보고 그들이 그 간역자로 인하여
부르짖음을 듣고 그 우고를 알고
내가 내려와서 그들을 애굽인의 손에서 건져내고
그들을 그 땅에서 인도하여 아름답고 광대한 땅,
젖과 꿀이 흐르는 땅에 이르려 하노라,
출애굽기 3장 2절~8절

하나님이 모세에게 이으시되 나는 스스로 있는 자니라
또 이르시되 너는 이스라엘 자손에게 이같이 이르기를
스스로 있는 자가 나를 너희에게 보내셨다 하라
출애굽기 3장 14절

(2)모세와 관련된 애굽왕의 계보

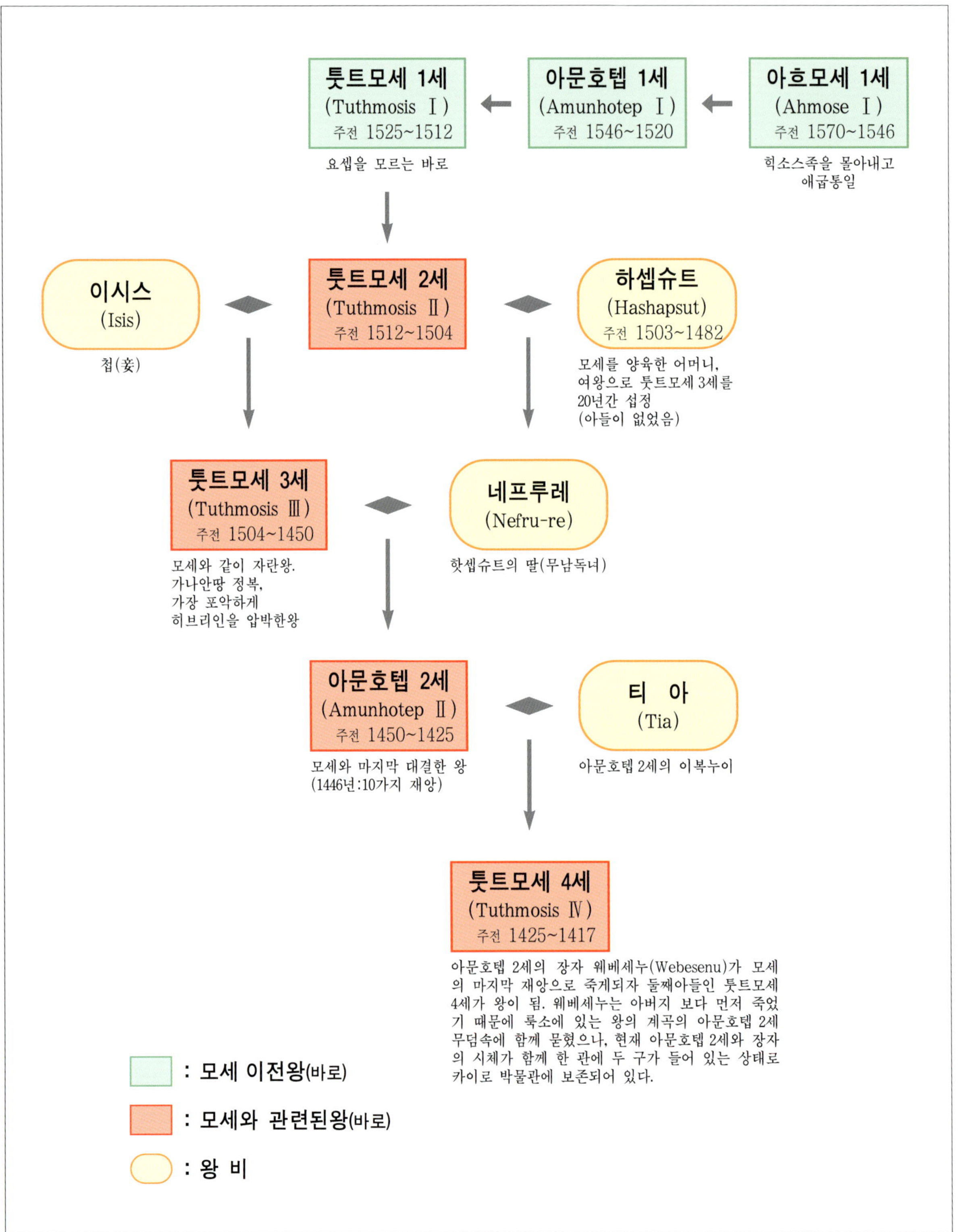

애굽역사상 새 왕조시대(주전 1570-525년)는 제18왕조에서 26왕조까지를 말한다. 제18왕조는 애굽역사상 가장 국력이 강성했던 시대이다. 이 시대에 룩소의 카르낙신전, 룩소신전 그리고 소위 왕들의 계곡(Valley of kings)에 자리하고 있던 역대 애굽 왕들의 무덤들이 이 때에 만들어진 것들이다.

우리가 관심을 갖는 것은 모세가 이 시대의 인물이고 히브리인들이 출애굽이 이루어진 것이다. 제18왕조의 제1대왕은 아흐모세1세(Ahmose I)이다. 아흐모세1세는 힉소스족을 몰아내고 애굽을 통일한 바로(Pharaoh)였다.

아흐모세1세는 25년동안 통치하였고 그 뒤를 이어 제2대왕 아문호텝1세(Amunhotep I)는 20년간 통치하였다. 그 뒤를 이은 제3대왕 툿트모세1세(Tuthmoses I)는 짧은 기간동안(주전 1525-1512년) 통치 하였으나 많은 일을 하였다. 모세는 주전 1527년경에 애굽의 헬리오 폴리스에서 출생하였다.

박윤선 박사의 출애굽기 주석에 의하면 출애굽기 1장8절의 요셉을 알지 못하는 바로왕은 제18왕조의 제3대왕 툿트모세1세였을 것이라고 주장하고 있다.

애굽 제18왕조 제5대의 여왕 핫셉슈트(Hatshepsut, 주전 1503-1482년, 모세의 양어머니)는 툿트모세 1세의 장녀로 이복형제인 제4대왕 툿트모세2세(1512-1504년)의 왕비였다. 그러나 핫셉슈트에게 아이가 없었기 때문에 투트모세2세의 큰 첩의 소생인 서출(庶出)의 툿트모세3세(주전 1504-1450년)가 제6대 왕위를 계승하였다. 그러나 나이가 어렸기 때문에 여왕은 정통왕위 계승권을 주장 20년간 섭정을 하였다.

툿트모세3세는 모세와 같이 자랐으며, 역대 바로 중에 가장 포악하여 애굽에 살고 있던 히브리인들에게 심한 노동을 시키고 압박을 했다. 툿트모세3세(주전 1504-1450년)의 아들로서 왕위를 계승한 자는 제7대왕 아문호텝2세(Amunhotep II ,주전1450-1425년)이다. 제8대왕 툿트모세4세(주전 1425-1417년)는 아문호텝2세와 티아(Tia)사이에서 태어난 아들로서 그뒤를 이은 왕이다.

성경의 열왕기상 6장1절에 의하면 솔로몬이 성전 건축을 시작한 해는 출애굽사건 이후 480년이 지난 솔로몬 즉위 제4년 이라고 밝히고 있다. 솔로몬이 주전 970년에 즉위 했으며, 즉위한지 4년 이면 주전 966년 이다. 따라서 출애굽 시기는 주전 1446년 이다.

이스라엘 민족의 출애굽 한 연대가 주전 1446년이라고 볼 때에 새 왕조시대의 툿트모세3세와 툿트모세4세의 중간기간인 아문호텝2세(Amunhotep II , 주전 1450-1425년)의 통치기간에 출애굽이 이루어진 것으로 추정된다.

더욱 약 4600년 전에 세워진 **"스핑크스"**(Sphinx)에 얽힌 전설에 의하면 아문호텝2세 때에 출애굽한 연대의 배경을 밝혀주고 있다.

거대한 스핑크스(높이 21m, 길이 57m)의 양발 앞을 잘 보면 조그마한 비석하나를 발견할 수 있다. 이른바 **"꿈의 비석"**(Dream Stela)이라 부르는 이 비석은 툿트모세4세(Tuthmoses III)가 세운 것인데 다음과 같이 기록이 전해진다.

툿트모세4세가 왕이 되기전 어느날 피라미드 근처에서 낮잠을 자다가 꿈을 꾸게 되었는데 꿈속에 천사가 나타나서 누워 있는 곳을 파라고 했다. 그러면 왕관을 씌워준다고 했다.

툿트모세4세가 급히 인부를 데리고 와서 누운 곳을 팠더니 오늘날 볼 수 있는 이 거대한 스핑크스를 발견하게 되었다는 것이다.(☞ 스핑크스 181쪽)

그 당시 툿트모세4세는 형(兄:Webesenu)이 한명 있어서 도저히 왕이 될 수 없는 상황이었는데 모세가 그의 아비 아문호텝2세와 대결을 했을 때 마지막 재앙인 장자의 죽음사건으로 인하여 형이 죽고 말았다. 그래서 툿트모세4세는 차남임에도 불구하고 아버지인 아문호텝 2세의 뒤를 이어 왕이 된 것이다.

카이로 박물관에 가게 되면 아문호텝2세와 장자 시체가 함께 두 구가 한 관에 들어 있다는 사실을 확인할 수 있다.

4. 출애굽의 경로 (The route of exodus)

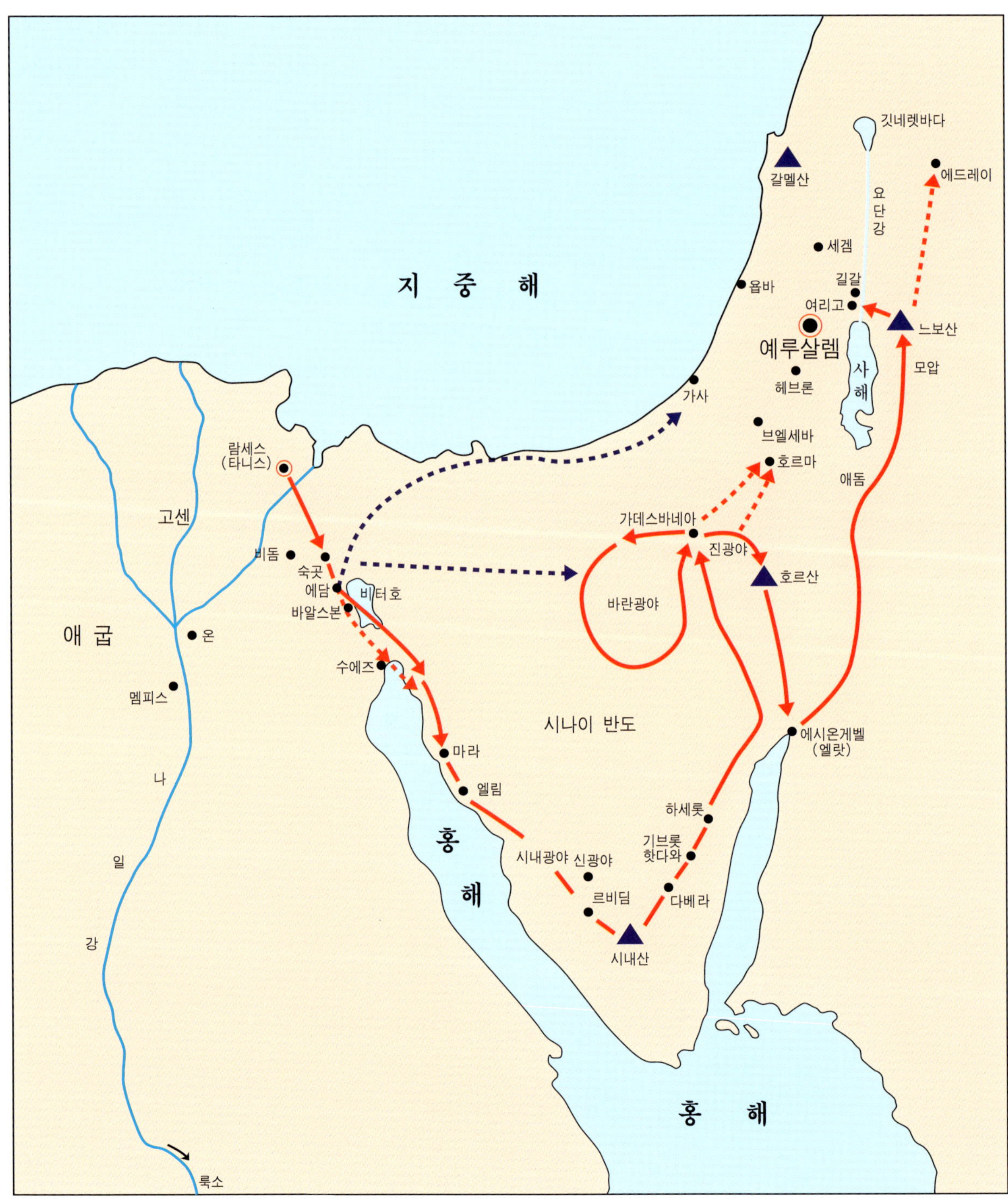

이스라엘 백성은 애굽에서 430년동안 노예생활을 청산하고 "여호와의 밤"(출 12:40-42)에 모세의 인도로 드디어 출애굽을 하게 되었다.

모세가 태어날 당시에는 심지어 히브리인의 남자는 조산(助産)할 때 다 죽이도록 했으며, 살아있는자는 하수(河水)에 던져 죽이도록 했다. 출애굽 직전에는 바로(Pharaoh)를 위하여 이스라엘 백성에게 비돔(Pithom)과 라암셋(Raam ses)을 건축하게 하였다. 그리고 노역(勞役)을 엄하게 하여 고역으로 생활을 괴롭게 하고 흙이기기와 벽돌굽기와 농사의 일을 엄하게 했다. 그때에 라암셋에서 출애굽이 시작되었다.(출 12:37)

새 왕조시대의 바로인 아문호텝2세(Amunhotep Ⅱ)때에. 출애굽이 시작되어 장정만 60만명으로 많은 생축이 그들과 함께 했다.

비돔(Pithom)은 동북 이집트에 있는 팀사호(Timsah Lake) 서쪽의 텔 에르레타베(Tel er Retabeh)에 위치 하였다.

라암셋(Raam ses)은 옛 힉소스의 수도인 아바리스(Avaris)를 말한다.

성경에 의하면 헤브론 보다 7년 뒤에 세워진 소안(민 13:22)은 다미에타(Damietta)의 남동쪽 약 29km지점에 있는 애굽의 국고성 이였다.

이곳 소안을 희랍인은 "타니스"라고 불렀고, 힉소스 왕은 "아바리스"라고 불렀다.

세티1세와 람세스2세에 의해 재건되어 다시 도읍지가 되면서 람세스에 의해 "람세스의 집"으로 불려지며 기념비까지 세워졌고 주후 11세기까지 "람세스의 집"으로 불리어 오다가, 그후에 타니스(Tanis)라는 이름으로 부르게 되었다.

오늘날 타니스(Tanis-소안)에 도시는 형성되어 있지 않고 사막의 옛 터 안에 유적과 석조기념물이 많이 남아 있다.

숙곳(Succoth)은 이스라엘 백성이 출애굽을 시작하여 최초로 장막을 친 곳이다.

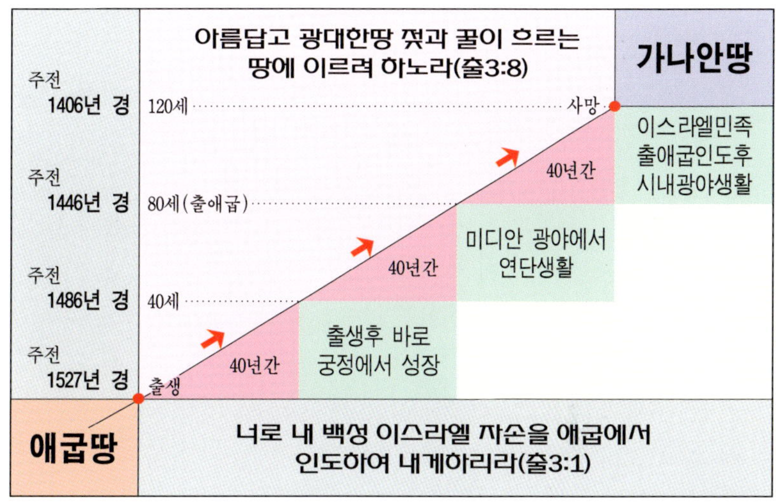

모세의 생애

(헬리오폴리스에서 느보산까지) (저자 작성)

이스라엘 백성이 항오를 지어 나올 때 요셉의 해골을 가지고 나와 그들이 "숙곳에서 발행하여 광야 끝 "**에담**"에 장막을 쳤고 낮에는 구름기둥, 밤에는 불기둥이 백성 앞에 떠나지 않고 주야로 진행하게 했다.(출 13:18-22)

이스라엘 백성이 처음 장막을 쳤던 숙곳에는 오늘날 이스마일리아와 자가지그의 중간지점에 위치한 엘 쿠아사신(EL Qassasin) 마을이 있다. 이 작은 마을 앞에는 카이로와 이스마일리아 간의 운하의 강물이 흐르고 뒤에는 사막이 펼쳐져 있을 뿐이다. 필자가 3차에 걸쳐 현지를 답사했으나 유적의 어떤 흔적도 발견할 수 없었다. (☞ 숙곳 사진 194쪽)

출애굽시 시나이반도를 통과할수 있는 길은 크게 세가지로 추정할수 있다.

(1) 북쪽 지중해연안의 고대 국제 해안도로를 따라 가나안땅으로 들어가는 지름길, (2) 시나이반도의 중앙을 가로 질러 가데스바네아로 향하는 지름길, (3) 시나이반도를 우회하여 홍해연안을 따라 먼길로 시내산을 향하는 길이다.

당시 애굽에서 가나안으로 가는 국제해안도로의 길은 블레셋의 가사(Gaza)로 통하는 군사도로 였으므로 브레셋 군대의 완강한 저항에 의한 치열한 전쟁은 불가피한 상황이었다.

하나님께서는 블레셋 사람의 땅의 길은 가까울지라도 그들을 그 길로 인도 하지 아니 하셨으니 이는 하나님이 말씀 하시기를 이 백성이 전쟁을 보면 뉘우쳐 애굽으로 돌아 갈까 하셨음이었다.(출 13:17)

따라서 출애굽시에 북쪽의 지름길인 해안도로를 피하고, 굳이 시나이반도 중앙의 지름길을 택하지 않았으며, 하나님께서 모세와 약속한 시내산 언약을 이루기 위하여 우회적인 홍해 연안의 먼길을 택하게 한것이다.

즉, 너와 함께 있으리라 네(모세)가 백성을 애굽에서 인도하여 낸 후에 너희가 이 산(시내산)에서 하나님을 섬기리니 이것이 내가 너를 보낸 증거니라 하셨다.(출 3:12)

또한 논란이 되고 있는 **"출애굽시 건넜던 홍해의 위치"**는 세군데 지역으로 주장이 엇갈리고 있다.

(1) 북쪽의 아바리스 동쪽에 위치한 멘잘레호(Menzaleh Lake)의 하구에 인접한 지역, (2) 수에즈만에 인접해 있는 비터호(Bitter Lake)의 지역, (3) 수에즈만 내의 홍해의 해상지역을 건너는 세가지의 길이다.

역사 고고학자들에 따르면 출애굽시기에 수에즈만 상단부는 오늘날 보다 훨씬 더 북쪽이었는데 토사가 밀려와 많은 부분이 매꿔졌다고 한다. 따라서 비터호를 통과한 출애굽 경로는 긍정적인 지지를 많이 받고 있다. 그러나 오늘날의 비터호와 동일시 할 수는 없다.

통상 고고학적(考古學的)인 면을 생각지 않고 오직 현실적인 상황의 시각으로만 보기 때문에 오늘날의 수에즈만 내의 홍해 해상지역을 출애굽경로의 현장으로 보는 경향이 많다. 그러나 이집트 콥틱교회의 아랍어 성경에 부록으로 붙어 있는 출애굽 경로는 아바리스의 동쪽에 있던 갈대 바다인 멘잘레(Menzaleh)호 하구의 오늘날 엘 콴타라(El Qantara, 수에즈운하 도하 지역)에서 멀지 않은 곳을 건넌후 홍해 연안을 따라 시내산으로 향한 길이다.

애굽 원주민의 후손인 콥틱교인 들이 알고 있는 출애굽경로에 대해서 관심을 갖고 연구해볼 가치가 있다.

출애굽시 건넜던 바다 이름은 히브리어로 얌숲(Yam Suph)으로 "갈대바다"라는 뜻이다. 영어로 Reed Sea(갈대바다)인데 Reed의 e가 빠져 Red Sea(홍해)로 되었는지는 몰라도 모세가 건넜던 바다는 갈대가 우거진 곳일 확률이 높다.

출애굽한지 4일째 되는 날에 바로의 마음이 변하여 병거 600승을 가지고 추격해 왔다. 2일만에 따라 잡은 날은 6일째 되는 날 아빕월 21일 밤이었다. 그 즈음에 이스라엘 백성은 **바알스본** 맞은편 바닷가의 **"비하히롯"**에 장막을 쳤을 때였다.(출 14:1-2)

그들은 모세에게 매장지가 없으므로 우리를 이끌어 내어 이 광야에서 죽게 하느냐 하며 애굽사람을 섬기는 것이 광야에서 죽는 것보다 낫겠다고 원망했다.

이 때 모세는 너희는 두려워 말라 오늘 본 애굽사람을 또 다시 보지 못하리라 여호와께서 너희를 위하여 싸우리니 너희는 가만히 있으라고 말하며 안심시켰다.(출 14:10-14)

여호와께서 모세에게 이르시되 너는 어찌하여 내게 부르짖느뇨 이스라엘 자손을 명하여 앞으로 가게하고 지팡이를 들고 손을 바다위로 내밀어 그것으로 갈라지게 하라 이스라엘 자손이 바다 가운데 육지로 행하리라(출 14:15-16)하시고 하나님께서 구름기둥을 뒤로 옮겨 뒤따라 오는 애굽진 사이에 두시고 애굽진에는 밤새 구름과 흑암을, 이스라엘 진에는 광명을 주셨다.

모세가 지팡이를 들고 손을 바다위로 내밀자 하나님께서 큰 동풍으로 밤새도록 바닷물을 물러가게 하셨고, 이스라엘 백성들이 바다에서 육지로 나아갈때는 그들의 좌우에 물로 벽이 만들어졌다.

새벽이 되어 애굽군대가 그 뒤를 쫓아 바다 가운데로 들어오자 하나님께서는 애굽군대를 혼란스럽게 하고 병거바퀴를 벗겨서 달리기 곤란하게 하셨다.

그리고 모세에게 손을 바다 위로 내밀어 물이 다시 애굽사람들과 병거들과 마병들 위에 흐르게 하셨다. 그리하여 애굽군대를 하나도 남기지 않고 물로 덮어 버렸다.

홍해바다를 가르고 이스라엘 백성을 구원한 것과 다시

바다를 덮어 애굽군대를 수장(水葬)한 것은 하나님께서 구원과 심판의 이중성을 보여 주신 것이다.

모세는 이스라엘 백성을 이끌고 홍해를 건넌 후 마라, 엘림, 르비딤을 거쳐 출애굽한지 3개월 만에 시내산 지역에 도착하여 1년간 머물렀다.

마라(Mara)는 히브리어의 뜻으로 "쓰다"는 말이다. 이곳은 수에즈운하에서 약 54km 지점으로 이스라엘 백성이 홍해를 건너후 처음으로 장막을 친 곳이다.

모세가 홍해에서 이스라엘을 인도하매 그들이 나와서 수르광야로 들어가서 거기서 사흘 길을 행하였으나 물을 얻지 못하고 마라에 이르렀더니 그곳 물이 써서 마시지 못하겠으므로 그 이름을 "마라"라 하였더라 백성이 모세를 대하여 원망하므로 모세가 여호와께 부르짖었더니 여호와께서 그에게 한 나무를 지시하시니 그가 물에 던지매 물이 달아졌다.(출 15:22-25)

마라(오윤무사)

그뿐아니라 법도와 규례를 정하시고 청종하고 잘 지키면 모든 질병의 하나도 내리지 않으시는 치료의 여호와 이심을 약속하신 곳이다. 지금은 오윤무사(Oyun Musa)로 모세의 샘(Spring of Mose)이란 뜻으로 부르고 있다. 엘림(Elim)은 수에즈 운하에서 약 290km, 마라에서 남쪽으로 약 230km 지점에 위치하고 있다.

엘림은 히브리어로 큰 나무라는 뜻이다. 이스라엘 백성이 마라에서 물을 달게 만들어 목을 축인 뒤, 그들이 엘림에 이르니 거기 물샘 열둘과 종려 칠십 주가 있는

지라 거기서 그들이 그 물 곁에 장막을 치게 되었다.(출 15:17) 물이 많아 장막을 치고 쉬었던 엘림 땅은 12개의 샘 중 7개의 샘이 아직도 남아 있으며 장막을 쳤던 곳에 정착한 마을도 현존하지만 종려나무는 사라져 버리고 주변에 심어 놓은 나무들이 몇 그루가 있다.

지금의 이름은 엘 투르(El Tur, El Tor)라 부르며 시나이 서쪽지역의 도청소재인 제법 큰 도시이다.

이스라엘백성이 2개월 15일만에 엘림과 시내산 사이 신광야에 이르렀다.

신 광야에 이르러 이스라엘 온 회중이 모세와 아론을 원망하여 이르되 우리가 애굽 땅에서 고기가마 곁에 앉아 있을 때와 떡을 배불리 먹던 때에 여호와의 손에 죽었더면 좋았을 것을 너희가 이 광야로 인도하여 내어 이 온 회중으로 주려 죽게 하느냐 하며 불평을 했다.

이때에 여호와께서 이스라엘 자손의 원망함을 듣고 저녁에 "메추라기"를 아침에는 "만나"를 주어 양식으로 먹게 했다 만나는 인수대로 매명에 하루에 한 오멜씩(약 2.3kg) 내려주었다. 평일에 한 오멜을 넘게 거두어 남으면 벌레가 생기고 냄새가 나서 못 먹었다. 그러나 6일에는 다음날 안식일분 까지 2일분을 거두어도 벌레가 생기거나 냄새가 나지 않았다. 만나는 시내광야와 요단동편에 이르기 까지 40년간 내려주어 양식으로 삼게 하였으며 가나안 지경(길갈)에 이르러 그쳤다.(출 16:1-36)

르비딤(Rephidim)은 히브리어로 "평야"라는 뜻이다. 신 광야와 시내 광야 사이에 있는 시나이 반도에서 가

신 광야

장 큰 오아시스이다. 현재의 지역 이름은 파이란 오아시스(Fairan Oasis)라 부른다.

신 광야를 떠나 **돕가**와 **알루스**에 장막(민 33:13)을 친 후 발행하여 르비딤에 장막을 쳤을 때 백성이 마실 물이 없었다. 그리하여 백성들이 모세를 원망하고 다투었다.

그러므로 모세가 여호와께 부르짖었다. 여호와께서 모세에게 이르시되 백성 앞을 지나가서 이스라엘 장로들을 데리고 하수를 치던 네 지팡이를 손에 잡고 가라 내가 거기서 호렙산 반석 위에 너를 대하여 서리니 너는 반석을 치라 그것에서 물이 나리니 백성이 마시리라 모세가 이스라엘 장로들의 목전에서 그대로 행하여 물을 내게 하였고 이 사건과 관련하여 그곳 이름을 "맛사"(시험하다)라 또는 "므리바"(다투다)라 부르게 되었다.(출 17:1-7)

르비딤은 출애굽 후 이방인과의 처음 전쟁에서 승리한 곳이다. 여호수아가 모세의 말대로 행하여 아멜렉과 싸우고 모세와 아론과 훌이 산꼭대기에 올라가서 모세가 손을 들면 이기고 내리면 아멜렉이 이기더니 모세의 손을 해가 지도록 내려오지 않도록 붙들어 올렸더니 그 손이 해가 지도록 내려오지 아니한지라 여호수아가 칼날로 아멜렉과 그 백성을 쳐서 파하니라 모세가 단을 쌓고 그 이름을 여호와 닛시라 하였다.(출 17:8-15)

이곳에서 모세는 장인 이드로의 말을 듣고 온 백성 가운데 재덕이 겸전한 자 곧 하나님을 두려워하며 진실무망하며 불의한 이(利)를 미워하는 자를 빼서 백성 위에 세워 천부장, 백부장, 오십부장, 십부장을 삼아 그들로 때를 따라 재판하게 하였다.(출 18:21-22) 또한 하나님의 말씀을 따라 70인의 장로를 세웠다.(민 11:16-25)

이스라엘 백성은 시내광야에서 약 1년을 보낸후에 다시 가나안 땅을 향해 북쪽으로 진행하여 **다베라**(Tabera, 민 11:1-3)와 **기브롯 핫다와**(Kibroth-Hattaavah)에서 하나님의 진노와 심판을 받고 큰 재앙을 입었다. 다음 진행지인 **하세롯**(Hazeroth)에서 미리암은 모세가 구스 여자와 결혼한 것을 비방했기 때문에 문둥병에 걸렸다.(민 12:1-15)

이스라엘 백성은 하세롯에서 진행하여 바란광야에 진을 치고 이곳에서 12정탐꾼을 가나안 땅에 보냈다.

바란광야(Baran wildeness)는 신광야(Zin wildeness)와 가데스바네아를 포함한 넓은 광야 이다 이 바란광야에서 이스라엘 백성들은 약 38년간 방황하며 활동 했다. **가데스바네아**(Kadesh Barnea)에서 백성이 물이 없어 불평하자 여호아께서 모세에게 반석을 명하여 물을 내라 했다 그러나 모세는 하나님의 명령을 거역하여 반석을 지팡이로 두 번 쳐서 물을 솟게 했다(민 20:1-13) 이와 같이 하나님의 거룩하심과 영광을 가리움으로 가나안 땅에 들어가지 못하는 결정적인 계기가 된 장소이다.

이곳이 실제 12정탐꾼을 가나안당에 파견한 곳이며 12정탐꾼이 40일동안 정탐을 마치고 돌아 왔을때 보고를 듣고 백성들이 모세와 아론을 죽이려고 할때 여호와 께서 막으셨다.(민 14:10) 그리고 이스라엘 백성이 40년동안 방랑하다가 다 죽고 여호수아와 갈렙 두사람만 가나안 땅에 들어 가리라 예언한 곳이다.(민 14:30) 또한 모세의 누이 미리암이 죽어 이곳에 장사되었다.(민 20:1)

호르산(Mt, Hor)에 가데스바네아로 부터 이동해 와서 진을 쳤다. 이곳에 아론이 죽어 묻혔고, 그의 아들 "엘르아살"이 대신하여 제사장이 되었다.(민 33:37-41)

에르아살은 이곳에서 여호수아에게 안수하여 모세를 대신한 이스라엘의 지도자가 되게 했다.(민 27:22-23)

가데스바네아와 호르산의 두곳에 진을 쳤을 때 가나안땅 남쪽 지방으로 들어갈려고 시도 했으나 아말렉군대와 가나안군대의 완강한 저항으로 좌절되어 진로를 남쪽으로 되돌려 내려와 아카바만의 에시온게벨을 경유하여 에돔 및 모압지역을 통하여 요단동편 **"느보산"** (Mt, Nebo)에 이르렀다.

5. 시내산 (Mt, Sinai)

시내산은 카이로에서 415km지점, 척박한 시나이 반도의 남쪽, 황량한 검붉은 바위산 가운데 해발 2,285m 높이의 호렙산(출 3:1)을 말한다.

시내(Sinai)는 히브리어로 "가시덤불"이라는 뜻이며 호렙(Horeb)은 "건조한 곳" 이라는 뜻이다.

출애굽하여 엘림에서 떠나 엘림과 시내산 사이 신 광야에 이르니 애굽에서 나온후 제이월 십오일이었다.(출 16:1)

시내산 정상의 모세기념교회(북쪽에서 촬영)

시내산 정상의 모세기념교회(남쪽에서 촬영)

이곳에 최초로 시내산이라는 이름이 성경에 기록 되었다. 애굽의 초기 콥틱교회의 수도사들은 이산을 호렙산으로 부름과 동시에 여호와께서 강림하신 산이라 하여 "하나님의 산"(Mt, of God, 출 3:1)이라 불렀다.

　아랍인들은 게벨무사(Gebal Musa)라고 불러 왔는데 "모세의 산"이라는 뜻이다.

시내산 정상에서 해뜨기 전
손전등을 켜놓고 설교를 하고 있다
(1996.11.11. 저자)

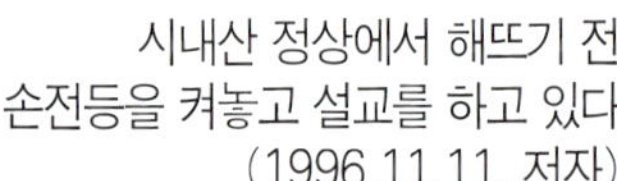

장엄한 시내산이다

(1) **모세**는 나이 40세 때에 바로의 낯을 피하여 미디안 (Midian) 땅으로 애굽에서 피난하여 나온 곳이다. 미디안은 지금의 시내산이 위치한 땅이며 미디안의 제사장 이드로의 딸 십보라(Zipporah)와 결혼하여 자녀를 낳고 장인의 양떼를 치며 시내산 일대에서 기거했다.(출 2:16-21)

(2) **모세**는 나이 80세 때에 하나님의 산 호렙에서 이스라엘 백성을 인도해낼 지도자의 사명을 받았다. 모세가 하나님의 산 호렙에 이르매 여호와의 사자가 떨기나무 불꽃가운데서 그에게 나타나시니라 그가 보니 떨기나무에 불이 붙었으나 사라지지 않는지라 여호와께서 그가 보려고 돌이켜 오는 것을 보신지라 하나님이 떨기나무 가운데서 그를 불러 가라사대 모세야 모세야 하시매 그가 가로되 내가 여기 있나이다. 하나님이 가라사대 이리로 가까이 하지 말라 너의 선 곳은 거룩한 땅이니 네 발에서 신을 벗으라.(출 3:1-5) 이제 내가 너를 바로에게 보내어 너로 내 백성 이스라엘 자손을 애굽에서 인도하여 내게 하리라 명하셨다.(출 3:10).

(3) **모세**가 이스라엘 백성을 출애굽시킨 후 시내산에서 십계명과 율법을 받았다. 그때에 내가 돌판들 곧 여호와께서 너희와 세우신 언약의 돌 판들을 받으려고 산에 올라 가서 사십 주야를 산에 거하며 떡도 먹지 아니하고 물도 마시지 아니하였더니 여호와께서 두 돌판을 내게 주셨나니 그 판의 글은 하나님이 친수(親手)로 기록하신 것이요 너희 총회 날에 여호와께서 산 상 불 가운데서 너희에게 이르신 말씀이니라(신 9:9-10) 그러나 모세가 이스라엘 백성을 본즉 하나님 여호와께 범죄하여 자기를 위하여 송아지를 만들어서 급속히 여호와의 명하신 도를 떠났기로 내가 그 두 돌 판을 두손에서 들어 던져 너의 목전에서 깨뜨렸노라.(출 9:16-17) 그러나 여호와께서 모세에게 이르시기를 너는 처음과 같은 두 돌 판을 다듬어 가지고 산에 올라 나에게 나아오고 또 나무 궤 하나를 만들라 네가 깨뜨린 처음 판에 쓴말을 내가 그 판에 쓰리니 너는 그것을 그 궤에 넣으라 십계명을 처음과 같이 그 판에 쓰시고

그것을 내게 주시기로 내가 싯딤 나무로 만든 궤에 넣었더니 지금까지 있느니라했다.(신 10:1-5)

(4) **모세**가 성막을 처음 친 곳이 시내산이었다.(출 26:1-37)

(5) **엘리야** 선지자가 이세벨을 피하여 40일만에 이 산에 이르렀다.(왕상 19:8)

시내산 정상에 올라가서 태양이 떠오르는 일출의 장관을 보기위해 숙소에서 새벽 2시경에 일어나야 한다.

정상 등정의 출발지점인 성 케데린 수도원 까지는 통상 차량편으로 이동한다. 이곳에는 두길의 등정 코스가 있다. 한 코스는 ① 낙타를 타고 올라가는길 이다. 성 케데린 수도원 뒤편에 낙타 몰이꾼이 대기하고 있어 요금만 주면 편리하게 낙타를 타고 올라갈수 있다.

다른 한 코스는 ② 수도사들이 참회의 뜻으로 만든 3,750개의 계단을 따라 계곡으로 걸어 올라가는 길이다. 통상 낙타를 타고 올라 갔다가 내려올때는 도보로 참회의 계단을 따라 하산하게 된다. 등정소요 시간은 올라가는데 3시간 내려오는데 2시간이 걸린다.

참회의 계단으로 700계단 정도 올라가다 보면 엘리야가 여호와의 목소리를 들었다는 곳의 동굴에 엘리야 예배소가 있다.(왕상 19:8) 또 그리스 정교회 소속의 엘리야와 엘리사를 위한 두 개의 예배소가 있다 이 곳의 우물가는 모세가 여호와를 향해 올라간 동안 장로들이 기다리던 장소라고 한다.(출 24:1-2)시내산 정상에는 옛날 모세가 십계명을 받은 것을 기념하고 순례자들을 위해 세웠던 교회유적 터에 1934년에 교회가 다시 세워 졌고, 이슬람 순례자들을 위해 모스크도 세워져 있다.

모세가 하나님을 만난 하나님의 산 정상에 올라가서 새벽 예배를 드리며 기도와 찬송을 할때 마음속에 한 없는 기쁨과 감동이 넘친다. 시내산의 깊숙한 계곡에 여명이 서서히 밝아오고 멀리 동녘에서 점차 붉은 태양이 떠오르는 일출의 모습은 주변의 검붉은 돌산의 아름다운 산봉우리들을 더욱 찬란 하게 비추며 장엄하고 황홀한 신비의 광경을 연출한다.

6. 성 케더린 수도원 (The Monastery of St, Catherine)

시내산 하록의 "케더린 수도원" (1996.10.11)

시내산에 처음으로 수도사들이 들어온 것은 로마가 기독교의 탄압을 시작하자 애굽의 콥틱교회의 수도사들이 수도처로 삼은 데서 비롯된다.

시내산 수도원의 최초의 이름은 떨기나무교회에서 시작된다. 로마 콘스탄틴 황제의 어머니 헬레나가 성지순례를 와서 불타는 떨기나무 사이에 강림하신 여호와 하나님과 모세가 십계명을 받은 것을 기념하기 위하여 교회의 이름을 떨기나무 교회로 불렀다. 그후 수도사들이 많이 모여들어 규모가 점차 커졌다. 9세기경에 성케더린과 관련되어 성케더린 수도원으로 이름이 바뀌었다. 그 이름이 바뀐 배경은 다음과 같다.

케더린(Catherine)은 이집트 알렉산드리아의 독실한 기독교인이었다. 당시 로마로 부터 기독교에 대한 탄압이 심할 때 케더린 여인은 뾰쪽한 못이 박힌 수레에 의해 고문을 받은 후 참수형을 당했다. 그녀의 시체는 슬피 우는 천사에 의해 이집트에서 가장 높은 산에 묻혔다고 전해오고 있었다. 9세기경 떨기나무교회의 한 수도사가 천사의 인도를 받아 그녀의 시신을 찾는 꿈

을 꾼 후 시내산의 남쪽 6km 지점의 가장 높은 산 (2,637m)을 샅샅이 탐색하여 그녀 사후 300년만에 드디어 시신을 찾아냈고 그 산 위에 성 케더린교회를 세웠으며 산 이름을 성 케더린 산이라 불렀다.

이 때부터 떨기나무교회의 수도원이 성 케더린 수도원으로 이름이 바뀌게 되었다. 이 수도원은 비잔틴시대 유스티니안(Justinian) 황제에 의해 주후 527-565년에 성벽과 건물들을 베두인의 공격을 받지 않도록 건축한 것이 오늘날 원형 그대로 유지되고 있다. 이 수도원은 그리스 정교회에 소속되어 있으며 수도원 안에는 비잔틴교회 양식의 건물들이 들어서 있고 모세의 샘, 떨기나무 교회 터, 모스크, 아이콘 박물관, 성서도서관 등이 있다.

1859년 독일 신학자 티센돌프는 이곳 성서도서관에서 4세기경의 칠십인역 성서사본인 시내사본을 발견하는 개가를 올렸다. 이 사본은 유감스럽게도 현재 런던의 대영 박물관에 소장되어 있다. 그러나 5세기경 시리아 사본은 현재 이곳에 보관중이다. 그 외에도 초기 기독교시기에 만들어진 5,000여 점의 인쇄본과 오래된 성경주석들을 다량 소장하고 있어 바티칸 박물관에 이어 세계 두 번째 규모의 기독교 도서관으로 유명하다. 그리고 수도원 안에 들어가면 모세가 보았다는 것과 같은 떨기나무가 자라고 있어 볼 수가 있다.

가시 떨기나무

7. 성 가족의 피난 노정 (Route of The Holy Family in Egypt)

아기 예수님의 피난경로

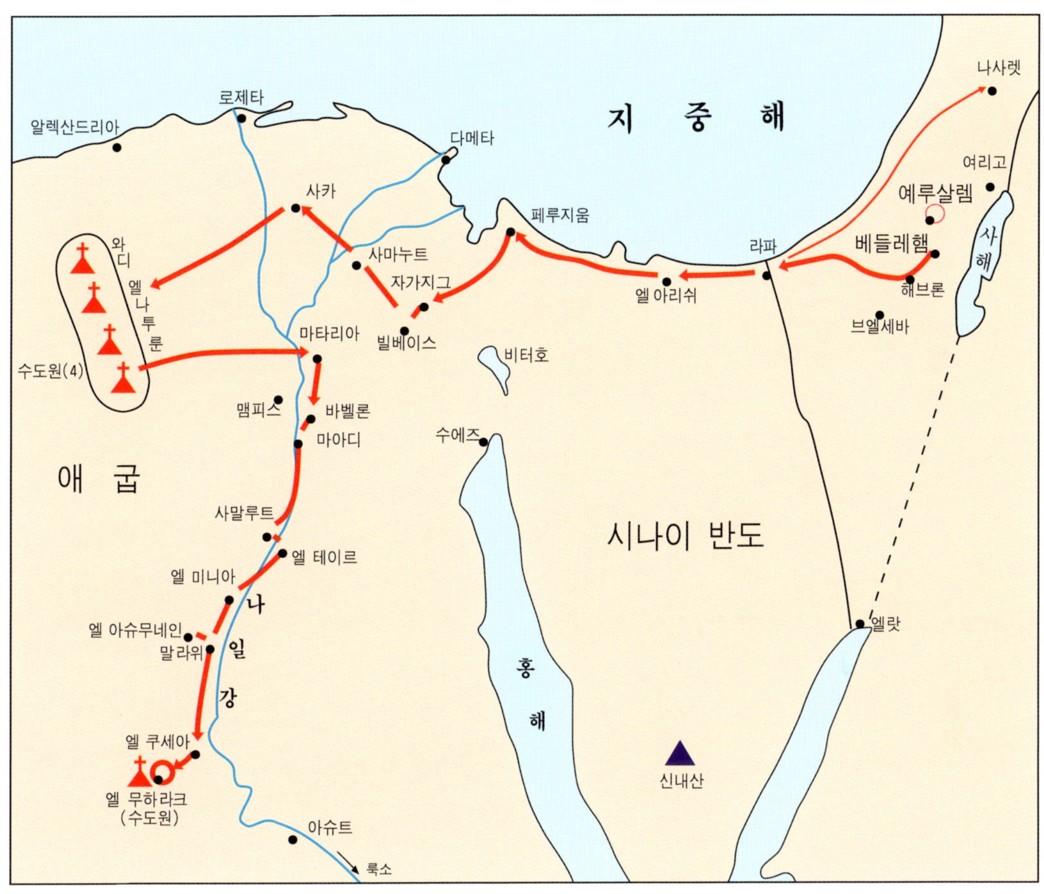

성경에 "저희(동방박사)가 떠난 후에 주의 사자가 요셉에게 현몽하여 가로되 헤롯이 아기를 찾아 죽이려 하니 일어나 아기와 그의 모친을 데리고 애굽으로 피하여 내가 네게 이르기까지 거기 있으라 하니 요셉이 일어나서 밤에 아기와 그 모친을 데리고 떠나가 헤롯이 죽기까지 있었으니 이는 주께서 선지자로 말씀하신바 애굽에서 아들을 불렀다 함을 이루려 하심이었다".(마 2:13-15)

헤롯이 아기 예수를 찾아 죽이려 하였으므로 요셉이 마리아와 함께 아기 예수님을 모시고 애굽으로 피난길에 올랐다. 성모 마리아는 아기 예수를 품에 안아 나귀를 타고, 요셉은 나귀 고삐를 잡고 걸으며 베들레헴을 떠났다. 그러나 성경에 예수님의 피난의 노정에 대하여는 기록되어 있지 않고 헤롯이 죽은 후에 이스라엘 땅의 나사렛으로 돌아왔다는 사실은 기록되어 있다.(마 2:20) 그러나 콥틱교회와 여러 자료를 통해서 애굽의 피난노정이 밝혀져 있다. 이와 같이 밝혀진 내용의 신빙성에 대한 논란의 여지는 있지만, 옷토 매이나더스(Otto Meinadus)의 저서인 "애굽에 내려오신 성 가족"(The Holy Family in Egypt, Aucpress, 1986)의 기록과 콥틱교회에서 도시(圖示)한 노정들이 동일하다.

또한 성 가족은 베들레헴을 떠나서 주로 고대유적이 있던 곳을 들리고 그곳에서 머물러 있었다는 사실에도 부합되고 있다.

성 가족은 최초 베들레헴을 떠나 아스글론, 가자, 라파를 지나 시나이 반도의 엘 아리쉬(El Arish), 페루지움(Pelusium)을 거쳐 애굽땅으로 갔다. 고센땅의 자가지그(Zagazig), 빌베이스(Bilbeis), 사마누드(Sammanud), 사카(Sakha) 그리고 사막의 오아시스인 와디 엘 나투룬(Wadi el Natrun)에 잠간 머물러 있다가 카이로의 엘 마타리아(El mataria, 옛 헬리오포리스)와 올드카이로(아부사르가 교회)에 얼마동안 머물른 후에 나일강변의 마아디(Maadi)에서 배를 타고 남쪽으로 내려가며 여러 군데를 경유했는데 사마루트(Samalut), 엘 테일(El Tair), 엘 미니아(El Minya), 베니하산(Bani Hassan), 엘 아슈무네인(El Ashumunein), 다이루트(Dairut), 엘 쿠세아(El Qusiya)를 거쳐 마지막으로 애굽의 배꼽이라고 부르는 중앙지점의 엘 무하라크(El Muharraq, 지금의 수도원)에 도착하여 수개월 머물러 있다가 이스라엘로 되돌아 갔다.

성 가족이 애굽에 머물러 있던 기간에 대하여는 주장이 엇갈리고 있으나 통상 3년 6개월의 주장이 많은 편이다.

(1) 엘 아리쉬 (El Arish)

엘 아리쉬 성죠지교회

이스라엘과 이집트 국경인 라파(Raffa)에서 45km, 카이로에서 285km 지점, 시나이반도의 북쪽 지중해연안에 위치하여 시나이반도를 총괄하는 행정도시로 시나이반도에서 제일 큰 도시이다.

예수님이 머물렀던 곳에는 꼭 방문기념 교회가 세워져 있다. 엘 아리쉬의 중심가에 역시 콥틱교회가 세워져 있다.

로마 통치시대는 죄수들을 이곳에 보내어 코를 잘린 채 이 척박한 땅에 보내져 평생 살게 했다고 한다. 코를 벤 이유는 죄수를 감시할 필요 없이 사막에 살도록 해서 내륙으로 들어오면 쉽게 식별하기 위해서였다고 한다.

1897년 제1차 시온주의 총회에서 "여기 나는 유대국가를 세웠노라"고 선언하면서 "빠르면 5년 늦으면 50년 안에는 모든 사람들이 그것을 확인하게 될 것이다"라고 예언했다.

시온주의 지도자 헤르츨(T. Herzl)은 영국의 지지를 얻기 위하여 노력했다. 그 결과 1903년에 영국정부는 2개안인 "우간다안"과 "엘 아리쉬안"을 제시했다.

첫째 우간다안은 풍부한 자원, 설탕, 면의 생산지로 유럽인들에게는 아프리카의 노른자위라고 일컬어지던 우간다땅에 유대국가를 세우는 것이다.

둘째 엘 아리쉬안은 영국령 지중해 남동쪽에 유대인 자치구를 두겠다는 이집트의 엘 아리쉬를 염두에 두고 유대국가를 세우는 것이다.

헤르츨(T. Herzl)은 영국이 제시한 우간다안에 대하여, 우간다는 시온이 될 수 없고, 엘 아리쉬안에 대하여, 우리는 이집트로 가지 않을 것이라고 선언했다.

유대 국가의 건설은 팔레스타인 땅만을 목적으로 한다. 선조들의 땅을 향한 염원은 결코 변치 않고 계속될 것이다 라고 밝혔다.

이곳은 우기철에만 비가 내리고, 연중 거의 비가 내리지 않는다. 그래서 지하수 개발과 수로건설 사업이 활발하다. 중동전쟁을 통해 이스라엘이 점령했을 때 이스라엘인들에 의해 뿌린 땀의 대가로 많은 발전이 있었으나 2차에 걸쳐 반환 되어 이집트 땅이 되었다.

시나이반도는 2차 중동전쟁으로 1년간 그리고 3차 중동전쟁(6일전쟁)으로 15년간을 이스라엘이 점령한 땅이었다.

사막이 남쪽으로 펼쳐져 있는 무성한 대추야자의 도시로 그 넓은 지중해의 수평선과 해변의 백사장 그리고 푸른 물결은 한결 아름다움을 더해 준다. 이러한 자연의 정취를 고려하여 호텔들이 해변가에 많이 들어서 있다.

엘 아리쉬 사람들은 한국인에 대단히 우호적이다. 그 이유는 이곳에 한국의 기술진으로 화력 발전소가 건설되어 사막 도시의 밤을 밝혀주고 있고, 시나이반도에 한국인에 의해 도시가 건설되기 때문이다.

(2) 페루지움 (Pelusium)

수에즈 운하의 엘 콴타라(EL Qantara) 나루터에서 약 40km, 엘 아리쉬에서 약 110km지점에 위치해 있다. 지금의 이름은 엘 파라마(El Farama)이며 성경에 기록된 이름은 "다바네스"이다.

성경에 선지자 예레미아와 네리아의 아들 바룩을 영솔하고 애굽땅에 들어가 다바네스에 이르렀으니 그들이 여호와의 목소리를 청종치 아니함이 이러하였더라(렘 43:6-7)라고 기록되어 있다. 예레미아 선지자가 이곳에 내려와서 얼마간 머물렀던 곳으로 바로왕의 궁전이 있던 곳이다.(렘 43:9)

애굽의 제27왕조의 프삼메티코스3세(Psammetichos Ⅲ)때에 페르시아왕 캄비세스(Cambyses Ⅱ, 주전 530-522년)의 침략을 받아 주전 525년에 페루지움에서 애굽군대가 격멸되고 헬리오포리스와 멤피스가 점령되어 애굽은 페르시아의 지배에 들어가게 되었다.

페루지움은 폼페이(Pompey, 주전 106-48년)가 암살된 곳이기도 하다.

폼페이(Gnaeus Pompey)는 로마 말기 주전 70년과 52년 두 차례에 콘술(Consul, 집정관)이 되었다. 그는 오랜 세월동안 로마를 괴롭힌 싸움에서 종지부를 찍게한 장군으로 업적도 높이 평가되었다. 그러나 카이사르(Caesar, 황제)와 대립하던 원로들의 충동으로 카이사르와 싸웠으나 이탈리아에서 쫓기게 되었다. 그 뒤 동방에서 세력을 결집했지만 주전 48년 그리스 북쪽 데살로니카의 도시 파르사루스(Fharsalus)의 회전에서 카이사르에게 대패하여 이집트로 도망가던 중 당시 로마군 사령관 아킬라스(Achillas)와 루시어스 셉티머스(Lucius Septimus)의 두 사람이 폼페이를 페루지움에서 맞이하여 환영하는 척하면서 주전 48년 9월 28일에 암살했다.

성 가족이 오셨을 당시의 페루지움은 바로(Pharaoh)의 궁전이 있었던 곳이며, 매우 중요한 항구도시였다. 예수님은 이곳에서 얼마간 머물러 있었을 것으로 짐작이 간다.

지금은 이곳의 입구 근처에서도 두드러진 유적조차 발견되지 않고 해안을 따라 넓은 사막의 모래밭만 펼쳐져 보인다.

페루지움 유적의 돌기둥

옛 궁전의 한 돌기둥이 안내 표석처럼 세워져 있어 그곳을 따라 들어가 옛 유적의 궁전터를 발견하게 된다.

2000년 전에 옛 궁전이 있었으며 중요한 항구도시였다. 더욱 예수님이 머물러 계셨던 곳이였다. 그러나 오늘날 광활한 모래밭의 사막으로 변하게한 자연의 힘과 인류역사의 흐름을 통해서 무상함을 느낄수 있는곳이다.

(3) 자가지그 (Zagazig)

시나이 땅에서 오늘날 수에즈운하(당시는 운하가 아님)를 건너 멘잘라 호수(Manzala Lake) 아래쪽으로 해서 나일 삼각주 평야로 들어오는 길은 아브라함, 요셉이 들어왔던 길이며 미디안 상인들이 왕래했던 길이다.

성 가족은 페루지움에서 이 길을 따라 고센땅에 들어와 자가지그 지역인 텔 엘 바스타(Tel el Basta) 마을을 방문하였다. 성경에 아웬과 비베셋의 소년들은 칼에 엎드러질 것이며 그 성읍 거민들은 포로될 것이라(겔 30:17)고 에스겔이 하나님의 심판을 예언한 비베셋은 지금의 자가지그이다.

비베셋은 제22왕조의 애굽왕 시삭에 의해 건설된 도시이며. 여로보암이 솔로몬에게 쫓기게 될 때 망명하여 이곳에 와서 머물렀던 곳이다.

자가지그는 고센의 델타지방에서 큰 도시이다. 성 가족은 자가지그에서 약 2km 남서쪽의 텔 엘 바스타(Tel el Basta) 마을을 방문하였는데 마을 사람들이 푸대접을 하므로 이곳에서 떠나 빌베이스(Bilbeis)로 갔다.

마리아 기념교회 (자가지그)

텔 엘 바스타에는 옛 신전터와 널려 있는 비석들이 있는 유적을 볼 수 있다.

이곳에는 시가지 중심에 허술한 성마리아 교회가 세워져 있다. 마침 교회에 모여 공부하고 있던 천진한 아이들의 눈망울은 귀엽기 그지없었다.(☞ 아이들의 사진)

자가지그는 카이로에서 기차 편으로 갈 수 있고 육로로는 빌베이스에서 돌아 들어가면 된다.

마리아 기념교회
(현지 어린이들과 저자)

빌베이스 성 죠지 교회

(4) 빌베이스 (Bilbeis)

성 가족은 텔 엘 바스타(Tel el Basta)에서 하룻동안 걸어서 오늘날 벨베이스에 도착하였다.

성 가족이 벨베이스에 도착했을 때 마침 장례식이 있었는데 예수님이 불쌍히 여겨 죽은 자를 살려 주어 온 마을 사람들이 성 가족을 크게 환영 했다.

중세시대에 이르기까지 수많은 순례자들이 빌베이스를 찾아 마리아 나무 아래서 경배하곤 했는데 그후 나폴레옹 군사들이 잘라버리려고 도끼로 찍었을 때 첫 도끼자국에서 피가 나오는 것을 보고 겁을 먹고 도망쳤다 이 마리아 나무는 주후 1850년 고목이 되어 잘라져 화목이 되고 말았다는 전설이 전해지고 있다. 지금의 빌베이스에는 성 죠지교회가 세워져 있다.

빌베이스는 카이로에서 이스마일리아까지 연결되는 운하의 좌편 도로변에 위치해 있고 이스마일리아와 빌베이스의 중간에는 숙곳이 위치하고 있다. 카이로에서 빌베이스가지는 승용차 편으로 1시간 소요된다.

(5) 사마누드 (Samanoud)

성 가족은 빌베이스(Bilbeis)에서 이곳 사마누드(Samanoud)로 오게 되었다. 조그마한 마을의 사마누드에 성 마리아 교회가 세워져 있다.

이 교회 울안의 뒤편에는 마리아 우물이라고 부르는 우물이 있는데 성 가족이 이 우물을 사용했다고 전해지고 있다.

로마의 기독교 박해시대에 성 아바눕(St. Abanoub)은 12세 소년으로 순교하여 성인으로 추숭(追崇)되었으며 이곳에 그를 위해 세워졌던 교회의 터 위에 성 마리아 교회가 세워졌다. 그래서 성 마리아 교회 또는 성 아바눕 교회라고 부른다.

교회 안에는 성 아바눕의 유해와 8천명의 많은 순교자 유해가 안치되어 있다.

사마누드를 방문하려면 카이로에서 철도 아니면 육로를 이용하여 탄타(Tanta)에서 하차하여, 이곳에서 사마누드행 합승 택시를 이용하면 편리하다.

마리아 기념교회 (아바눕 교회)

(6) 사카 (Sakha)

성 가족은 사마누드(Samanoud)에서 얼마 멀지 않은 북서쪽의 카프르엘 쉐이크(Kafr el sheikh)의 사카(Sakha)에 도착하여 여독을 풀었다.

사카를 순례하고자 하면 카이로에서 알렉산드리아행 기차를 타고 탄타(Tanta)역에서 기차를 갈아 타던가 하차하여 육로를 이용하는 방법이 있다. 사카의 다음역이 카프로엘 쉐이크이다. 사카역에서 하차하여 역에서 마을 안으로 약 100m 들어가면 성 가족 방문 기념교회인 성 마리아 교회가 세워져 있다.

교회 안에는 아기 예수님의 오른편 발자국이 있는 바위 돌이 유리상자(Casket : 가로 1m×세로 60cm×폭 60cm)에 보존되어 있다. 그 상자안에 기도 제목의 쪽지를 많이 써서 넣기도 한다.

성 가족은 이곳에서 남서쪽의 광활한 사막의 오아시스에 위치한 와디 엘 나투룬(Wadi el Natrun)으로 이동했다.

교회내에 보존된 예수님의 족적(足跡)

(7) 와디 엘 나투룬 (Wadi el Natrun)

와디 엘 나투룬은 사막 가운데 있는 일종의 오아시스이며 약간 저지대에 있는 광활한 사막지역이다. 성 가족은 카프르엘 쉐이크의 사카에서 이곳으로 와서 얼마간 머물러 있었다.

와디 엘 나투룬에 4개의 수도원이 세워진 것은 성 가족의 방문과 관련이 깊다. 이곳에 처음으로 세워진 성 바라무스 수도원(Monastery of St. Baramus)을 비롯하여 성 마카리우스 수도원(Monastery of St. Macarius), 성 비쇼이 수도원(Monastery of Bishoi) 그리고 소리안 수도원(Monatery of Sourian)이 세워져 있다.

알렉산드리아는 이집트 초기 기독교의 중심지로 활발했다. 그러나 주후 6세기경부터 로마제국의 기독교 박해가 극심해지자 알렉산드리아에서 이곳 와디 엘 나투룬으로 피신하여 모여 들게 되었다.

성 마카리우스(St. Macarius, 주후 300-390년)는 수도원의 창시자인 성 안토니(St. Anthony, 주후 251-355년) 대주교의 제자로써 또 다른 제자인 성 암몬(St. Ammon)의 도움을 받아 나투룬 사막에 수도원을 세웠다.

이곳에 최초로 세운 수도원은 주후 340년에 성 마리아의 이름으로 세워졌으나 로마의 성인 이름을 따서 성 바라무스 수도원이라 불렀다. 성 마카리우스 수도원은 주후 360년 마카리우스의 나이 60세에 세운 수도원으로 그는 이곳에서 죽는날까지 30년동안 수도생

마카리우스 수도원교회

바라무스 수도원 교회

소리안 수도원 교회

비쇼이 수도원교회

활을 하며 제자들을 길러낸 콥틱교회의 성자중 한사람이다.

그가 세상을 떠난 후 유해는 이곳 수도원에 안치되었다. 성 마카리우스는 이곳에 마카리우스 수도원과 바라무스 수도원을 세웠으며 4개의 수도원중 성마카리우스 수도원은 제일 큰 수도원이다.

콥틱교회의 교황은 반드시 수도원에서 수도사 생활을 해야하는데 성 마카리우스 수두원에서 많은 교황이 배출되었다.

성 마카리우스 수도원에는 여러개의 교회가 있는데 성 마카리우스 교회에서 주로 예배의식을 행한다. 이 교회에는 성 마카리우스 유해가 안치되어 있고, 왼편 지하 동굴에 세례요한의 유해와 엘리사의 유해가 발견되어 교회 안쪽에 안치되어 있다.

세례 요한의 유해는 교황 아다나시우스가 20세때에 이스라엘에서 알렉산드리아로 이장했었는데 그후 기독교 박해시 이곳으로 옮겨왔다고 한다. 성 마가의 유해도 함께 이곳에 안치되었으나 알렉산드리아로 옮겨 갔다고 한다. 그러나 현재 콥틱 교황청 경내의 성 마가 교회의 성묘(聖廟)에 그의 유해가 안치되어 있다.

필자는 이곳 마카리우스 교회에서 새벽 5시부터 예배가 시작되어 동참하게 되었다. 예배가 약 2시간에 걸쳐 진행 되는동안 창밖에 여명이 밝아오고 창밖의 울창한 고목의 나무숲에서 참새떼들이 요란하게 지저귀기 시작했다. 사막 가운데 나무 숲속에서 참새떼들이 새 아침을 찬미하는듯한 그아름다운 선율은 마음속 깊이 감동을 주었다. 영원히 잊을 수 없는 한 순간이었다.

성 마카리우스 교회의 바로 맞은편에 49 순교자 교회가 있다. 이 교회 안에는 기독교 신앙을 위하여 목숨을 바친 마흔아홉 분의 순교자 뼈가 한 곳에 묻혀 있는 무덤의 교회인데 마음이 숙연해 지는 곳이다.

이곳에는 종 탑 바로 옆에 도서관이 있다. 알렉산드리아 도서관에서 옮겨와 소장하고 있는 성경 사본을 비롯해서 많은 장서를 볼 수 있다. 약 6천 권의 성경사본이 있었으나 영국과 불란서 등지로 유출되어 지금은 약 500권 밖에 되지 않는다고 한다.

성 가족은 이곳에서 카이로의 엘 마타리아로 가게 되었는데 가는 도중에 기자사막에 있는 피라미드를 보았을 것으로 짐작이 된다.

카이로에서 알렉산드리아 까지 개척된 사막도로의 약 95km 지점의 우측에 사다트시가 자리잡고 있다. 사다트시로 들어가는 진입로를 기점으로, 성 마카리우스 수도원은 그 기점에 못 미쳐서 좌측으로 굽어 들어가고, 성 비쇼이 수도원 등 3개수도원은 그 기점을 지나 휴게소(Rest House)에서 좌측으로 굽어 들어간다.

성 마카리우스 수도원에서 성 바라무스 수도원까지는 약 26km이고 성 바라무스 수도원에서 성 비쇼이 수도원까지는 약 6km이며 성 비쇼이 수도원과 소리안 수도원은 인접해 있다.

와디 엘 나투룬의 수도원을 순례할 경우 승용차편이 편리 하다 그러나 대중교통수단을 이용하려면 사막의 주도로 까지는 큰 불편이 없으나 주 도로에서 수도원까지는 대중 교통수단의 이용이 불가능하다.

와디 엘 나투룬의 교통요도

(8) 엘 테이르 (El Tair)

마리아 기념교회

나일강을 따라 남쪽으로 내려가다 보면 주변에 유적들이 많이 있다. 성 가족은 올드 카이로에서 배편으로 떠나 사마루트(Samalut)를 거쳐 엘 테이르(Dier Gabal el Teir)에 들렀다.

이집트의 철도와 도로는 카이로에서 룩소까지 주로 나일 강변에 평행으로 뻗어 있어 승용차나 기차 또는 대중교통수단에 의해 이동하면서 나일강과 주변의 정취를 흠뻑 느낄 수 있다.

엘 테이르는 사마루트를 지나 나일강을 배로 도강하여 택시를 타고 약 5분 정도 올라가야 한다. 나일강을 도강하자마자 백회석 채취의 작업이 이루어지고 있는 언덕을 지나가야 한다.

나일강변의 높은 언덕 위에 성 가족의 방문을 기념하기 위하여 세 개의 둥근 지붕으로 건축된 성 마리아 교회가 세워져 있다.

교회 앞의 언덕 위에 서서 남북으로 굽이굽이 흐르는 나일강과 주변 마을들을 굽어보는 마음의 눈이 무척 시원한 곳이다.

(9) 엘 아슈무네인 (El Ashumunein)

성 가족은 여러 곳을 방문하는 가운데 엘 테이르에서 떠나 엘 미니아(El Minya)와 베니하산(Beni Hassan)을 경유하여 엘 아슈무네인을 방문했을 것으로 짐작이 간다.

엘 아슈무네인 에는 옛 신전터에 유적이 남아있어 돌기둥들이 서 있고 주춧돌만이 옛 모습을 보여주고 있다. 이곳에는 성가족의 방문교회가 세워져 있지 않다. 그러나 가정집이나 다름없는 낡은 콥틱교회 안에는 5명이 앉을수 있는 오래된 긴 나무의자가 30여개가 놓여 있고 앞에는 강대상이 놓여 있었다.

책장안에는 수십권의 성경과 찬송가 책이 꽂혀있는데 성경책은 한국에서 1988년 아랍어로 번역된 책이었다.

우리 한국인에 의한 번역판의 아랍어 성경책이라는 사실에 깜짝 놀랐다. 문서 선교의 필요성과 그 성과를 다시한번 새롭게 느낄 수 있었다.

아슈무네인 콥틱교회

이지역은 이슬람과 기독교간에 종교분쟁이 빈번한 곳이다. 이곳 소수의 기독교인들은 철대문안에 집단으로 거주하고 있어 보호통제를 받고 있는 지역임을 알 수 있었다.

이집트의 모든 콥틱교회는 정문앞에 경찰초소가 있어 정복입은 경찰관들이 출입을 통제하고 있다.

이곳은 특별히 아랍인 고유복장(Galabia)을 한 아랍인 경비원이 무장을 하고 교회앞의 망대에서 경비하고 있었다.

이곳에서 뜻밖의 사건이 발생했다. 교회앞에서 필자가 사진촬영한 것이 화근이 된 것 같았다.

또한 이집트의 시골교회를 방문 할때 기독교(콥틱)인과 회교인들이 함께 거주하는 지역에서는 그 지역 목사(신부)가 경찰에 신고 해야 한다. 만약 목사가 신고하지 않으면 문책을 당한다

이곳에서 필자는 신고된후 교회 안에 약 2시간 동안 보호되었으며, 현역 군인들의 장갑차가 출동되어 장갑차에 의해 경찰서 까지 호송되기까지 했으나 무사했다.

이 지역은 종교의 갈등이 심한 곳이기 때문에 가급적이면 방문하지 않는 것이 좋다. 방문하고자 하면 한국 선교사 또는 한국인 가이드의 안내를 받으면 안전하다.

대중교통수단을 이용하여 방문할 경우는 말라위(Mallawi)에서 정기적으로 왕래하는 버스편을 이용하면 약 30분이 소요된다.

(10) 엘 무하라크 수도원 (El Muharraq Monastery)

수도원 전경

엘 무하라크 수도원은 카이로에서 남쪽으로 약 335km지점, 나일강변의 국도에서 약 4km의 내륙에 위치하고 있다.
성 가족은 다이루트(Dairut)를 거쳐 나일강변에 가까운 소도시인 엘 쿠세아(El Qusiya)에 도착하였다. 성 가족이 이곳에 이르렀을 때 마침 마을에 결혼식이 있었는데 신부가 귀신들려서 벙어리처럼 바보가 되어 있었다. 그 신부가 아기 예수께 달려가 입을 맞추니 귀신이 물러가 금방 온전해져서 하나님을 찬양했다는 전설이 전해지고 있다.

성 가족은 엘 쿠세아에서 내륙으로 약 3km 지점의 오늘날 엘 무하라크 수도원이 있는 코스캄산(Mt.

마리아 기념교회

콥틱 성경

정원입구(저자와 수도사)

성가족 방문 기념비

Qousqam)의 기슭에 도착하였다.

요셉은 그곳에 종려나무와 진흙으로 작은 집을 지었다. 집 근처에 있던 우물은 예수님의 축복을 받았다. 예수님께서는 병과 더러운 악령들에게 시달리는 근처에 사는 많은 사람들을 낫게 하는 이적을 행하였다.

그 후에 이스라엘로 부터 요세(Joses)라는 사람이 이곳에 와서 성 가족에게 고하기를 "헤롯"이 동방박사들에게 속았음을 알았을 때 몹시 격노하여 사람을 보내 베들레헴 근처에 있는 두 살 박이 사내 아이들을 전부 죽였다고 했다. 그때에 예수님은 이스라엘에서 온 요세에게 감사하며 그의 조상들인 성자들과 함께 잠들것이라고 했다.

그 후 요셉은 요세가 죽으매 그의 무덤 앞에 사각형의 돌 위에 "성 가족이 코스캄산에서 잠시 머물렀다"고 새겨서 세웠다. 요세의 무덤은 수도원의 성모 마리아 교회 밖의 남서쪽 모퉁이에 있어 오늘날 까지 전해지고 있다.

헤롯이 죽은 후에 주의 사자가 애굽에서 요셉에게 현몽하여 가로되 일어나 아이와 그 모친을 데리고 이스라엘 땅으로 가라 아기의 목숨을 찾던 자들이 죽었느니라 하였다.(마 2:19-20)

성 가족이 이곳을 떠나기 전에 마리아는 예수께 약 6개월 동안 가족의 피난처가 되었던 작은 집을 축복하기를 부탁했다. 그래서 그곳은 이사야의 예언 "나의 백성 애굽이여 복이 있을지어다(사 19:25)" 라고 말씀한 대로 나사렛, 예루살렘, 베들레헴과 모든 성지들 처럼 명예와 명성을 얻었다.

성 가족이 수도원의 자리에 방문한 것을 기념하여 히브리어로 새겨진 옛 비석이 세워져있다.

성 가족이 이곳에서 약 6개월간 머물러 있던곳에 성모 마리아 교회가 세워져 있다. 이곳이 이집트의 가장 중심이 되는 이집트의 배꼽이 되는 곳이라고 안내 수도사가 설명해 주었다.

이 성모 마리아교회의 성전 안에서 수도사들이 새벽 4시부터 약 3시간 동안 카톨릭과 유사한 예배의식이 복잡하게 행해지고 있었으며, 다른 지역에 있는 4개의 수도원은 통상 새벽 5시부터 약 2시간의 예배가 진행되고 있음을 직접 예배시에 참관하여 관심을 가지고 볼 수가 있었다.

성 가족이 다시 이스라엘 땅으로 돌아 갈때의 노정은 올 때에 머물렀던 곳을 대부분 되짚어 되돌아 갔을 것으로 짐작된다.

수도원 지역의 성채의 탑(Tower)은 제논왕(Xenon, 주후 474-491년)에 의해 로마 요새 형태로 세워졌는데 이방민족이 자주 공격해 왔기 때문에 이에 대비하기 위해서 세워졌다.

지금의 수도원 담벽의 석조 벽돌은 주후 1901-1928년에 건축되었으며 일반 문과 특별 문의 두개의 이중 문으로 튼튼히 설치 되었다.

웅장한 수도원 담 벽의 총연장 거리는 약 4km이며 수도원 안에는 옛 성모마리아 교회, 새 성모 마리아교회, 성 죠지 교회, 수도원 궁전, 수도사 숙소, 귀빈 숙소, 콥틱교인 기도실 및 숙소, 도서관, 목축장, 식품가공 공장, 식당, 도살장 등 많은 건물이 들어서 있다.

콥틱교회에서 추천을 받아오면 누구나 수도원에 들어와서 기도할 수 있고 침식을 제공 받는다. 콥틱교인 뿐 아니라 수많은 성지순례자들이 모여든다. 매년 6월 20일부터 한 주간은 성모 마리아의 탄일을 축하하는 큰 축제가 벌어진다고 한다.

8. 성 안토니 수도원과 성 바오로 수도원

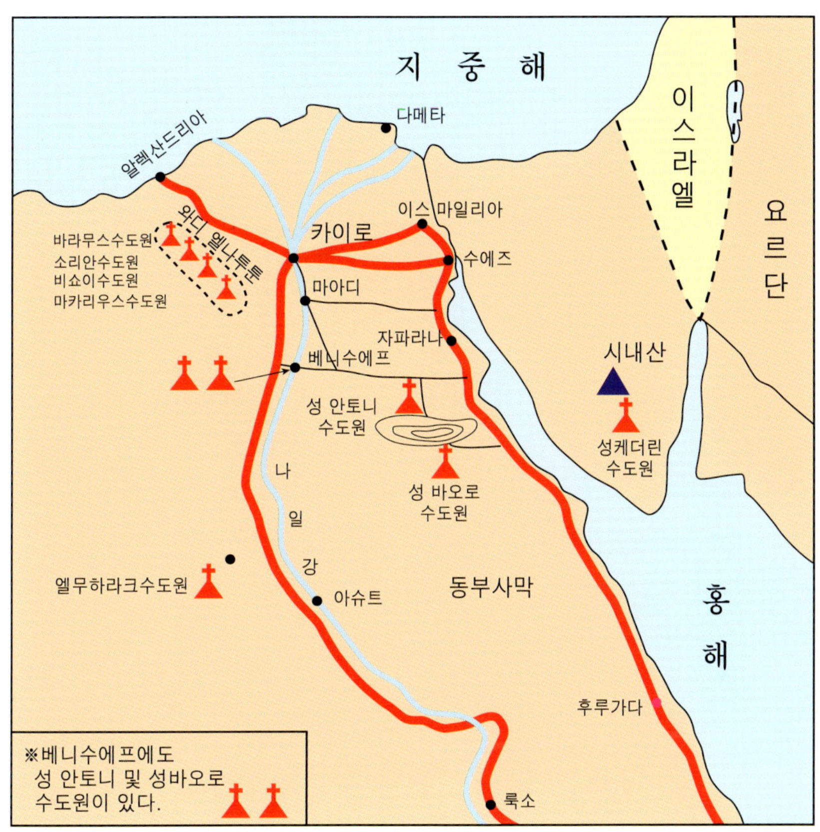

이집트의 수도원

(1) 성 안토니 수도원 (The Monastery of St, Anthoney)

성 안토니 수도원은 카이로에서 약 300km 지점, 이집트의 동부사막 가운데 위치하고 있는 세계에서 제일 오래된 수도원이다.

성 안토니(St. Anthoney)는 수도원의 창시자로 주후 251년 지금의 베니 수에프(Beni Suef, 카이로에서 140km 지점 나일강변 도시)에서 부유한 가정에서 태어났다. 그는 18세 때에 부모가 세상을 떠나자 부모의 많은 재산을 상속 받게 되었다. 그런데 어느날 성경의 마태복음 19장을 읽게 되었다.

성경에 그 청년이 가로되 이 모든 것을 내가 지키었사오니 아직도 무엇이 부족하니이까 예수께서 가라사대 네가 온전하고자 할진대 가서 네 소유를 팔아 가난한 자들을 주라 그리하면 하늘에서 보화가 네게 있으리라 그리고 와서 나를 좇으라 하시니 그 청년이 재물이 많으므로 근심하며 갔다.(마 19:20-22)는 성경 말씀이 자기에게 말씀하시는 것으로 생각되어 깨닫게 되었다. 그래서 자기의 많은 재산을 팔아서 가난한 자에게 나누어주고 광야의 산 속에서 20여년 동안 은둔생활을 했다. 그에게 한 누이가 있었는데 그녀도 수녀원에 보내졌다.

초기 기독교의 동방정교회에서 혼자 광야에 나가 숨어서 은둔(隱遁)의 생활을 많이 했는데 이들을 은수사(隱修士)라고 부른다. 주후 305년 안토니는 은수사들을 모아 은수사원(隱修士院)을 세우고 수도복을 입게 하였는데 이것이 수도원(修道院)의 효시(嚆矢)이다. 그후 4세기 중엽 알렉산드리아의 주교 아다나시우스는 수도원

성안토니 교회

성 안토니수도원 정문

하게 문이 제작되어 있다.

본래 수도원으로 들어가는 출입문이 없어 성벽위에서 바구니로 사람을 실어 올리고 내렸다고 한다.

성 안토니는 주후 311년 기독교에 대한 박해가 심할 때 알렉산드리아에 가서 신도들을 격려하고 많은 기적을 보여주어 "황야의 별"이라는 말을 들었다. 그는 나이 61세가 되던 주후 312년에 지금의 성 안토니 수도원의 뒤에 있는 콜줌산(Mt. Kolzoum)의 높은 지역에서 자연 동굴을 발견하고 그곳에서 수도생활을 시작했다.

지금의 수도원 안에는 사철 끊임없이 흘러내리는 천연 샘물(Water Spring)이 있다. 이 샘물 때문에 이곳에는 정원이 있고, 대추야자의 숲도 있다. 성 안토니는 동굴에서 수도하다가 내려와서 목이 마르면 물을 마시고 근처에서 대추야자의 열매를 따서 먹으며 수도생활을 했다고 한다.

그가 길러낸 제자들이 많이 있는데 그 가운데 성 아다나시우스(St. Athanasius)를 비롯하여 성 마카리우스(St. Macarius), 씨릴(Cyril), 성 아마타스(St. Amatas)등이 있다.

성 안토니는 주후 356년에 105세로 세상을 떠나 그 유해는 이 수도원에 안치되어 있다.

의 규칙을 제정하여 체계화하였고 파고미우스는 이것을 발전시켜 수도원 주위에 담을 쌓아 세속과 단절시켜 금역제(禁域制)를 만들었다. 성 안토니수도원은 흙돌 담벽을 높이 10m로 쌓았다.

이집트의 모든 수도원은 외부로부터 습격을 받지 않도록 높은 담 벽을 튼튼히 쌓고 아주 작은 출입대문을 달아 안에서 잠그면 밖에서 파괴가 불가능하도록 완벽

수도원 안에는 성 안토니교회를 비롯하여 사도들의 교회, 성 마가교회, 성 마리아교회, 성 바오로교회 등 일곱 개의 교회와 도서관이 있다.

성 안토니교회는 주후 15세기말 베두인들이 습격하여 수도사들을 전부 몰살시키고 수도원을 점령하여 이 교회를 부엌으로 사용했기 때문에 시커멓게 그을러졌고 이때에 수도원에서 소장하고 있던 진귀한 성경사본 등

성 안토니 기도동굴로 올라가는길

성 안토니 수도원 샘물

많은 자료들이 유실되었다고 한다. 현재의 도서관에는 1,600여 점의 장서가 소장되어 있다.

수도원 뒤의 콜줌산의 정상 가까이에 있는 기도 동굴에 관심을 갖게 된다. 성 안토니(주후 312-356년)는 이곳 동굴에서 약 44년간 수도생활을 했다.

산의 높이가 약 300m라고 하지만 올라가는데 위험한 곳도 있어 로프줄의 난간이 설치되어 있고 수통의 물을 자주 마시며 올라가야 하는 제법 높은 곳이다.

기도 동굴입구에 들어가면 작은 방안넓이의 공간이 있고 그곳에서 한 명이 겨우 들어갈 수 있는 협착한 좁은 통로를 따라 약 30m 들어가면 최종지점에 타원형으로 생긴 약 3평정도 크기의 동굴(Cave)이 있다. 성 안토니는 이곳에서 기도하며 수도의 생활로 일생을 마감한 곳이다.

성 안토니 수도원을 순례하는 길은 카이로에서 세 가지 길이 있다.

(1) 철도나 육로 편으로 베니수에프(Beni suef)에 도착하여 다시 육로에 의해 수도원으로 가는 길, (2) 육로로 수에즈(Suez)와 자파라나(Za Farana)를 경유하여 가는 길, (3) 육로로 뉴 마아디(New Maadi)로 가서 신설도로를 따라 홍해변의 아인 엘 수크나(Ain el Sukhna)와 자파라나(Za Farana)를 경유하는 길인데, 세 번째의 길이 가장 빠른 길이다.

카이로에서 베니수에프 까지는 약 140km, 베니수에프에서 동부 사막길로 약 177km지점의 수도원입구(홍해에서 내륙으로 52m지점)에서 다시 12km를 안으로 들어가면 수도원 정문에 도착 하게 된다. 승용차 편이 아니면 카이로에서 베니수에프 까지 기차를 이용하여 베니수에프에서 하차한 다음 자파라나(Za Farana)행 버스를 갈아 타고, 수도원 입구에서 하차하여 수도원 입구에서 안으로 들어가는 차편에 편승해서 들어가야 한다.

2) 성 바오로 수도원 (The Monastery of St, Paul)

성 바오로 수도원은 성 안토니수도원 후방의 콜줌산 (Mt. Kolzoum) 넘어에 위치하고 있다. 산 하나를 넘기만 하면 되지만 산이 험하여 넘을 수 없고 산 주변에 도로가 없어 약 95km의 기존 도로를 이용하여 돌아가야 한다.

성 안토니 수도원에는 기독교인들의 관심이 많지만, 성 바오로 수도원에는 관심이 그다지 많지 않은 경향이 있다. 그러나 꼭 방문할 필요성이 있는 수도원이다.

성 바오로는 성 안토니 보다 나이가 23세가 많고, 성 안토니 보다 36년 전에 일찍이 이곳의 동굴에 와서 수도생활을 시작했다 그는 80년간 수도생활 하면서 성 안토니도 만나게 된다.

성 바오로는 주후 228년 알렉산드리아의 부유한 가정에서 태어났다. 그러나 그의 아버지가 매우 많은 유산을 형에게 남기고 죽었다. 그들은 유산(遺産) 때문에 다투고 재판을 받아야 했다.

그는 어느날 길을 가다가 부자의 장례식 광경을 보고 삶의 변화를 가져왔다. 그는 도시를 떠나 3일 동안 버려진 무덤 곁에서 주님께 기도하며 가야할 길을 보여 달라고 간절히 간구했다. 주님은 천사를 보내어 그를 동쪽 사막으로 인도했다.

그는 홍해가 내려다 보이는 네므라산(Mt. Nemra) 꼭대기의 동굴에 거하면서 누구와도 만나지 않고 80년 이상을 수도했다. 그의 의복은 단지 종려 잎과 가지였고 음식은 까마귀가 매일 빵 반 덩어리를 물어다 주어 먹고 지냈다고 한다.

주님께서 성 바오로의 신성함을 계시하기 위하여 성 안토니를 그의 동굴로 인도하였다. 그들은 오랫동안 대화했고 저녁 무렵에는 까마귀가 날아와 그들을 위하여 빵 한 덩어리를 떨어뜨려 둘이 나누어 먹었다.

성 바오로 초상화

이때에 성 바오로는 성 안토니가 진실한 하나님의 사람임을 깨달았다.

성 바오로는 죽음이 가까웠음을 느꼈을 때에 성 안토니에게 교황 아다나시우스의 사제복을 가져오라고 했다. 성 안토니가 사제복을 가지고 성 바오로에게 돌아오는 길에 그는 천사가 성 바오로의 영혼을 천국으로 데려가는 것을 보았고 동굴에 도착했을 때 성 바오로는 이미 죽어 있었다.

그가 무덤을 어떻게 팔 것인가 생각하고 있는 동안에 두 마리의 사자가 와서 무덤을 발로 파 주었다. 그는 성 바오로의 시신을 사제복으로 싸서 묻었다. 성 안토니는 성 바오로의 옷을 아다나시우스 교황에게 보냈고 그것을 크리스마스와 부활절에 입었다고 한다.

성 안토니와 성 바오로가 함께 나란히 그려진 성화를 많이 볼 수 있다. 성 바오로의 초상화에 야자나무의 옷을 입고 머리 위에 빵 반 조각을 입에 물은 까마귀 한 마리, 발 밑에 사자 두 마리가 그려져 있음을 볼 수 있다.

성 바오로 수도원은 베두인의 습격을 받아 수차 존립의 위기에 처했었다. 수도사 대학살의 참상을 겪은 뒤 폐허가 되었지만 1970년대에 이집트 콥틱 주교 슈노더 3세(Pope Shenouda Ⅲ)에 의해 수도원이 복구되고 수도사가 파견되어 옛날의 번영을 되찾았다.

성 바오로 수도원 교회

제2절 요르단

1. 암만 (Amman)

암만(Amman)은 요단강에서 동쪽으로 약 75km 지점, 아라비아 고원 서쪽 끝, 해발 약 800m의 지대에 자리잡고 있다. 암만은 지금의 요르단(Jordan)의 수도이다. 요르단은 남한 크기와 비슷한 9만1천km²의 면적에 인구는 475만명에 불과한 나라로 제2차 세계대전이 종식 되자 1945년 아랍연맹에 가입했으며, 1946년 요르단을 수도로하여 트란스(동) 요르단 하심왕국으로 독립했다.

야외 원형극장

암만은 주전 5세기경 부터 있던 옛 도시이다. 성경에 암만은 "랍바"라 기록하고 있으며, 랍바는 암몬의 왕성(王城)이었다.

다윗은 암몬성을 공격하는 동안 하나님께 큰 죄악을 범했다. 해가 돌아와서 왕들의 출전할 때가 되매 다윗이 요압과 그 신복과 온 이스라

엘 군대를 보내니 저희가 암몬 자손을 멸하고 "랍바"에 에워쌌고 다윗은 예루살렘에 그대로 있으니라 저녁 때에 다윗이 그 침상에서 일어나 왕궁 지붕 위에서 거닐다가 그곳에 보니 한 여인이 목욕을 하는데 심히 아름다워 보이는 지라 다윗이 보내어 그 여인을 알아보게 하였더니 고하되 그는 엘리암의 딸이요 헷사람 우리아의 아내 밧세바였다.

다윗이 사자를 보내어 저를 자기에게로 데려오게 하고 저가 그 부정함을 깨끗케 하였으므로 더불어 동침하매 저가 자기 집으로 돌아갔다. 여인이 잉태하매 보내어 다윗에게 고하여 가로되 내가 잉태하였나이다 하였다.(삼하 11:1-5)

다윗은 그녀의 잉태를 감추기 위하여 전선에 나가있는 밧세바의 남편 우리아에게 3일간 특별휴가를 주어 아내와 같이 침상에서 시간을 보내게 하려고 불렀다. 그러나 우리아는 전투기간 중에 금욕생활의 전통을 지키고 전선의 바깥들에 있는 요압과 왕의 신복들을 생각해서 아내와 침상에 눕는 것을 거절했다. 한마디로 충성스러운 군인이었다. 그러나 다윗은 우리아에게 편지를 써서 요압에게 보냈다. 그 편지에 써서 이르

기를 너희가 우리아를 맹렬한 싸움에 죽게하라 하였다.(삼하 11:15) 요압은 다윗의 명령대로 행하여 우리아는 적진에서 다윗의 의도대로 전사당했다. 하나님께서는 선지자 나단을 보내어 행인과 부자의 비유로 다윗을 심히 책망했다. 간음하여 잉태된 첫 아이는 출생후 7일만에 죽어버렸고 그후에 태어난 아이가 바로 솔로몬이다. 밧세바의 간음사건을 분기점으로 다윗왕의 윤리적, 정치적 갈등이 시작 되었다.

암만은 헬레니즘시대에 이집트 프폴레미 왕조의 필라델푸스 2세가 도시를 재건했고 그후 로마 비잔틴시대에 필라델피아(Philadelphia)라고 부르기도 했다.

로마시대의 유적으로는 5천명을 수용할 수 있는 원형극장과 헤라클레스 신전의 유적이 남아 있고 고대의 성채는 고고학 박물관으로 보존되어 있다.

제라쉬(Jerash)는 암만에서 북쪽으로 가까운 거리에 위치하고 있다. 그리스와 로마의 지배시대에 그 문화와 건축 양식의 영향을 받아 웅장했던 유적들이 많이 남아 있어 볼 수 있다.

특히 제라쉬에 비잔틴시대의 주후 529년과 533년에 각각 세워진 두 군데의 교회의 유적이 있다. 요르단에 가게되면 성지순례자들이 이곳에 대부분 들린다 로마시대의 웅장했던 옛 모습의 유적을 보며 무엇인가 깊이 생각에 잠길 수 있는 곳이다.

제라쉬의 유적

2. 느보산 (Mt. Nebo)

느보산은 지금의 요르단의 수도 암만에서 남서쪽으로 약 35km 떨어진 해발 710m의 산을 말하며 그 산의 정상을 시야가(Siyagha)라고 부른다.

모세는 모압땅의 사해 북동쪽에 위치한 아바림산맥의 산줄기에 진을 치고 가나안땅의 전지역을 바라볼수 있는 여리고 맞은편 느보산 꼭대기에 올라갔다.

성경에 너(모세)는 여리고 맞은편 모압땅에 있는 아바림산에 올라 느보산에 이르러 내가 이스라엘 자손에게 기업으로 주는 가나안 땅을 바라보라 네 형 아론이 호르산에서 죽어 그 조상에게로 돌아간 것 같이 너도 올라가는 이 산에서 죽어 네 조상에게로 돌아가리니 이는 너희가 신광야 가데스의 므리바 물가에서 나의 거룩함을 이스라엘 자손 중에서 나타내지 않은 연고라 내가 이스라엘 자손에게 주는 땅에 네(모세)가 바라기는 하려니와 그리로 들어가지는 못하리라 하셨다.(신 32:49-52)

가데스바네아에서 백성들이 너희(모세와 아론)가 어찌하여 우리를 애굽에서 나오게 하여 이 악한 곳으로 인도하였느냐 이곳에는 파종할 곳도 없고 무화과도 없고 포도도 없고 석류도 없고 마실 물도 없다고 불평했다.(민 20:5)

이때에 여호와께서 모세에게 일러 가라사대 지팡이를 가지고 네 형 아론과 함께 회중을 모으고 그들의 목전에서 너희는 반석에게 명하여 물을 내라 네가 그 반석으로 물을 내게 하여 회중과 그들의 짐승에게 마시울지니라 하셨다.(민 20:7-8)

그런데 모세는 회중을 모아놓고 그 손을 들어 그 지팡이로 반석을 두 번 치매 물이 많이 솟아 나오므로 회중과 그들의 짐승이 마셨다.(민 20:11)

하나님은 모세에게 반석을 명하여 물을 내라 하셨는데 혈기를 내서 지팡이를 한번도 아닌 두 번을 침으로 물을 내게 하였다. 이와 같이 하나님의 명령을 거역하여 하나님의 거룩하심과 영광을 가리움으로 약속의 땅에 들어가지 못하게 되었다.

느보산의 모세기념교회에서 이스라엘 땅을 바라보고 있다.(1997.10.11. 저자)

모세의 구리놋뱀 장대(모세 기념교회 언덕)

모세 기념비

모세가 놋뱀을 만들어 장대위에 다니 뱀에게
물린자마다 놋뱀을 쳐다 본즉 살더라
　　　　　　　　　　　민수기 21장 9절

여호수아에게 주신 사명

내 종 모세가 죽었으니 이제 너는(여호수아) 이 모든 백성으로 더불어 일어나

이 요단을 건너 내가 그들 곧 이스라엘 자손에게 주는 땅으로 가라.

너의 평생에 너를 능히 당할 자 없으리니

내가 모세와 함께 있던 것 같이 너와 함께 있을 것 임이라.

내가 너를 떠나지 아니하며 버리지 아니 하리니 마음을 강하게 하라 담대히 하라.

너는 이 백성으로 내가 그 조상에게 맹세하여 주리라 한 땅을 얻게 하리라.

오직 너는 마음을 강하게 하고 극히 담대히 하여

나의 종 모세가 네게 명한 율법을 다 지켜 행하고 좌로나 우로나 치우치지 말라.

그리하면 어디로 가든지 형통하리니

이 율법책을 네 입에서 떠나지 말게 하며 주야로 그것을 묵상하여

그 가운데 기록한대로 다 지켜 행하라 그리하면 네 길이 평탄하게 될 것이라.

네가 형통하리라.

여호수아서 1장 2절~ 8절

모세의 죽을 때 나이 120세나 그 눈이 흐리지 아니하였고 기력이 쇠하지 아니하였다.(신 34:7) 그러나 그의 죽음은 약속의 땅에 들어가지 못할뿐 아니라 모세에게 맡겨진 사명이 끝이 난 것이다.

그는 죽어 벤브올 맞은편 모압땅에 있는 골짜기에 장사되었고 오늘날 까지 그 묘를 아는 자가 없다.(신 34:6)

비스가산(Mt. Pisgah)은 느보산과 같은 곳이라는 주장도 있고 (민 21:20, 신 3:27), 느보산의 북서쪽에 있는 산이라는 해석도 있다. 통상 모세가 비스가산에서 바라 보았고 느보산에 잠들었다고 말한다.

1932년 카톨릭교회의 프렌체스코 수도회는 원주민들로부터 느보산 지역을 구입하여 발굴을 시작했다. 그 결과로 4세기초에 로마제국의 콘스탄틴 황제가 기독교를 공인한 직후 느보산위에 모세를 기념하는 교회와 수도원을 세웠던 유적이 발견되었다. 모세 기념교회가 있는 시야가(Siyagha) 정상 바로 남쪽에 또 하나의 무카야트(Mukhayyat)의 봉우리가 있다. 이곳에서 비잔틴시대에 건축된 네 개의 교회와 한 개의 수도원도 발굴되었다.

1993년도에도 프란체스코 성서연구소에서 집중 발굴작업을 가진바 있다.

교회내의 유적으로는 정교하고 다양한 모자이크를 볼 수 있고 교회 앞 언덕에는 이탈리아 조각가 「판토니」의 작품인 예수그리스도의 십자가를 상징하는 모세의 놋 뱀 장대가 세워져 있어 뱀에게 물린 자 마다 놋 뱀을 쳐다본즉 살더라(민 21:9)는 말씀을 상기하며 성지순례자들이 꼭 사진을 촬영 하는 곳이다.

느보산의 모세기념교회 바닥에 있는 비잔틴 시대의 모자이크

3. 마캐루스 (Machaerus)

여리고에서 요단강을 건너 남쪽으로 내려가다 보면 사해 북동쪽으로 느보산, 마다바, 그리고 마캐루스가 있다.

마다바(Madaba)는 암만에서 남쪽으로 약 30km, 느보산에서 동편으로 약 9km 지점의 조그마한 마을이다. 성경에는 메드바(Medeba)라 기록되어 있는 요단 동쪽 고지대에 있는 중요한 성읍이었다.

저희가 와서 메드바 앞에 진 치매 암몬자손이 그 모든 성읍으로 조차 모여와서 싸우려 한지라 다윗이 듣고 요압과 용사의 온 무리를 보내어 이곳에서 격파했다.(대상 19:7-15)

이 마을 북쪽 끝에 희랍 정교회 소속 성 죠지교회가 세워져 있다. 주후 6세기경 비잔틴시대인 주후 560년경의 예루살렘의 모자이크가 주후 1896년에 이곳 교회 바닥에서 발견되었다. 이 지도에는 예루살렘 성의 중앙에 로마식 도로와 건축물들이 정확하게 모자이크 되어 있다. 이 예루살렘 모자이크 지도는 대단히 귀중한 자료로 평가되고 있다. 주후 1967년 이후 예루살렘 발굴 작업시에 이 지도에 나타난 건축물의 유적이 발견되었다.(☞ 다음쪽 사진)

마캐루스(Macharus)요새는 마다바에서 국도로 약 15km 지점에 위치하고 있다. 유다 왕이던 알렉산더 안네우스(Alxtander Janeus)는 주전 90년경에 험준하고 높은 천연 요새 안에 마캐루스 요새를 건설했다. 그러나 유다 왕들이 두 차례(주전 56-57년)에 걸쳐 로마군에 쫓겨 이곳에 도망쳐 와서 저항하자 로마군은 마캐루스를 파괴해 버렸다.

주전 30년에 헤롯대왕은 북동 국경을 방어할 목적으로 마캐루스 요새를 재건했다. 그러나 헤롯대왕은 주전 4년 여리고에서 죽자 그 아들 헤롯 안디바(주전 3-주

마캐루스 요새(정상)

마캐루스 산

후 39년)가 이 요새를 물려받았다. 헤롯 안디바는 이곳에서 세례 요한을 참수했다.

헤롯(안디바)이 자기가 동생 빌립의 아내 헤로디아에게 장가든 고로 이 여자를 위하여 사람을 보내어 요한을 잡아 옥에 가두었으니 이는 요한이 헤롯에게 말하되 동생의 아내를 취한 것이 옳지 않다 주장했다.(막 6:17-19)

마침 헤롯이 자기 생일에 대신들과 천부장들과 갈릴리의 귀인들로 더불어 잔치할새 헤로디아의 딸이 친히 들어와 춤을 추어 헤롯과 함께 앉은 자들을 기쁘게 한지라 왕이 그 여아에게 이르되 무엇이든지 너 원하는 것을 내게 구하라 내가 주리라 하고 또 맹세하되 무엇이든지 네가 내게 구하면 내 나라의 절반까지라도 주리라 하거늘 저(딸)가 나가서 그 어미에게 말하되 내가 무엇을 구하리이까 그 어미(헤로디아)가 가로되 세례 요한의 머리를 구하라 하니 저가 곧 왕에게 들어가 구하여 가로되 세례 요한의 머리를 소반에 담아 곧 내게 주기 원하옵나이다 한대 왕이 심히 근심하여 자기의 맹세한 것과 그 앉은 자들을 인하여 저를 거절할 수 없는지라 왕이 곧 시위병 하나를 보내어 요한의 머리를 가져 오라 명하니 그 사람이 나가 옥에서 요한을 목베어 그 머리를 소반에 담아다가 여아에게 주니 여아가 이것을 그 어미에게 주니라 요한의 제자들이 듣고 와서 시체를 가져다가 장사하였다.(막 6:21-29)

요세푸스의 기록에 의하면 마케루스에는 온천이 여러 군데 있었다. 이 온천들은 각기 특색이 있는 맛이 있어서 어떤 온천은 물맛이 쓰고, 다른 온천은 물맛이 달았다. 또한 온천뿐 아니라 냉천도 있었다. 이곳의 깊지 않은 동굴 위에 여자 유방처럼 두 개의 불룩한 부분이 약간의 사이를 두고 솟아 나온 큰바위 하나가 있었는데 불룩한 한 쪽 부분에서 매우 뜨거운 물이 흘러나오고 다른 한쪽에서는 매우 차가운 물이 흘러나왔다. 이 온천수와 냉천수를 한데 섞어서 매우 쾌적한 목욕물을 제공해 주고 있었다. 이 목욕물은 다른 질병 치료에도 효과가 있었으나 특히 신경통 치료에 효력이 컸다.

필자는 마케루스요새를 향해 해질 무렵에 올라가고 있었다. 갑자기 서편을 바라보니 운동장만한 둥근 해가 아래 위로 두개가 보였다. 깜짝 놀라서 일행들에게 두개의 해를 바라보게 했다. 약 30분 후에 해무(海霧)가 걷히면서 해는 하나였고 요새의 산밑으로 사해 바다가 바라보였다. 태양이 사해바다에 거울처럼 비쳐서 해무(海霧)를 통해 굴절되어 두개로 보였던 것이다. 해질 무렵에 이러한 광경을 볼수 있었다는 것도 예삿일이 아니었다. 이러한 신기하고 아름다운 모습을 볼 수 있는 산 언덕에 궁전을 세웠다는 사실을 짐작하며 고개를 끄덕였다. 이곳에 성채를 쌓고 망대를 세워 요새화한 다음 성벽안의 중앙에 화려한 건물과 웅장한 궁전을 지었다. 또한 유사시 사용할 저수조도 만들어 난공불락의 요새를 만들었다. 그 유적이 일부가 남아 있어 볼 수 있다.

함마메트 마인(Hammamet Main)의 천연 온천장은 마케루스에서 멀지 않은 곳에 위치하고 있다. 이 온천은 높은 바위산 위에서 뜨거운 온천수가 폭포수처럼 흘러내리는데 온천수에 발을 담그면 뜨거워서 오래 있을수 없다.

천연 폭포 온천수(온천장)

예루살렘성 모자이크

(요르단 **마다바**에 있는 그리스 정교회 바닥에 보존되어 있는 비잔틴시대의 정교한 모자이크)

1. 다메섹문 2. 사자문
3. 황금문
4. 분문
5. 욥바문
6. Cardo Maximus
7. Tyropoeon 골짜기 길
8. 스테반 주도로
9. 다윗거리
10. 시온산 거리
11. 다메섹문 광장
12. 성묘교회
13. 교회
14. 대주교 관저
15. 사제관
16. 병원
17. 광장
18. 침례소
19. 수도원
20. 다윗 망대
21,22,23. 수도원
24. 시온문
25,26. 시온산교회
27. 시온산 사제관
28. 실로암 연못 목욕탕
29. 실로암 연못교회
30. 성 소피아교회
31. 수도원
32. 공중목욕탕
33. Eudocia 관저
34. 양못의 교회
35. 성전구역
36. 안토니요새 유적
37. 야고보교회
38. 통곡의 벽

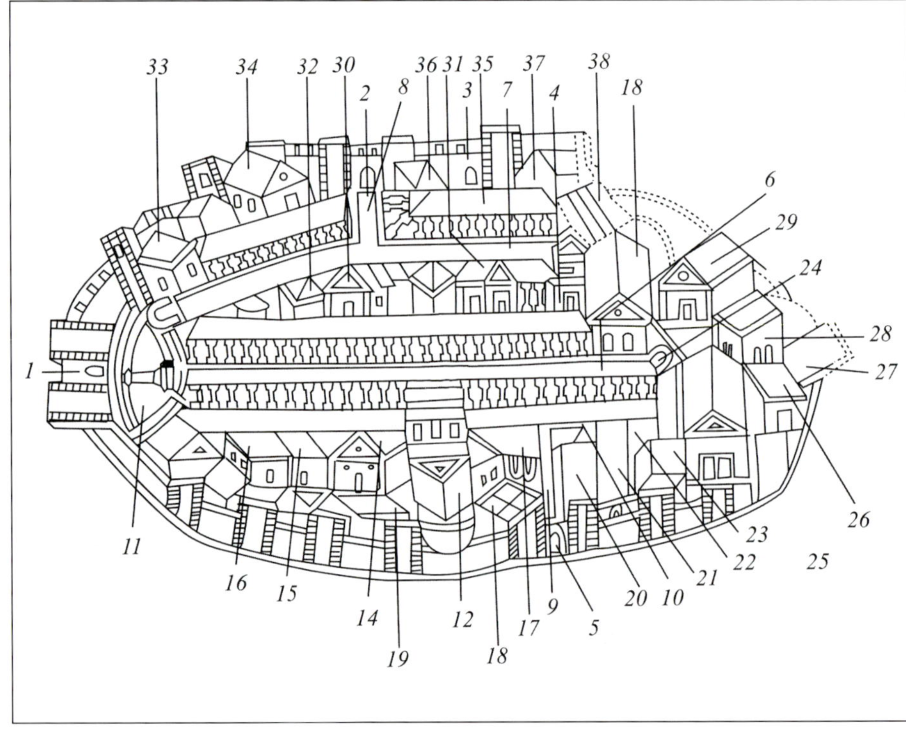

4. 페트라 (Petra)

페트라(Petra)는 "반석 또는 "바위"라는 의미의 뜻을 가지고 있다. 페트라는 사해바다에서 동남쪽으로 약 75km 지점, 왕의 대로변에 위치한 나바티아 왕국의 수도였다. 주전 7-2세기경 나바티안(Nabataeans)왕국의 중심지는 "나바투"였으며 후일 페트라(Petra) 또는 "크세르아셀"이라고 불렀다.

주전 4세기경 이집트의 프톨레미 왕조의 세력권에 있었으며 하리사트 3세(재위 주전 87-67년)의 통일 정권이 수립되어 하리사트 4세때 왕국은 전성기를 이루어 그 세력이 시리아 다마스커스에 까지 이르렀다. 주전 105년 로마제국의 영토에 편입되어 그후 역사의 변천에 따라 금일의 요르단의 영토에 속하게 되었다.

나바티아족의 언어는 북쪽에서는 아랍어와 타 언어와 섞였으나 남쪽에서는 순수한 아랍어가 보존되어 오늘날의 아랍어의 직접적인 기원이 되었다.

엘즈카나 신전 로마건축양식의 신전으로 한 벽면을 깎아 만들었다.

동굴 무덤

야외원형 극장

벽감 (壁龕) 무덤

페트라의 진기한 유적들은 1812년 발굴될 때까지 잊혀져 있었다. 그러나 고고학자들에 의해 에돔 왕국시대를 포함해서 그 이전에 구석기시대에 사람들이 살았다는 흔적이 발견되었다. 이곳 일대는 세로 약 1.5km, 가로 약 1.3km 범위의 산악으로 형성된 분지의 자연요새 지역이다 비록 좁고 협소한 지역이지만 별천지와 같은 느낌을 주는 웅장하고 붉은 기암 괴석의 높은 절벽으로 형성된 신비한 골짜기가 많이 있다.

로마시대의 유물로는 나바티아인의 화려한 무덤들이 도시 부근의 붉은 절벽에 많이 굴착되어 있고 절벽에 건물처럼 만들어진 신전, 시장, 야외 원형극장 등의 유적이 많이 있다. 특히 관심을 갖게 된 것은 비잔틴시대의 교회의 유적이 발굴 중에 있었다. 성경에 이 도시에 거주했던 미디안 왕 레겜(Rekem)이 이스라엘 사람에게 살해된 곳이다.(민 31:8, 수 13:21) 또한 유다왕 아마샤가 염곡에서 에돔사람 일만을 죽이고 또 셀라를 쳐서 취하고 이름을 욕드엘이라 하였더니 오늘날까지 그러하니라(왕하 14:7) 유다 자손이 또 일만을 사로잡아 가지고 바위 꼭대기에 올라가서 거기서 밀쳐 내려뜨려서 그 몸이 부숴지게 하였다.(대하 25:12) 어느 바위 꼭대기인지 어느 골짜기인지는 알 수 없으나 일만명의 에돔사람이 절벽아래로 떨어져 비참하게 죽음을 당한 곳이다. 에돔의 성읍인 셀라(Sela)는 욕드엘과 동일시된다. 에돔은 붉다는 뜻인데 실제로 온통 바위가 붉은 빛으로 물들어 있어 어쩌면 일만 명의 흘린 피를 상징하고 있는 듯이 예나 지금이나 다름없이 붉은 빛을 띠고 있는 페트라의 도시이다.

제9절 사도 바울의 전도여행(1~4차)

1. 사도바울의 전도여행(1차)

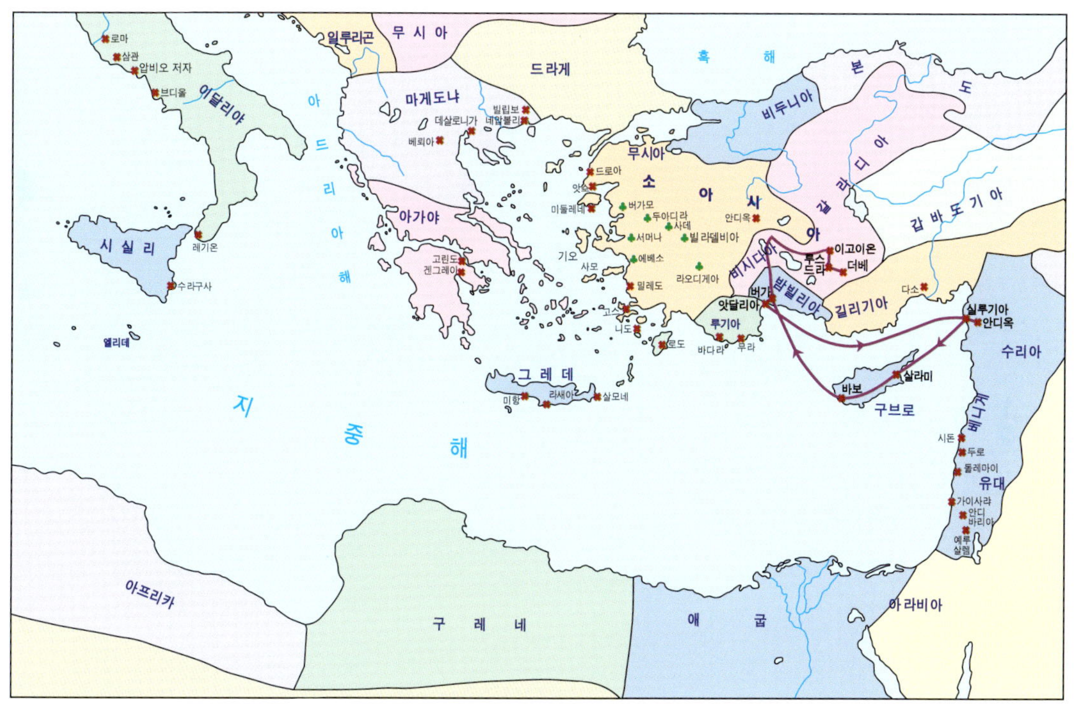

2. 사도바울의 전도여행(2차)

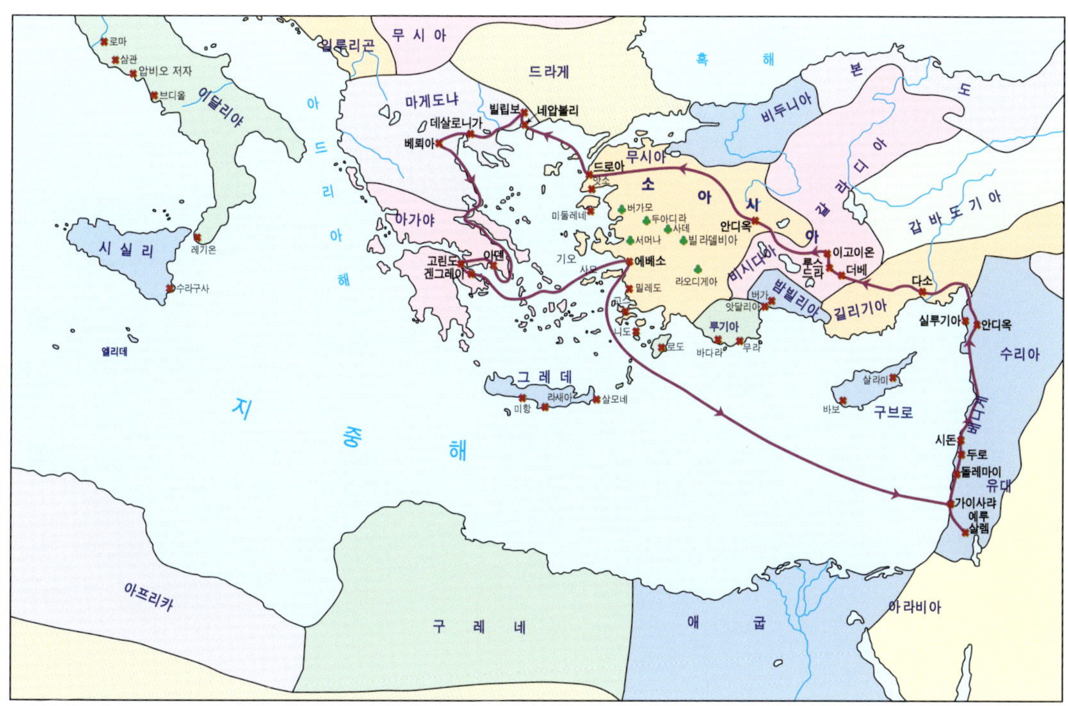

3. 사도바울의 전도여행(3차)

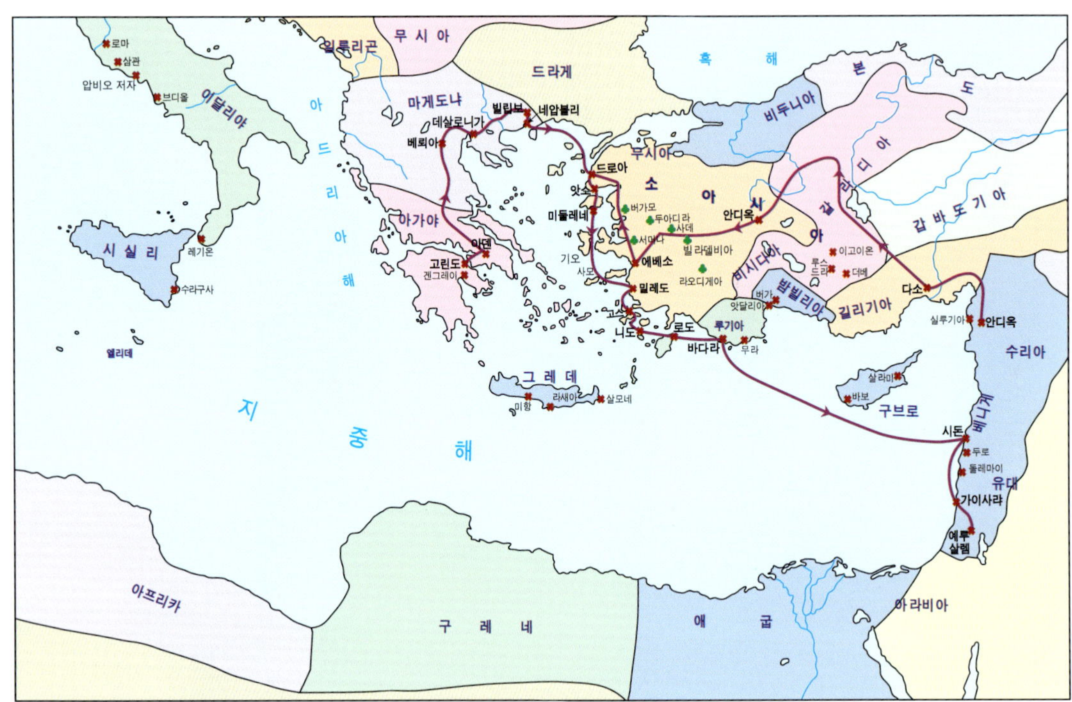

4. 사도바울의 전도여행(4차), (로마행)

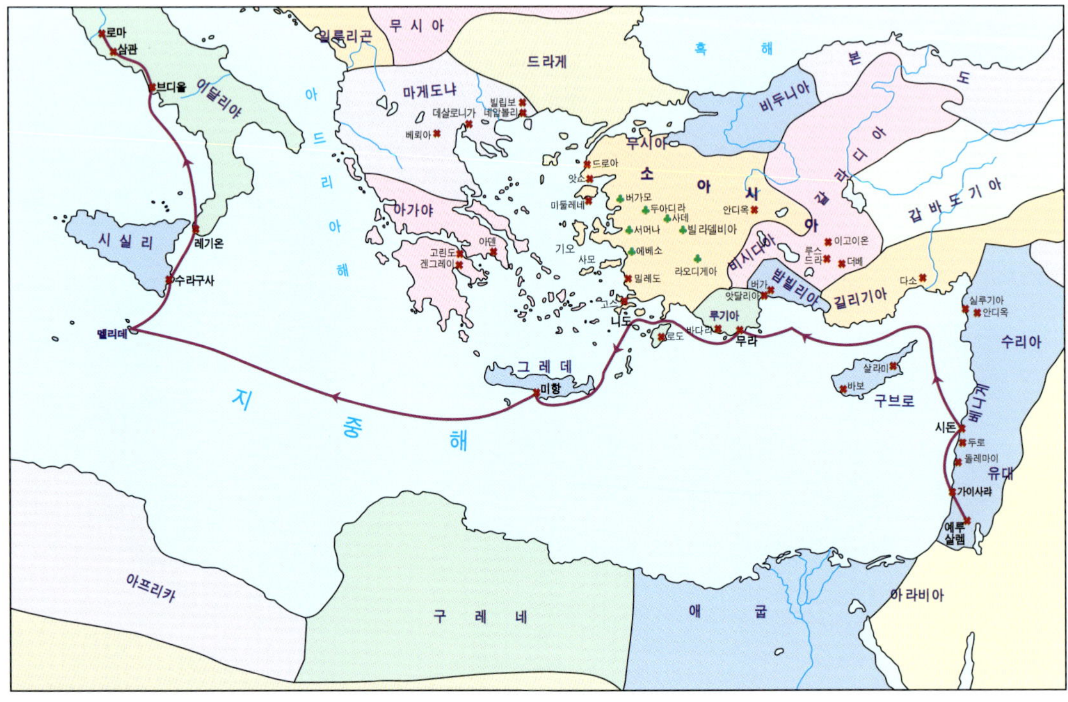

사도바울의 생애(다소에서 로마까지)

회 심 전

- 터키의 다소에서 출생하였다.(행 22:3)
- 장막 만드는 일을 하였다.(행 18:3)
- 가말리엘 문하에서 공부하였다.(행 22:3)
- 열렬한 바리새 주의의 유대교도였다.
- 수업 후 수년간 고향 다소에 가서 생활하였다.
- 열성적으로 기독교를 핍박하였다.(행 9:1-3)
- 스테반 박해에 가담하였다.(행 7:58)
- 기독교인을 잡기 위해 외국성까지 다녔다.(행 26:11)

회 심 후

- 다메섹으로 가는 도중 주의 음성을 듣고 큰 빛에 눈이 멀게 되었다.
  (행 9:3-8, 22:6-11)
- 다메섹으로 인도되어 금식하고 기도하였다.(행 9:9)
- 아나니아로 인해 다시 눈을 정상적으로 보게 되고 세례를 받았다.(행 9:7,8)
- 다메섹에서 전도하다 아라비아를 잠깐 다녀왔다.(행 9:20)
- 예루살렘을 방문하여 바나바와 친구가 되었다.(행 9:26)
- 유대인의 핍박을 받고 다소로 갔다.(행 9:30, 22:17)
- 바나바에 의해 안디옥으로 가서 사역하였다.(행 11:25,26)

전 도 사 역

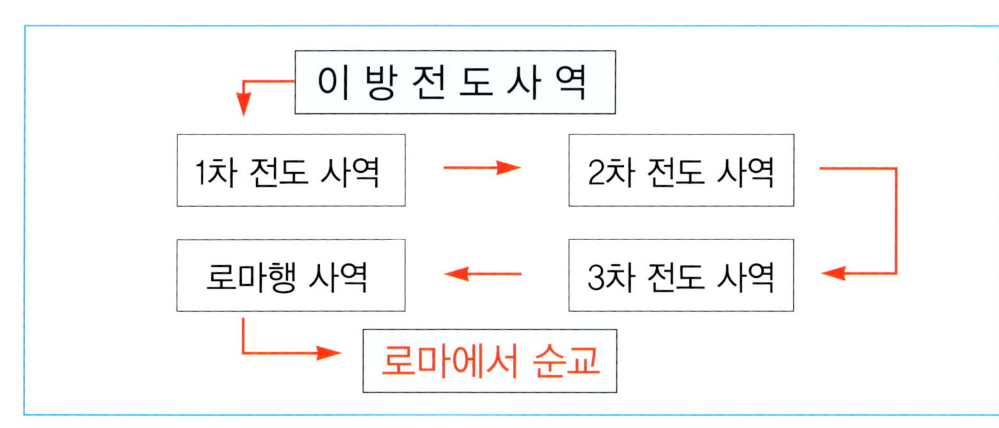

제10절 사도바울의 전도경로 및 사역내용

(1) 제 1차 전도 경로 및 사역내용

① 안 디 옥 ⑯

- 터키의 땅으로 레바논과 접경지 부근 지중해 연안에 위치하고 있다.
- 주전 3000년경 수리아왕 셀고스니가돌이 수도로 건설한 세계 제일의 화려한 도시였다.
- 스테반이 순교 직후 예루살렘에서 기독교인들이 이곳에 도망 나와 최초로 교회를 세웠다.
- 바울이 최초로 그리스도인이란 호칭을 사용하였다.
- 바울과 바나바가 안수를 받고 이방전도를 위해 최초로 출발한 선교의 기지였다.

② 실루기아

- 안디옥에서 북쪽 약 8km 지점 항구 도시이다.
- 수리아왕 실루기스가 자기 이름을 따서 실루기아라 부르고 그의 분묘도 이곳에 있다.
- 바울이 1차 전도 여행 시 이곳에서 배를 타고 구부로로 향하였다.
  1차 : 바울, 바나바, 마가요한 동행

③ 살 라 미

- 구부로섬 동쪽에 있는 항구 도시로 수도였으며 상업도시였다.
- 바울이 이곳에 최초로 상륙하였다.
- 이곳은 바나바의 고향이며 전설에 의하면 바나바와 나사로가 이곳에서 죽었다고 전해온다.

⑮ 앗달리아

- 터키의 남쪽, 옛 밤빌리아의 한 항구도시로 소아시아와 애굽에 왕래하는 길목이다.
- 옛 버가모왕 앗달로가 세운 성읍으로 앗달로왕의 이름을 따서 앗달리아가 되었다.
- 바울과 바나바가 1차 여행 시 귀로에 버가에서 이곳에 도착하여 배를 타고 해상에 의해 안디옥으로 갔다. (행 14:25~26)

⑬ 비시디아 안 디 옥 ⑥

- 터키의 남부 옛 비시디아의 성읍이다.
- 바울이 1차 전도 여행 시 유대인이 시기하여 이고니온과 루스드라성까지 바울을 축출하였다. (행 13:14, 딤후 3:10)

⑭ 버 가 ⑤

- 터키의 남부 옛 밤빌리아의 고대 도시로 해안내륙 13km 지점에 위치하고 있다.
- 바울의 1차 전도 여행 시 바나바, 마가요한과 함께 이곳에 상륙하였다.
- 그러나 마가요한은 이곳에서 헤어져 예루살렘으로 돌아갔다. (행 13:13)

④ 바 보

- 구부로섬 서남방 약 16km 지점의 항구도시이다.
- 바울이 1차 전도 여행 시 바예수를 총독 서기오 바울에게 전도하였다.
- 이때부터 사울이 바울이라는 이름으로 성경에 기록이 바뀌고 바나바 이름 보다 바울의 이름이 앞에 기록되어 서열이 바뀌었다.

⑦ 이고니온 ⑫

- 터키의 서남방, 옛 비시디아의 도시이다.
- 오아시스지역으로 자두와 살구 나무가 많은 도시였다.
- 바울이 전도 여행 시 유대인들이 능욕하고 돌로 치려하여 루가니오니아 지방으로 피해갔다. (행 14:1~6)

⑧ 루스드라 ⑪

- 터키의 옛 루가니오니아의 한 성읍으로 더베와 이고니온의 중간지역이다.
- 바울의 영적 아들이 된 디모데의 고향이다.
- 바울이 1차 전도 여행 시 앉은뱅이를 고쳤다. 그러나 바울을 돌로 쳐서 죽은 줄 알고 성 밖으로 버렸다. (행 14:6, 20, 16:1)
- 그러나 바울은 살아나 성안으로 들어갔다가 바나바와 더베로 갔다.

⑨ 더 베 ⑩

- 터키의 옛 루가니오니아의 한 성읍이다.
- 바울이 1, 2차 전도 여행 시 들러 복음을 전한 곳이다. (행 11:61)
- 바나바를 "쓰스"라 하고 바울을 "허메"라고 불렀다. (행 14:12)
- 바울은 이곳에서 귀환 길에 올랐다.

(2) 제 2차 전도 경로 및 사역내용

출발 →
귀환 →

① 안 디 옥 (⑮)

귀환 → 안 디 옥 → 출발 →

- 1차 전도 여행 시는 바울, 바나바 그리고 마가요한 등 3인이 출발하였다.
- 2차, 3차전도 여행 시는 바울은 실라를 데리고 이곳을 떠났다. (행 15:40)

② 다 소

- 터키의 동남, 옛 길리기아의 성읍으로 사도바울의 고향이다.
- 다소의 특산물은 원자재의 아마와 염소털로 된 직조물과 천막 제조업이 유명하였다.
- 바울의 생가에 우물이 있고 클레오파트라가 율리우스카이사를 만났던 기념으로 클레오파트라 문이 세워졌다.

③ 더 베

- 사도바울은 1, 2차 전도 여행 시 이곳을 경유하여 루스드라로 갔다. (행 16:1)

④ 루스드라

- 이곳에서 바울과 실로는 디모데를 만나 할례를 행하였다. (행 16:2)
- 성령이 아시아에서 말씀을 전하지 못하게 하시고 드로아로 가게 하였다. (행 16:8)

⑧ 데살로니가

- 빌립보 남서쪽 약 200km 지점의 그리스 제 2의 도시로 항구 도시이다.
- 바울이 2차 전도여행 시 빌립보에서 암비볼리와 아볼로니아의 회당을 들러 이곳에 도착하였다.
- 유대인이 바울을 핍박하므로 베뢰아로 피하였다.

⑦ 빌 립 보

- 네압볼리항에서 약 16km지점의 마케도니아의 첫 성읍이다.
- 주전 756년경 알렉산더대왕의 아버지 빌립왕이 건설하여 그의 이름으로 빌립비라 불렀다.
- 바울과 실라가 감옥에 갇혔을 때 기도와 찬송으로 지진이 일어나 옥문이 열렸다.
- 자주장사 루디아에게 복음을 전파하였다.

⑥ 네압볼리

- 그리스의 항구도시로 빌립보로 가는 상륙 지역이다.
- 바울은 드로아를 떠나 사모드라게섬을 경유하여 이 항구에 상륙하였다.
- 네압볼리의 현재 이름은 카발라(Kavala)이다.

⑤ 드 로 아

- 터키의 서북쪽 마케도니아로 건너 가는 항구도시였다. (현재는 내륙)
- 바울이 마케도니아의 우리를 도우라는 첫 환상을 보고 유럽 전도를 위해 첫 출발한 곳이다. (행 16:8-9)
- 고대 그리스군과 트로이군의 전쟁 시 트로이목마가 그리스를 승리로 인도하였다.
- 드로아를 트로이, 트로이아 일리오스 등으로 불렀다.

⑨ 베 뢰 아

- 데살로니가에서 아데네로 가는 도중 약 68km 지점에 위치하고 있다.
- 유대인이 이곳에 까지 내려와 바울에게 무리를 움직여 소동을 하자 실라와 디모데를 남겨놓고 아덴으로 피신하였다. (행 17:14)

⑩ 아 덴

- 아덴은 오늘날 그리스의 수도 아테네이다.
- 이곳 우상숭배자의 도시에서 철학자 에비구레오와 스토아 철학자들과 쟁론하였다.
- 아레오바고에 끌려가 우상 숭배를 깨우쳐 주고 회당과 아고라에서 복음을 전파하였다. (행 17:16-23)

⑪ 고 린 도

- 그리스 남단 펠로폰네소스 반도에 위치한 겐그레아 항구와 레기온 항구를 연결하는 지중해 동서를 오고가는 상업 도시였다.
- 바울은 실라와 디모데와 합류하였다.
- 바울은 1년 6개월 간 전도하는 도중 적대감을 가진 유대인들이 총독의 재판장에 끌고 갔으나 유대인 스스로 해결하라 하였다.
- 오히려 회당장 소스데네스에게 유대인이 폭행하였다.
- 이곳에서 주전 51년에 데살로니가 전후서를 써서 데살로니가 교회에 보냈다.

⑫ 겐그리아

- 고린도 동편에 있는 항구 도시이다.
- 바울이 서원하고 머리를 깎고 에베소로 아굴라와 브리스길라와 함께 건너 갔다.
- 바울의 신앙의 자매인 뵈뵈는 이곳 교회의 사역자로 천거되었다. (롬 16:1)

⑭ 가이사랴

- 예루살렘 북서쪽 약 113km 텔아비브 북쪽 약 48km 지역의 항구 도시였다. 지금은 유적만 남아있다.
- 헤롯왕이 로마 황제로부터 하사받은 땅에 감사표시로 황제의 이름을 따서 가이사랴라 불렀다.
- 헤롯왕 때 행정수도로 로마 총독이 주재하였다.
- 베드로가 이곳 백부장에게 전도하자 이방전도의 효시가 되었다.
- 바울이 전도여행 중 여러 번 들렀고 일곱 집사 중 빌립집사의 집이 있었다.
- 이곳에서 안디옥으로 떠났다.

⑬ 에 베 소

- 터키의 서머나(이즈미르)의 남쪽 약 74km에 위치한 항구 도시이다.
- 이곳에 세계 7대 불가사의한 아데미 신전이 있었다.
- 바울은 2차 전도 여행 시 교회를 세우고 해상을 통해 가이사랴로 갔다.

(3) 제 3차 전도 경로 및 사역내용

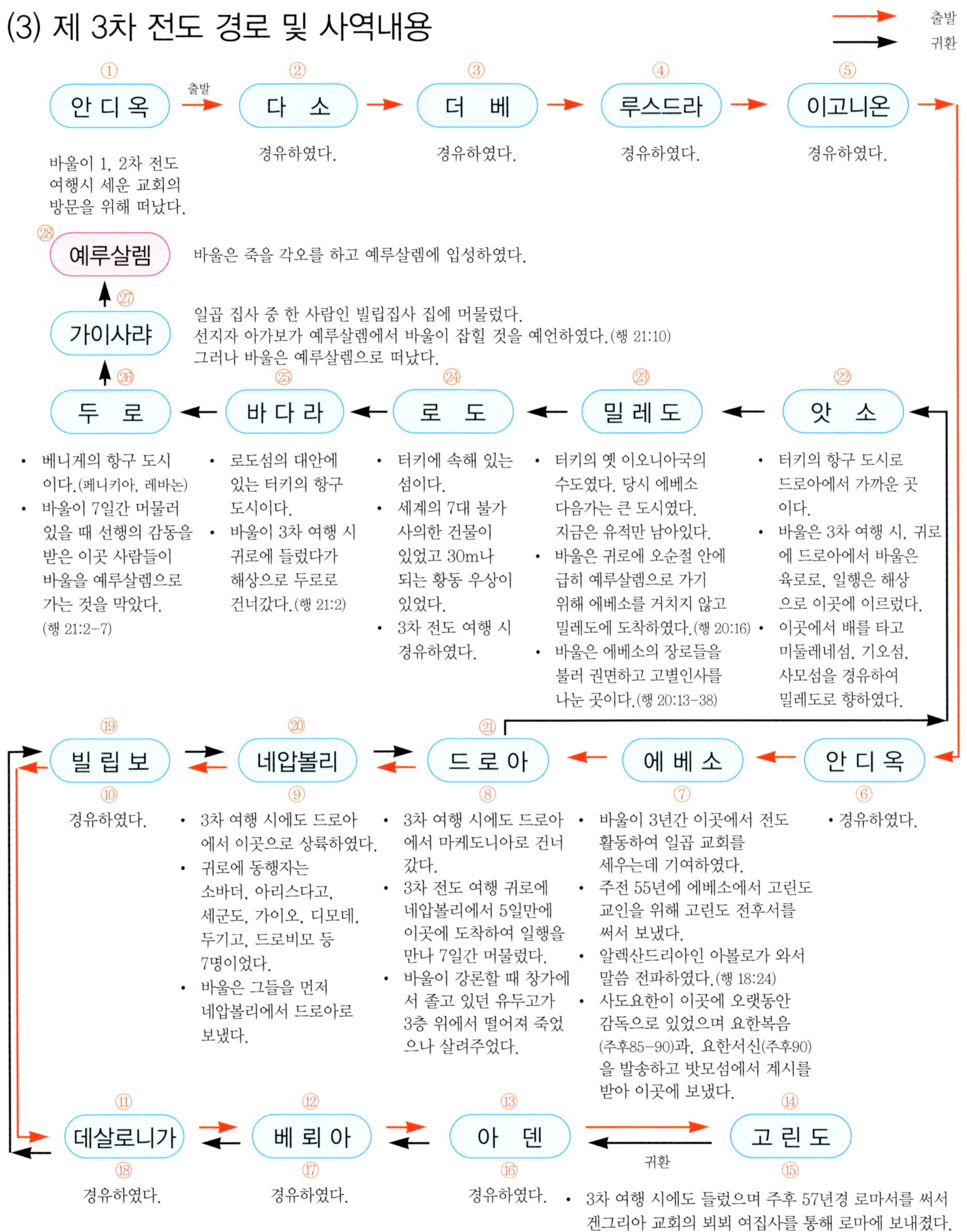

(4) 제 4차 로마행로 및 사역내용

→ 출발

① 예루살렘 → **② 가이사랴**

① 예루살렘

- 바울이 야고보와 장로들에게 이방에서 행한 것을 낱낱이 보고한 후 함께 하나님께 영광을 돌렸다.
- 그러나 아시아에서 온 유대인들이 성전에서 바울을 보고 충동하여 온 성이 소동하게 되고 바울을 잡아 성전 밖으로 끌고 갔다.
- 천부장이 바울을 잡아 두 쇠사슬로 결박하여 영문으로 들어갔다.
- 바울이 히브리 방언으로 말하며 다메섹 도상에서 예수님의 음성을 듣고 이방전도의 사명을 받게 된 경위를 말하자 가죽 줄로 매고 채찍질을 하였다.

- 바울 자신이 나면서 부터 로마 시민임을 밝히니 천부장이 두려워하여 결박을 풀고 공회로 데려가 세웠다.
- 바울이 부활의 소망을 위하여 심문 받는다 하니 바리새인과 사두개인 사이에 다툼이 생겼다.
- 유대인 400명이 바울을 죽이려 하자 생질의 도움으로 천부장이 총독 벨릭스에게 호송하고자 하여 안디바드리를 경유하여 가이사랴로 보내졌다.

② 가이사랴

- 닷새 후에 가이사랴에서 대제사장 아나니아가 총독에게 고소하였다.
- 총독 벨릭스가 유대인의 환심을 사기 위하여 바울을 2년간 투옥시켰다.
- 총독이 바뀌자 후임 총독 베스도는 바울이 무죄함을 알고 산헤드린 재판을 제의 하고자 할 때 바울은 살해 당할 위험을 느끼고 자신이 로마시민권을 가진 것을 내세워 가이샤에게 재판 받기를 호소하였다. 그리하여 총독 베스도에 의해 가이샤의 재판을 받게 되었다. 이에 바울은 백부장 율리오에게 맡겨져 배편으로 시돈에 이르렀다.

⑥ 멜리데섬 ← **⑤ 미 항** ← **④ 무 라 항** ← **③ 시 돈**

⑥ 멜리데섬

- 시실리섬 남쪽 95km지점의 섬이다.
- 276명이 탑승한 배가 암초에 걸릴까하여 고물로 닻 넷을 주고 날이 새기를 기다리더니 사공이 도망하고자 하여 군사들이 거룻줄을 끊어버렸다. (행 27:32)
- 군사들은 죄수가 헤엄쳐서 도망갈까 하여 죽이려 했으나 백부장이 바울을 구원하기 위하여 헤엄칠 줄 아는 자를 먼저 헤엄쳐 보내고 나머지는 널 조각으로 상륙시켰다. (행 27:39-44)
- 바울이 독사에 물렸으나 아무렇지도 않았고 추장 보블리오의 부친의 열병과 이질을 고쳐줌으로 매우 호감을 사게 되었다.
- 이섬에서 겨울을 나고 섬사람들과 작별하였다. (행 28:8-11)

⑤ 미 항

- 무라항을 떠난 배는 풍세가 사나워 그레데섬의 살모네 앞을 지나 간신히 연안을 지나 미항에 이르렀다.
- 이곳에서 바울을 출항하지 말 것을 권고 했으나 백부장은 선장의 말을 더 믿고 출항하여 뵈닉스에서 과동하고자 하였다.
- 그러나 유라굴라는 광풍이 대작하여 생명까지 위협을 받게 되었다.
- 인명피해는 없었으나 배만 손상되고 뵈닉스를 지나 14일 만에 멜리데섬에 도착하였다.

④ 무 라 항

- 무라항에서 알렉산드리아 배에 옮겨 타고 그레데섬으로 떠났다.

③ 시 돈

- 백부장 율리오가 시돈에서 바울에게 친절히 하여 친구들에게 가서 대접받음을 허락하였다.
- 이곳에서 배편으로 떠나 바람의 거스림을 피하여 구브로 해안을 의지하고 행선하여 터키의 무라항에 이르렀다.

⑦ 수라구사 → **⑧ 레 기 온** → **⑨ 보 디 올** → **⑩ 로 마**

⑦ 수라구사

- 시실리섬의 항구도시이다.
- 멜리데섬에서 겨울을 지나고 이곳을 경유하였다.

⑧ 레 기 온

- 이탈리아 반도 서남단에 있는 도시이다.
- 바울일행은 이곳에서 하루를 쉬고 떠났다.

⑨ 보 디 올

- 이탈리아의 나폴리 서쪽 1km 지점에 위치하였다.
- 이곳에서 형제들을 만나 7일간 함께 머물다가 떠났다.

⑩ 로 마

- 로마시 동남쪽의 유명한 역인 압비오와 압비오 가도에 있는 휴게소인 삼관에서 로마 형제들의 영접을 받고 로마에 도착하였다.

제3장 터키와 그리스

제1절 터키(Turkey)

성 소피아 성당내의 예수님 모자이크 (복원된 성화)

1. 이스탄불 (Istanbul)

이스탄불(Istanbul)은 오늘날 터어키의 최대의 도시이다. 옛 이름은 역사의 변천에 따라 그 당시 수도(首都)로써 그리스시대에 비잔티움(Byzantium), 로마시대에 콘스탄티노플(Constantinople), 오스만 터어키시대에 이스탄불(Istanbul)로 불리어져 왔다. 그러다가 터어키 공화국의 수도를 이스탄불에서 앙카라(Ankara)로 옮겼다.

현재 터어키의 국토면적은 780,580km²(남한땅의 약8배) 이며 국토면적의 97%는 아시아에 3%는 유럽에 속해있다 그리고 인구는 6,457만명이다.

이스탄불은 마르마라 해(Marmara Sea)와 흑해(Black Sea)를 연결하는 보스포루스해협(길이 30km, 너비 550-3,000m, 수심 60-125m)의 남쪽 입구에 위치하고 있고 아시아와 유럽에 걸쳐 있다.

1973년에 영국과 독일의 합작기술로 준공된 해협횡단의 유라시아 대교(Bosporus Bridge,보스포루스교)는 세계 제4위의 최장인 현수교(1.1km)로 아시아와 유럽을 연결하고 있다.

주전 7세기 중엽 그리스에 정복된 후 비잔티움(Byzantium)이라 불렀고 당시의 시가는 현재의 이스탄불 동쪽 모퉁이의 성벽에 싸인 돌출부에 위치한지역이다. 주전 512년의 페르시아의 다리우스1세에 점령되었다가 그후 로마의 지배에 들어갔다.

콘스탄틴1세(Constantinus Ⅰ, 주후 306-337년)는 주후 306년 아버지가 죽자 황제에 추대되었다가 312년에 정식 황제에 오르게 되었다. 콘스탄틴 황제는 313년 밀라노에서 밀라노 칙령을 공포하고 신앙의 자유를 허용 하여 이때부터 기독교에 대한 핍박과 순교의 시대가 끝나고 새로운 기독교의 시대가 개막되었다.

그리고 325년 니케아에 종교회의를 개최하는 등 교

보스포러스 제3대교
보스포러스 해협을 가로질러 동서양을 연결하는 세 번째 대교가 한국기업이 건설하여 개통되었다.(2016.8.26)

회의 분쟁, 교리의 논쟁에 적극 관여했다.

그는 비잔티움의 성벽을 확장하고 새로운 도시로 건설, 티베레 강변의 로마를 본 따서 로마의 시가지와 마찬가지로 7개의 언덕과 14개의 시구(市區)로 구분하고 건물의 대부분은 로마의 원형을 모방하여 건축했다.

콘스탄틴 황제는 이곳을 수도로 하여 비잔티움을 콘스탄티노플이라 명명했다.(330년) 로마제국이 동서로 분열된 후(395년) 동 로마의 비잔틴 제국의 수도인 콘스탄티노플은 서 로마제국이 멸망하자(476년) 콘스탄티노플은 동방정교회의 가장 중요한 기지가 되어 동방정교회(Eastern Orthodox church)는 카톨릭, 개신교와 함께 기독교의 3대 기둥의 하나가 되었다. 또한 비잔틴 문화의 중심지로 번영하였고 동서문화의 교류에 큰 역할을 하였다.

주후 1204년에 십자군에게 점령되어 약 반세기동안 지배를 받다가 1264년에 미카엘 8세가 탈환했으나 비잔틴 시대는 기울어져 갔다. 주후 1453년에 오스만 투루크의 술탄 메메트2세(Mehmet Ⅱ)는 동 로마의 비잔틴제국을 함락시킴으로 주후 339년부터 1123년간의 비잔틴시대는 끝이 났다. 이때부터 기독교의 여러 교회를 이슬람 사원으로 개축하고 기독교 중심의 콘스탄티노플이 이슬람 국가 중심의 수도로 변하여 이스탄불이라 부르게 되었다.

이스탄불이란 "이슬람교도가 많은 도시"를 뜻한다고 하나 분명치 않다.

이곳이 이슬람 문화의 중심지로 변화하자 동 로마의 학자, 문인들이 이탈리아로 피해가서 서유럽의 르네상스의 꽃을 피우게 하는 원인이 되었다.

이슬람 세계의 정치, 경제, 문화의 최대 중심지로 슐레이만1세(1520-1566년)때에 황금시대를 이루었다.

블루모스크 사원

19세기 후반이후 발칸 문제를 둘러싼 열강의 분쟁지가 되어 자주 전화를 입었고 터어키가 제1차 세계대전시 독일 쪽에 참전하여 대패한 후 1918-1923년까지 영국, 프랑스, 이탈리아의 연합국 지배하에 있다가 1923년 10월에 앙카라(Ankara)를 수도로 하여 터어키공화국이 건설되었다. 따라서 이스탄불은 약 1600년 동안 이어온 수도의 지위를 상실했지만 오늘날 경제, 문화적으로 여전히 터어키의 중심지로 번영하고 있다.

이스탄불에는 그리스, 로마, 오스만 터어키시대에 이르는 많은 유적이 있다.

비잔틴시대의 건축 예술의 백미(白眉)라고 할 수 있는 소피아 대성당(Sancta Sophia)은 주후 537년 유스티니안 황제에 의해 세워졌다. 건축 왕이라 불려진 당시 황제는 베들레헴의 예수님 탄생교회와 시내산의 성 케더린 수도원도 세웠다.

소피아 대성당이 세워지자 9세기에 걸쳐 그리스 정교회의 총 주교가 세계에 군림했다.

유스티니안황제는 대성당이 완공 되었을 때 그 황홀한 아름다움에 도취되어 탄성을 질렀다고 한다.

오스만 제국의 황제 메메트 2세는 콘스탄티노플을 함락시키자 소피아대성당에 이르러 웅장한 아름다움에 압도되었다고 한다. 그래서 성당을 파괴하지 않고 보존케 하여 이슬람 사원의 모스크(Mosque)로 바꾸어 대성당의 지붕 꼭대기의 십자가는 이슬람교의 초생달 표지로 바뀌었고 성당 안에는 메카를 향하여 기도할 수 있도록 했으며 벽면의 기독교 성화는 회칠을 해서 덮어 버렸다. 그러나 성화를 제거하지 않았기 때문에 성화 복원작업이 60년 이상 진행되어 일부 성화를 볼 수 있어 다행이다.

소피아성당은 본당의 지름이 약 30m, 높이가 약 55m에 달하며 지붕은 둥근 돔으로 만들었고 안의 벽

성소피아 성당

면에 모자이크 성화는 세계 걸작품으로 평가되고 있다. 성당 안으로 들어가면 누구든 웅장하고 섬세함에 압도당하게 된다.

1999년 8월 17일 터어키에 대지진이 일어나 5만 여명의 인명 피해와 많은 건물이 폭싹 주저앉은 대참사가 있었다. 그러나 1400년 된 소피아 대성당은 전연 피해가 없었다. 금세기까지 108차례나 강진을 겪었으나 까딱없는 완벽한 내진(耐震) 설계에 의한 건축공법을 높이 평가받고 있다.

또한 소피아 대성당의 가까운 지역에 오스만 터어키 제국의 황제들이 살았던 토카프 궁전이 있었다. 오스만제국이 멸망되자 터어키공화국이 건설되어(1923년) 토카프 궁전을 박물관으로 바꾸어 오늘날 세계에서 가장 많은 보석과 보물 그리고 유물들을 소장하고 있다 당시의 오스만 황제들의 사치와 영화의 극치를 볼 수 있다. 또한 돌마체 궁전은 19세기 중엽에 토프카 궁전에 만족치 않고 화려한 궁전을 또다시 건축했다. 세계 궁전 중에 가장 사치와 허영의 절정에 이른 궁전이라 평가되고 있다. 그리하여 60년 후에 오스만 터어키가 멸망하게 되는 비극의 서장이 되었다.

2. 다소 (Tarsus)

　다소는 이스탄불에서 남동쪽으로 약 900km지점의 지중해 해변에 위치한 항구 도시 였으나 지금은 지중해의 해안에서 15Km의 내륙에 위치한 도시이다.

　다소는 기독교의 역사에 가장 위대한 인물인 사도 바울이 태어나고 성장한 곳이다. 사도 바울의 출생연대는 분명치 않으나 예수께서 탄생하신 몇 년 후에 태어난 것으로 추정되며 주후 67년에 로마에서 순교했다. 신약성경에 예수님 다음으로 큰 비중을 차지하는 이유는 27권 가운데 거의 절반에 해당하는 13권이 사도 바울에게 관련되어 기록되었다는 사실만으로도 그의 위치를 짐작할 수 있다.

　그는 세 번에 걸친 전도여행을 통해 험한 산을 넘고 태산 같은 파도를 헤치며 때로는 감옥에 갇히면서 전도자의 사명과 사도로서의 길을 충성스럽게 걸었다. 신체적 불치의 병을 지니고 세계 복음화를 위하여 국경과 인종을 초월하여 이방인에게 예수그리스도를 증거하였다. 그의 높은 학식이 더욱 빛을 발하여 기독교의 기초를 굳히는데 크게 공헌했다. 기독교의 신학은 그에 의해서 틀이

사도 바울의 초상화

잡혔으며 후세에 끼친 영향은 절대적이었다. 그래서 위대한 사도 바울의 고향 땅을 밟는다는 것은 어느 성지 못지 않게 의미가 있다.

　바울은 "나는 유대인이라 소읍이 아닌 길리기아 다소성의 시민이다"(행 21:39)라고 말하고 있다. 소읍이 아닌 도시의 다소가 결코 평범한 도시가 아니며 무시되어서는 안 되는 도시임을 암시하고 있다. 도시 규모는 지금은 인구가 약 8만인데 그 당시는 약 50만의 인구를 자랑하는 도시로 지중해 지역의 어느 도시도 다소보다는 크지 않았다.

　다소는 로마시대는 길리기아 지역의 정치적 수도요

소아시아의 학문과 문화 그리고 군사적 중심지였다. 다소는 그 고장 사람들이 일반 학문을 공부하는데 있어서 아테네와 알렉산드리아를 능가하는 대학도시였다. 또한 지중해의 분주히 움직이고 떠들썩한 상업 도시이자 항구도시였다.

　천연적으로 보호받는 항구로 키두누스강이 지중해로 흐르고 북쪽은 타우러스산을 포함하여 산맥으로 둘러 있다. 또한 풍부한 광물자원과 목재는 무역에 대한 좋은 조건을 제공해 주고 있었다. 다소의 특산물은 원자재의 아마(亞麻)와 염소털로 된 직물이 유명하여 직조업과 천막제조업이 성행했다. 당시의 천막제조업은 바

다소에 있는 바울 생가의 우물(저자)

다소에 세워진 클레오파트라 기념문
주전 41년 이집트의 여왕 클레오파트라는 배를 타고 지중해를 건너 이곳 다소에 와 이곳에 주둔하고 있던 로마의 안토니우스 장군을 만나 접근하여 역사를 바꿔 놓았다. 이를 기념하여 문을 세워 놓았다.

울을 통해 오늘날 까지 유명하게 전해지고 있다.(행 18:3)

도시입구에서 바울이 태어난 생가를 향하여 들어가다 보면 도로변에 유적의 성문이 세워져 있다. 이 성문의 모습은 보잘 것 없지만 유명한 클레오파트라 문이다.

주전 41년 이집트의 여왕 클레오파트라는 지중해를

배를 타고 거슬러 올라와 이곳에 주둔하고 있던 로마의 안토니우스 장군을 찾아 온 것이다. 클레오파트라는 율리우스 카이사르를 유혹하여 자신의 보호자로 삼았으나 암살당하자 안토니우스 장군에게 접근하기 위하여 다소까지 찾아왔다. 다소에서 이 두 사람의 만남은 그후의 역사를 크게 바꾸어 놓았다. 다소에 세워진 클레오파트라 문은 그녀의 다소 방문을 기념하기 위하여 세워진 것이다. 이 클레오파트라 문을 지나서 얼마쯤 걸어 들어가면 성 바울의 우물(Saint Paulus Well)이라는 표지 간판이 붙어 있고 그 안에 들어가면 우물이 있다. 바로 이곳이 사도 바울이 태어난 생가라고 전해지고 있다.

바울이 이곳에서 태어났고 이 우물물을 마시고 자랐으며 위대한 인물이 배출된 곳이라는 사실을 현지에서 실감할 때 마음이 뭉클했다.

우물은 사진에서 볼 수 있듯이 큰 바퀴를 돌리므로 도르레를 움직여 함석 두레박으로 물을 길어 올린다. 관리자에게 우물의 깊이를 물어보니 38m나 된다고 한다. 그리고 이 우물물을 마셔도 되느냐고 물으니 괜찮다는 것이다.

오래된 우물이라 혹시라도 물을 마신 후 배탈이 있지 않을까 염려되었다. 그러나 무슨 독을 마실지라도 해를 받지 아니 한다는 말씀에 의지하여(막 16:18) 물을 한모금 마시는 순간 사도 바울의 위대한 모습을 상상하며 그의 믿음을 마음 속깊이 느낄수 있었다. 다소를 방문하고자 하면 항공편으로 다소에서 약 40km 위치에 있는 아다나 비행장을 이용하던가 육로를 이용하는 방법이 있다. 다소에서 육로로 안디옥(Antioch, 현-Antaykya)까지는 약 3시간, 안달리아(Antalya)까지는 약 10시간이 소요된다.

3. 안디옥(Antioch)

오늘날 터어키의 안디옥은 시리아와의 국경 부근에 접하고 있으며 오론테스강 좌안을 따라 지중해로 부터 약 25km 내륙으로 거슬러 올라가 위치하고 있다. 예루살렘으로부터 약 500km, 바울의 고향 다소로 부터 약 240km의 거리에 있다. 이 도시는 주전 300년에 알렉산더의 후계자 셀류커스1세(Seleucus I)가 시리아 셀류커스 왕조의 수도로 하여 자기 아버지의 이름을 따서 안티오키아(Antyokya)라 불렀다. 지금의 이름은 안타키야(Antakya)라 부르고 있으며 성경에는 안디옥(Antioch)이라 기록되어 있다.

옛부터 안디옥의 동쪽으로 이어지는 대상로(隊商路)가 있어 통상의 요지인 아름다운 도시로 "동방의 여왕"이라 부를 정도의 유명한 곳이었다. 주전 64년 로마시대에는 속주 시리아의 수도가 되었고 헬레니즘시대에 이어 로마시대에는 로마, 알렉산드리아와 함께 3대도시였다.

안디옥은 아름다운 신상들이 많았고 웅장한 신전이 있었으며 아폴로 신전에서의 제의와 열린 경기는 다채로웠다고 한다.

주전 2세기에는 혼합인종들이 약 50만이 거주했으며 그 중에 유대인 공동체도 일부 포함되어 있었다. 그후 예루살렘에서 기독교 박해가 심해지자 스테반 순교 후 기독교인들이 흩어지면서 이곳 안디옥으로 피신해 와서 초대교회가 형성되었다.

바나바가 사울(바울)을 찾으러 다소에 가서 만나매 안디옥에 데리고 와서 둘이 교회에 일년간 모여있어 큰 무리를 가르쳤고 제자들이 안디옥에서 비로소 그리스도인이라 일컬음을 받게되었다.(행 11:25-26) 안디옥교회는 초대교회 중에서 복음선교의 중요성을 인식하게 되어 안디옥교회가 세계 선교의 기지가 되고 사도 바울의 전도여행에 거점이 되었다.

안디옥에는 초기 핍박에도 여러 개의 교회가 세워졌으나 로마 디오클레시안 황제(284-305년)때에 파괴되었

안디옥 베드로 교회

돌산의 동굴 교회들

다. 그후 콘스탄틴 황제 때에 재건되고 아시아 총대주교의 소재지로 종교회의가 이곳에서 열리기도 했다.

주후 526년의 대지진과 538년 페르시아군의 파괴로 황폐화되고 540년에 페르시아에 함락되었다. 유스티

니안 황제에 의해 재탈환되었으나 636년 사라센에게 점령되어 약 300년 동안 그 지배를 받아오다가 969년 동 로마에 속하게 되었으며 1084년 셀주크 터어키의 지배를 받았고 그후 십자군에 의해 점령당했으며 16세기 전반에는 오스만 터어키가 장악했다. 1920-1939년까지 시리아가 지배하다가 그 이후 터키의 영토가 되어 오늘에 이르고 있다.

안디옥교회의 초대 기독교인들이 예배하던 실피우스 산 중턱에 있는 동굴교회를 볼 수 있다. 동굴교회에는 들어가는 곳과 숨고 피할 수 있는 비밀통로가 있어 그 당시 환난과 핍박의 초대교회의 모습을 보여주는 현장이기도 하다. 사도 바울과 관련된 교회는 없으나 오직 성 베드로 동굴교회(St. Peter's Grotto)가 산기슭에 있다. 이 동굴은 최초 안디옥 기독교인들의 집회장소로 사용되었다고 믿어지는 곳이다. 동굴 내부의 여러 개의 동굴은 비잔틴시대의 것으로 보이는 매우 낡은 모자이크의 흔적이 남아있다.

서울 광림교회에서 안디옥의 중심가에 있는 프랑스영사관과 은행으로 사용하던 건물을 40만달러에 매입하여 100여명이 예배드릴 수 있는 성전과 부속시설로 새롭게 개조하여 2000년 6월 29일에 안디옥교회를 세웠다 초대교회 이방선교의 중심지로 바울과 바나바를 최초로 파송 했던 안디옥에 한국 교회를 세운 것

실루기아 항구 (보트에 승선. 저자)

은 뜻깊은 일이며 21세기에 세계선교의 사명을 감당할 전진 기지를 한국에서 확보한 셈이다.

실루기아는 바울과 바나바가 최초로 전도여행을 위해 배를 타고 출항한 항구이다. 안디옥에서 실루기아 까지는 육로에 의해 약 30분 소요되는 거리이다. 실루기아 항구의 방파제에서 지중해의 검푸른 바다를 바라보면서 2천년전에 배를 타고 구브로를 향했던 사도 바울의 뒷모습이 바라보이는 듯 했다. 실루기아는 수리아왕 실루기스가 자기 이름을 따서 실루기아라는 성읍을 삼았고 그의 분묘도 이곳에 있다.

4. 키프로스 (Cyprus)

키프로스는 터어키 남쪽 약 65km, 시리아 서쪽 약 100km의 동 단부에 위치한 유럽, 아시아, 아프리카의 3대륙에 연결하는 해상교통의 요충지의 섬으로써 섬 중에서 3번째로 큰 섬이다.

키프로스를 사이프로스라 부르기도 하며 성경에는 "구브로"라고 기록되어 있다. 구브로는 헬라어로 구리(銅)라는 뜻이다. 이 섬 중앙의 산중에 구리 광산이 있었기때문에 붙여진 이름이다.

키프로스의 면적은 제주도의 5배정도 되는 약 9.250km²로 넓은 폭은 약 100km, 동서의 길이는 약 225km나 된다. 인구는 77만(1994년)으로 그리스계와 터어키계가 주종을 이루고 있고 알메니아인, 아랍인 등이 극소수 분포되어 있다. 키프로스의 지도를 보면 해상에 떠있는 큰 가오리와 같이 보인다.

키레니아 산맥이 동서로 100km이상 뻗어 있다. 키프로스는 주전 40-30세기의 신석기 문화에 이어 청동기 문화가 일어났고 주전 15세기경 부터 미케네 문명의 영향하에 있었다.

바보의 바울 기념교회

주전 9세기경 부터 그리스, 페니키아, 아시리아, 이집트, 페르시아에 이어 주전 58년에는 로마의 지배하에 들어갔다. 그후 비잔틴, 아랍, 십자군을 거쳐 1878년부터 영국이 행정권을 빼앗고 제1차 세계대전 개시와 더불어 식민지화한 뒤 1925년의 로잔조약에 의해 정식 직할 식민지로 삼았다. 그 뒤에 1960년 8월 16일에 니코시아(Nicosia)를 수도로 하여 키프로스 공화국으로 정식 독립이 이루어 졌다. 그러나 1974년 그리스와 터어키간에 분쟁이 일어나 키프로스의 북부지역(국토의 40%)을 터어키가 제압하여 북부 키프로스를 분리, 독립을 선언하므로 오늘날 까지 남북으로 분단상태에 있다.

키프로스에는 1964년이래 국제연합 평화유지군(P.K.O)이 주둔하고 있고 영국이 두 군데에 공군기지를 두고 있다.

키프로스의 네아파포스 해변은 아프로디테(Aphrodite) 탄생의 전설이 얽힌 곳이다. 로마신화에서 나오는 사랑과 미와 풍요의 여신 비너스(Venus)를 아프로디테(Aphrodite)라고도 한다. 비너스가 태어난 키프로스의 자연경관과 푸른 바다는 지중해에서 가장 아름다운 곳이다.

또한 영국의 세계 최고 극작가 세익스피어의 작품(1604년)인 오셀로(Othello)의 주인공 흑인 오셀로 장군이 자기 부관의 간계로 애처 데즈데모나를 죽인 비극의 현장으로 전해지는 파마구스타(Famagusta, 살라미에서 가까운 큰 도시)에 성채가 있다.

사도 바울 일행의 전도여행의 첫 기착지는 구브로의 살라미 항구였다.

오늘날 살라미 항구는 북부 키프로스의 터어키 관할지역에 있기 때문에 남부 키프로스의 그리스지역에서 분계선을 넘어가야 한다. 그러나 통행이 허용되지 않아 아쉽게도 순례를 할 수 없었다.

바보(Pafos)는 키프로스의 서쪽에 있는 조그마한 항구이다. 로마시대에는 로마 총독이 주둔하던 키프로스의 중요한 도시였다. 당시 로마 총독은 서기오 바울(Sergius Paulus)이었다.

성경에 두 사람이(바나바와 바울) 성령의 보내심을 받

아 실루기아에 거기서 배 타고 구브로에 가서 살라미에 이르러 하나님의 말씀을 유대인 여러 회당에서 전할새 요한은 수종자로 두었더라 온 섬 가운데 지나서 바보에 이르러 바예수라 하는 유대인 거짓 선지자 박수를 만나니 그가 총독 서기 바울과 함께 있으니 서기오 바울은 지혜있는 사람이라 바나바와 사울을 불러 하나님 말씀을 듣고자 하더라 이 박수 알루마(이이름을 번역하면 박수라)는 저희를 대적하여 총독으로 믿지 못하게 힘쓰니 바울이라 하는 사울이 성령이 충만하여 그를 주목했다.(행 13:4-9) 총독은 바나바와 바울을 불러 하나님의 말씀을 듣고자 하였다. 그러나 박수 알루마는 바울의 활동을 방해했다. 그때에 바울은 이적을 보여주었다.

보라 이제 주의 손이 네(박수) 위에 있으니 네가 소경이 되어 얼마동안 해를 보지 못하리라 하니 즉시 안개와 어두움이 그를 덮어 인도할 사람을 두루 구하는지라 이에 총독이 그렇게 된 것을 보고 믿으며 주의 가르침을 기이히 여겼다.(행 13:11-12) 키프로스에서 최고

통치자인 로마 총독에게 복음이 전파되어 그가 기독교인이 된 것이다.

이곳 바보에서 사도 바울에게는 성경기록에 커다란 변화가 있었다. 이제까지 사울이라고 부르던 이름을 바울로 최초로 부르게 된 계기가 되었고(행 13:9), 바나바 뒤에 사울이라는 이름이 기록되었으나 바울 다음에 바나바의 이름이 기록되는 서열의 변화를 가져왔다.

바보에서 동쪽으로 육로에 의해 한시간 반정도 달려가면 라르나카(Larnaka)항구가 있다. 이곳에 나사로 기념교회가 세워져 있다. 나사로는 마리아와 마르다의 오빠였다. 베다니에서 죽었던 나사로를 예수께서 살리셨으나 그후 나사로의 행적은 성경에 기록되지 않았다.

나사로는 키프로스 섬에 건너와 예수그리스도를 증거하다가 나르나카에서 죽었다고 한다. 그래서 주후 9세기경에 아름다운 나사로 기념교회를 세웠고 지하에 나사로의 무덤이 있어 오늘까지 전해지고 있다.

키프로스는 바나바의 고향이기도하다. 마가는 바나바의 생질로 이들은 구브로가 생소한 곳이 아니었다. 이곳의 많은 유적 가운데 주후 300년대의 바보의 바울 기념교회 유적이 발굴되었다. 바울이 묶여 채찍을 받았다는 돌기둥이 어느 것인지는 알 수 없으나 크고 작은 많은 주춧돌과 돌기둥이 말없이 서 있다.

나사로 기념교회

5. 밧모섬 (Island of Patmos)

밧모섬 전경

밧모섬은 지리적으로 터어키에 가깝게 위치하고 있지만 그리스 영토의 부속 도서에 속해 있다. 터어키의 서해안 구사다시(Kusadasi)항에서 약 60km, 그리스 아테네에서 약 250km의 거리에 있다.

밧모섬은 에게해의 3,000여개 섬가운데 대단히 아름다운 섬 중의 하나로 넓이는 약 40km², 남북으로 뻗은 길이는 약 12.5km, 전 해안선의 총 연장거리는 65km나 된다.

밧모섬은 비록 해안선의 굴곡은 심하지만 3개 지역으로 구분되어 있으며, 두곳의 지형이 개미허리처럼 된 상태에서 산맥이 연결되어 있다. 섬 전체를 한 눈으로 바라 보면 활처럼 굽어진 형상의 아름답고 아늑한 섬이다.

밧모섬의 중앙 깊숙이 항만이 형성된 스칼라(Skala)항구는 대형선박의 접안이 가능하며 밧모섬의 관문의 역할을 한다. 그리고 활을 당기고 있는 오른손 주먹의 위치에 해당하는 작은 킬리오모드(Chiliomode) 섬은 밧모섬의 전초(前哨)로서 위치하고 있다.

사도 요한은 예수님 생전 당시 나이가 어렸기 때문에 90세 가깝게 장수하면서 3차에 걸친 무서운 박해를 체험했다. 그 첫 번째는 네로 황제(54-68년)의 박해, 그 다음은 도미시안 황제(81-96년)의 박해, 그리고 트라이안 황제(98-117년)의 박해이다.

요한은 도미시안(Domitian) 황제 박해 때에 에베소에서 밧모섬으로 유배되어 18개월동안 유배생활을 하다가 96년에 에베소로 돌아갔다 그러나 유배기간이 3년 또는 15년이라는 주장도 있다

요한이 요한계시록의 계시를 받은 곳이 이 밧모섬의 백색 건물 안의 아포칼립스(Apokalypse) 동굴이다. 이 동굴 아래에는 아포칼립스 수도원이 있다. 이 수도원은 17세기에 세워져 밧모섬의 신학교로 사용되었다.

성스러운 요한 동굴 그 자체는 이미 오래 전에 사도 요한을 기념하는 조그마한 교회로 바뀌었다. 교회의 한쪽 구석에는 머리를 잠깐 식히던 곳이 있으며, 그 옆에는 잠이 들어 누웠던 돌로 된 마루바닥이 있고, 그 한쪽 벽에는 약 1m 높이 지점에 기도하고 일어날 때 손을 짚었던 자국에 홈이 파져 테를 둘러 놓았다(☞ 사진). 그 장소에서 얼마 멀지 않은 곳에 성경을 기록하기 위하여 양피지를 펼쳤던 돌 책상이 있다. 동굴의 천장에는 세 개의 갈라진 틈이 있다. 이 틈 사이를 통해 "하늘로부터 큰 나팔소리"를 들었을 것이라 한다. 사도 바울의 성화를 보면 이마에 군살이 있다. 항상 엎드려 이마를 대고 기도하여 군살이 생겼다고 한다.

이곳은 내가 진실로 속히 오리라 하시거늘 아멘 주 예수여 오시옵소서(계 22:20)라는 하나님의 약속에 대한 사도 요한의 간절한 소망과 기도의 현장이다. 그러므로 순례자들은 사도요한을 통해 계시된 말씀을 체험 하며 다시오실 주님을 간절히 소망 하게되는 곳이다.

주후 1088년 크리스토툴러스(Christodouls) 수도사가 이 섬을 찾아와 요한을 기념하기 위하여 코라(Chora) 마을의 중앙 언덕을 중심으로 이곳에 자주 출몰하는 해적의 공격을 막기위하여 성벽을 쌓아 요한 수도원을 세웠다. 이 곳에 희랍여신 아르테미스(Artemis)신전이 세워져 있었다.

현재 희랍정교회에 소속되어 있으며 수도원의 도서관에는 진귀한 성경사본들과 보물들이 많이 소장되어 있다. 특히 주후 500년대에 기록한 마가복음은 매장 첫글자는 순금으로 썼고 나머지는 은으로 썼다고 한다. 4세기 이후부터 밧모섬은 성지순례의 중심지역 중의 하나가 되었다.

밧모섬은 4-5세기에 중심교회와 큰 수도원 그리고 작은 교회들이 아름답게 많이 세워졌다. 그러나 7세기이후 이슬람 인들에게 점령당하여 파괴되고 폐허가 되어 많은 기둥들과 기둥 머릿돌들만이 남아 있다. 또한 밧모섬 근해에서 이슬람인과 격렬한 해전이 있었다.

밧모섬을 순례하려면 세 가지 방법이 있다. ① 그리스 아테네에 가까운 "피레에프스" 항에서 정기 여객선이 왕래

세례요한의 초상화

사도요한 기념수도원

하고 있고, ② 터어키의 쿠사다시 항에서 배편이 있으며. ③ 아테네에서 비행기로 사모섬에서 내려 그곳에서 배편으로 가는 방법이있다. 성지순례 코스에 따라 편리한 방법을 택하면 된다.

사도요한 계시동굴 교회

사도 요한이 기도후 일어설 때 손을 짚어서 생긴 구멍

6. 에베소 (Ephesus)

에베소는 고대 에베소(Old Ephesus)와 현대 에베소(New Ephesus)로 구분된다.

옛 에베소는 고레스산(Mt. Coressus)과 피온산(Mt. Pion)의 계곡지역에 자리잡고 있으면서 항구에 연결되어 있었다. 신 에베소는 아야술룩 언덕이 있는 사도 요한 교회유적, 성채 그리고 박물관이 위치하고 있는 신 시가지를 말하며 신 에베소를 "셀죽크"라고 부른다.

신 에베소 아야술룩 언덕의 옛 무덤에서 토기들의 유물들이 발견되어 주전 3000년경 최초로 사람이 정착했음이 밝혀졌다. 이곳은 이오니아인(Ionian, 그리스민족의 분파)의 고대 도시였다.

그리스 철학자 헬라클레토스(Herakleitos, 주전 540-480년)는 에베소의 왕가 출신이었다. 이즈미르(서머나)에서 남쪽 약 74km 지점에 위치한 항구도시로 로마시대에는 상업 과 무역의 중심지로 번성했다. 주전 620년에 에베소에 아르테미스(Artemis, 성경에는 "아데미"로 기록됨) 신전이 세워졌다. 아르테미스신은 그리스의 여신으로 제우스의 딸이며 아폴로와는 쌍둥이 남매간이다. 아폴로는 태양의 남자신인데 반하여 아르테미스는 달의 여신이다. 로마인들은 아르테미스신을 다이아나(Diana) 신이라고 불렀다. 아르테미스신은 임신, 출산, 다산 그리고 풍요를 돕는 신으로 숭배되었다.

주전 356년 알렉산더 대왕이 태어났던 출생 일에 공교롭게도 아르테미스 신전은 정신병자의 방화로 불타

에베소 일대 유적 분포도

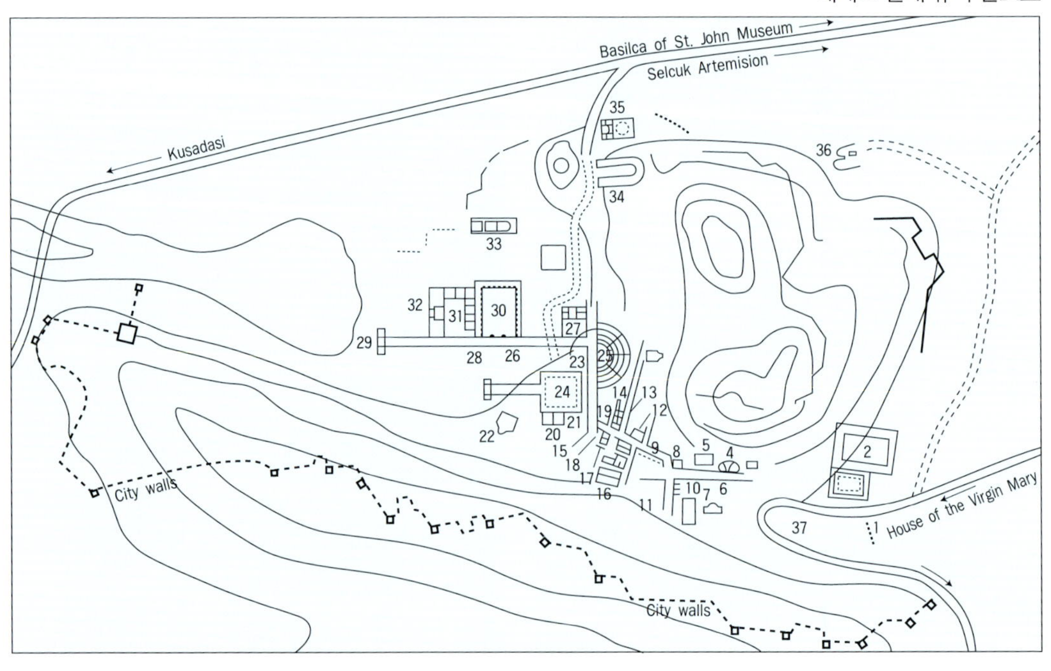

1. 내화 벽돌문	9. Curetes 거리	17. 팔각형 무덤	23. 대리선 거리	31. 항구체육관
2. 동쪽 체육관	10. 폴리오(Polio) 샘	18. 비잔틴 님패이온	24. 아랫 시장	32. 항구 온천목욕탕
3. 각종 목욕탕	11. 도미시안 신전	(Nymphaion)	25. 야외 원형극장	33. 마리아 교회
4. 음악당	12. 트라이안 샘	19. 매춘굴	26. 항구거리	34. 경기장
5. 프리타네이온(Prytaneion)	13. 온천목욕탕	20. 셀수스 도서관	27. 극장과 체육관	35. 체육관
6. 바실리카 시장	14. 하드리안 신전	(두란노 서원)	28. 네개의 원주기념물	36. 일곱무덤의 동굴
7. 윗시장	15. 공중 화장실	21. Mazeus &Mithridate문	29. 항구의 문	37. 성 누가의 무덤
8. 멤비우스 기념물	16. 격리된 가옥들	22. Serapis 신전	30 Verlanus 건물	

버렸다. 세계를 정복한 알렉산더대왕(주전 336-323년)은 에베소를 방문하게 되어 신전을 복구해 줄 것을 제의했으나 에베소 시민들은 자존심을 살려 거절한후 자력으로 복구했다. 재건한 신전은 그리스 아테네의 파르테논 신전의 4배 규모로 웅장하고 아름답게 건축하여 세계 7대 불가사의의 하나인 신전이 되었다. 그러나 비잔틴시대에 파괴되어 유적만 남아있다.

옛 에베소 유적은 주전 3세기경 알렉산더 대왕의 장군중 한 사람인 리시마쿠스에 의해 건설되었고 로마제국의 아우구스투스 황제 때는 인구가 20만을 넘었으며 오늘날 볼 수 있는 대부분의 유적들은 로마시대에 만들어졌다. 옛 에베소 지역에서 볼 수 있는 야외 원형극장은 25,000명의 관객이 수용되는 거대한 규모이다. 이 원형극장 앞에서 일직선으로 폭이 21m, 길이 550m의 대리석 포장길에는 양편으로 돌기둥이 줄 서 있다. 이 길은 에베소 항으로 연결되었다. 원형극장 오른편에는 상업 및 무역도시의 현장인 100m 정방형 크기의 아고라가 있었다. 아고라의 동북편에는 두란노 서원으로 불리어진 유명한 에베소 도서관을 비롯하여 많은 유적을 볼 수 있다. 비잔틴시대에 와서는 에베소 항구가 퇴적작용에 의해 흙으로 채워지고 도시에 말라리아 전염병이 퍼지게 되어 도시가 몰락하게 되자 아야술룩 언덕의 신 에베소 지역으로 옮겨졌다.

주후 50년대에 사도 바울은 두 번에 걸쳐 아르테미스 여신의 도시 에베소에 찾아와 복음을 전파했다. 성경에 에베소에서 바울이 회당에 들어가 석 달 동안 담대히 하나님 나라에 대하여 강론하되 어떤 사람들은 마음이 굳어 순종치 않고 우리 앞에서 이 도를 비방하거늘 바울이 그들을 떠나 제자들을 따로 세우고 두란노 서원에서 날마다 강론하여 이같이 두 해 동안을 하매 아시아에 사는 자는 유대인이나 헬라인이나 다 주의 말씀을 들었다.(행 19:8-10)

바울은 아르테미스 신전을 이용하여 큰돈을 버는 데메드리오의 소동으로 어려움을 당하기도 했지만 신앙의 부부동역자인 아굴라와 브리스길라의 헌신적 협력,

영적 아들인 사랑의 디모데의 힘이 결집되어 복음의 열매를 많이 맺었다. 에베소에서 근 3년 동안에 복음이 아시아에 두루 확산되어 골로새, 히에라 폴리, 그리고 요한 계시록의 소아시아 일곱교회가 세워지는데 커다란 영향을 미쳤다.

에베소 야외 원형극장

셀수스 도서관 〈두란노 서원〉

(1) 사도 요한 교회

사도 요한 교회 유적

사도 요한은 예루살렘이 로마인들에 의해 파괴되기 직전에 에베소로 옮겨와서 에베소 교회의 감독이 되었고 그 지방의 다른 교회에 대한 관할권도 가지고 있었다. 그러다가 도미시안 황제의 기독교 박해시대에 밧모섬에 유배를 당했다가 풀려 나왔다 그는 모든 사람들과 마찬가지로 죽을 뻔한 위험을 수없이 겪었지만 주후 100년경에 에베소에서 평안히 죽었다.

요한의 무덤은 아야술룩 언덕의 중앙 기슭에 있다. 이 무덤 위에 최초 조그마한 교회가 세워졌으나 주후 6세기에 유스티니안 황제에 의해 그곳에 웅장한 교회를 세웠다. 교회당은 길이가 130m, 폭이 40m의 크기의 십자가 형태로 지어졌다.

교회는 세 개의 회중석이 있어 중앙 회중석은 여러 개의 반구형 지붕으로, 다른 두 개의 회중석은 다섯 개의 반구형 지붕으로 덮었다. 중앙의 지붕과 교회당의 중심부분은 네 개의 사각기둥이 떠받들고 있다.

사도 요한의 무덤은 교회의 중앙에 위치한 마루의 바로 밑에 있는 방에 안치되었다. 요한의 무덤 근처에 있던 샘물과 무덤에서 나오는 재 같은 먼지가 치유의 능력이 있어 병자들이 많이 모여들고 기독교인들에게 순례지의 중심이 되었다.

셀죽크 성채는 요한교회의 북쪽에 인접한 높은 언덕에 위치하고 있다. 성채에는 열 다섯 개의 탑이 있고 그 안에는 교회당과 회교사원이 각각 하나씩 있으며 물탱크가 여러 개 있다. 전승에 의하면 세상이 잘 내려다보이는 이 성채에서 요한복음을 썼다고 전해지고 있다.

그런데 요한계시록의 일곱교회 중 에베소 교회는 어느 곳의 교회일까 하는 것이다. 요한계시록이 기록될 당시에 교회가 있었다는 것은 사실인데 오늘날 분명치 않다. 그러나 요한의 무덤이 있는 지역에 교회가 있었을 것으로 보며, 요한교회의 유적을 당연히 7교회 중 하나로 취급되어 지는 것이다.

사도요한 무덤

(2) 성모 마리아가 거처했던 집

오늘날 옛 에베소에는 성모 마리아교회의 유적이 남아 있다. 주후 431년 데오도시우스2세가 소집한 종교회의로 3차 공회의가 소집되었던 장소로 추정된다. 당시 그리스도의 품격에 대한 신학문제로 양성(신성과 인성)에 대한 논란이 있었다. 에베소 공회의를 통하여 양성을 인정하는 니케아 신조가 재확인 되었다.

옛 에베소의 유적을 돌아보고 누가의 무덤에서 출발하여 고갯길을 따라 파나야 카풀루(Panaya Kapulu) 산을 넘어가면 그 산 속에 비잔틴시대에 지어진 성모 마리아의 집이라고 전해지는 작은 교회가 있다. 마리아의 집 입구에 터어키 한인회에서 안내 표지판을 세워 놓았다. 그 내용은 다음과 같이 기록되어 있다.

성모 마리아의 집

「이곳은 성모 마리아께서 당신 생애의 마지막 해를 보내셨던 곳이다. 요한 복음에 의하면 예수님은 십자가에서 운명 하기전에 요한을 가리키며 말씀하시기를 "여자여 보소서 아들이니이다" 다시 마리아를 가리키며 요한에게 말씀하시기를 "보라 네 어머니라"(요한복음 19:26-27)

그리하여 요한은 성모 마리아와 함께 에베소로 오게 되어 에베소 3차 종교회의록에 기록되어 있기를 요한이 성모 마리아에게 산 위에 집 한 채를 지어 드렸다고 하였는데 세월이 흐름에 따라 집의 장소는 잊혀지고 폐허가 되었다. 주후 1878년 케더린 에머리히(Catherine Emmerich)라고 하는 독일 수녀가 꿈속에서 계시를 받은 내용을 "성모 마리아의 생애"라는 제목으로 펴냈는데 이 책 속에 성모 마리아의 집 위치가 기록되어 있었다. 이 수녀는 자기가 태어난 고장을 한 번도 떠난 적이 없었으므로 1891년 나자렛 신부가 탐사반을 조직하여 오늘날의 성모 마리아의 집을 발견하게 되었는데 집의 모양은 케더린이 계시 받아 기록한 모습과 정확히 일치하였다. 100년 전까지만 해도 그리이

스 정교도들이 해마다 8월 15일(마리아 승천일)에 이 집에서 순례 행사를 가졌었다.

1961년 교황 요한 23세는 성모 마리아의 집의 위치에 대한 분쟁을 종식시키고 이곳을 성지로 공식 선포했다"

(터어키 한인회)

현재 카톨릭교회와 그리스 정교회의 성지 순례자들은 에베소에 오면 이곳을 꼭 찾는다. 현재 예루살렘의 시온산에 마리아의 영면교회가 있고 기드론 골짜기의 겟세마네 동산 하록에 마리아 무덤교회가 있다.

성모 마리아 교회 유적

성모 마리아의 집

그러나 에베소에서 마리아 무덤이 발견된 적은 없지만 고고학자들의 증언에 의하면 에베소에서 거처하던 집에 무덤이 있었다고 한다. 예루살렘이 로마의 통치하에 혼란이 거듭되고 있던 시대 상황으로 보아 성모 마리아가 예루살렘에 거처하기가 곤란했을 것으로 보여진다. 그러므로 요한과 함께 에베소에서 말년을 보내다가 죽은후 이곳에 묻혔다는 주장을 무조건 배제할 수는 없다.

(3) 누가의 무덤

누가의 고향은 불확실하다 그러나 제롬에 의하면 안디옥사람 누가 의원이라고 불리었다. 누가는 수리아 안디옥에서 의학공부를 하고 바울과 동행한 최후의 동역자였다.(딤후 4:11) 그는 성경의 누가복음과 사도행전을 기록했으며 주후 100년경 74세의 나이로 순교했다고 한다. 그러나 그의 무덤이 어느 곳에 있는지 확실치 않다. 옛 에베소의 변두리에 누가의 무덤이라는 안내 표지판이 초라하게 서 있다. 이 표지판의 기록을 보면 이곳은 로마시대의 신전이 있었으나 비잔틴시대에 와서 예배 처소로 사용되었다.

주후 1860년 영국 고고학자 T.J Wood가 이곳에서 발굴작업을 하던 중 십자가와 황소 모양의 비석이 발견되어 누가의 무덤으로 판명되었다는 것이다.

7. 서머나 (Smyrna, Izmir)

서머나는 고대에 "스미르나"(Smyrna)라고 부르다가 그리스의 식민지가 되면서 "서머나"로 불렀고 제1차 세계대전으로 오스만 터키제국이 멸망하고 터어키 공화국이 들어서면서 "이즈미르"(Ismir)라고 부르고 있다.

서머나는 주전 3000년경부터 에게해안의 항구도시였다. 지금은 이스탄불에서 남서쪽 약 336km에 위치한 서머나는 이스탄불, 앙카라 다음가는 큰 도시로 터어키의 3대 도시중 하나이다.

고대 그리스의 식민도시였으며 주전 627년 리디아(Lydia)왕국에게 멸망 당했다. 그후 주전 3세기에 재건되어 로마시대까지 번영했다. 중세의 비잔틴, 십자군, 아랍, 투르크의 지배가 계속되었다. 특히 그리스 문화의 중심지로 무역이 성행했다.

제1차 세계대전직후 이 지방에 침입한 그리스군에 의해 파괴되고 그리스영이 되었다가 1923년 터어키에 반환되었다.

고대에 일리아스(일리아드)와 오디세이아(오디세이)의 작가로 유명한 그리스 시인 호메로스(Homeros : Homer, 주전 800-750년)의 고향이다. 서머나는 주전 330년대 소아시아를 정복한 알렉산더가 파고스언덕(Pagos hill)에 거대한 성채를 쌓고 산 밑 해안지역에 그리스식 대도시의 서머나를 건설했다. 그후 주전 20년대에 로마제국에 의해 더욱 발전했다. 서머나는 소아시아의 제일의 도시 메트로폴리스(Metropolis)라는 칭호를 에베소, 버가모와 더불어 다투던 도시였다. 서머나는 파고스언덕의 찬란한 건물들이 바다를 향하여 경사져 있어 풍광이 수려하고 바다로 부터 불어오는 미풍은 사철 신선하고 시원한 기후를 유지하게 했다.

그러나 서머나는 주후 170년대에 대지진으로 크게 파괴된 후 여러번 지진으로 서머나의 영광은 사라지고 땅속에 묻혀 버렸다. 1930대 이후 고고학자들의 발굴작업이 계속되었다.

그 유적으로 2만명 이상을 수용할 수 있는 야외 원형극장을 비롯하여 운동 경기장, 로마식 공동 목욕탕, 대규모 아고라 등을 볼 수 있다.

초대 교회인 서머나 교회는 사도바울의 3차 전도여행시 그에 의해 세워졌다는 주장이 유력하다.

폴리갑(Polycarp)은 서머나 교회의 감독으로 오래 있었다. 오늘날 서머나 교회는 순교한 폴리갑의 기념교회로 도심지에 세워져 있다.

폴리갑은 기독교의 핍박이 심할때마다 로마 총독에게 끌려갔다. 황제를 주(主)라고 고백하도록 강요당했다. 그러나 단호히 거부했다. 야외경기장에 끌려 가서 많은 군중이 모여 있는 가운데 "지금이라도 늦지 않았으니 그리스도를 비난하고 모른다고 하라. 그러면 내가 너를 놓아주리라"했다. 그러나 폴리갑은 대답하기를 "내가 86년간 예수 그리스도를 섬기고 믿어 왔는데 그 분은 나에게 아무 피해도 주지 않았으며 하물며 나의 주인이시며, 왕이요, 구세주이신 그분을 어떻게 배반할 수 있겠는가"라고 했다. 그들의 집요한 강요를 끝까지 거부했다. 죽기까지 충성한 이 존경할만한 폴리갑은 주후 155년 빌라델비아의 성도 11명과 함께 불에 타 순교했다.

요한계시록에 서머나교회는 빌라델비아교회와 더불어 책망이 없던 교회였다. "네가 죽도록 충성하라 그리하면 내가 생명의 면류관을 네게 주리라 이기는 자는 둘째 사망의 해를 받지 아니하리라(계 2:10-11) 폴리갑은 죽도록 충성하여 생명의 면류관을 소유한 순교자로 분명하게 믿어진다.

폴리갑 교회 내부

최초 세워졌던 폴리갑 기념교회는 17세기에 화재로 소실되고 현재의 교회는 1690년에 다시 세워졌다. 이 교회는 카톨릭교회에 속해 있는데 교회 내부의 벽에는 카톨릭의 성화와 폴리갑의 생애에 관련된 성화들이 벽을 채우고 있어 화려함을 느끼게 하는 동시에 아픈 마음을 억제치 못하게 한다.

특히 폴리갑의 순교장면의 성화는 지난날 우리의 신사 참배했던 믿음의 선진들과 오늘날 기독교 지도자들에게 경종을 울리고 있다. 서머나를 순례하고자 하면 이스탄불 공항에서 비행기편으로 1시간도 채 안걸리지만 7대 교회를 전부 순례할 경우 육로를 이용하는 것이 편리하다.

8. 버가모 (Bergama)

버가모는 에게해안에서 내륙으로 약 24km지점, 카이쿠스(Caicus) 골짜기의 두 시내가 합류하는 높은 언덕에 자리잡고, 서머나에서 북쪽으로 약 99km, 두아디라에서 북서쪽으로 약 65km에 위치하고 있다. 신약시대는 버가모(Pergama, Pergamus)라 불렸는데 지금은 버가마(Bergama)라 부르고 있다.

버가모는 주전 3-1세기의 그리스시대에 앗탈루스 왕조의 수도로 문화 도시로서 번성했다. 버가모에는 고대 로마, 비잔틴시대의 유적들이 많으나 이곳에 도착하면 먼저 찾는 곳이 요한계시록에 나오는 버가모교회이다. 오늘날 현지인들이 교회유적의 벽돌색깔에 맞춰 "크즐 아블루"라고 부르는데 "붉은 건물"(Red Hall)이라는 뜻이다. 이 붉은 벽돌의 건물은 주후 2세기경 세워졌는

데 본래 그리스와 이집트에서 숭배했던 세라피스(Serapis, 지옥의 신)의 신전이었다. 다른 신전은 높은 지대에 세운 반면에 지옥신인 세라피스 신전은 저지대인 세리노스(Selinos) 하천 위에 세운 것이 특이하다.

세라피스 신전은 로마 하드리안 황제(Hadrian, 주전 132-135)때에 건축되었으며 그 규모는 건물 내부의 길이 60m, 폭 26m, 높이 20m의 웅장한 구조의 건축물이었다. 이 신전의 지하에는 신전 바닥의 대각선으로 북서쪽에서 남동쪽으로 시내가 흐르고 있어 지하층으로 내려가면 물이 흐르는 소리를 들을 수 있다. 주후 300년 비잔틴시대에 접어들어 이 신전이 기독교인들의 교회로 사용되다가 비잔틴제국이 쇠퇴하게 되어 13세기이후 폐허가 되고 말았다.

버가모 지역의 유적 분포도

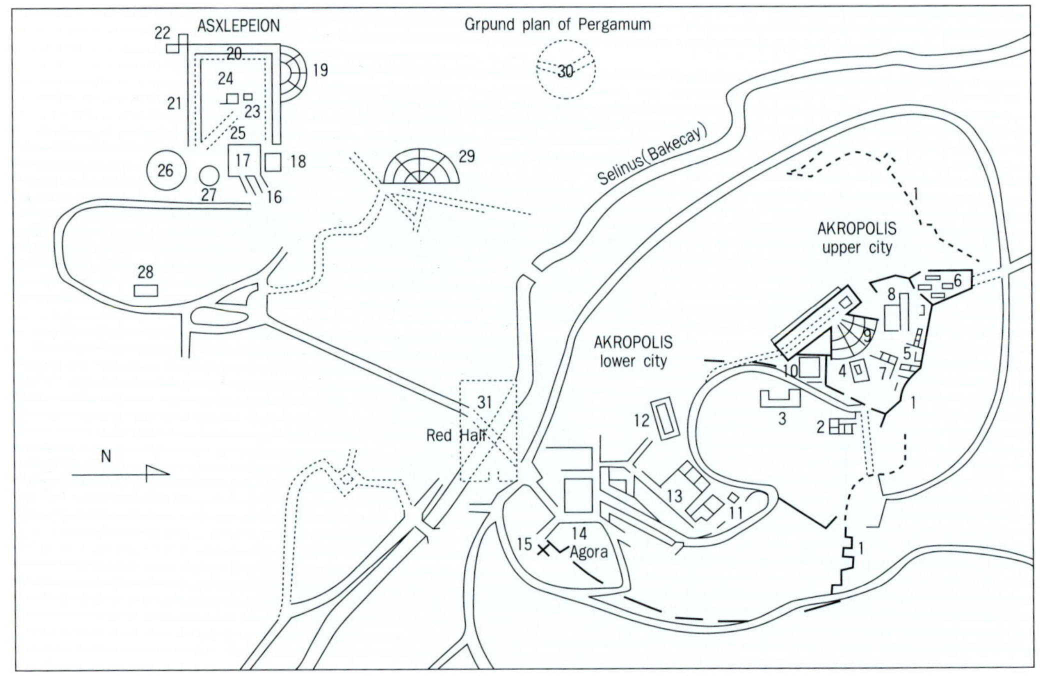

1. 성 벽	7. 트라이안 신전	14. 아랫 시장	20. 서편 회랑	26. 테레스포로스 신전
2. Heroon	9. 극장	15. 아크로폴리스 문	21. 남편 회랑	27. 제우스-아스클레피온 신전
3. 윗 시장	10. 제우스 제단	16. 성스러운 길	22. 공중 화장실	28. 박물관
4. 왕 궁	11. 헤라신전(Hera)	17. 신전 입구	23. 성스러운 샘	29. 원형극장
5. 무기고	12. 데메테르 신전	18. 도서관	24. 인큐베이숀 룸	30. 투기장(鬪技場)
6. 도서관	13. 체육관	19. 극장	25. 지하 터널	31. 붉은 건물

버가모 교회

요한계시록에 버가모는 사단의 위가 있는데라고 했다. 그리고 발람의 교훈을 지키는 자들이 우상의 제물을 먹게 하였고 또 행음하게 하였으므로 책망하여 회개를 촉구했다.(계 2:13-14) 사단의 위는 제우스 제전 등 우상숭배의 중심지였음을 의미하는 것으로 많은 유적들이 입증해 주고 있다.

버가모교회에서 북쪽으로 근접한 해발 300m가 넘는 산 기슭의 아크로 폴리스(Akro Polis)에는 상하 두 군데로 구분되어 북쪽에 성채를 쌓았고 제우스 제단, 아데나 신전, 데메테르 신전, 트라이안 신전, 헤라 신전(Hera), 왕궁, 아고라, 극장, 옥내 경기장, 도서관 무기고 등의 유적이 많이 있다.

버가모교회의 남서쪽 산기슭에는 제우스-아스클레피이온 신전(Zeus-Asklepion), 텔레스포로스 신전(Telesphoros), 야외 원형 경기장, 로마식 극장, 박물관, 도서관 등의 유적이 있다. 버가모는 이와 같은 많은 유적을 통해서 우상 숭배의 총 본부였음을 확인할 수 있다. 제우스 제단은 넓이 30m², 높이 12m나 되는 거대한 것으로 사단의 위를 대표하고 있다. 또한 황제를 신전에서 예배케 하여 기독교인들과의 싸움이 초대교회때 부터 심하였다. 터툴리안(Tertullian)은 주후 3세기에 버가모의 어떤 조각에 충성된 증인 안디바의 이름(계 2:13)이 있어 그가 실제로 버가모에서 순교했음을 입증해 주고 있다.

이곳의 의료의 신 아스클레피이온(Asklepion)의 신전은 기독교인들이 사단으로 여기는 뱀의 형상을 만들어 숭배하고 있었다. 뱀이 껍질을 벗고 새롭게 변하듯이 질병으로 부터 벗어나 새 생명을 얻는다는 뜻에서 뱀이 의료의 신으로 상징되었다. 오늘날 병원이나 군대의 의무병과(醫務兵科)의 표지(標識, Mark)로 뱀을 심벌로 나타내는 유래가 된 것이다.

아스클레피이온은 오늘날 종합병원 성격의 고대의 최대 의료센터로 유명했는데 해부학의 권위자 갈렌(Galen)이 배출되기도 했다. 아스클레피이온은 주전 4세기에 설립되었으나 현재 남아있는 유적은 주후 2세기 하드리안 황제때에 건축된 것이다.

아스클레피온 병원 입구

버가모에는 도서관이 두 군데 있었다. 당시 유네스미 2세(주전 197-159)가 도서관을 창설하여 그후에 이집트의 알렉산드리아 도서관 다음가는 장서가 20만권이나 되는 큰 도서관이 되었다. 알렉산드리아와 버가모의 양대 도서관 사이에 경쟁이 극에 달했다고 한다.

알렉산드리아에서는 이집트에서 생산되는 파피루스 종이를 버가모에 공급되지 못하게 하여 도서출판을 방해했다. 이때에 버가모에서는 파피루스를 대체할 용지를 만들어 낸 것이 양피지(羊皮紙)였다. 결국 도서관 경쟁에서 버가모가 승리한 셈이다. 당시 양피지를 버가모 사람들은 버가멘(Pergamen)이라고 불렀는데 그후에 이 말이 라틴어를 거쳐 영어의 파치먼트(Parchment, 양피지)가 되었다. 버가모가 양피지의 최초 생산의 본 고장이 되어 성경의 사본들이 양피지에 기록되었다는 사실을 새롭게 해준다.

주전 30년대에 알렉산드리아 도서관에 화재가 발생하여 장서에 많은 손실을 입자 애굽의 클레오파트라 여왕은 매우 상심하고 있었다. 그때에 로마의 안토니우스 장군은 군대를 동원하여 무력으로 버가모 도서관의 장서를 빼앗아갔다.

무력의 칼을 가지고 많은 책을 강탈한 안토니우스는 알렉산드리아에서 자살해 죽었으며 최초 국제적 왕실의 콜 걸인 클레오파트라도 알렉산드리아에서 사탄인 뱀에 물려 자살해 죽고 말았다.

9. 두아디라 (Thyadira)

두아디라 교회

두아디라는 버가모에서 남동쪽으로 약 65km, 서머나에서 북동쪽으로 약 100km 지점, 터어키 서부의 카이코스와 헬버스 두 계곡의 중간에 위치해 있으나 도시 주변에 천연요새가 없고 노출되어 있어 많은 사람들의 왕래가 용이한 교통중심지의 상공업 도시였다.

두아디라는 알렉산더대왕의 4인 장군중 한 사람으로 가장 넓은 아나톨리아에 할양되어진 셀쥬쿠스 왕국의 셀쥬쿠스1세에 의해 세워졌다. 이 도시의 옛 이름은 페로피아(Pelopia) 또는 유힙피아(Euhippia)라고 불렀고 신약시대에 두아디라(Thyadira)라 불렀으며 지금은 아킷사(Akhissar)라 부르고 있다. 두아디라는 남신(男神)과 여신(女神)을 우상으로 섬기는 악한 풍속이 있었는데 신당중의 하나는 신탁(神託)을 받는 소위 여선지(女先知)가 있었다.

두아디라는 상공업도시로 모직, 직조, 염색, 제혁, 도기 등의 동업조합이 많이 있었고 특히 자주색 염색천으로 유명했다.

바울이 빌립보에서 전도할 때 처음 믿게된 루디아는 이 지방 출신으로 염료행상을 하고 있었다.(행 16:14) 이곳의 동업조합들은 우상숭배와 관련되어 각 조합마다 우상을 갖고 있었다.

두아디라교회는 서머나와 버가모교회의 경우와 같이 바울이 에베소에 머물러 있는 동안 이곳에 복음이 전파되었고 루디아에 의해 교회가 세워졌다고 한다. 요한계시록에 "그러나 네게 책망할 일이 있노라 자칭 선지자라 하는 여자 이세벨을 네가 용납함이니 그가 내 종들을 가르쳐 꾀어 행음하게 하고 우상의 제물을 먹게 했다."(계 2:20)

당시 두아디라에 거주하는 자는 조합에 가입해야하고 조합에 가입하면 우상을 숭배하고 제사의식에 참예해야 했다. 또한 우상제물을 먹은 후 즐거운 행사가 벌어지는 문란한 음행의 대상이 되어야 했다. 이러한 어려운 상황에서 초대 기독교인들은 동업조합에서 탈퇴하면 직장과 사회적 지위를 잃고 빈곤과 배고픔, 그리고 핍박을 받게 되었다.

여자 이세벨은 음행과 우상숭배의 유혹과 동의어이다.(왕상 16:31, 18:4, 13, 19, 19:1-2) 이 여자 이세벨에게 회개할 기회를 주신 것이다. 그리고 최후의 심판날에 악인은 질그릇 같이 부숴질 것이라고 했다.(계2:27) 그러므로 두아디라의 토기장이들은 이 상징의 의미를 이해할 수 있었을 것이다.

10. 사 데 (Sardis)

사데 교회

사데는 소아시아 서부지방의 주전 6세기 리디안(Lydian) 왕국의 수도로 서머나 동쪽 약 80km, 두아디라 남동쪽 약 48km 지점, 트몰러(Tmolus)산 북쪽 기슭, 헐머스평야 남단에 자리잡고 있는 오늘날의 사르트(Sart)라는 마을이다. 그당시는 대도시 였지만 유적만 남아 있다.

사데를 끼고 흐르는 시내는 황금천이라 부를 만큼 많은 사금(砂金)이 있었다. 그곳에서 크로이수스왕은 마음껏 부를 누렸으며 주전 700년경 세계최초의 금으로 만든 각인주화(刻印鑄貨)를 만들어 사용 했다.

리디안 왕국은 크로이수스(Croesus, 주전 560 - 주전 546년) 왕때에 리디아의 전성기로 소아시아 서해안까지 국토를 넓혔다. 그후 페르시아의 침입으로 번영했던 리디안의 수도인 사데(Sardis)는 주전 540년대 고레스(Cyrus)왕의 군대에 의해 함락된후 불타 버렸으며 이때에 크로이수스왕도 불타 죽었다. 그후 셀쥬크왕조의 영토가 되었다가 로마의 속주가 되었다.

주후 1410-1414년 기간 중에 미국 프린스턴 대학팀에 의해 아르테미스 신전과 리디안의 무덤을 발굴하였고 1958년 이후 미국 하버드대학과 코넬대학 합동 발굴단의 발굴작업이 이루어 졌다 그런데 놀라운 발견은 순금을 제련하던 도가니를 무려 300개 이상이나 발굴해 냈고, 도가니 밑바닥에는 순금이 그데로 남아있어 크로이수스왕의 전설적인 부가 역사적 사실임이 분명하게 밝혀 졌다 .

아르테미스 신전은 주전 330년대 알렉산더대왕의 명령으로 건축되어 임신, 출산 다산 및 풍요의 여신으로 숭배되었다. 이 신전은 길이 100m, 폭 50m로 큰 규모의 신전이었다. 그곳에 78개의 석주와 18m 높이의 이오니아식 석주 두 개가 서 있어 웅장했던 신전이었음을 말없이 입증해 주고 있다.

아르테미스 신전 남쪽 강단 밖에 붉은 벽돌의 작은 터전의 유적은 비잔틴시대의 교회가 세워졌던 곳이다. 최초에는 아르테미스 신전을 교회로 사용하다가 강단 밖에 작은 교회를 세우고 예배를 드렸다. 주후 3세기에 대리석으로 건축된 김나지움(Gymnasium, 체육관)의 유적이 있다. 로마시대에 건축된 체육관으로 전면부분은 복원되어 있다. 김나지움의 옆에는 1,000명 이상 들어갈 수 있는 시나고그(Synagogue)가 발굴되어 지금까지 알려진 회당 가운데 최대 규모이다. 이밖에 유적에서 페르시아시대의 토기조각, 크로이수스왕의 각인이 있는 금화(金貨) 그리고 로마시대의 목욕장, 스타디움(Stadium) 등 비잔틴시대의 유적과 유물이 많이 발견되었다.

그 결과 리디아시대뿐 아니라 주전 7-6세기에 걸친 오랫동안에 동서 교통의 요충지로 번영하였음을 고고학적으로 입증해 주었다.

이곳 아르테미스 신전에서 부도덕한 제사의식이 거행되었다. 요한계시록에 "네가 살았다하는 이름은 가졌으나 죽은 자로다"라는 경고를 받게 된 것도 이와 같은 부도덕한 영향을 받고 있었기 때문이다.(계 3:1) 사데교회는 라오디게아교회와 더불어 일곱교회 가운데 칭찬이 없고 책망만 받은 교회였다. 사데는 상공업도시로 번영했으며 직물과 귀금속 생산지로 이름이 났었다. 풍요 속에 사치와 음탕에 빠졌고, 교회는 신앙의 이름과 형식은 있었으나 생명력이 없었다. 그래서 회개를 촉구했고 회개치 않으면 주님이 도적같이 오실 때 알지 못한다고 했다(계 3:3).

사데에 가면 두가지 설화의 교훈을 들을 수 있어 흥미롭다.

(1) **사데성**을 지키고 있던 한 병사가 성벽 위에서 밤에 초병 근무중 졸다가 투구를 성 밖으로 떨어뜨렸다. 그 병사는 성벽을 타고 내려가서 투구를 쓰고 다시 올라갔다. 철옹성의 성벽에 기어오를 수 있는 취약 지점이 있어 적에게 노출된 것이다. 페르시아 군대는 기어오를 수 있는 성벽으로 은밀히 침투하여 사데성을 함락시켰다고 한다. 한 명의 병사와 한 명의 기독교인의 책무와 사명을 일깨워 주는 교훈의 말이다.

(2) **사데성**이 함락되자 부의 상징적 인물인 리디안의 최후의 왕 크로이수스는 왕비와 함께 아르테미스 신전의 뒷산으로 도망하여 숨었다고 한다. 그러나 페르시아 군대에게 잡힐 때 계시록 3장1절 말씀에 빗대어진 "너는 살았다 하나 죽은 자라"하면서 숨은곳에서 불러내어 붙잡아 끌고가 불에 태워 죽게 했다고 한다. 크로이수스의 부귀영화는 온데간데 없고 불타다 남은 재 한점없이 돌기둥만 침묵을 지키고 서 있다.

사데 체육관

사데교회는 소수의 의인이 있어 흰옷을 입을 것이며 그 이름을 생명책에서 반드시 흐리지 않겠다고 했다.(계 3:4-5)

11. 빌라델비아 (Philadelpheia)

빌라델비아 교회

빌라델비아는 소아시아 서부지방의 코가미스 계곡 안의 중요한 교통의 요지에 위치한 도시로 사데에서 약 50km, 라오디게아에서 약 135km 지점의 산업도시이다. 주전 138년경 버가모 앗탈루스 왕조의 앗탈루스2세(주전 159-138년)가 도시를 건설하여 왕의 형인 유메네스에게 대한 형제사랑의 표시로 이름을 빌라델비아(Philadelpheia, 형제사랑)라고 불렀다. 오늘날에 알레세히르(Alesehir)라고 부르고 있다.

최초 도시를 세울 때 루디아와 부르기아에 헬라의 언어, 풍습 등의 문화를 전파하는 중심지로 건설된 도시이어서 처음부터 선교지가 되었다. 이곳에 언제 교회가 세워졌는지는 알 수 없으나 요한계시록에 일곱교회의 하나였다.(계 3:7-13) 로마 당시에는 우상숭배의 중심지여서 기독교인은 다른 아시아 지역보다 덜 번성했다. 초대교회가 있던 빌라델비아는 땅속에 파묻혀 있어 고고학자들의 발굴이 기대되고 있다.

비잔틴시대에 번창했던 이 도시는 그 시대 성벽의 유적이 남아있고 도시 가운데 교회의 유적으로 육중한 15m 높이의 두 기둥만이 남아 있어 당시에 웅장했던 교회 건물이었음을 짐작할 수 있다. 요한계시록에 서머나교회와 더불어 책망이 없던 교회였다.

빌라델비아교회가 미약하여 성도들의 수도 적고 부요치 못하였지만 복음에는 항상 충성스러웠고 주님의 이름을 부인하지 않았다. 빌라델비아의 교회가 인간의 눈에는 보잘 것 없었으나 하나님 보시기에는 크고 훌륭했다. 승리자는 ① 하나님께 속하게 되며 ② 새 예루살렘과 ③ 그리스도를 소유하게 되는 이 세가지 사실로부터 오는 모든 특권과 축복을 영원토록 누릴것이라는 보증을 하였다.

12. 라오디게아 (Laodicea)

　라오디게아는 소아시아 부르기아 지역, 데니즐리와 파묵갈래 사이에 위치하고 있고 골로새, 히에라폴리와 더불어 라오디게아는 브루기아 지방의 유명한 삼각지역으로 연결되어 있다. 주전 3세기경 시리아왕 안티오커스2세(Antiochos Ⅱ. 주전 286-247년)는 데니즐리의 서쪽 에스키세히르에 도시를 건설하여 안티오커스2세의 아내 라오디케(Laodike)의 이름을 따서 라오디게아(Laodicea)라 불렀다.

　에베소에서 시리아에 이르는 가도연변의 통상도시(通商都市)로 융성하였고 금융업과 양모업(羊毛業)으로 유명하였다. 주전 133년에 로마의 속주가 되었고 일찍이 교회가 세워져 기독교 도시가 되었다. 네로왕때에 지진으로 크게 파괴되었으나 이 도시는 쉽게 복구되었고 요한계시록의 7교회중 하나로 초기 기독교에 유명해졌다. 라오디게아에서 약 7km 지점의 언덕위에 히에라폴리의 도시가 있다.

　히에라폴리(Hierapolis)는 버가모의 왕에 의해 도시가 세워져 "거룩한 도시"라는 뜻으로 히에라 폴리라 부르게 되었다. 이곳에 일찍이 유대인의 큰 조직이 있어 쉽게 복음이 전파되었고 비잔틴시대에는 주교 관구가 되었다.　주후 80년경 사도빌립(집사 ?)은 이곳에서 순교하여 비잔틴시대에 십자가형 구조의 기념교회가 세워졌고 그 유적은 히에라폴리의 뒷산 중턱에 있다. 또한 일대에는 로마시대의 야외 원형 경기장, 극장, 아고라 등 많은 유적이 있다.

　파묵갈래(Pamukkale)는 천연 온천장으로 유명하다. 히에라폴리의 깊은 지하동굴에서 뜨거운 온천수가 솟아나와 높이 100m가 넘는 언덕 아래의 경사면으로 폭포수처럼 흘러내린다. 이 온천수가 흘러 내리는 언덕 일대를 파묵갈래(Pamukkale)라 부른다. 로마황제의 목욕장도 이곳에 있었다고 하며 오늘날에는 온천수에 목욕하려고 찾아오는 관광객들로 붐빈다. 이곳 온천수에는 많은 석회질 성분이 함유되고 있어 온천수가 계속 흘러 내리는 동안 석회질이 침전되어 언덕 암벽에 접착(接着)되기 때문에 자연적으로 백색 석회화(石灰花)가 이루어져 아

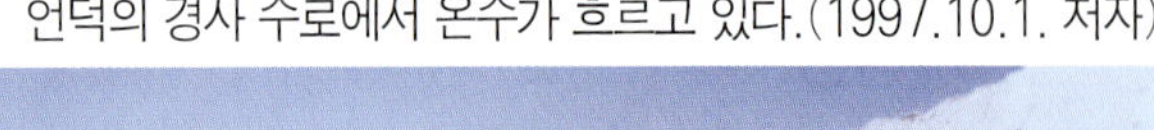

언덕의 경사 수로에서 온수가 흐르고 있다. (1997.10.1. 저자)

름다운 장관을 이룬다.

멀리서 보면 목화송이들이 하얗게 피어 있는것처럼 보인다. 그래서 목화성(木花城)이라는 뜻의 파묵갈래라는 이름이 붙여졌다. 고대 라오디게아에서 히에라폴리의 온천수를 수로를 통해 끌어들여 사용했다. 히에로폴리에서 7km의 라오디게아까지 온천수가 흘러오는 동안 식어져서 미지근했다고 한다. 요한게시록에 "네가 이와같이 미지근하여 더웁지도 아니하고 차지도 아니하니 내 입에서 토하여 내치리라"(계 3:16) 책망하였다. 당시 부요한 생활 환경 속에서 라오디게아 교인들의 신앙 열도(信仰熱度)를 식어진 온천수의 미지근함에 비유한 것이다.

고대 라오디게아에는 눈병 고치는 안약의 산지로 유명했고 병원도 있었다고 한다. 그래서 보기는 보아도 보지 못하는 영적으로 병든 눈을 "안약을 발라 뜨게하라"는 비유의 말씀을 했다.

골로새는 라오디게아에서 약 16km 거리이며 브루기아에서 라오디게아, 히에라폴리와 더불어 일찍이 복음이 전파되어 초대교회가 세워졌다. 골로새교회는 바울의 사랑하는 동역자이며 바울과 함께 로마 감옥에 갇히기도한 에바브라가 세웠다. 당시 교인중에 이름이 있는 빌레몬, 오네시모, 아킵보 등이 있다. 이곳에는 교회의 유적조차 없기 때문에 아쉽게도 순례자들의 발길이 닿지 않는다.

사도 빌립(집사 ?) 기념교회

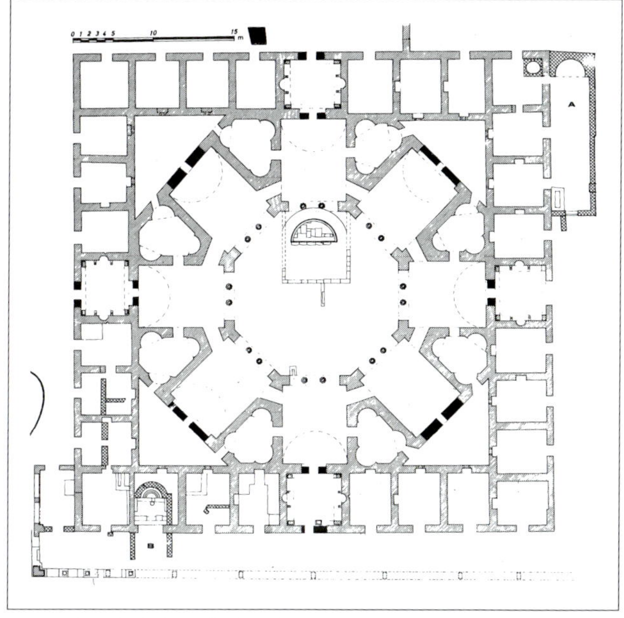
십자가 형태로 설계되어 건축된 빌립 기념교회의 평면도

13. 밀레도 (Miletus)

소아시아 서해안의 무역항구로 이오니아에서 에베소 다음가는 중요한 도시로 번성했었다. 고대에는 마이안도로스 강이 흘러 나오는 만내(灣內)의 돌출한 곳(串)에 건설된 항구도시였으나, 지금은 해안에서 내륙으로 9km 지점에 위치한 폐허의 유적지로 남아 있을뿐이다.

이곳은 에베소에서 육로에 의해 출발하여 쇠케를 경유하여 1시간이 소요되는 거리이다. 그러나 성지순례자들의

밀레도 야외 원형극장

발길이 뜸한 곳이기도 하다.

바울이 마지막 전도여행을 하는 중 예루살렘으로 가기 위하여 이곳에 기착하였다. 이때에 에베소 장로들을 청하여 권면하였다. 그리고 하나님의 은혜의 복음을 증거하는 일을 마치려 함에는 나의 생명을 조금도 귀한 것으로 여기지 않는다. 지금은 너희가 다 내 얼굴을 다시 보지 못할 것이라는 마지막 고별인사를 한 다음 저희와 함께 무릎을 꿇고 기도하니 모두 크게 울며 바울의 목을 안고 입을 맞추고 다시보지 못하리라 한 말을 인하여 더욱 근심하고 배에 까지 전송하였다.(행 20:13-38)

밀레도의 성지순례를 마친 후 성경에 접하여 바울의 마지막 밀레도의 고별사(행 20:13-38)를 읽을때에 누구든지 밀레도의 유적들이 눈에 선하게 보이면서 눈시울이 적셔질 것이다.

밀레도는 주전 8-7세기까지 이오니아 중심지로 해외무역이 번성하였고 동 지중해와 흑해 연안에 70여곳의 식민시(Emporia, 상업거래소)를 두기도 했다.

동방무역의 활성화로 오리엔트의 풍부한 경험적 지식정보를 받아들이므로 이오니아 자연 철학자를 탄생케 하여 최초의 기하학을 정립한 철학자 탈레스(Thales)를 비롯하여 아낙시만드로스(Anaximandros), 아낙시메네스(Anaxmenes), 헤카타이오스(Hekataios) 등 밀레 투스 학파의 철학자를 배출하여 문화의 중심지를 이루었다.

주전 6세기 중엽 페르시아의 지배하에서 번영이 되기는 했으나 주전 499년 이오니아 반란의 중심이 된 것이 원인이 되어 주전 494년 페르시아인에게 함락되고 주민은 노예가 되었다. 479년 페르시아 전쟁의 마지막 전투가 있은후 도시가 재건되었다. 그간의 역사적 흐름속에 헬레니즘시대에 이어 로마, 비잔틴, 오스만터어키시대를 거쳐 1920년에 터어키의 영토가 되었다. 그러나 1955년 대지진으로 완전히 폐허가 되었다.

밀레도에 도착하면 가장 먼저 눈에 들어오는 것은 야외 원형극장이다. 헬레니즘시대에 세워진 것을 로마시대에 25,000명이 들어 갈 수 있는 대규모 원형극장으로 확장하였다. 당시는 항구도시였기 때문에 바닷가에 야외 원형극장이 위치하여 눈 아래로 바다를 내려다 볼 수 있는 아름다운 경관을 고려하여 세워졌다. 그 외의 유적으로 규모가 엄청난 공중 목욕탕, 유대인 회당, 주전 2세기의 항구 기념비, 스타듐, 아고라, 시장문, 체육관, 이오니아식 석주거리, 미가엘교회 등의 많은 유적과 밀레도 박물관이 있다.

아고라

14. 드로아 (Troas)

터어키 서쪽의 스카만드로스 강과 시모이스 강이 흐르는 평야에 있는 나지막한 언덕에 위치한 도시였으나 폐허가 되어 오늘날에는 유적만이 남아 있다. 터어키 해안에서 내륙으로 약 6km 지점, 에게해와 흑해를 잇는 헬레스폰투스(다르다넬스)의 입구에 해당하는 중요한 위치에 있어 예로부터 번영을 누렸다.

이곳의 이름은 트로이, 트로야, 트로이아 등으로 불려져 왔으며 헬레니즘시대와 로마시대에는 "일리움"으로, 호메로스에서는 "일리오스"라 불려졌고 성경에는 "드로아"로 기록되었다.

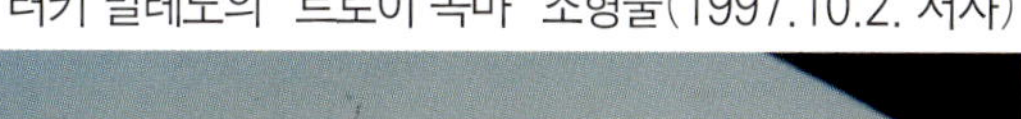

터키 밀레도의 "트로이 목마" 조형물(1997.10.2. 저자)

사도 바울이 드로아에 이르러 밤에 환상이 그에게 보이니 마케도니아 사람하나가 서서 그에게 청하여 가로되 마케도니아로 건너와서 우리를 도우라 하거늘 바울이 이 환상을 본 후에 우리가 곧 마케도니아로 떠나기를 힘쓰니 이는 하나님이 저 사람들에게 복음을 전하라고 우리를 부르신 줄로 인정함이러라 드로아에서 떠나 사모드라게(섬)로 직행하여 이튿날 네압보리 항구에 도착했다.(행 16:9-11)

바울의 2차 전도여행시 처음으로 유럽에 건너가는 소아시아지역의 출발지였다.

바울은 3차 전도여행에도 에베소에서 드로아를 경유하여 마케도니아로 건너가서 전도활동을 마치고 고린도에서 배를 타고 수리아로 가는 것이었으나 유대인들의 음모 때문에 마케도니아로 다녀 돌아가기로 작정하였다.(행 20:3-4) 그리하여 빌립보교회에서 닷새만에 다시 드로아에 누가와 함께 도착했다. 이곳에서 바울이 평소와 다르게 밤늦게까지 강론할 때에 유두고라는 청년이 창에 걸터앉았다가 깊이 졸더니 바울이 강론하기를 더 오래하매 졸음을 이기지 못하여 삼층루에서 떨어지거늘 일으켜보니 죽었었다.(행 20:9)

그러나 바울은 그들을 안심시키고 그를 다시 살렸는데 옛날에 엘리사가 능력을 행한 것과 유사했다.(왕하 4:32-37) 사도바울이 강론했다고 전해지는 현장에 세워진 야외 원형극장은 유적으로 남아 있다. 또한 주변에는 많은 유적들이 있어 관심있게 돌아볼 수 있다.

독일 고고학자 슐리만이 주후 1870년부터 발굴작업을 시작하여 도시의 유적이 밝혀졌다.

야외 원형극장

드로아의 옛 유적(Tel-Troas)은 지하에 9층으로 이루어졌고 최하층은 주전 4000년대말의 것으로 성벽이 에워 싸있어 그 당시에 성곽도시였음이 확인되었다. 2층에는 왕궁으로 짐작되는 건물과 금은(金銀) 제품의 유물이 발견되었다.

호메로스시대의 도시 유적은 몇 층인가에 대한 고고학자들간에 논란이 거듭되었다. 1930년대에 와서 미국의 고고학자 블레겐이 조직적으로 발굴하여 7층 "A"는 호메로스시대의 도시유적이며 7층 "B"는 철기시대 초기, 8층은 그리스인이 이민한 아르카이크시대, 맨 위층인 9층은 헬레니즘시대와 로마시대 유적으로 밝혀졌다.

이 시대에 알렉산더대왕도 원정도중에 일부러 이곳에 들렸다고 한다.

트로이 전쟁(Troian War)은 그리스의 유명한 작가 호메로스의 고대 그리스 영웅서사시에 전해 내려온 그리스군과 트로이군의 전쟁이다. 무려 10년간의 장기전에서 최후에 이타케(이오니아의 작은 섬)의 왕자인 지장(智將) 오디세우스(오디세이의 주인공)가 고안한 목마에 병사를 숨기는 계략(트로이 목마)에 의해 무장한 그리스 병사를 숨겨놓은 목마를 트로이 성벽부근에 놓아두어 트로이군이 그 목마를 성안으로 끌고 가게 하여 그들이 잠들었을 때 그리스의 병사는 목마에서 나와 성문을 열고 그리스군을 성내로 끌어들여 트로이 성을 점령함으로써 승리하게 된 것이다.

지금의 드로아에 대형 목마를 만들어 기념물로 세워놓았다. 순례자들은 목마 안으로 계단을 따라 올라가 옛 트로이 목마의 병사로서 엑스트라가 된 기분으로 기념사진을 꼭 촬영한다. 드로아를 순례하고자 하면 이스탄불의 버스 터미날에서 버스로 이동하여 페리를 타고 강을 건너, 카나칼래항에 도착한 후 그곳에서 약 25km 지점의 드로아 입구에서 우회전하여 5km쯤 들어가면 된다.

15. 갑바도기아 (Cappadocia)

갑바도기아는 터어키의 수도인 앙카라에서 약 270km 지점에 위치하고 있고 신약시대에 소아시아의 토러스 산맥 북쪽지역의 로마의 식민지에 속한 도시의 하나였다. 갑바도기아란 이란어로 "친절하고 사랑스러운 땅"이라는 말이다.

본래 갑바도기아는 북쪽지역 폰투스(Pontus, 성경에 본도)를 포함한 소아시아 전지역이었으나 그 가운데 남부지역만을 갑바도기아라 불렀다. 그러나 시대에 따라 갑바도기아의 경계가 많은 변화가 있게되었다.

갑바도기아 지방은 수도인 네브쉬힐(Nevshir)을 기점으로 동쪽으로는 카이세리(Kayseri), 남쪽으로 니이데(Nigde)

를 잇는 삼각지대를 말한다. 오늘날 갑바도기아의 주된 지역은 괴레매(Goreme)와 데린구유(Derin Kuyu)의 일대가 중심이 된 지역을 지칭한다.

고대 갑바도기아는 산이 많고 숲이 울창하며 물이 풍부하여 광대한 목장이 펼쳐져 있었다고 한다. 그러나 지금은 전연 다른 모습이다. 갑바도기아 지역은 광대한 지역 전체가 회색 암석지대로 수목이 거의 없다.

지질학자에 의하면 발생연대는 분명치 않으나 약 300만년 전에 화산과 지진으로 인한 지각 변동이 있었고 이곳에서 남쪽으로 약 50km 지점의 에르키에스 산(Mt. Erciyes, 높이 3.916m)일대가 첫 번째 분화구였다. 화산이 폭발되어 지하의 마그마(Magma)가 분출될때의 온도는 1,200℃내지 900℃가 된다. 그때에 화산 분출물인 용암이 흘러나와 군어져서 미세한 결정체가 되어 여러 가지 형태를 이룬다. 그 용암은 점성(粘性)의 강도에 따라 원추형의 모양을 만들어 내기도 하고 점성이 낮은 용암은 폭발없이 막대한 양이 유출되어 광대한 면적을 덮기도 한다.

갑바도기아는 일찍이 화산 분출물의 화산재가 퇴적하여 회색 암석의 고체 응회암(凝灰巖)을 형성하여 오랜 기간동안 풍화작용으로 풍마우세(風磨雨洗)에 의하여 잘 갈고 다듬어져서 환상적인 형태의 모양으로 원추형 돌산이 만들어졌다. 세계 어느 곳에서도 보기 드문 크고 작은 기괴한 원추형 암석으로 이루어진 신비한 돌산들의 아름다움은 인간의 능력이나 솜씨로는 만들어 낼 수 없는 오묘한 신비의 작품이다.

괴뢰매

기암절벽의 동굴교회

1985년에 세계 자연유산으로 지정되었다. 자연이 얼마나 대단한 창조자이며 예술가인가를 느끼게 한다.

또한 지하에는 용함의 점성(粘性)이 낮은 화산재의 퇴적층이 넓게 형성되어 수증기나 물의 통로에 의해 기공(氣孔)이 만들어지게 된다. 이 지역의 암석동굴에서 선사시대부터 사람이 살았다는 흔적들이 발견되었다. 이곳에 일찍이 유대인들이 살았었고 그들에게 복음이 전파되어 절기에 예루살렘 성전으로 올라가는 사람이 많았다.

요세푸스는 갑바도기아가 베드로의 사역지라고 말한다. 베드로는 본도, 갑바도기아에 흩어진 나그네 곧 하나님 아버지의 미리 아심을 따라 성령의 거룩하게 하심으로 순종함과 예수 그리그스도의 피 뿌리심을 얻기 위하여 택하심을 입은 자들에게 편지를 했다.(벧전 1:1-2)

사도행전에서 우리가 우리 각 사람의 난 곳 방언으로 듣게 됨은 어찜이뇨 우리는 가바도기아, 본도, 아시아, 브루기아 부터 온 나그네 곧 유대인과 유대교에 들어온 사람이 방언하는 것을 보고 저희가 새 술에 취했다고 하였다.(행 2:8-13)

로마의 기독교 박해시대에 지하동굴과 바위산 동굴에서 신앙을 지켰던 유적들이 많이 발견되었다. 주후 3세기말 초기 동방정교회에서는 수도원 운동이 일어나 기독교인들의 은둔생활이 시작되었고 이집트의 동부사막의 성 안토니 수도원이 효시가 되었다.

갑바도기아에도 수도원 운동의 영향을 받아 수도자들이 많이 몰려오게 되었다.

18세기초에 이 지역을 여행하던 프랑스인에 의해 알려지기 시작 했는데, 비잔틴시대에 만들어진 동굴교회들이 약 1,000여 군데가 발견되었다. 이 동굴교회는 육안으로 보면 돌산의 암벽에 구멍이 뚫린 것으로 보인다. 그러나 사다리를 타고 올라가 보면 그 안에는 넓은 공간의 완전한 동굴교회이다. 그중 대형 동굴교회는 식당, 부엌, 저장고 등을 갖추고 있다. 교회의 벽면에 많이 그려진 성화는 주로 예수님

데린구유 지하동굴 안내표지판

데린구유 지하동굴안의 통로문

데린구유 지하동굴안의 도서관

지하도시의 십자가교회 내부

의 생애, 십자가 고난, 부활 등의 모습이 섬세하게 그려져 있어 전세계 성화연구가들이 많이 찾아온다고 한다.

더욱 놀라운 사실은 1963년에 지하에서 지하도시가 발견된 것이다. 이 지역의 데린구유에서 30여 개가 발견되었다. 이곳을 순례하게 되면 안내자의 설명을 들으며 지하 도시에 들어가 볼 수 있다.

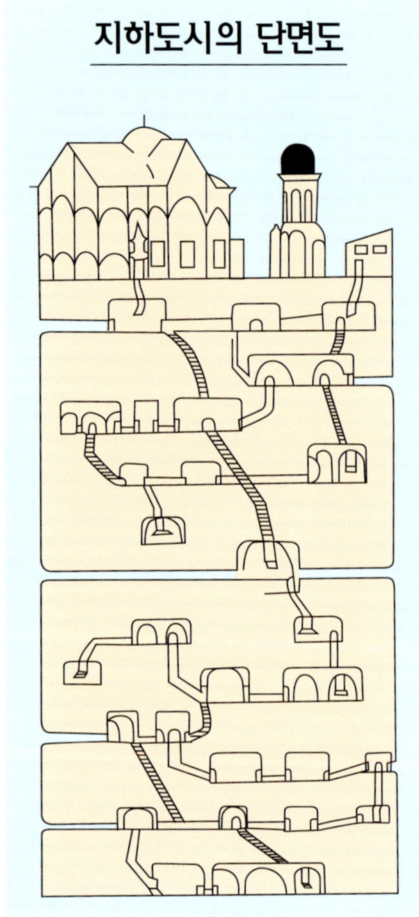

이곳의 지하도시는 둘레 약 30Km, 깊이 약 120m로 약 2만명이 수용가능 한 것으로 추정하고 있다. 이 지하동굴은 현무암질의 응회암을 깊이 파서 만든 것인데 가장 깊은 곳은 20층까지 내려갈 수 있으나 8층까지 밖에 공개하지 않는다. 지하 도시에 내려가게 되면 여러 통로의 미로를 지나면서 동서남북의 방향감각을 잃게 되고 누구든지 혼자서는 되돌아 나올 수 없다.

지상에서 가까운 1층과 2층에는 주거장소, 취사장, 곡식저장고, 저수조 등의 사용 처로 알려져 있고 그 밑으로 내려가면서부터 곳곳에 십자가 형태의 동굴로 파져있는 교회의 유적을 볼 수 있다. 지하도시의 동굴교회에는 성화는 없고 십자가 표시는 곳곳에 있다.

동굴 통로의 필요한 요소에는 외부로부터 침입을 막기 위하여 연자맷돌형태의 둥근 큰 돌문이 있다. 그 문은 유사시에 안에서 옆으로 굴려서 막도록 되어 있고 밖으로 부터는 열거나 제거가 불가능한 교묘한 돌문이 설치되어 있다.

이곳은 습기가 전연 없기 때문에 지하에서 생활 하는데 전연 불편이 없고,깊은 지하에도 물이 고이거나 침수가 되지 않는 것이 특이 하다

카막클리(Kaymakli)지역은 데린구유와 약 9Km 연결된 지하도시 지역으로 돌을 파서 12층 까지 이르는데 현재 7층 까지 발굴 정리 되었고, 계속 발굴 작업이 진행 되고 있다. 괴레메(Goreme)지역은 갑바도기아 지방의 가장 중심되는 곳이다. 괴레메는 "보이지 않는 지역"이라는 뜻으로 지하동굴에 알맞는 이름이다. 이곳에는 많은 동굴교회가 있어 정리된 교회가 150군데가 넘고 아직 개발중인 것 까지 합치면 수없이 많다고 한다. 초대 교회 수난시대에 기독교인들이 이곳 지하도시에 숨어 신앙을 지키며 예배드렸던 생생한 현장을 돌아보면서 순례자들 자신의 믿음을 점검해 보는 곳이기도 하다.

갑바도기아를 순례하고자 하면

① 이스탄불에서 비행기편으로 앙카라에 도착한 후 육로를 이용하거나

② 이스탄불에서 처음부터 육로를 이용해서 앙카라를 경유하는 방법이 있다.

③ 이스탄불에서 이른 저녁시간에 관광버스를 타고 야간에 갑바도기아 까지 이동
   (약 11시간 소요)하여 아침부터 해질때까지 순례하고 야간에 다시 이동하는 방법도 있다.

16. 하란 (Harran)

하란은 "갈대아 우르(Chaldea-ur)"에서 950km의 상부 메소포타미아에 위치하여, 아나톨리아, 앗수르, 바벨론을 연결하는 교역의 요지로 매우 번창했었다.

주전 18세기의 마리문서에 자주 언급되고 있다. 지금은 시리아의 접경지역에 가까운 곳으로 터어키의 산리우르파 (Sanliurfa)에서 약 50km 지점에 위치하고 있다.

산리우르파에서 하란까지 이어지는 도로변의 광활한 평원의 목화밭이 끝없이 펼쳐져 있다. 목화를 따서 포장한 뭉치를 화물차에 싣고 있는 모습들을 여러곳에서 볼 수 있었다.

갈대아(Chaldea)란 메소포타미아의 남부지역을 통칭하는 고대지명이며, 갈대아 우르란 메소포타미아 남부지역에 위치한 "우르(Ur)"라는 뜻이다. 오늘날 이라크의 수도 바그다드에서 약 400km 지점, 유프레테스 강변의 낮으 막한 언

하란 전통 마을

덕 지역에 우르가 위치했었다. 주전 3,000년경 도시국가의 하나였으며 수메르(Sumer) 문명의 중심지였다. 또한 이곳에는 월신(月神)을 위해 만든 지구라트(Ziggurat, 피라미드형 사원)가 세워졌고 신에 제물을 바치며 종교의식이 이루어진 우상의 도시였다.

아브라함(본명:아브람)은 주전 2166년에 "갈대아 우르"에서 데라의 세 아들 인 아브람, 나홀, 하란 가운데 장자가 아니라 막내 아들로 태어난 것으로 추정된다.

우상을 섬기던 데라는 아들 아브라함과 자부 사래, 그리고 손자 롯(하란의 아들)과 갈대아 우르에서 떠나 가나안 땅으로 가고자 하더니 하란에 이르러 거기 거하였으며 데라는 205세를 향수하고 하란에서 죽었다.(창 11:31-32)

가나안 땅으로 데라가 곧바로 가지 않고 하란에 거한 것은 데라의 아버지 나홀 (아브람의 동생도 "나홀")의 고향이 하란(밧단아람)이었기 때문이라 짐작이 된다. 데라가 죽은 어느날 여호와께서 아브라함에게 이르시되 "너는 너의 본토 친척 아비 집을 떠나 내가 네게 지시할 땅으로 가라 내가 너로 큰 민족을 이루고 네게 복을 주어 네 이름을 창대케 하리니 너는 복의 근원이 될것이라" 하셨다.(창 12:1-2)

아브라함이 여호와의 말씀을 좇아 갔고 롯도 그와 함께 갔으며 아브라함이 하란을 떠날 때(주전 2091년)에 그 나이 75세였다.(창 12:4)

하란에서 최초로 아브라함에게 내리신 하나님의 명령과 약속으로 부터 이스라엘 민족의 역사가 시작되었고 하란

에서 최초로 기독교, 유대교, 이슬람교의 신앙적 조상의 첫 출발이 이루어진 것이다. 그래서 하란은 어느 지역보다도 3대 종교인들이 관심을 갖게 되는 곳이다.

또한 야곱은 형 에서가 죽이려하자 그 어머니 리브가는 내 아들아 내 말을 좇아 일어나 하란으로 가서 내 오라버니 라반에게 피하여 네 형의 노가 풀리기 까지 몇날동안 그와 함께 거하라고 하였다.(창 27:43-44) 또한 이삭은 야곱에게 일어나 밧단아람으로 가서 너의 외조부 브두엘 집에 이르러 거기서 너의 외삼촌 라반의 딸중에 아내를 취하라 하였다.(창 28:2)

하란의 "토담집"에서 생활하는 가족들이다.
(일부다처제의 아랍인들이다) (1997.10.1.저자)

야곱의 어머니 리브가는 하란으로 가라고 했고, 그의 아버지 이삭은 밧단아람으로 가라고 했다 아버지와 어머니는 각각 다른 지명의 땅으로 가라고 했다. 그러나 하란은 밧단아람 지역내에 있는 한 성읍이었다. 밧단아람은 하란에서 서쪽으로 약 2km 지점이며 아브라함의 할아버지 나홀이 살던 곳으로 리브가의 고향이기도 하며 그의 친척들이 살고 있었다. 야곱은 가나안 땅의 브엘세바에서 1,800리나 되는 밧단아람의 외삼촌 라반의 집에 도착하여 종살이의 생활이 시작되었다. 야곱은 라반의 두 딸을 위하여 14년, 외삼촌의 양을 위하여 6년간을 봉사했다.

그는 네 명의 부인(레아, 라헬, 빌하, 실바)을 얻었고 부인들로부터 열 한 명의 아들과 한 명의 딸(디나)을 낳았으며 거부가 되어 자식들과 아내들을 약대에 태우고 그 얻은바 모든 짐승과 모든 소유물 곧 그가 밧단아람에서 얻은 짐승을 이끌고 고향인 가나안 땅으로 떠났다.(창 31:1-41)

지금의 하란에는 아랍인들의 작은 촌락이 형성되어 있다. 원주민들이 거처하는 원시적 집은 특이하게 토담벽 위에 진흙을 발라 원추형 지붕으로 뾰족하게 만들어 세웠다. 토담의 흙집이기에 비가오면 문제점이 없느냐고 물어보았더니 전연 염려가 없다고 한다. 이 집에서 일부다처와 자녀들이 오손도손 함께 살고 있다. 하란에 있는 유적으로는 성채, 교회, 회당(대소 4개), 옛 무덤지역을 볼 수 있다.

하란을 순례하고자 하면 ① 다소와 안디옥을 경유 산리우르파에 도착하여 들어가는 방법, ② 갑바도기아를 경유 산리우르파에 도착하여 들어가는 방법이 있다. ③ 산리우르파에서 하란까지 미니뻐스가 운행되고 있다. 산리우르파에서 안디옥 까지는 약 7시간, 갑바도기아 까지는 약 10시간이 소요되며 산리우르파에서 하란까지는 약 40분이 소요되는 거리이다.

하란 성채

17. 아라랏 산 (Mt, Ararat)

아라랏 산은 터어키의 동쪽 알메니아 고원지대에 위치하고 있다. 앙카라 동쪽 960km 지점, 니느웨 북쪽 320km 지점인 알메니아 고원지대에 돌출해 있는 산으로, 현재 터어키의 반(Van)호 북동이며, 터어키, 이란, 그루지아(Gruziya)의 국경지대이다.

이 산은 직경 40Km이며, 산 봉우리는 두 개로 나뉘어져 있고, 그 중에 높은 봉우리는 해발 5,165m이다.

아라랏 산은 여름에도 해발 3,500m까지 눈이 쌓여 있고 4,900m 이상은 만년설로 되어 있다. 터어키 정부의 허가가 있어야 등반할 수 있다.

아라랏 산은 노아의 방주가 머문 곳이다(창 8:4). 하나님이 노아에게 말씀하여 가라사대 너는 네 아내와 네 아들들과 네 자부들과 더불어 방주에서 나오고 너와 함께한 모든 혈육있는 생물 곧 새와 육축과 땅에 기는 모든것을 다 이끌어내라, 이것들이 땅에서 생육하고 땅에서 번성하리라(창 8:15-17) 명령하고 약속하신곳이다.

이 곳에서 노아의 세 아들인 셈, 함, 야벳(창 6:10)은 인류의 중시조가되어 셈족은 아세아 지역, 함족은 아프리카 지역, 야벳족은 유럽지역으로 인류의 3대 인종의 조상이 되어 갈라진 곳이다.

맛시스 산이라는 별명이 있는가 하면 페르시아인들은 '콕크 이누' 라고 부르든데, "노아의 산" 이란 뜻이다. 그리고 터어키인들은 '아구리다' 라고 부르는데 "험한 산"이라는 뜻이다.

주후 100년 경에 아프바테리온이라고 불렀는데, 그 뜻은 '상륙지(上陸地)이다. 그 곳의 인근 지역인 테마닌은 "여덟 군데"라는 의미인데 방주에 탔던 노아의 여덟 식구와 연관이 있는 이름이다. 이 외에도 "배"라는 의미의 타바리즈, "포도나무를 심는다"는 뜻의 아르구리, "어머니가 이 곳에 계신다"는 뜻을 가진 노아 아내의 매장지 마란드움 등이 아라랏 산 주변에 있다. 이러한 지명만으로도 홍수 후에 포도농사를 하며 살았다는 것을 짐작할 수 있다. 아라랏 산 주변의 지역 지명 들은 성경 내용이 사실임을 증명해 주고 있다.

아라랏 산

제2절 그리스 (Greece)

1. 아테네 (Athens)

그리스는 지중해로 뻗어 나온 발칸반도와 에게해의 무수한 섬들로 이루어진 나라이다. 주전 3000년경 이미 에게 문명, 미케네 문명을 거치면서 도시 국가를 형성했던 세계에서 가장 오래된 문명의 역사를 지닌 나라이다.

아테네는 고대 그리스 도시국가의 맹주로 번영을 누렸으며 오늘날에는 그리스의 수도이다. 현재 그리스의 국토면적은 131,940km²이며 인구는 1,066만명이다.

그리스 신화의 아테나(Athena)는 지혜, 학예, 전쟁의 여신이다. 아테나(Athena)를 수호신으로 삼은데 연유되어 아테네(Athens)라는 이름이 붙여졌다. 제우스 신 다음가는 유력한 바다신(海神)인 포세이돈(Poseidon)과 아테나가 아티카 땅(Attika, 당시 아테네 전지역 지칭)을 놓고 싸울 때에 포세이돈이 아크로폴리스 언덕에 바닷물 같은 염수(鹽水)를 만들어 낸데 비하여 아테나는 그 언덕에 올리브 나무를 자라게 함으로 승리하여 아테네의 수호신이 되었다.

그후로는 올리브의 여신이라고도 불렸고 로마신화에

서 미네르바(Minerva), 이집트 신화에서 네이트(Neith)와 동일시 된다. 또한 아테나는 처녀성을 끝까지 지킨 여신이지만 국가의 수호신이라는 성격 때문에 다산(多産)과 풍요의 여신이기도 하다. 성경에는 아테네를 "아덴"이라고 기록되었다.

사도 바울은 주후 50년경 2차 전도여행시 우상의 도시 아테네에 도착했다.

바울이 아덴에서 저희를 기다리다가 온 성에 우상이 가득한 것을 보고 마음에 분하여 회당에서 유대인과 경건한 사람들과 또 저자에서는 날마다 만나는 사람들과 변론하니 어떤 에비구레오와 스도이고 철학자들도 바울과 쟁론할새 혹은 이르되 이 말장이가 무슨 말을 하고자 하는뇨 혹은 이르되 이방신을 전하는 사람인가 보다 하니 이는 바울이 예수와 또 몸의 부활 전함을 인함이러라 붙들어 가지고 **아레오바고**로 가며 말하기를 우리가 너의 말하는 이 새 교(敎)가 무엇인지 알수 있겠느냐 바울이 아레오바고 가운데 서서 말하되 아덴 사람들아 너희를 보니 범사에 종교성이 많도다 내가 두루 다니며 너희의 위하는 것들을 보다가 알지 못하는 신에게라고 새긴 단을 보았으니 그런즉 너희가 알지 못하고 위하는 그것을 내가 너희에게 알게 하리라 하였다.(행 17:16-23)

아레오바고

사도 바울은 소크라테스와 플라톤이 제자들에게 가르쳤고 아리스토텔레스가 우주를 논했던 철학의 도시에 찾아가서 철학자 에비구레오를 비롯하여 스토아 철학자들과 쟁론하였다. 그리고 회당과 아고라에서 매일같이 복음을 전파하고 그리스도와 부활을 증거했다.

아레오바고는 아크로폴리스 언덕의 남서쪽 밑에 있는 해발 113m의 낮은 봉우리의 바위 언덕이다. 제우스신의 아들 아레스(Ares:전쟁의 신)가 자기의 딸 아르키페를 겁탈하려고 한 포세이돈(Poseidon:바다의 신)의 아들 할리로티온스를 죽였다 이때 올림포스의 신들로부터 아레스가 재판을 받은 법정을 그의 이름을 따서 아레오바고(아레스의 언덕)라 불렀다. 이곳은 야외 법정으로 산 위에 원고와 피고를 중앙에 세우고 심문하고 재판한 곳이며 바울이 이곳에 붙들려 가서 변론하며 복음을 강력하게 역설하였다.

아고라는 아크로폴리스 언덕 북서편에 주전 6세기경 부터 주변에 노점상들이 많이 모여 있었고 시장이 서기도 했으며 연설을 듣는 등 시민들이 정보를 얻는 곳이기도 했다. 사도 바울에게는 이들 시민들이 복음전도의 대상이 되었다.

철학자 제논(Zenon)은 아고라에 있는 이른바 채색주랑(彩色柱廊)이라고 하는 공회당에서 철학을 강의하였다. 주랑(柱廊)을 스토아(Stoa)라고 하므로 스토아철학이란 이름의 스토아 학파가 배출되었다. 아고라 동편 지역에 스토아(柱廊) 건물을 원형에 가깝도록 복원해 놓은 45개의 석주로 된 2층의 건물을 볼 수 있다.

(1) 아크로폴리스 언덕 (Acropolis Hill)

아테네의 중앙에 솟아 있는 해발 156m의 언덕으로 아테네의 상징적 유적지이다. 이 성체의 언덕에는 파르테논(Parthenon) 신전을 비롯하여 많은 신전들이 주

전 3000년의 역사를 간직한 채 말없이 서 있다.

파르테논 신전(Parthenon)은 아크로폴리스언덕 위에 세워진 최대의 신전이다. 주전 432년 건축이 완성되었으며 아테네의 수호신 아테나를 모시던 곳이다. 신전의 길이가 69.5m, 폭이 30.8m가 되고 높이가 10.4m가 되는 46개의 도리아식 석주가 둘러서 있어 그리스 건축 예술의 극치를 이루고 있다. 바닥 중앙이 약간 솟아 있고 기둥과 기둥 사이의 간격도 일정치 않으며 기둥들도 수직으로 서 있지 않다. 그러나 당시 건축가들이 사람 눈의 착시현상까지 고려하여 멀리서 바라보록 설계 축조된 도리아 양식의 최고의 건물이라는 평가를 받고 있다. 주후 1687년 베네치군의 포격으로 파괴된 것을 부분적으로 복원하여 금일에 이르고 있다.

파르테논 신전은 비잔틴시대에 그리스 정교회의 교회로 사용되기도 했으며 유네스코(UNESCO)에서 인류

파르테논 신전

문화재 제1호로 지정하였다.

에렉티온 신전(Erechtheion)은 파르테논 신전 북쪽 옆에 세워진 이오니아 양식의 작은 신전이다. 주전 420-406년에 완성되었으며 아테네 폴리아스 신실(神室)과 포세이돈 에렉투스 신실(神室)이 합병되어 있고 소년상이 새겨진 기둥들이 유명하다.

제우스 신전

(2) 올림피아 제우스 신전 (Temple of Olypias Zeus)

올림포스산의 제우스에게 봉헌된 신전의 유적이다. 주전 515년 아테네의 참주(僭主)인 페이시스트라토스가 착공했다가 우여곡절 끝에 하드리아우스시대에 완공되었다. 신전 안에는 황금상아로 만든 제우스 상이 있었고 아크로폴리스보다 웅장했다는 건물은 주후 4세기에 고트족이 파괴했고 지금은 열다섯개의 기둥만 남아 있다.

(3) 올림픽 스타디움 (Olympic Stadium)

주후 1896년 제1회 국제 올림픽 경기가 열렸던 경기장이다. 주전 331년 고대 아테네 대축제의 경기장으로 조성되었던 곳에 현재의 모습으로 만들어졌다. 트랙은 고대 경기장과 동일한 말굽 모양이며 좌석은 약 5만명이 수용된다. 이곳의 스타듐에 임하여 트랙을 한 바퀴 뛰어서 돌아보는 감회는 영원히 간직될 것이다.

신타크 광장(헌법광장)은 아크로폴리스의 북동쪽에 위치한 아테네의 중심 광장으로 이곳에는 왕궁, 의사당, 관청, 대학 등이 있다.

올림픽 메인스타디움 트랙을 한바퀴 돌고 만세 부르고 있다.
(1997.9.2. 저자)

아테네 대학은 아테네에서 저명한 철학자들을 배출한 오랜 학문적 전통을 이어오고 있어 많은 관심을 가지고 찾기도 한다. 박물관은 아테네에 많이 있다.

박물관의 유적과 유물을 통해서 그리스의 역사와 문화를 되돌아 볼 수 있다.

아크로폴리스 박물관, 국립고고학 박물관, 베나키 박물관, 비잔틴 박물관, 전쟁 박물관, 고대 아고라 박물관, 고대 그리스 미술박물관 등이 있다. 비잔틴 박물관은 비잔틴시대에 그리스 정교회로 사용되었던 파르테논 신전의 교회용구를 중심으로 비잔틴 미술품이 전시되어 있다.

아테네 곳곳에 보이는 당시의 많은 유적은 고대 모습을 그대로 간직하고 있으며 도심지에는 근대적 빌딩이 줄지어 서 있다. 그런가 하면 시내 곳곳에는 중세의 비잔틴시대의 건물도 남아 있어 고대, 중세, 현대가 절묘하게 공존하고 있다.

아테네를 순례하려면 ① 아테네 공항으로 비행기편을 이용하던가, ② 아테네 피레에프스 항의 정기 여객 선박편(이스라엘, 키프로스, 밧모섬)을 이용할 수 있다.

2. 고린도 (Corinth)

고린도는 고대 고린도(Old Corinth)와 현대 고린도(New Corinth)로 구분된다. 옛 고린도는 주후 1858년 지진으로 파괴되어 현재는 폐허로 유적만 남아 있다. 옛 고린도에서 북서쪽 5.6km지점 고린트만 기슭에 새로운 고린도를 건설하였다. 지금의 이름은 코린트(Corinth)라고 부른다.

성경의 기록에는 옛 고린도에 관련된 내용이다. 고린도는 아테네에서 남쪽으로 약 80km지점, 아테네와 펠로폰네소스 반도를 잇는 길목에 자리하여 고대 그리스시대부터 교통의 요충지였으며 국제적 상업의 중심지였다.

일찍이 헬라문화에서 로마문화로 이어진 혼합된 문화의 도시였다. 이 지역에

아크로코린투스 (고린도 언덕)

해발 600m의 아크로코린투스(Acrocorinthus, 고린도언덕)라고 부르는 바위산이 평지에 가파르게 솟아 있으며 그 정상에는 어느정도 커다란 도시가 세워지기에 족한 넓이의 분지로 형성된 곳에 고린도가 위치했었다.

고린도는 호메로스시대 부터 항구도시가 아니면서 펠로폰네소스반도에서 가장 중요한 위치를 차지하여 두 바다를 연결 짓는 서항(西港)의 레기움과 동항(東港)의 겐그리아의 두 항구를 관할하고 있었으며 아시아와 유럽을 잇는 국제무역의 상업 중심지로 번창했다. 고린도는 정치, 경제, 문화, 예술이 아테네를 압도했으며 호화스러운 도시였다. 고린도의 아크로코린투스에 비너스(Venus, 아프로디테) 신전이 세워져 그곳에서 매춘이 이루어졌으며 산성에 무녀가 무려 1,000명이나 되고 부도덕한 행위가 성행하여 "고린도인"이라고 하면 곧 음행과 방탕의 대명사가 되었다.

주전 146년 로마의 뭄미우스(Mummius) 장군은 이 도시 전체를 파괴한후 주민들을 추방했다. 그리하여 소수의 주민이 살고 있었다. 그후 100년 동안 재건되지 못한 상태로 유지되었다. 주전 44년 쥴리어스 카이사르(Julius Caesar)는 지정학적으로 군사적, 상업적인 중요성을 인식하여 고린도를 재건하고자 자유민으로 구성된 식민이민단(Colony)을 끌어 들였다. 이때 상인들인 그리스인, 로마 제국의 이방인들, 그리고 유대인들이 많이 모여들었다.

아폴로신전의 유적

그리하여 고린도는 부흥, 발전하면서 과거와 다름없는 번영된 도시가 되었다. 유대인들은 로마에서 2차에 걸쳐 일시적으로 추방하는 칙령(주전 41년과 19년)에 의해 고린도에 들어와 유대인이 증가되어 공동체를 이루었다.

주전 27년 고린도는 로마속령 아가야(Achaia)지방의 수도가 되었다.

사도 바울이 고린도를 방문한 시기는 로마 황제 글라우디오(Claudius)때 갈리오(Gallio, 주후 51-52년)가 주후 51년 7월 아가야지방의 총독으로 부임한후 고린도에 주재하여 통치하고 있을 때였다.

사도바울 교회

바울은 아테네를 떠나서 혼자서 고린도를 방문했으며 마케도니아에서 온 실라, 디모데와 얼마후에 합류했다.(행 18:5)

글라우디오(Claudius) 황제의 칙령에 의해 로마로 부터 추방되어 왔던 아굴라의 집에서 함께 살면서 그와 더불어 천막 제조업에 종사하는 한편 바울은 안식일마다 회당에서 강론하고 유대인과 헬라인을 권면했다.(행 18:1-4). 그러나 저희가 대적하여 훼방하거늘 바울이 옷을 떨어 가로되 너희 피가 너희 머리로 돌아갈 것이요 나는 깨끗하니라 이후에는 이방인에게로 가리라 하고 거기서 옮겨 하나님을 공경하는 디도유스도라 하는 사람의 집에 들어가니 그 집이 회당 옆이라 또 회당장 그리스보가 온 집으로 더불어 주를 믿으며 수다한 고린도 사람도 듣고 믿어 세례를 받더라 밤에 주께서 환상 가운데 바울에게 말씀하시되 두려워하지 말며, 잠잠하지 말고 말하라 내가 너와 함께 있으매 아무사람도 너를 대적하여 해롭게 할 자가 없을 것이니 이는 이 성중에 내 백성이 많음이라 하셨다.(행 18:5-10)

바울이 재판받은 곳 (비마)

바울이 고린도에서 1년6개월 동안 전도사업을 활발히 전개시키자 유대인들은 그에게 적대감을 갖게 되었다. 그리하여 그들은 바울을 총독의 재판자리로 데리고 갔다. 그러나 총독 갈리오는 그러한 일에 관여하기를 거절했고 법정에서 물러가게 했다. 갈리오 총독은 로마의 명문 출신으로, 그의 형은 네로황제의 스승이었던 철학자 세네카였다. 그는 동생 갈리오를 평하여 다음과 같이 말했다. "과연 사람들 가운데 그만큼 친절하고 온유한 사람은 없을 것이다."라고 했다. 이러한 그 형의 호평과 다름없이 갈리오는 바울에 대한 유대인들의 사악한 행위를 올바로 바라보고 잘 처리하였다. 법정에 있던 유대인들이 회당장 소스데네에게 달려들어 그를 때렸다. 바울의 대적자들은 부끄러운 패배와 창피를 당한 셈이다.

이후에 바울은 고린도에서 여러 날 머물다가 형제들과 작별한후 겐그레아에서 서원대로 머리를 깎고 아굴라, 브리스길라(브리스가:롬 16:3)와 함께 배를 타고 에베소로 갔다.

고린도교회는 신학적 갈등과 도덕적인 문제로 적지않은 고통이 있었지만 바울은 고린도 교회의 기초를 세웠다. 또한 주후 52년경 고린도에서 데살로니가전후서의 편지를 데살로니가 교인들에게 보내어 믿음을 견고케 하였다.

바울은 고린도를 떠난 후에도 고린도교

고린도 샘

회를 사랑하는 마음으로 에베소에서 고린도전후서의 편지를 보내기도 했다. 또한 제3차 전도여행 시에도 들렀다. 그리고 주후 57년경 바울이 이곳에서 로마서를 써서 겐그리아 교회의 여집사 뵈뵈를 통해 로마에 보내졌다.

고대의 펠로폰네소스 반도는 오늘날에는 고린도 운하가 건설되었기 때문에 반도가 아닌 펠로폰네소스 섬이 되었다. 그리스 본토와 펠로폰네소스를 이어주는 개미허리 처럼 잘록한 고린도 지협(地峽)이 1893년 운하로 개통되었다.

고린도 운하

그리하여 고린도 운하는 현재 동쪽의 에게해와 서쪽의 이오니아 해를 잇는 길이 6.3km, 폭 23m, 높이 86m(최고), 수심 8m의 운하로 해상교통에 절대적인 변화를 갖어와 반도를 한바퀴 돌아야 했던 먼 거리를 약 370km 단축하게 되었다.

고린도의 유적으로 유대인들이 바울을 끌고 갔던 재판자리인 비마(Bema, 재판석), 회당의 돌기둥, 여러 신전의 돌기등들, 강당(Stoas), 공중 목욕탕, 샘, 체육관, 야외 원형극장, 아고라, 박물관 등을 돌아볼 수 있다.

펠레폰네소스 섬에는 올림픽이 개최될 때 성화가 채화되는 올림피아(Olympia)가 위치하고 있다. 고린도를 순례하고자 하면 ① 아테네에서 육로로 신고린도까지 약 1시간30분이 소요되며 ② 신고린도에서 택시를 이용하여 구 고린도(5.6km)를 갈 수 있다. ③ 올림피아는 아테네에서 육로로 5시간30분, 기차로 7시간이 소요된다.

3. 데살로니가 (Thessalonica)

데살로니가는 아테네에서 북쪽 약 530km, 빌립보에서 남서쪽으로 약 200km 지점의 데르마익만(Thermaic-灣)에 위치한 전략상 요충지로 지금은 그리스 제2의 도시이며 항구도시이다.

이 도시는 본래 온천 때문에 데르마(Therma, 뜨거움)라는 이름으로 불리었다. 지금은 데살로니키(Thessaloniki)라고 부르고 있다. 성경에는 데살로니가로 기록되어있다.

데살로니가는 마케도니아와 역사적으로 깊은 관련이 있는 도시이다. 마케도니아의 알렉산더대왕은 20세의 약관에 왕이 되어 가장 젊은 나이로 가장 넓은 영토를 정복한 후 가장 짧은 인생의 삶을 살다가 애석하게도 33세에 요사(夭死)했다.

그는 자기가 정복한 땅에 알렉산드리아라는 자기 이름을 붙인 도시를 70개나 건설하여 그리스 문화의 거점으로 헬레니즘 문화의 형성에 큰 구실을 하였다. 유럽, 아시아, 아프리카에 걸친 대제국을 건설하여 그리스 문화와 오리엔트문화를 융합시킨 새로운 헬레니즘 문화를 이룩하여 그가 죽은 뒤 대제국 영토는 마케도니아, 시리아, 이집트의 세지역의 나라로 갈라졌다.

알렉산더대왕은 동정(東征)중 마케도니아 본국, 그리스, 트라키아(Thracia)지역의 군사, 정치를 그의 측근인 총독 안티파트로스에게 위임하였다.

주전 323년 알렉산더대왕이 갑자기 죽게되자 왕위 계승은 알렉산더 4세(재위 주전 323-310년, 알렉산더대왕 비 록사나소생)와 아리다오스(알렉산더대왕의 이복동생)로 하여금 공동 통치가 이루어 지도록 하였다.

이때에 총독 안티파트로스는 종전과 같이 섭정을 하는가운데 여러 장군들 사이의 권력투쟁이 격렬하게 전개되었다.

그 결과 총독 안티파트로스의 아들인 카산더(Cdssdnder)장군이 승리하여 알렉산더대왕의 이복누이동생 데살로니케와 결혼하고 왕위에 올랐다.

주전 317년에 카산다는 자기에게 반기를 들었던 알렉산더대왕의 대비인 올림피아, 왕비인 록사나, 알렉산더 4세, 아리다오스 등을 모두 살해하여 왕통이 단절 되었다.

카산더는 그 수습책의 하나로 마케도니아 지방에서 에게해로 진출하는 가장 큰 항구도시를 건설하여 새 도시 이름을 자기 처의 이름인 데살로니케를 따서 데살로니가라고 부르게 했다.

권력을 잡기 위해서는 잔인 무도했지만 데살로니가 항구도시 건설은 역사적으로 빛나는 치적이었다. 로마 제국시대에는 마케도니아지역의 정치적 중심의 수도였으며 그후 비잔틴시대에는 콘스탄티노플 다음가는 도시로 발전했다.

사도 바울은 제2차 전도여행에 올랐을 때 실라와 디모데를 데리고 네압볼리항에 상륙후 빌립보에 도착하여 전도활동을 마치고 나서 데살로니가에 도착하였다.(행 17:1-4, 빌 2:22) 그곳 유대인 회당에서 세주간 가까이 복음을 전하게 되자(행 17:3) 불신 유대인들은 바울을 시기하여 폭동을 일으켜 박해하므로 그는 베뢰아로 피하여 거기서 전도를 시작하였다.

데살로니가 유대인들은 다시 베뢰아 까지 따라와서 그를 축출하므로 그는 고린도에 가서 1년반동안 머물게 되었다.(행 18:1-11) 데살로니가 교회 설립의 역사인 바울의 2차, 3차여행은 여러점으로 보아 데살로니가전서에 기록된 내용과 일치한다. 데살로니가 교회 설립은 수난 중에 전도되었고 환난 중에 실현되었다.

데살로니가에는 비잔틴시대 세워진 20여개의 교회들이 남아있다. 그중 대표적인 교회는 성 테메트리우스 교회이다. 이 교회는 데메트리우스가 순교한 장소에 세워졌으며 콘스탄틴 황제가 기독교를 공인하기 직전에 순교한 자들을 기념하기 위한 교회이다. 주후 410년에 세워졌으나 1917년에 대 화재로 소실되었던 것을 복원했는데 지하부분은 원형이 남아있다. 이 교회의 많은 모자이크 성화는 높이 평가되는 작품이다.

베뢰아(Veria)는 데살로니가에서 아테네로 가는 도중 약 68km 지점에 위치하고 있으며 유적으로 12세기에 건축된 사도 바울 기념교회와 바울이 강론했던 강단이 있다.

데살로니가를 순례하고자 하면 ①데살로니가 공항을 이용하던가 ②육로와 철도를 이용할 수 있다.

성 데메트리우스 교회

바울이 드로아를 떠나 최초 아시아 선교를 위해 네압볼리항에 상륙했다. 이어 빌립보에 도착했다. 바울의 네압볼리 상륙을 기념하여 첫발을 내딛고 있다.(1997.9.25. 저자)

4. 빌립보 (Philippi)

빌립보는 데살로니가에서 북동쪽으로 약 200km, 네압보리항에서 내륙으로 약 16km 지점에 위치한 요새 도시였다.

빌립보는 주전 356년경 알렉산더대왕의 아버지인 빌립왕이 이 도시를 건설한 뒤 자기 이름을 따서 빌립비(Philippi)라 불렀다.

주전 168년에 로마의 속영이 되었다. 지금은 도시의 유적만 남아 있다.

빌립보 유적의 일부

사도 바울은 드로아에서 배로 떠나 사모드라게(섬)로 직행하여 이틀날 네압볼리로 가고 거기서 빌립보에 이르니 이는 마게도냐 지경 첫 성이요 또 로마의 식민지였다.(행 16:11-12)

두아디라 성의 자주장사로서 하나님을 공경하는 루디아라 하는 한 여자가 들었는데 주께서 그 마음을 열어 바울의 말을 청종하게 하신지라 저와 그 집이 다 세례를 받았다.(행 16:14-15)

바울과 실라는 2차 전도여행시 이곳에 첫발을 디뎌 유럽전도의 문을 여는 계기가 되었다. 그 첫 열매의 교인이 자주장사 루디아 였다. 바울과 실라는 귀신들린 여 점쟁이에게 귀신을 내쫓아 고쳐 주었다. 주인이 자기의 수입이 없어진 것을 원통히 여겨 군중을 충동시켰다.

무리가 일제히 일어나 바울을 송사하니 상관들이 옷을 찢어 벗기고 매로 치라하여 많이 친후에 옥에 가두고 간수에게 분부하여 든든히 지키라 하니 그가 이러한 영을 받아 저희를 깊은 옥에 가두고 그 발을 착고에 든든히 채웠더니 밤중쯤 되어 바울과 실라가 기도하고 하나님을 찬미하매 죄수들이 듣더라 이에 홀연히 큰 지진이 나서 옥 터가 움직이고 문이 곧 다 열리며 모든 사람의 매인 것이 다 벗어진지라 간수가 자다가 깨어 옥문들이 열린 것을 보고 죄수들이 도망한줄 생각하고 검을 빼어 자결하려 하거늘 바울

빌립보의 아고라 유적지

이 크게 소리 질러 가로되 네 몸을 상하지 말
라 우리가 다 여기 있노라 하니 간수가 등불을
달라고 하며 뛰어들어가 무서워 떨며 바울과
실라 앞에 부복하고 저희를 데리고 나가 가로
되 선생들아 내가 어떻게 하여야 구원을 얻으
리이까 하거늘 가로되 주 예수를 믿으라 그리
하면 너와 네 집이 구원을 얻으리라 하고 주의
말씀을 그 사람과 그 집에 있는 모든 사람에
전하더라 밤 2시에 간수가 저희를 데려다가
그 맞은 자리를 씻기고 자기와 그 권속이 다
세례를 받은후 저희를 데리고 자기 집에 올라
가서 음식을 차려주고 저와 온 집이 하나님을
믿었으므로 기뻐하였다.(행 16:22-34)

바울과 실라는 자결하려는 간수에게 전도하
고 온 가족에게 세례를 베풀고 복음을 심어준
후 감옥에서 나와 루디아 집에 들러 형제들과
작별인사를 나누고 떠나 암비볼리와 아볼로니
아를 경유하여 데살로니가로 향했다.

빌립보 교인들은 바울을 대단히 존경하였으
며 바울에게 받은 신앙을 감사하여 마케도니
아를 떠날 때와 데살로니가에 있을때에 여러
차례 도와 주었다. (빌 4:15-16) 사도 바울은 빌
립보 초대교회를 마음 속으로 깊이 사랑하던
교회였다. 바울이 로마 감옥에 갇혀 있으면서
도 빌립보교회에 권고와 감사의 편지를 했다.

빌립보에서 발굴된 유적중 가장 관심을 가지
게 되는 것은 빌립보 감옥이다. 그리고 루디아
기념교회를 비롯하여 야외 원형극장, 아고라
(Agora), 신전들, 넓은 공회 광장, 팔각형교회,
체육관, 목욕탕 등의 유적이 있으며 박물관에
유물이 많이 소장되어 있다. 네압볼리
(Neapolis)항은 바울이 유럽땅에 배에서 처음
내린 항구이기에 바울 도착 기념교회가 세워
져 있다. 현재의 이름은 카발라(Kavala)라고
부른다.

빌립보감옥 입구(1997.9.25. 저자)

루디아 기념 교회

네압볼리 바울 기념교회

제4장 로마

제1절 바티칸 시국 (市國, Vatican City State)

카피톨언덕에 세워진 암늑대의 젖을 먹고있는 전설속의 로마 창설자인 로물루스와 레무스의 청동상

로마(Rome)는 전설에 의하면 주전 753년경 로마를 세운 로물루스(Romulus)가 로마의 초대왕이라고 한다. 베스탈 여신에게 순결을 맹세한 라틴인의 왕녀 레아 실비아(Rhea Silvia)가 잉태하여 쌍둥이를 낳았다. 그들의 아버지는 군신(軍神)인 마르스(Mars)였다. 실비아의 숙부이며 국왕인 아물리우스(Amulius)는 맹세를 어긴 그녀를 벌하여 투옥하고 두 아기를 티베르강(현, 티베레강) 기슭에 버리도록 명령했다. 그 아이들의 이름이 로물루스(Romulus)와 레무스(Remus)였다. 그들은 한 마리의 늑대에 의해 그 젖을 먹고 키워졌다. 어느날 한 사냥군이 그 형제를 발견하여 집으로 데려갔다. 성인이 된 형제는 티베르강가에 새로운 도시를 세울 것을 계획했다. 그리고 로물루스가 손에 들고있던 쟁기로 새 도시 로마의 경계선을 그었다고 한다.

로마인이 정착한 곳은 티베르강의 지류인 네니에네강이 합류하는 근처의 약 1,800km²의 화산지대인 라티움(Latium)으로 이곳은 에트루리아, 라틴, 사비누스의 3종족이 접하는 교통요지의 시장도시가 로마의 기

원이 되는 곳이다. 로마 세르비우스왕(Servius, 주전 578-535년)은 로마시의 가장 오래된 성을 쌓았으며 지금도 일부 남아 있다.

로마의 공화정은 약 500년간 계속되다가 카이사르의 암살로 끝나고 옥타비아누스 장군이 첫 번째 황제인 아우구스투스(Augustus, 재위 주전 27-14년)가 되었다. 주후 270년경 제정 로마시대의 황제 아우렐리아누스(Aurelianus, 재위 주후 270-275년)는 성벽을 쌓아 주위 46km에 달하며 현재 그 대부분이 남아 있다.

주후 4세기초 콘스탄티누스대제(Constantinus, 재위 306-337년)가 막센티우스(Maxetius, 재위 306-312년) 왕을 폐위한 후 주후 313년 밀라노에서 기독교를 공인하여 산피에트로(San Pietro) 대성당과 개선문을 세운때 부터 로마는 제국의 중심으로서의 지위는 상실하고 밀라노와 라벤사로 이탈리아반도의 정치적, 경제적 중심이 옮겨졌다 그러나 이후 중세에 걸쳐 로마는 산피에트로 대성당을 갖는 로마 카톨릭교회의 중심지로서 역할을 하게 되었다. 주후 962년 신성 로마제국의 성립으로 로마는 교황권과 황제권이 충돌하는 무대가 되었다.

주후 12세기에 접어들어 로마 라치오(Lazio, 로마 중심지)의 귀족들이 황제의 지지를 얻어 교황과 자주 대립하였으나 종교도시의 성격은 짙었다.

주후 14세기에 아비뇽 교황청시대(주후 1307-1377년)에 로마가 침체하기는 했지만 15-16세기는 식수투스4세(Sixtus IV, 1471-1484년)를 비롯한 4명이 르네상스시대의 교황으로 등장하여 로마는 르네상스 문화의 중심지가 되었다. 이때에 테베레강의 좌안(左岸), 바티칸의 대안(對岸)부분에 대규모의 도시가 건설되어 현재까지 남아있는 구시가의 기본적인 형태였다.

주후 16세기 후반에서 17세기의 바로크시대까지 계

속되어 현재까지 남아있는 많은 궁전과 광장이 건설되었다. 이러한 "교황의 도시 로마"는 이탈리아 교황 국가의 수도로서 19세기이래 이탈리아 통일운동에 대하여 강력하게 저항했다. 주후 1849년 교황은 프랑스 군사력에 의하여 시민 공화제를 붕괴시켰고 이어 1861년에 이탈리아 왕국이 건설된 이후에도 로마와 그 주변을 계속 지배했다. 그리하여 이탈리아 왕국의 수도를 처음에는 토리노, 다음에는 피렌체로 옮겼다.

1870년 9월에 로마는 이탈리아 왕국 군대에 의해 점령되어 1871년 5월에 다시 이탈리아 왕국의 수도가 되었다. 그러자 교황 및 그 후계자에게는 바티칸 궁전, 라테란 성당, 카스텔간돌포 별장의 영구 사용권이 허용되었다. 이때부터 화가 난 교황은 바티칸 궁전에 들어앉아 스스로 "바티칸의 죄수"라고 칭하고 이탈리아 왕국과 대립하였다. 이것이 이른바 로마 문제였다.

1929년 2월 무솔리니(Mussolini, 총리 재임 1922-1943)와 교황 피우스2세(Pius Ⅱ, 재위 1922-1939)사이에 라테란협정(政敎和約)에 의해 로마문제는 그 분쟁이 해결되어 바티칸 시국(市國)이 되었다. 그리하여 이탈리아가 독립국가로 인정한 것이다. 바티칸 시국(Vatican City State, 국토:1,500km² 인구: 269만명)은 세계에서 가장 작은 국제법상의 주권국이 되었다. 바티칸 궁전을 중심으로 한 카톨릭교회의 총 본산으로 카톨릭 교황국이 된 것이다. 바티칸 시국의 독자적인 국기(國旗)는 교황기이며 국가(國歌), 경찰력을 갖고 외국과 대사를 교환하는 등의 독립국가의 면모를 갖추게 되었다.

로마 역대의 황제는 후세에 남을 웅장한 도시를 건설하였다. 일반 건물과 전연 대조적인 육중한 공공건물은 세계를 제패한 제국의 권력을 과시하는 상징이 되었다. 로마 전성기에 있었던 건축물에는 둥근 아치(Arch)와 둥근 천장(Vault)을 만들었고 벽돌 건물이 변하여 대리석 건물을 건축했으며 로마에서 최초로 콘크리트를 발명하여 장대한 건축을 만들어 내어 건축사(建築史)의 커다란 변화를 가져왔다. 로마인의 특성은 섬세함보다는 끈기를, 경쾌함보다는 억셈을, 아름다움보다는 크기를, 우아함보다는 실용적이었다.

바티칸궁전(Vatican Place)은 교황이 거주하는 궁전으로 세계에서 가장 작은 국가이지만 가장 웅장한 궁전이다. 전체 방(房) 수만도 약 1,400개나 되는 대규모의 건축물일뿐 아니라 세계에서 가장 아름다운 궁전으로 알려져 있다. 지금은 대부분 바티칸 미술관과 도서관으로 이용되고 있다. 교황 심마쿠스(재위 498-514년)때 옛 베드로성당의 곁에 교황의 거주관으로 건립된 것이 시초이다.

교황 거주궁은 1307년까지 라테란 궁이었으나 그레고리우스2세가 바티칸 건물을 교황궁으로 정했다. 15세기 니콜라우스 5세이후 수세기에 걸쳐 증,개축하였고 미켈란젤로(Michelangelo), 라파엘로(Raffaello) 등이 궁전 전체를 장식하였다.

신전(神殿)은 로마에 최고의 신인 유피테르(주피터) 신전이 주전 509년 카피톨 언덕에 세워져 예로부터 집정관이 취임하면 우선 이 신전에 참배했으며 전쟁에 로마의 승리를 가져다주는 수호신으로 생각하고 원정에서 돌아오면 장군의 개선 행렬이 이 신전으로 향하였다.

로마시내 곳곳에 비너스와 로마의 신전, 트라야누스 신전, 복수의 신 마르스의 신전, 클라우디우스 신전 등이 세워졌으며 아우구스투스 황제때 크고 작은 신전이 82개나 되었다고 한다.

콜로세움(Colosseum)은 원형 대경기장이다 콜로세움의 명칭은 "거대한 건축물"이라는 뜻으로 근처에 네로 황제의 거상(Colossus, 巨像)이 있었는데서 유래 되었다.

이 경기장은 주후70년에 베스파시아누스(Vespasianus) 황제가 착공하여 주후 80년 그의 아들 티투스(Titus, 재위 79-81년)때에 완성되었다. 직경의 긴 쪽은 188m, 짧은 쪽은 156m, 둘레는 527m의 타원형이고 외벽은 높이 48m로 4층이며 하단으로부터 도리아식, 이오니아식, 콘크리트식의 원추가 아치를 끼고 들어서 있다. 관객은 약 50,000명을 수용한다.

이곳은 고대 로마에서 죄수들에게 잔인한 사형장으

콜로세움

로 활용했던 곳이다. 21세기에 접어들어 유엔, 이탈리아, 로마시, 교황청평화단체인 에디지오, 바티칸, 국제사면위원회등은 전세계 사형반대운동의 일환으로 원형경기장인 콜로세움울 적극 활용하면서 사형 반대운동의 메카가 되었다.

전세계에서 사형수의 형집행이 면제될 때마다 콜로세움을 비추는 기존의 백색불빛을 금색으로 바꾸어 48시간 동안 원형경기장을 밝히는 행사를 하고 있다.

대서커스장(Circus Maximus)은 팔라티누스 언덕 아래 있는 모든 건축물중 가장 큰 것이며 약 150,000명의 관중이 수용된다. 이곳에서 마차 경주가 가장 인기 있는 경기종목이며 누가 이길 것인지 도박을 하는 일이 흔했다. 또 짐승과 목숨을 걸고 싸우는 검투 경기도 있었다. 글라우디오 황제 때는 1년에 159일이 휴일이었으며 그 중에 93일은 경기에 몰두했다고 한다.

공공광장과 원주(圓柱)가 많이 건축되었는데 트라이야누스를 비롯한 6명의 황제가 자기의 위대함을 기념하는 높은 원주를 세우고 자기 이름을 딴 공공 광장을 많이 만들었다.

수로(水路)는 콘크리트로 만들어져 거대한 아치로 받쳐서 로마의 많은 지역에 물을 공급해 주었다.

공중 목욕탕은 카라칼라(Caracalla) 황제가 건축한 것은 그 규모가 길이 337m, 폭이 320m 되었으나 지금은 오페라와 음악 공연장으로 사용되고 있다. 아우구스투스 황제때에 무료의 많은 공중 목욕탕이 170개나 있었으며 1세기말에는 1,000여개 정도였다고 한다. 정교한 목욕탕은 온탕, 냉탕, 증기탕, 도서관이 있으며 심지어 남자와 여자가 같이 들어가는 혼탕도 있었다고 한다.

　카타콤(Catacombs)은 기독교인들에게 관심이 가는 곳이다. 초기 기독교인의 지하 묘지로 나폴리, 시라쿠사, 몰타, 아프리카, 소아시아, 이집트 등의 여러 지방에서 볼 수 있다. 카타콤은 원래 그리스어 "카타콤베"로, "낮은 지대의 모퉁이"를 뜻한다.

　로마 아피아가도에 면한 성 세바스찬의 묘지가 두 언덕 사이에 있었기 때문에 3세기에 이 묘지의 위치를 표시하기 위하여 이 이름이 사용되었다. 중세기만해도 지하 묘지로서 알려진 것은 이 묘지뿐이었다.

　16세기초에 기독교인의 지하묘지가 발견된 후부터 모든 지하묘지를 카타콤이라 부르게 되었다. 이와 같이 지하 묘지를 두는 풍습은 동방에서 전래되었으나 기독교에 대한 박해가 심해지면서 지하묘지의 풍습이 더욱 성행한 것으로 짐작된다. 그러나 게르만의 침입 후 지하매장을 하지 않게 되어 카타콤의 존재조차 알려지지 않고 있었다.

　이집트의 알렉산드리아에서 주후 2세기 로마 시대에 만들어진 지하 30m에 3층의 카타콤이 발견되었다. 로마 주변에서는 45개소 이상의 카타콤이 발견되었다. 구조는 지하 10-15m 깊이의 동굴에 대체로 폭 1m 미만, 길이 2m 정도의 규격으로 벽면에 시체를 두는 벽감(壁龕, Niches)을 일정한 범위에 종횡으로 설치하여 놓았다. 여기에 남겨진 벽면의 성화, 세워진 비명, 기독교 상징의 물고기 등이 남아 있다.

　성 카리스토 카타콤은 4층 구조로 되어 통로가 약 20km나 된다. 로마의 기독교인들은 대부분 카타콤의 묘소를 사용했다. 이곳에는 10명의 교황이 안치되어 있는 "교황의 묘실"이 있다. 기독교가 공인된 이후 카타콤은 많은 변화를 가져와서 공식적인 예배장소를 허락하여 카타콤의 지하 교회가 세워져 있기도 하다.

카타콤

너희에게는 의로운 해가 떠올라서 송아지 같이 뛰리라 (말 4:2)

제2절 성 바울 순교 기념교회 (Tre Fontana church of st, paul)

성 바울 순교기념교회는 트레폰타나교회(성당)라고 부른다.

사도 바울이 세 번에 걸친 장기 전도여행을 마치고 지친 몸으로 예루살렘에 돌아왔다. 그러나 유대인들이 송사하여 심지어 죽이려고 까지 핍박을 했다. 바울은 재판도 받지 않고 가이사랴에 보내져 감옥에서 2년간을 지내야 했다. 그리하여 바울은 로마시민으로 로마 황제에게 재판을 받을 권리를 주장하자 로마로 호송되었다.

바울은 로마에 전도여행을 가고자 로마 교인들에게 로마서를 써 보내기도 했다. 그러나 전도여행이 아닌 죄인으로 호송되었다

바울은 고통을 억제치 못하며 "가이사랴"를 떠나 시돈을 경유하여 구부로섬을 빗겨서 터어키의 "무라"항에서 알렉산드리아 배로 갈아타고 항해했다. 그러나 풍랑이 심하여 여러 날이 걸려 그레데의 "미항"에 들렸다가 다시 항해를 계속했다. 그러나 광풍이 대작하여 해상에서 2주 동안 표류하다시피 하는 어려움에 처했을 때 하나님의 사자가 나타나 "바울아 두려워 말라 네가 가이사 앞에 서야하겠고 또 하나님께서 너와 함께 행선하는 자를 다 네게 주셨다" 하였다.

그래서 바울은 여러분이여 안심하라 나는 하나님을 믿노라 외쳤다.(행 27:23-25) 이어서 배에 타고 있던 276명이 음식도 먹기 시작했고 안심하게 되었다. 시실리섬에서 남쪽 95km 지점, "메리데항"에 들어가다가 배가 파선하게 되자 군사들이 죄수가 헤엄쳐서 도망갈까하여 저희를 죽이는 것이 좋다하였으나 백부장이 바울을 구원하려고 모든 죄수들도 널빤지로 상륙시켰다.(행 27:27-44) 멜리데 섬에서 바울이 독사에 물렸으나 아무렇지도 않았으며 추장 보블리오의 부친이 열병과 이질에 걸려 누웠을 때 바울이 기도하고 안수하여

성 바울 순교 기념교회

낫게 하매 다른 병든 사람들도 와서 고침을 받고 바울에게 호감을 갖게 되었다.

이 섬에서 겨울을 나고 섬사람들과 작별한후 알렉산드리아 선편에 다시 올랐다. 시실리섬의 "수라구사항"과 "레기온항"을 거쳐 "보디올항"에 상륙하여 이곳에서 일주일 머문 후 로마에서 "압비오"와 "삼관"까지 맞으러 나온 형제들과 함께 하나님께 감사하며 "로마"에 당도했다.(행 28:1-31) 바울이 2년간을 자기 셋집에 유하며 자기에게 오는 사람을 다 영접하고 담대히 하나님 나라를 전파하며 주 예수 그리스도께 관한 것을 가르치되 금하는 사람이 없었다.(행 28:30-31) 사도행전에

는 바울의 로마에서 2년의 연금 생활이후에 대하여는 기록이 없다. 로마서에 보면 로마를 방문한 후에 서바나(에스파니아)로 가려는 의도를 밝히고 있다.(롬 15:28) 그리하여 적어도 2년은 그곳에서 보냈을 것으로 보여진다.

두 번째로 투옥되었을 때는 마메르틴(Mamertin)감옥에 갇히는 몸이 되었다. 이 음침한 감옥은 아직도 존재하고 있으며 바울이 그곳에 감금되기 100년 전에 정치범을 가두기 위해 만들어진 곳이었다.

네로(Nero, 재위 주후 54-68년)는 64년의 그 유명한 화재로 로마의 4분의 1이 파괴 되자 기독교인들에게 책임을 뒤집어 씌우며 대학살을 감행 했다 그로 인하여 바울은 네로가 즉위한지 13년 되던 해인 67년에 그리스도의 복음을 인하여 로마에서 참수형을 당했다. 그는 순교하여 오스땡 도로 곁에 매장되었다.

바울은 참수형(斬首刑)을 당하여 머리가 땅에 떨어지는 그 순간에 바울의 머리는 세 번이나 위로 솟구쳤다.

그의 머리가 솟구쳐 떨어지는 장소마다 샘물이 솟아났으며 처음에 떨어진 장소에는 뜨거운 물, 두 번째 떨어진 장소에는 따뜻한 물, 그리고 마지막으로 떨어진 장소에는 차가운 물이 흘러 나왔다고 한다. 그 장소를 기념하여 "세 가지 샘물"이 솟는 장소라는 의미를 지닌 트레 폰타나(Tre Fontana)라는 이름의 바울 순교 기념 교회(성당)가 세워졌다.

지금도 그곳에 샘물이 솟아나고 있는데 내려오는 이야기와 달리 지금은 온도의 차이를 느낄 수 없다.

사도 바울이 참수 당했다고 전해지는 곳은 로마 서쪽 성문 밖 5km 지점, 오스땡도로 위에 벽 없는 바울 교회(성당)가 서 있다.

마르틴 루터(Martin Luther, 1484~1546)

2017년 10월 31일은 공교개혁 500주년 기념일이다.
본 저서를 종교개혁 기념일에 즈음하여 출간하게 된것을 매우 뜻깊게 생각한다.(저자)

베드로 성당 건축에 많은 재정이 필요하여 "면죄부"를 팔아 건축비를 충당한 부패가 종교개혁의 도화선이 되었다.(물질적 부패)

※베드로 대성당 건축은 종교개혁에 큰영향을 미쳤다.

제3절 성 베드로 대성당 (San pietro collegiate Church of St. Peter)

성 베드로 대성당을 산 피에트로 대성당이라 부른다.

오늘날 까지 2000년을 면면히 이어져 내려오는 카톨릭교회의 교황수위권(Primacy)은 마16:16에 의거 베드로의 사도적 수위권(로마, 초대주교로 인정)에 그 전통의 기원을 두고 있다. 베드로는 언제나 사도들 가운데 수위를 점하였으며 초기 기독교인들의 사랑을 한 몸에 받았다. 요한과 바울도 크게 존경을 받았고, 베드로보다 뛰어난 빛을 발한 자는 바울뿐이었다. 그럼에도 성경에는 사도들의 이름가운데 베드로의 이름이 첫째를 차지하고 있다.

베드로는 갈릴리에서 부름받은 예수님의 제자로 유대 기독교인들의 사도였으며 바울은 예수님이 부활한 후에 다메섹에서 소명을 받은 이방 기독교인들의 사도였다.

사도행전에는 베드로가 주후 43년에 감옥에서 나와 예루살렘을 떠나 다른 곳으로 떠나 갔다고 기록되었다.(행 12:17) 그후 49년까지 선교활동에 대한 행적이 밝혀져 있지 않다가 그 해에 예루살렘 공회의에 나타났다. 그러나 유세비우스는 그가 로마에 갔었다고 기록하고 있다. 따라서 43년부터 49년까지 복음이 전해졌음이 분명하다. 또한 베드로는 로마는 물론이며 영국에도 처형직전에 방문했다고 한다.

주후 156년 영국왕 루시우스(Lucius)는 최초로 윈체스터(Winchester)에서 기독교를 영국의 국교로 선포했다. 그후 179년 루시우스왕은 베드로의 영국 전도사역을 기념하기 위하여 콘힐의 성 베드로교회(St. Peter's Church of Cornhill)를 세웠다. 이 교회는 오늘날까지 잘 보존되어 있다.

성 베드로 대성당

현재 영국 런던에 있는 성공회의 성당인 웨스트민스터 대성당의 정식 이름은 성 베드로 대성당(Collegiate Church of St. Peter in Westerminster)이다. 이곳 성당 안에는 역대 제왕의 묘소, 저명한 인사의 묘소, 시인들 묘의 코너가 있다. 또한 윌리암1세의 대관이후 왕의 대관식이 이 성당에서 오늘날 까지 거행되고 있다.

베드로는 말년에 로마에서 유죄선고를 받고 캐피톨의 기슭에 있는 마메르틴(Mamertin) 감옥에서 9개월 내내 쇠사슬로 기둥에 묶여진 채 누워서 쉴 수 없는 세월을 보냈다. 오늘날도 그 지하 감옥과 베드로가 사슬에 결박되어 있던 기둥을 볼 수 있다.

베드로는 주후 68년 티부크 근처에 있는 바티칸 산 꼭대기로 끌려가 거기서 네로 황제에 의해 잔혹한 로마인의 손에 처형당했다. 베드로는 자기가 주님과 똑같은 자세로 십자가에 달려 죽는 것이 합당치 않다고 말하면서 자신을 십자가에 거꾸로 매달아 달라고 요청하여 십자가에 거꾸로 매달려 순교했다고 한다. 베드로가 바티칸 언덕에 매장되었을 때 그곳에는 작은 예배소가 세워졌다.

그후 4세기에 베드로의 순교를 기념하는 바실리카식 성당이 세워졌다. 15세기에 재건하기 위하여 시도되었으나 중단되었다가 1506년 교황 율리우스2세가 저명한 건축가 브라만테에게 명하여 본격적인 공사에 착수했다. 16세기에 라파엘로, 상갈로, 미켈란젤로 등의 대표적 건축가들에 의해 전성기를 맞은 르네상스의 건축이념에 바탕을 두고 재건하게 되었다. 성당 건축에 많은 돈이 필요해 지자 헌금을 권하면서 면죄부를 팔아 건축비를 충당하는 부작용을 유발했다. 마르틴 루터(Martin Luther, 1484~1546)는 1517년 면죄부 판매에 반대하여 비텐베르크 교회문에 95개항의 항의문을 내 붙이는 등 종교개혁의 시발이 되기도 했다. 베드로 성당을 건축하는데 100년 이상의 긴 시간이 소요

되어 1622년에 헌당식을 가졌다. 십자가 형태로 건축된 이 교회는 전면 폭이 115m, 길이가 199m, 둥근 지붕까지 높이가 119m나 된다. 교회 내부는 6,000평 이상으로 현존하는 교회 가운데 가장 크고 웅장하다.

대성당의 내부 중심은 교황이 미사를 집전하는 "교황의 제단"이 있으며 예술의 거장 베르니니(Bernini)의 빼어난 작품들이 있다. 이 제단 바로 밑에 베드로의 무덤이 있다고 전해지는 곳이다. 오른쪽 벽면에는 미켈란젤로의 피에타(Pieta)인 그리스도의 유해를 무릎에 안고 비탄하는 성모 마리아의 모습에 관심을 가지고 바라보게 된다.

중앙제단의 가까운 오른편에는 13세기에 만들어진 의자에 앉아 있는 베드로의 청동상이 있다. 베드로의 오른쪽 청동 발가락에 수많은 신도들이 입 맞추어 그 발가락이 닳아서 뭉뚝하게 되었다.

베드로에게 로마의 감옥에 갇혔을 때와 예루살렘에서 갇혔을 때에 사용되었던 두 쇠사슬이 서로 닿자마자 달라 붙어 하나가 되었다는 전설을 간직 하고 있는 쇠사슬이 오늘날에도 이 성당의 중앙 제대밑에 보관되어 있다고 한다

베드로의 무덤 위에 세워진 산피에트로 대성당은 전 세계 카톨릭교회의 구심점이 되고 있고 카톨릭 9억 신도들의 신앙의 고향이 되고 있다. 1997년부터 2년간에 걸쳐 이탈리아의 정유업체인 에니(Eni)에서 제공한 540만불(약 60억원)의 헌금으로 대대적인 대성당의 외관보수 공사가 완공되었다. 1999년 10월 1일 교황 요한 바오로2세가 주재한 대성당 완공 제막식 행사에 이탈리아 대통령과 많은 외교사절이 참석한 가운데 성대한 기념 축하 공연연주가 있었다. 이 연주에 한국의 정명훈 지휘자가 자신이 이끄는 관현악단과 함께 테데움(Te Deum) 성가 등을 연주하여 주님께 영광을 돌리는 장한 모습을 보였다.

제5장 이란(Iran)

1. 현대 이란(페르시아)

2. 테헤란의 아자디 타워 (Azadi Towor)

테헤란의 상징적 건물로 1971년 페르시아 개국 2500년을 기념하여 세운 탑이다. 우리나라와 이란은 1962년 수교에 합의, 1967년 테헤란에 대사관을 개설하고, 1978년 테헤란 시장의 서울 방문을 기념하기 위해 서울 강남에 "테헤란로"를 만들었고 테헤란에는 "서울로"를 만들었다.

1. 이란의 역사 (The history of Iran)

국가의 정식명칭은 이란 이슬람공화국(Jomhuri-ye Eslami-ye Iran)이다. 국토의 면적은 164만8천Km²(세계18위) 인구는 약 8,280만명(세계17위), 언어는 페르시아어를 사용하며 종교는 이슬람교(시아파 94%, 수니파 4%)를 국교로 하고 있다. 그리고 행정구역은 30개주로 되어 있다. 옛날에는 페르시아(Persia)라고 불렸으나 1935년에 "아리아인(人)의 나라"라는 뜻의 현재 "이란"이라는 국명으로 개칭하였다.

이란은 다민족국가로서, 1970년대에 팔레비 국왕이 중동지역 패권 장악을 위해 추진했던 핵무기 개발이 1990년대 이후 다시 본격화되자 이를 막으려는 미국·이스라엘 등의 국제사회와 갈등을 빚고 있었으나 2016년 1월 이란의 핵무기개발 의혹과 관련한 미국과 유럽의 경제, 금융 제재조치가 전격적으로 해제되었다. 그 해제재조치에 따라 세계 각국의 정상들이 경쟁적으로 앞 다투어 방문하는 등 이란의 국제적 위상은 한층 격상되었다. 그러나 지난 2017년 2월 트럼프 미 대통령은 북한, 이란, 러시아 제재 통합법에 서명했다. 아직도 이란의 잠재적인 핵무기 개발의 의지는 북한의 핵 무장과 무관하지 않다. 이란은 이슬람 경전의 호전적 해석에 바탕을 둔 신정 국가이고, 북한은 오로지 주체사상만 신봉하는 무신론 국가이다. 양국 모두 절대권력을 휘두르는 지도자가 군림하고 있다. 그러나 미국과 유럽으로 부터 경제. 금융의 제제에서 해제된 이란을 북한은 타산지석으로 삼아야 하겠지만 북한은 핵보유에 의한 핵주권을 고집하고 있어 미국의 군사적 옵션과, 김정은의 레짐체인지(Regime change)가 긴박해 지고 있지만 G2 양강세력에 의한 역사주도의 가변성은 예측하기 어렵다. 특히 2017년6월 영국에서 열린 행사에서 외교의 거두 헨리 키신저 전 미국무장관이 수니파 무장조직 "이슬람국가"(IS) 궤멸 후 이란의 팽창을 경계 했으며 "급진 이란제국"이라는 표현으로 "시아파 블록 확대"의 가능성에 우려를 표명했다.

이란은 팍스 아메리카나(Pax Americana)의 세계질서 속에 복고주의적(復古主義的)인 환상으로 신 페르시아(Persia) 제국 건설을 희망하겠지만 순탄치는 못할 것이다. 이제 과거 이란의 역사를 개략적으로 살펴보고자 한다.

이란은 주전 4000년 이전부터의 거주 흔적이 알려져 있고 당시의 선사시대 유적이 많이 남아 있다. 그러나 이란고원에 처음으로 국가를 건설한 것은 주전 559년으로, 아케메네스왕조의 페르시아제국 건국이 바로 그것이다. 당시 다리우스1세는 흑해·나일강·인더스강까지 영토를 확장하는 등 제국을 건설하였으나, 주전 490년 그리스와 마라톤전투에서 패한 뒤 점차 쇠퇴하기 시작하였다. 그러나 셀레우코스왕조·파르티아제국을 거쳐, 3세기 초 사산왕조 페르시아 건국으로 다시 페르시아의 부흥시대를 맞아 400여 년간 영화를 유지하다 651년 아랍인의 침입으로 멸망하였다. 그 후 7세기부터 16세기까지의 중세시대에는 타민족의 지배를 받은 이란 역사의 암흑기다. 7세기부터 11세기까지는 아랍인의 지배를 받아 이때부터 이슬람화가 급속히 진행되어, 전통적인 파할레비문자 대신 아랍문자가, 조로아스터교(拜火敎) 대신 이슬람교가 보급되기 시작하였다. 9세기에 한때 사파르왕조·사만왕조가 일어났으나 얼마 가지 못했고, 11세기부터 13세기까지는 투르크계 셀주크왕조의 지배를, 이후 16세기까지는 몽골계 티무르제국(帝國)의 지배를 받았다.

그러다 1502년 사파비왕조가 일어나면서 강력한 이란 민족국가를 형성, 당시 수도 이스파한은 '세계의 중심'으로 불릴 만큼 큰 번영을 누렸고, 이때 비로소 시아파 이슬람교가 국교로 정해졌다. 18세기 후반부터는 투르크멘족의 카자르왕조가 창건되어 수도를 테헤란으로 옮겼다. 19세기 초 카자르왕조시대 후반에는 러시아의 압박을 받았고, 1857년에는 아프가니스탄 문제로 영국과 싸워 패하였다. 이러한 대외적인 패전에도 불구하고 국내에서는 여전히 전제정치가 행해지자 결국 국민의 반발을 초래, 1906년 헌법 제정을 비롯해의회 제도가 성립되었다.

　제1차세계대전 중에는 중립을 선언하였으나 국토는 전쟁터가 되었다. 그 결과 이란에 진출하려던 영국·러시아에 눌려 반식민국가 상태를 면치 못하다가, 1918년 페르시아-영국조약으로 영국보호령이 되었다. 이에 항거하여 이란 카자크 병단(兵團)의 대장(隊長) 레자한이 무력 정치개혁을 일으켜 카자르왕조를 무너뜨리고 1925년 스스로 레자샤라 칭한 뒤, 팔레비왕조의 기초를 닦았다. 레자샤는 중앙집권제를 실시하고, 치외법권의 철폐, 철도의 부설, 여성의 차도르 착용 금지 등 후진성 탈피에 노력하는 한편, 각종 불평등조약을 폐기하고, 국제연맹에도 가입하였다. 이어 서아시아 여러 나라와 동맹을 맺고 지속적으로 유럽세력 배제를 위한 투쟁을 펼치는 한편, 1935년에는 국호를 이란으로 바꾸었다. 이란의 상세한 근. 현대사의 기술(記述)은 생략하기로 한다.

이스라엘 왕국의 남북분열

이스라엘은 주전 931년 솔로몬왕이 죽게되자 남유다 왕국(르호보암) 과 북이스라엘 왕국(여로보암)으로 분열되었다. 그러나 북이스라엘은 제19대 호세아왕을 마지막 (주전931-722년:209년간)으로 앗수르에게 멸망했다. 또한 남유다는 북이스라엘이 멸망한 후 136년 뒤에 제20대 시드기야 왕을 마지막(주전931-586년:345년간)으로 바벨론에게 멸망했다. 그래서 이스라엘의 역사를 상세히 이해하기 위해서는 앗수르와 비벨론의 역사적인 배경을 알아야 한다.

2. 앗수르 제국 (The empire of Assyria)

앗수르의 제국시대는 사실상 다글랏 빌레셋 1세(Tiglath-Pileser Ⅰ, 주전. 1115-1076년)부터 시작된다. 그는 서쪽으로는 지중해, 동쪽으로는 터키 동부 지역의 반 호(Van 湖)까지 영토를 확장함으로써 제국의 기틀을 공고히 하였다. 하지만 그의 사후 약 200년 간 앗수르는 암흑기를 맞는다. 즉, 북방에서는 아르메니아 계 우라르투 왕국이 침공해 오고, 남방에서는 아람 족이 쳐들어와 영토를 훼손하고 상업 도로들을 빼앗아 갔다. 역사의 뒷편으로 밀려나 있던 앗수르 제국은 주전. 9세기경 앗슈르 나시르 팔 2세(Asshur-nasir-pal Ⅱ, 주전. 884-858년)가 등장하면서 전세(戰勢)를 급반전시켰다.그리고 에살핫돈의 후계자 앗술바니팔(Asshurbanipal, 주전. 669-633년)은 즉위 초 애굽 원정길에 올라 애굽의 디르하가를 살해하고 애굽을 앗수르 영토로 귀속시켰다. 하지만 앗수르 제국 내 각 지역에서 반란이 이어졌고, 바벨론에서는 앗술바니팔의 친형인 샤마슈 슘 우킨이 반란을 일으키는 등 정국이 소용돌이 쳤다. 앗술바니팔은 이 혼란들을 진압하고 잠시 안정된 치세를 하게 되었다. 그러나 앗술바니팔이 죽자 앗수르 제국은 급속도로 쇠퇴하게 되고 주변 국들은 속속 앗수르의 지배권에서 벗어나는 등 중근동 지역의 대변화가 있었다.

　특히, 앗술바니팔이 사망한 후 직후, 바벨론(갈대아인)의 나보폴라살(Nabopolassar, 주전 625-605년)이 즉위하면서 앗수르에 반기를 들었다. 나보폴라살은 메대인들과 동맹하여 앗수르의 수도 니느웨를 침공하여 앗수르 제국을 주전 612년에 멸망시켰다. 나훔과 스바냐 선지자의 예언이 성취된 것이다(나 1:1; 2:10; 습 2:13). 그후 바벨론은 새로운 패권국으로 역사 앞에 등장하게 된다. 한편 성경에서는 나훔과 스바냐 외에 여러 선지자들(엘리야, 이사야, 예레미야, 에스겔, 호세아, 미가, 스가랴 등)이 앗수르에 대해 언급했으며, 특히 선지자 요나는 앗수르 수도 니느웨로 보냄을 받아 그곳에서 하나님의 심판을 경고하기도 했다.

앗수르의 유적

성서에 언급된 앗수르 왕들

① 다글랏 빌레셋 3세

그는 바벨론으로 원정하여 그곳을 자신의 지배하에 두었고, 만년에는 바벨론의 왕으 로 즉위하기까지 했었다. 바벨론에서 그의 호칭은 '풀루'(Pulu)이며 성경에서는 '앗수르 왕 불' 이라 언급된다(왕하 15:19). 당시 북이스라엘 왕은 므나헴이었는데 불에 패한 므나헴은 은 1천 달란트를 앗수르 왕에게 바치고 안전을 도모하였다. 얼마 후 북이스라엘 왕 베가와 수리아 왕 르신이 공모하여 디글랏 빌레셀 3세를 대항하게 되자, 디글랏 빌레셀 3세는 북이스라엘을 침공하여 주민들을 앗수르에 포로로 잡아갔다(왕하 15:29; 대하 28:20). 이때 디글랏 빌레셀 3세는 엘라의 아들 호세아를 원조하여 북이스라엘 왕 베가를 살해하고 그로

왕위에 오르도록 공작 정치를 펼치기도 했다. 한편, 성경에는 이 같은 국제 정정세를 파악한 남유다 왕 아하스가 앗수르 왕의 호의를 얻으려고 조공을 바치고(왕하 16:8), 이방 신전을 건축했다는 기록이 있다(왕하 16:10).

② 살만에셀 5세 (Shalmaneser V, 주전 727–722년)

북이스라엘 왕 호세아는 처음에는 앗수르에 복종했으나 훗날 주군(主君)을 바꾸어 애굽에 조공을 바치게 된다. 이에 앗수르 왕 살만에셀 5세가 쳐들어와 3년간 사마리아를 포위하게 된다(왕하 17:3-4).

③ 사르곤 2세(Sargon II, 주전. 722-705년)

살만에셀 5세가 사마리아를 포위할 당시(주전. 722년경) 그의 동생 사르곤 2세가 왕위를 빼앗아 앗수르의 새 왕으로 등극하고 마침내 사마리아 성을 함락시킴으로써 북이스라엘을 역사의 무대에서 퇴장시키게 된다(왕하 17:4-6; 18:11). 사마리아를 함락시킨 후 그곳 주민 2만 7천 명을 메소보다미아와 메대에 강제 이주시켜 민족 혼합 정책을 폈다(왕하 17:16). 성경에는 사르곤 2세가 아스돗을 공격하는 장면이 소개되기도 한다(사 20:1).

④ 산헤립(Sennacherib,주전. 704-681년)

이름의 뜻은 '신은 형제들을 증가시켜 주신다이다' 사르곤 2세의 아들로서 니느웨를 수도로 삼고 제국 전역의 반역을 일소했다. 그는 남쪽으로 군대를 몰아 애굽을 공격하였고, 남유다의 히스기야왕에게 조공을 강요하기도 했다(왕하 18:13-16; 사 36-37장). 앗수르 비문에 의하면, 이때 유다 성읍 46개를 빼앗았다고 한다. 하지만 산헤립은 예루살렘 공격 후 갑작스럽게 귀국길에 오른다. 이는 선민을 도우시는 하나님의 이적적인 섭리에 의해 이뤄진 일이었다(왕하 19:35). 유다 정복에 실패하고 귀국한 산헤립은 그의 아들에게 암살되고 만다(왕하 19:37).

⑤ 에살핫돈(Esar-Haddon, 주전. 681-669년)

산헤립의 뒤를 이어 그의 총애하던 아들 에살핫돈이 왕위에 오른다. 에살핫돈은 앗수르 속국들의 반란을 막기 위해 속국들로 하여금 앗수르 신에게 영원히 맹세토록 하는 조약을 강요했다. 이때 조약에 체결한 나라중에는 므낫세가 다스리던 남유다도 포함되어 있었다(왕하 21:1-9).

3. 바벨론 제국 (The empier of Babylon)

느부갓네살 왕궁 유적

바벨론(바벨로니아)은 역사적으로 구 바벨론과 신 바벨론으로 나누어 진다. 구 바벨론은 주전 1830년경에 셈족 계통의 아모리인들이 바벨론 시를 중심으로 바빌로니아 제1왕조를 열면서부터이다. '고(古) 바빌로니아'로 불리는 이 왕국은 주전 1600년경까지 남으로 메소포타미아 남부 지역 전체와 북으로 앗시리아를 포함하면서 메소포타미아 전역을 장악했고, 바빌로니아의 수도 바벨론은 티그리스·유프라테스 강 일대의 정치, 상업의 중심지가 되었다.

구 바벨론은 제 6대 함무라비왕에 이르러 최고의 전성기를 맞게 되었다. 함무라비왕은 메소포타미아 지역을 정복하고 바벨론 제국을 건설하게 되었다. 그는 함무라비 법전을 정비하여 고대 세계 중심적 위치를 가지게 되었다. 바벨론은 강력한 중앙집권적 체제를 가지고 있었으며 바벨론의 주신인 말둑을 섬기는 신전을 각 지역마다 세웠다.

함무라비 왕이 죽은 후 고 바빌로니아는 쇠퇴하여 주전 1531년경 히타이트의 침입으로 멸망했다. 이후 도시국가 가운데 아시리아가 점점 세력을 얻어 주전 1220년경, 바벨론을 공격하여 함락시키고 점점 판도를 확장해 갔다. 그후 주전 7세기에 이르러 아시리아가 자립하여 제국으로 발돋움하게 되고 니느웨(Nineveh)를 수도로 하여 북부 메소포타미아 일대를 장악하고 한때 이집트의 수도 멤피스까지 함락시켰다. 당시 바빌로니아는 아시리아에서 임명한 부왕(副王)의 통치하에 있었고, 북 이스라엘도 아시리아(앗수르)에 정복(주전 722년)되었다.

주전 626년, 아시리아에 반란을 일으킨 아람계 갈데아 부족의 나보폴라사르가 바벨론에 입성하여 바빌로니아 왕조가 시작되었다. 역사에서는 이 왕조를 고 바빌로니아와 구분하여 신 바빌로니아라고 하며, 갈데아 부족이 세웠으므로 칼데아 왕조라고도 한다. 나보폴라사르는 메대와 연합하여 주전 612년 아시리아의 수도 니느웨(Nineveh0를 철저히 파괴해 버렸다. 나보폴라사르의 후계자 느부갓네살 2세(재위주전.605~562)

의 치세는 바빌로니아의 황금시대였다. 그는 시리아와 이스라엘을 정복하고 남 유대왕 시드기야 왕때 예루살렘성과 솔로몬 성전은 파괴(주전 586년)했고 남유대 왕국을 멸망시켜 유대인들을 바벨론에 포로로 끌고 갔다. 고대 함무라비 왕 이래 몰락했던 바벨론은 다시 부흥하여 명실공히 세계 상업의 중심도시로서 성장하여 유래 없는 번영을 누렸다.

그러나 번영을 구가하던 바벨론은 느부갓네살 2세의 사후 급속도로 몰락했다. 이후 3대째까지 왕들은 짧은 치세 후 암살되고 주전 539년, 메대를 흡수한 페르시아의 고레스 대왕이 바벨론 성을 함락시켰다. 신 바바벨론의 1세기도 채 되지 못한 짧은 기간의 번영은 이로써 허무하게 사라졌다. 페르시아 제국 초기만 하더라도 바벨론은 세계에서 가장 번창한 도시로서 번영을 누렸으나 주전 482년, 바벨론에서 일어난 반란으로 인해 성채와 신전들이 파괴되었고, 주전 331년, 바벨론을 점령한 알렉산더 대왕은 바벨론을 복구하고 대제국의 수도로 만들 계획을 진행했으나 8년 후, 알렉산더 대왕이 느부갓네살의 왕궁에서 사망했다. 그래서 모든 계획은 무산되고 역사의 무대에서 사라진 바벨론은 1896년 로베르트 콜데바이 등 독일 고고학자들이 발굴하기까지 흙더미 속에 파묻히게 되었다.

성서에 언급된 바벨론 왕들

① 고레스 2세(Cyrus II)

메대와 리디아를 합병하고 바벨론 제국을 멸망시킨 후 바사 제국을 건설했다(주전 539-530년). 칙령을 통해 바벨론에 포로로 잡혀 갔던 모든 민족들의 본토 귀환을 지시하였다. 바벨론에 포로되어 갔던 유대인들의 본토 귀환도 이 시기에 이루어졌다(대하 36:22-23; 스 1:1-4; 사 44:28; 45:1; 단 10:1). 특히 바벨론의 느부갓네살 왕이 탈취해 갔던 예루살렘성전의 성물들을 돌려보냈고, 스룹바벨을 예루살렘에 파견하기도 했다. 피정복지의 관습과 문화를 수용하고 피정복민들까지 실력에 따라 관직에 기용할 정도로 관대한 정책을 펴 바사 제국의 토대를 굳건히 쌓은 왕이다.

② 다리오 1세(Darius Ⅰ)

고레스 2세 사후 왕이 된 고레스 2세의 아들인 캄비세스 2세의 후계자 캄비세스 2세가 애굽 정벌에 나선 틈을 타 승려 가우마타가 반란을 일으켰는데, 캄비세스 2세가 본국으로 철군 도중 수리아에서 죽자 다리오 1세는 반란군을 진압하고 왕이 되었다(주전 521-486년경). 포로에서 귀환한 유대인들이 예루살렘 성전 재건 도중 많은 훼방에 직면했을 때 고레스의 칙령을 확인하고 성전 재건을 지속할 수 있도록 허락한 왕이다(스 4:24). 그는 바사 역사상 가장 크고 강력한 대제국을 건설했으며 사통팔달의 도로망 확충, 아람어 공용어 채택, 우편 제도, 조세 제도, 화폐(도량형) 제도 단일화 등 정치, 경제, 사회, 문화 등 다방면에서 바사 제국의 황금기를 이룩하였다. 그러나 그는 주전 490년경 그리스와의 마라톤 전투에서 패배하였다.

③ 아하수에로(Ahasuerus)

다리오 1세의 아들인 크세르크세스 1세(Xerxes Ⅰ, 주전 486-464년경). 에스라와 에스더서에 등장하는 아하수에로 왕과 동일인이다(스 4:6). 그는 바벨론 총독으로 재위하다 왕위를 승계했는데 선대 왕과 달리 폭정을 일삼았고, 그리스 원정에서 실패하여 소아시아 대부분의 영토를 빼앗겼다.

④ 아닥사스다 1세(Artaxerxes Ⅰ)

주전 464년경 살해당한 부왕의 뒤를 이어 왕위를 승계한 아르탁크세르크세스 1세(주전 464-424년경)이다. 집권 초기 애굽 반란을 힘겹게 진압하고 이때 도움을 준 그리스와 우호 조약을 맺었다. 느헤미야가 예루살렘 성벽 재건 때 바사를 다스린 왕이었다(스 4장). 예루살렘 성벽 재건 작업을 중단시켰던 그는 느헤미야의 탄원을 받아들여 느헤미야로 총독을 삼아 성벽 재건에 임하도록 지시했다.

4. 바사의 수도였던 수사/수산 (Sushan)

수사의 수산왕궁 유적

저자 뒷편이 수산왕궁 유적이다.

왕궁 유적에 주춧돌만 침묵하고 서 있다.

오늘날 슈쉬라는 고대 수산(수사, 느1:1, 단8:2, 에1:2,5:2, 9:6)이다. 에스더서는 바사 제국의 수도 "수산 궁"을 중심 무대로 하여 기록되었다.

에스더서 1장1-4절에 "이 일은 아하수에로왕 때에 된 것이니 아하수에로는 인도로 구스까지 일백 이십 칠도를 치리하는 왕이라 당시에 아하수에로왕이 수산 궁에서 즉위하고 위에 있은지 삼년에 그 모든 방백과 신복을 위하여 잔치를 베푸니 바사와 메대의 장수와 각 도의 귀족과 방백들이 다 왕 앞에 있는지라 왕이 여러 날 곧 일백 팔십일 동안에 그 영화로운 나라의 부함과 위엄의 혁혁함을 나타내니라"

당시 바사 제국은 중근동의 강대국인 바벨론을 무너뜨린 신흥 패권국으로서 동쪽으로는 인도, 서쪽으로는 헬라의 이오니아와 아프리카의 에디오피아, 남쪽으로는 페르시아 만, 북쪽으로는 매대 왕국에 이르기까지 거대한 영토를 가진 고대 국가였다. 티그리스 강 연안 도시 닙불과 수산 등지에는 당시 유다 포로민들이 많이 거주하고 있었다.

이곳에서 에스더가 왕비가 되어 그의 백성 유대인을 구원했다. 그의 사촌 오빠인 모르드개의 권면에 감동을 받아 기도와 금식으로 지혜와 용기를 얻어 "왕에게 나아가 죽으면 죽으리다"(에4:16)라는 각오로 왕에게 간청하여 그녀의 민족 유대인의 멸종위기(3:1-6)를 모면케하여 구원했다.

그러나 수사의 수산 왕궁은 알렉산더 대왕(주전356-323년)에 의해 페르세폴리스와 동시에 파괴되어 유적만이 남아 있다.

수사의 다니엘 묘 (Danniel's Tomb) (이슬람인이 세움)   중앙의 원추형 건물안에 묘가 있다

다니엘은 바사제국의 세명의 총리중 한 총리였으나 시기하는 다른 총리와 고관들에 의해 고소를 당해 사자굴에 던져 졌다. 그러나 하나님은 천사를 보내 사자의 입을 봉해서 다니엘을 보호하셨다.(단6: 16-18) 또한 이스라엘을 향해 창문을 열고 하루에 세번씩 기도하여 자기 백성 유대인을 구원하였다.(단6:1-28) 다니엘은 바벨론의 느부갓네살왕,과 벨사살왕 그리고 메데.바사의 다리오왕과 고레스왕 등 4명을 섬겼다.

사자굴속의
다니엘 묘 옆의
벽화(단16:16-18)

악메다의 에스더 묘(Esther's Tomb)

건물안에 에스더와 모르드개 묘가 함께 같이 있다.

악메다(Achmetha)에 에스더와 모르드개의 무덤이 있다 . 오늘날의 하메단이 고대 악메다이다. 주전 700년경 세워진 메대의 수도이다. 주전 548년 페르시아의 고레스 왕에게 정복 당한후 페르시아 왕들의 여름 별장이 있던 곳이다. 에스라 6장1절-4절에 의하면 성전 재건에 대한 고레스 왕의 두루마리가 이곳에서 발견되었다. 악메다 궁에서 한 두루마리를 얻으니 거기 기록하였으되 고레스왕 원년에 조서를 내려 이르기를 예루살렘 성전을 건축하되 지대를 견고히 쌓고 그 전의 고(高)를 육십규빗으로 광(廣)도 육십규빗하고 큰 돌 세 켜에 세나무 한 켜를 놓으라 그 경비는 왕실에서 내리라하고 기록되어 있다.

페르시아 제국에서 포로생활을 하던 모든 유대인들을 죽이려는 하만의 음모에 아하수에로 왕에게 간택되어 왕비가 된 유대인 에스더는 생명의 위협을 무릅쓰고 죽으면 죽을 각오로 자기 동족 유대인을 구원했다. 에스더와 그녀의 사촌 오빠 모르드개의 무덤이 한 건물안에 나란히 보존되어 있다.

하메단의 하박국 묘 (Habakkuk's Tomb)

하박국의 무덤은 오늘날 이란의 하메단 남쪽 60Km 투이세르칸(Tui serkan)지역에 있다.

하바국은 포로기 전 유다의 선지자로서 그의 예언은 하박국서에 잘 기록되어 있다. 신 바벨론의 느부갓네살 왕의 침략으로 유대인들과 함께 포로가 되어 바벨론에 끌려와 감옥에 갇혀 있다가 고레스 왕의 바벨론 점령 후 풀려나 하메단에서 살다가 죽었다고 전해진다.

(건물안에 안치되어 있다)

건물안에 묘가 있다.

5. 고레스가 해방령을 내린 파사르가대 (pasargadae)

파사르가대 유적은 오늘날 이란의 파르스(Pars) 주(州)에 있는 페르세폴리스에서 북동쪽으로 약 70km 떨어진 곳에 위치하고 있다. 파사르가대(Pasargadae)는 기원전 6세기에 키루스(고레스) 2세(Cyrus Ⅱ)가 페르시아의 발상지인 파르스에 건립한 아케메네스(Achaemenes) 제국 최초의 수도이다. 왕궁과 정원, 키루스(고레스) 대제의 무덤은 아케메네스 왕조의 예술과 초기 건축을 대표한다.

파사르가대의 유적

유다인 해방(귀환)의 조서를 내린
고레스 왕의 묘

6. 페르세폴리스 (Persepolis)

페르세폴리스 유적

오늘날 탁트에 잠쉬드(Takht-e-Jamshid)로 불리는 페르세폴리스는 고대 페르시아(바사)의 수도였던 수사, 엑바타나, 바벨론과 함께 이란의 대표적인 고대 도시이다.

페르세폴리스(Persepolis)는 주전 518년에 다리우스 1세(Darius I)가 아케메네스 왕조(Achaemenid Empire)의 수도로 세운 도시이다. 거대한 반(半) 인공, 반 천연 기단 위에 건설되었으며 이곳에 메소포타미아 양식의 영향을 받은 웅장한 왕궁 복합 단지를 경설하였다. 페르세폴리스 유적은 그 중요성과 가치로 인해 유네스코 세계유산(1979년)으로 독특한 고고학적 유적으로 평가받고 있다.

페르시아 제국은 주전 6세기에 오리엔트 지역을 통일한 나라이다. 이란 고원을 중심으로 발달한 페르시아는 동쪽으로 인더스 강, 서쪽으로 터키 아나톨리아, 북쪽으로 중앙아시아, 남쪽으로 에티오피아에 이르는 넓은 영토를 다스린 대제국이었다.

페르시아 제국의 영광을 상징하는 웅장한 유적지 페르세폴리스에는 아직도 풀지 못한 수수께끼가 많다. 지금도 수많은 학자들이 의문을 풀기 위하여 연구와 발굴을 계속하고 있다.

페르세폴리스의 처음 이름은 '파르사'였는데, 훗날 이곳을 점령한 그리스인들에 의해 페르시아의 도시라는 뜻의 페르세폴리스로 불리게 되었다. 페르세폴리스는 길이 455m, 폭 300m에 달하는 직사각형의 기단 위에 건설되었다. 60년 동안 3대에 걸친 공사 끝에 완성되었는데 놀라울 정도로 뛰어난 통일감을 갖추고 있다.

111개의 계단을 오르면 아케메네스 왕조의 상징인 신화 속 동물 라마수(사람 얼굴에 날개를 단 황소)가 조각된 거대한 출입문을 만날 수 있다. 이 문은 만국의 문 혹은 크세르크세스의 문이라고 불리는데, 웅장하고 세련된 조각들이 기둥을 받치고 있다.

국가의 큰 행사에 공식적으로 참가하는 방문객들이 통과했던 출입문이다.. 만국의 문을 지나 조금 이동하면 사자 몸에 독수리 날개와 머리를 가진 그리핀상과 황소가 조각된 기둥을 만날 수 있다. 이 조각들은 매우 아름답다.

그러나 페르세폴리스는 알렉산더 대왕(주전356-323년)에 의해 수사의 수산 왕궁과 동시에 파괴되어 유적만이 남아 있다.

7. 낙쉐 로스탐(Naqsh-e-Rostam)의 암벽 왕들 무덤

페르세포리스에서 북서쪽으로 약 7Km떨어진 낙쉐로스탐(Naqsh-e-Rostam)은 1백50미터 높이의 바위산 중턱 벽면에 십자가 형태로 파서 만든 4개의 암벽묘가 조성되어 있다. 모두 아케메네스 왕조의 묘이다. 이들 왕의 묘는 오른쪽에서 왼쪽으로 크세르크세스 1세, 다리우스1세, 아르타크세스1세(성경: 아하수에로), 다리우스2세의 왕묘가 횡으로 4개가 산중턱에 각각 십자가 형태로 굴설되어 있다 이 "왕들 무덤"이라는 글자의 뜻은 "로스담의 그림"이라는 의미이다. 처음 이 명칭은 "묻는 장소"로 불리었는데 그리스 명칭의 네크로포리스(Necroplis, 죽은자의 도시)에서 연유되었다.

이들 왕에게 경의를 표하는 의미로 무덤 아래쪽 벽면에 왕들의 공적을 나타내는 음각의 부조를 새겼다. 이 그림을 바위에 파서 만든 이후로 "로스담의 그림"이라고 부르게 되었다.

4명의 왕들 무덤을 만든 암벽

8. 예루살렘(시온땅)으로 유다백성의 귀환

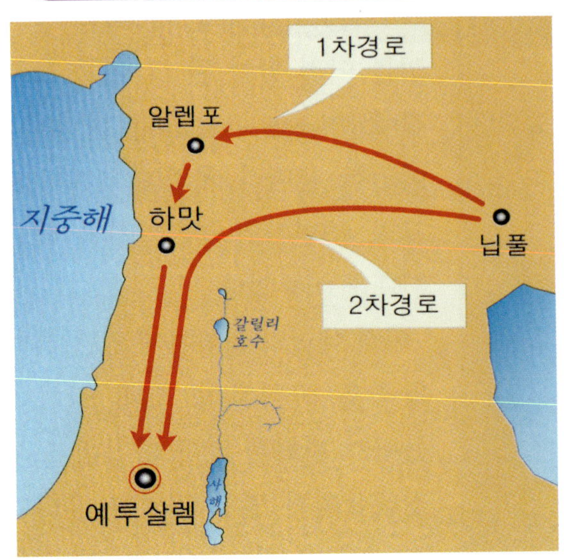

바사왕 고레스는 유다인들에게 예루살렘으로 돌아가 성전을 재건하기를 바라는 유다인들에게 돌아가도 좋다는 조서를 내렸다(대하36:22, 스1:1-4)

유다백성들이 바벨론의 포로로 유배된지 70년(최초귀환,50년)만에 예레미아의 예언(렘29:10)대로 페르시아 고레스 왕의 유화정책에 의해 포로들에 대한 자유귀환이 시작되어 3차에 걸쳐 시온땅인 예루살렘으로 돌아 오게 되었다. 이스라엘 백성들이 바벨론의 여러 강변에 앉아서 시온을 기억하며 울었다고 하였다(시:137:1) 이러한 눈물의 기도에 의해 소망이 성취 되었다.

1차 귀환 (스:1-6:22)

유다인에게 귀환의 해방령을 내린후 스룹바벨을 총독으로 임명했으며 1년 뒤인 주전 537년에 1차귀환으로 스룹바벨과 대제사장 예수아의 주도로 수사와 닙풀 지역으로 부터 유다인 42,360명을 비롯하여 50,000여명이 귀환하였다.

예루살렘으로 돌아가는 귀로는 당시 통상로(通商路)인 유프라데스강을 따라 북서쪽으로 올라가 알렙포, 하맛을 거쳐 아래로 내려갔을 것으로 추정죄며 귀환하는데는 4개월정도 소요되었다. 제1차 귀환은 사실상 포로생활 50년만이었다. 이때 예루살렘에 도착한 유다인들은 학개와 스가랴의 외침과 같이 성전의 재건에 전력하여 비로소 성전이 파괴된지 70년만인 주전 515년에 제2성전이 완성되었다. 그러므로 성서의 예레미야서 20장 10절에 "바벨론에서 70년이 차면 돌아오게 하리라는 예언은 제2성전의 재건에 촛점이 맞춰진 것이다.

2차 귀환 (스 7:1-8:36)

페르시아 왕 아닥사스다 1세 때에 학사 겸 제사장인 에스라의 인도로 모압자손과 요압자손 등 1,400명이 주전 458년에 귀환하였다. 이들은 아하와로 흐르는 강에 모여 그 곳에서 3일간 장막에 머물러 있으면서 금식을 선포하고 기도한 후 귀국길에 올랐다. 귀국길은 1차귀환 때와는 달리 통상로 (通商路)를 따라 귀환하지 않고 위험하지만 짧은 근거리 길을 택한것으로 추정된다. 그리고 예루살렘에 도착하여 에스라는 백성들을 모아 놓고 예루살렘의 관원이 될수 있도록 율법을 가르쳤다.

3차 귀환 (느 1:1-13:31)

아닥사스다 1세 제20년 니산월(양력 3-4월)에 아닥사스다의 환관이며 술관원인 느헤미야가 유다총독으로 임명되어 에스라가 떠난 13년 후인 주전 445년에 귀환하였다. 당시 귀환로는 에스라가 귀환했던 길로 추정된다. 왜냐하면 당시 예루살렘성이 훼파된 것을 알고 느헤미야가 심히 슬퍼한 것으로 보아 왕의 허락을 받은 즉시 가장 빠른 길을 택했을 것으로 추정 된다.

느헤미야는 예루살렘 성곽중수에 전력하여 52일만에 완성하였다(느6:15-16) 성벽을 수축할 때 가장 반대한자는 사마리아의 총독 산발랏이었다.

제사장 겸 학사였던 에스라는 영적 신앙의 영역을 담당하였고, 느헤미야는 정치 및 군사적인 영역을 맡았다. 그리고 귀환하지 않은 상당수의 유다인들은 닙풀을 중심으로 그대로 정착하여 살았다.

		유다인의 귀환 요약정리					
국가	**신 바벨론**	**메 데 · 바 사**					
즉위년도	← 605년	539년	530년	521년	485년	465년	423년
통치자	느부갓네살왕 벨사살왕	고레스왕	캄비세스왕	다리오 1세	이하수에로왕 (에스터를 왕후로 삼음)	아닥사스다 1세	다리오 2세
포로	유 다 인 포로기간 (약 50년)	스룹바벨 1차 귀환 (스1~3)	• 예루살렘 현지 총독 임명됨(538년) • 고레스왕 칙령으로 귀환(537년) • 귀환하여 성전 재건(515년)			스룹바벨 1차 귀환 (스1~3)	스룹바벨 1차 귀환 (느1~3)
귀환년도	586년 ← 50년간 → 537년	← -------- 약80년간 -------- → 458년				← 13년간 → 445년	

(저자 김흔중 작성)

9. 종교 분쟁의 불씨인 황금사원

아랍인의 황금사원

이스라엘 예루살렘의 성전산에 제1성전(솔로몬) 과 제2성전(스룹바벨)이 무너지고, 그 자리에 이슬람의 황금사원이 세워졌다. 황금사원 황금의 돔에서 눈부신 빛이 발산되는 가운데 하루에 다섯 번 씩 고성능 스피커에서 이슬람교 기도소리가 예루살렘 성을 짓누르며 완전히 압도하고 있다.

인류의 역사는 전쟁의 연속선상에서 흥망의 변화를 거듭하고 있다. 세상의 종말은 민족 간 , 종교 간의 문명충돌로 유발될 것이다. 오직 유대교, 이슬람교, 기독교의 충돌로 인한 황금사원의 파괴는 세상 종말의 도화선이 될 것이다.

오늘날 첨단의 과학무기와 공포의 핵무기는 인류의 평화를 극도로 위협하고 있다. 요한계시록(16장)에 계시된 아마겟돈 전쟁에 의한 인류의 종말이 그 때, 장소, 양상은 알 수 없으나 가까이 오고 있다는 선견적 견해이다.(김흔중 목사)

제6장 부 록

키프로스(구부로섬)로 항해하는 지중해의 여객선상에서 촬영(1997년 9월 23일 저자)

이스라엘에서 현대차 "아반떼" 새차를 출고하여 승용차로 1년여 동안
이스라엘과 요르단 성지를 두루 답사했다.(1996녀 12월 25일 저자)

1. 월력(Calendar)

이스라엘에는 유대교, 기독교, 이슬람교에 따라 3개의 달력과 3개의 공휴일과 3개의 시간개념이 공존하는 가운데 절기와 명절을 맞이한다. 유대인은 출애굽한 달을 기준(출 12:1-2)한 달력을 사용했으나 지금은 로쉬샤나(민 29:1)를 새해 첫날로 삼는다. 유대인은 성경시대에 태음력을 사용하였다. 절기 산출을 위한 종교 월력과 행정, 사업, 일상생활을 위한 민간력을 병용하여 12달의 각 이름을 가나안식으로 붙여졌으나 바벨론 포로이후 바벨론식 새이름을 붙였다.

유대인 달력에서 한달은 30일 혹은 29일로 구성되었다. 따라서 1년은 태양력의 365일보다 짧은 약 354일이 되었다. 그러므로 매 3년마다 남아도는 29일을 모아 제2아달월이라 하여 아달월과 니산월사이에 첨가시켰다. 오늘날도 유대력의 태음력을 사용하기 때문에 종교 및 법정 공휴일은 해마다 변경된다.

바벨론식 월력	가나안식 월력	유 대 종교력	민간력	양 력	유대절기와 명 절	농사절기
티쉬리월	에다님월	제 7월	제 1월	9-10월	나팔절. 초막절 속죄일 설날	밭갈기
헤쉬반월	불 월	제 8월	제 2월	10-11월		이른비 씨뿌리기
기슬로월	→	제 9월	제 3월	11-12월	수전절	
데 벳 월	→	제10월	제 4월	12-1월		가장많은 비 봄철 성장
스 밧 월	→	제11월	제 5월	1-2월		겨울무화과
아 달 월	→	제12월	제 6월	2-3월	부림절	늦은비
니 산 월	아 빕 월	제 1월	제 7월	3-4월	유월절. 무교절	보리추수
이야르월	시 브 월	제 2월	제 8월	4-5월	독립기념일. 예루살렘 해방기념일	일반추수
시 완 월	→	제 3월	제 9월	5-6월	칠칠절(오순절)	포도원 손질
타므즈월	→	제 4월	제10월	6-7월		첫포도 수확
아 브 월	→	제 5월	제11월	7-8월	성전파괴일	여름실과 수확
엘 룰 월	→	제 6월	제12월	8-9월		감람추수

2. 절기와 명절 (Festival)

명 칭	행 사 내 용
안 식 일 (쇠바트)	매주 금요일 해질때부터 토요일 해질때까지는 유대인들의 안식일이다. 이날 이스라엘의 공공기관들과 상점들은 문을 닫는다. 공공버스, 기차, 비행기도 운행하지 않으며 도시의 거리는 조용하다.
유 월 절 (페삭)	유대력으로 니산월 (양력 3,4월). 14일 저녁에 애굽에서 해방되어 나온 날을 기념하는 날이다. 다음날 15-21일까지 한주간을 누룩이 들어 있지 않은 무교병을 먹는다.(무교절)
독립기념일 (욤하아즈마)	유대력으로 이야르 5일(양력 4,5월)이다. 1948년 5월 14일 이스라엘의 독립을 기념하는 날이다.
예루살렘 해방 기념일	유대력으로 이야르 28일(양력 4,5월)이다. 1967년 6월 5일 6일전쟁이 발발한후 이스라엘군이 6월 7일 10시경에 사자문으로 입성 정오에 예루살렘을 완전 탈환하였다. 따라서 요르단 통치하에 있던 예루살렘의 해방을 기념하는 날이다.
오 순 절 (칠칠절, 샤브)	유대력으로 시완 6일(양력 5,6월)이다. 이 절기는 모맥을 거두는 때이므로 맥추절이라고도 한다. 유월절 축제때 보리단을 바치고 난후 50일만의 절기이므로 오순절 또는 칠칠절이라고 한다. 성전 파괴후에는 시내산에서 율법 받은 것을 기념하는 뜻으로 지켰다. 신약시대는 유월절의 제2일에서 50일째의 날로서 그리스도의 부활로 말미암아 성령의 역사로 이루어진 교회형성을 기념하여 지켜졌다.(성령강림절)
성전 파괴일 (티샤 브아브)	유대력으로 아브9일(양력 7,8월)이다. 예루살렘 성전이 파괴된 것을 기억하는 날이다. 많은 유대인들이 성전과 민족의 운명을 생각하여 금식하며 통곡벽 앞에 모여 밤을 세운다.
속 죄 일 (욤키프르)	유대력으로 티슈리 10일(양력 9,10월)이다. 하나님께 속죄하는 날로서 대제사장은 1년중 성소에 들어갈 수 있는 기회로 희생제를 드렸다. 유대인에게는 가장 경건한 날이다. 이날에는 차량운행이 전혀 없으며 심지어 세속적인 유대인들까지도 회당에 가든지 하루종일 금식한다. 1973년 10월의 전쟁은 속죄일에 일어났기에 욤키프르 전쟁이라 한다.
나 팔 절 (로쉬하샤나)	유대력으로 티쉬리 1일(양력 9,10월)이다. 모세가 정한 것으로서 노동을 금하고 안식했다. 이날은 유대인의 설날이다.
초 막 절 (수코드)	유대력으로 티쉬리 15-21일(양력 9,10월)이다. 출애굽후 광야생활중 인도, 보호해 주신 하나님의 은혜를 기념하고 기억하는 날로서 장막절이라고도 한다. 곡식을 거두어 드린후 지키는 절기이므로 수장절이라고도 한다. 집주변이나 옥상, 베란다 등에 초막을 짓고 거기서 기도하고 율법을 읽고 식사도 한다. 이때는 첫 비가 오기 시작하는 시기이다.
수 전 절 (하누카)	유대력으로 기슬로 25일에서 티벳 3/4일(양력 11,12월)로서 8일간 지켜진다. 주전 2세기 마카비 가문이 주동이 되어 헬라사람으로부터 예루살렘의 성전을 되찾고 그곳을 청결케 한 날을 기념한다. 이 절기에는 8줄기의 촛대를 사용하는데 시작하는 날부터 매일 한 개씩의 불을 켜며 8일째에 8개 전부를 밝힌다.
부 림 절 (푸림)	유대력으로 아달 14일(양력2,3월)이다. 주전 473년 페르시아제국의 하만이 유대인들을 전멸시키려할 때 모르드개와 에스더의 승리로 유대인들이 죽음을 면한 역사적인 사실을 기념하는 날이다. 이때 즐겨먹는 음식은 우리의 만두와 같이 생긴 과자빵인데 "하만의 귀"라고 한다.

3. 성경의 시간, 도량형, 화폐의 제원(Specification)

(1) 시 간(Time)

구약 시대에는 현대와 같은 정확한 시간관념이 희박했으며, 태양과 달의 변동에 따른 대략의 구분으로 시각을 표시했다. 그 후 중간사 시대를 거쳐 페르시아, 헬라, 로마와 접촉을 가지면서 현대와 비슷한 24시간제 시각 구분 개념이 일반적으로 통용되게 되었다. 그러나 유대인의 시각 구분은 로마식과 달리 새벽 6시를 0시로 기준한 것이다.

현 시각	구약	신약	유대시각	로마시각	관련,성경구절
00 : 00	이경	밤중	제6시	제0시	막13:36~37
01 : 00		닭울때	제7시	제1시	막13:36, 눅22:61
02 : 00	삼경		제8시	제2시	출14:24, 막13:36
03 : 00			제9시	제3시	막13:36
04 : 00		새벽	제10시	제4시	막13:36
05 : 00			제11시	제5시	막13:36
06 : 00	아침		제0시	제6시	막13:36, 출14:24
07 : 00		낮	제1시	제7시	요4:52
08 : 00			제2시	제8시	
09 : 00			제3시	제9시	마20:3
10 : 00	오정		제4시	제10시	창18:1
11 : 00			제5시	제11시	
12 : 00			제6시	제12시	마20:5, 눅23:44
13 : 00			제7시	제1시	요4:52
14 : 00			제8시	제2시	
15 : 00	서늘할때		제9시	제3시	창3:8, 눅23:44
16 : 00			제10시	제4시	요1:39
17 : 00			제11시	제5시	마20:6
18 : 00	초경	저물때	제0시	제6시	마26:20
19 : 00			제1시	제7시	막13:36
20 : 00			제2시	제8시	막13:35
21 : 00			제3시	제9시	막13:36
23 : 00	이경	밤중	제4시	제10시	삿7:19
24 : 00			제5시	제11시	막13:35

(2) 화 폐(Currency)

	명　칭	가　치	관 계 성 구
구 약	게라 (Gerah) 베가 (Beka) 세겔 (Shekel) 므나 (Minah) 달란트 (Talent) 고드란트 (Kodrantes, 호리) 앗사리온 (Assarius) 데나리온 (Denarius) 렙톤 (Lepton) 드라크마 (Drachma)	세겔의 1 / 20 세겔의 1 / 2 금 - 은의 15배 은 - 일반 노동자 4일의 품삯 달란트의 1 / 60 금 - 은의 15배 은 - 6000 드라크마 앗사리온의 1 / 4 데나리온의 1 / 16 하루 품삯 로마 고드란트의 1 / 2 하루 품삯	출 30 : 13 출 38 : 26 대상 21 : 25 출 30 : 24 삼하 24:24 눅 19 : 13 - 25 대상 29 : 4 출 38:27 마 18:24 마 5:26 마 10:29 마 18:28 막 12:42 눅 12:59 눅 15:8

(3) 길 이

명　칭	부 피	관계구성
하룻길	32km	출 3:18
리	1.48km	마 5:41
안식일에 가기에 알맞은 길	1.1km	행1:12
척량하는 장대	266.7cm(6규빗)	겔 40:3, 계 21:15
걸음	88cm	삼하 6:13
규빗(간)	46.5cm	창 6:15
뼘	22.21cm	출 28:16
손바닥 넓이	7.4cm	출25:25
갈대	2.67cm	계 21:15
손가락	1.9cm	렘 52:21

(4) 부 피

명　칭	부 피	관계구성
호 멜	227 ℓ (12말)	레 27:16, 겔 45:11~14
에 바	22.7 ℓ (12되)	출 16:36
스 아	7.33 ℓ (4되)	창 18:6
오 멜	2.34 ℓ (12되)	출 16:16
갑	1.3 ℓ (0.66되)	왕하 6:25
고르(호멜)	227 ℓ (12말)	겔 45:14
밧	22.7 ℓ (12되)	왕상 7:26
힌	3.67 ℓ (2되)	출 9:40
갑	1.3 ℓ (0.66되)	왕하 6:25
록	0.3 ℓ (1.65홉)	레 14:10

(5) 무 게

명　칭	무 게	관계구성
달란트	약34kg(3,000세겔)	출 38:25~27, 왕상 16:24, 계 16:21
므 나	570g	눅 19:13~25
나 드	373g	요 12:3
세 겔	11.4g	삼하 14 26
반세겔	5.7g	창 24:22
게 라	0.57g(세겔의 1/20)	출 30:13

4. 희생 제사제도

명칭	불태우는 부문	다른	희생재물	목적	참조성경
번제	모두	없음	흠없는 수컷, 빈부에 따라 소, 양, 염소, 비둘기 등의 동물	일반적인 죄를 위한 제물은 제사 드리는 자의 헌신을 표하는 것이다.	레 1장
소제	기념할 부분	제사장이 먹음	무교병이나 혹은 곡물, 반드시 소금을 쳐야 함	첫 열매에 대한 일반적인 감사	레 2장
화목제 감사제 서원제 자원제	기름진 부분	제사장과 제물 바친 자가 친교의 식사를 함께 나눔	빈부에 따라 흠없는 수컷이나 암컷 자원제:약간 흠이 있는 것도 허용됨	친교 예기치 않던 축복을 감사하며 그러한 상황에서 행한 서원을 갚기 위해서 일반적인 감사를 위해서	레 3장 레22:18~30
속죄제	기름진 부분	제사장이 먹음	제사장 혹은 회중: 황소 왕:수염소 개인:암염소	정결이 필요한 그런 상황에 기본적으로 적용됨	레 4장
속건제	기름진 부분	제사장이 먹음	흠없는 수양	신성 모독이나 성물에 대한 범과가 있거나 혹은 객관적인 죄가 있는는 경우에 적용됨	레 5~6:7

여호와께서 회막에서 모세를 부르시고 그에게 일러 가라사대 이스라엘 자손에게 고하여 이르라. 너희 중에 누구든지 여호와께 예물을 드리려거든 생축(生畜)중에서 소나 양으로 예물을 드릴찌니라. 그 예물이 소의 번제이면 흠 없는 수컷으로 회막문에서 여호와 앞에 열납하시도록 드릴찌니라. 그가 번제물의 머리에 안수할찌니 그리하면 열납되어 그를 위하여 속죄가 될 것이라. 그는 여호와 앞에서 그 수송아지를 잡을 것이요 아론의 자손 제사장들은 그 피를 가져다가 회막문 앞 단 사면에 뿌릴 것이며 그는 또 그 번제 희생의 가죽을 벗기고 각을 뜰 것이요 제사장 아론의 자손들은 그 뜬 각과 머리와 기름을 단 윗 불 위에 있는 나무에 벌여 놓을 것이며 그 내장과 정갱이를 물로 씻을 것이요 제사장은 그 전부를 단위에 불살라 번제를 삼을찌니 인는 화제(火祭)라 여호와께 향기로운 냄새니라. (레위기 1:1~9)

5. 성서에 나오는 우상신들

지역	신의종류	섬김나라	신 의 지 위	참 조 성 경
이스라엘 (팔레스타인)	바 알	가나안 베니게	남신(男神)으로 주신(主神) 농경신(農耕神)-생산력과 가축번식	왕상 26:31 18:18~46
	아스다롯	가나안	여신으로 풍요신 사랑, 다산의 신	삿 2:13, 10:6 삼상 12:10, 왕상 11:5
	그모스	모암 암몬	국가의 신 전쟁의 신	민 2:29, 삿 11:24 왕상 11:7, 33, 렘 48:7
	몰 록	암몬 이스라엘	국가의 신 화신(火神), 태양신 -맏아들을 불에 태워 바침	습1:5, 렘 48:1 왕상 11:5, 7, 33
	다 곤	블레셋 가나안	바알신의 아버지 곡물의 신 전쟁의 신	삿 16:23 삼상 5:2~7
메소포타미아	하늘황후	가나안	아스다롯과 동일 하늘의 여신(日月星)	렘 7:18, 44:17~25
	므로닥	바벨론	수호의 주신 • 아수:태양신 • 이아:물속의 신 • 벨:공중과 땅의 신	렘 50:2
	벨	바벨론	므르닥의 다른 명칭 공중과 땅의 신	사 46:1, 렘 50:2, 51:44
	느 보	바벨론 앗수르	므르닥의 아들 하반신은 짐승모양으로 만듦	사 46:1
	담무스	바벨론 (수메르) 앗수르	생산의 여신	겔 8:14
기타 (성경외)	애굽 : 오리시스(죽음) 이시스(생명) 호루스(태양) 레(태양) 셋(악, 폭풍) 프타(명장) 멤피스의 조성자 ※애굽은 시대와 지역에 따라 속성과 지위가 다르다.			

6. 성서에 나오는 동 식물

(1) 식 물 (Flora)

⊙ 가시나무 (Thorn)

참나무과의 낙엽교목의 일종으로 겨울에는 잎이 없으며 늦여름 야생능금과 같은 열매를 맺는다. 잎은 장타원형 또는 피침형이며 나무는 년 중 가시가 가득하다. 정원수, 방풍림 또는 생울타리용으로 심는다. 나무가 무성하면 그늘지고 맛없는 열매를 맺는다. 넓게 퍼지는 뿌리는 토양을 파괴하고 나무가 불에 탈 때 소리가 요란하다. 가시의 공격성은 감람, 무화과, 포도와 대조된다.

- ○ 예수님의 가시면류관을 이 나무로 만들었음
  (마 27:29, 요 19:2)
- ○ 열방에 임할 진노와 심판을 상징.(사 34:13)

가시나무

⊙ 갈 대 (Reed)

벼과의 다년초 일종으로 습지나 냇가에 흔히 숲을 이루어 자란다. 특히 나일강 주변에 많이 자란다.
줄기는 곧고 단단하며 속이 비어 있다.
전통에 의하면 성전에서 사용한 플롯을 만들었다고 한다. 고대 이집트에서 나일강 수위계(Nilometer)로 사용했으며 아기 모세를 갈대사이에 두었다.(출 2:3,5) 길고 속이 빈 줄기는 울타리를 만들고 그릇을 만든다.

- ○ 회초리로 사용(마 27:30), 척량 도구로 사용(겔 40:5, 계 11:1, 21:15)
- ○ 연약함(상한 갈대지팡이-사 36:6), 긍휼(상한 갈대-사 42:3)을 상징

감람나무

⊙ 감람나무 (Olive tree)

감람과의 상록교목으로 올리브 나무라고 부르기도 한다. 키는 3-5m로 늘 푸르다.
수천년의 오래사는 나무로 5월에 작은 흰색 꽃이 되고 10월에 열매 맺는다. 열매는 진한 밤색으로 먹을 수 있어 초와 소금에 절여 먹는다. 또한 기름을 짜서 식용, 등잔기름, 약, 향수, 비누의 재료 등 다양하게 사용된다.

- ○ 성전 가구 재료로 사용(왕상 6:23), 초막 및 성전 건축 자재로 사용(왕상 6:31, 느 8:16)
- ○ 평화(창8:11), 왕권(삿 9:8), 이스라엘(렘 11:16), 의인(시 52:8), 풍부한 결실(사 17:6, 시 128:3) 등을 상징

⊙ 겨자나무 (Mustard Plant)

십자화과에 속하는 식물로 중동지역이 원산지이며 갈리리 평원에 많이 번식한다. 키는 약 2m 자라고 씨는 매우 작아 1mm정도 된다. 고대로부터 겨자씨는 기름을 짜서 식용, 약용으로 사용한다.

이스라엘에는 1년 생의 흰겨자(Sinapis abla:학명)와 검은 겨자(Brassica nigra)의 두 종류가 있다.

○ 예수님의 겨자씨 비유는 검은 겨자씨로 여겨짐.
(마 14:31, 17:20, 막 4:31, 눅 13:19, 17:6)

겨자나무

⊙ 고수풀 (Coriander)

일년생 풀로 키가 약 30-40cm가 된다. 개역 성경에는 "갓"으로 번역되어 있다. 만나의 모양이 이것의 씨와 같다고 한다.(출 16:31, 민 17:8)

⊙ 고벨화 (Henna)

중동지역에서 자라는 향기로운 꽃이 핀다. 관목의 뿌리와 잎으로 염료를 만든다.
염료는 머리, 손바닥, 손톱을 물들이는데 사용한다.

○ 아름다움을 상징(아 1:14, 4:13)

⊙ 나도초 (Nard)

다년생의 풀로서 히말라야와 네팔이 원산지이다. 풀뿌리에서는 강한 냄새를 낸다.
향유를 만드는데 사용한다.(아 1:12, 4:13,14, 막 14:3, 요 12:3)

⊙ 상수리나무 (Oak tree)

참나무과의 다년생 낙엽 교목이다. 일명 참나무라고 부른다. 도토리 나무와 다르며 그 열매의 이름이 상수리이다.

○ 세겜땅 모레상수리 나무에 가나안 사람이 삶(창 12:6)
○ 사울이 다볼 상수리나무에서 세 사람을 만남(삼상 10:3)

⊙ 대회향 (Cummin)

일년생의 풀로 키가 30cm정도이고 잎은 실같이 가늘고 연분홍색 작은 꽃이 핀다.
미나리과의 식물로 식물의 요리용, 향료, 약용으로 사용한다.(마 23:23, 사 28:25,27)
고대 유대인들이 할례할 때에 지혈제로 사용했다.

⊙ 로뎀나무 (White broom)

유대 광야, 네게브, 시나이 반도 등에서 자란다.

키는 크지 않으나 사막에서 그늘을 만들어 준다. 콩과의 식물로 흰꽃이나 연분홍꽃이 핀다.

뿌리는 식용으로 사용하지 못한다.

　○ 엘리야가 브엘세바에 있는 로뎀나무 아래서 신세를 한탄함(왕상 19:4,5)

　○ 엘리야가 숯불로 구운 빵을 먹음(왕상 19:5-6) 뿌리로 숯을 만들었음(시 120:4)

⊙ 몰 약 (Myrrh)

감람과에 속하는 관목의 수지(樹脂)에서 얻어진다. 아라비아 지방에서 자생하는 감람과 식물인

콤미포라 미르라(C, myrrha) 또는 콤미포라 아비시니카(C, abyssinica) 등의 수피(樹皮)에 상처를 내어 채취한

천연 고무수지를 미르라(myrrha)라고 한다. 염료로 사용하는 화몰약(花沒藥)과 구별하기 위하여

연몰약(練沒藥)이라고도 한다. 담황색 또는 암갈색의 덩어리 물질로서 알콜에 녹여 구중향료(口中香料)에도 사용한다.

주로 향료, 약품, 방부제로서 사용되고 특히 미라를 만들 때 널리 쓰였다.

　○ 아기 예수에게 동방박사가 유향과 황금과 함께 몰약을 가지고 옴.(마 2:11) 예수님의 장례에 사용(요 19:39)

무화과나무

⊙ 무화과나무 (Fig)

뽕나무과에 속하는 관목으로 나무의 특징은 엷은 껍질, 짧은 줄기, 넓은 가지를 가진 무성한 잎들이 그늘을 만들어 주고 그 열매는 맛이 있다.잎겨드랑이에 열매 같은 꽃 이삭이 달리고 안에 작은 꽃이 많이 달린다. 그 꽃이 곁에서 보이지 않으므로 무화과나무라 부른다.

　○ 벗은 몸을 가리는데 사용(창 3:9), 그늘이 됨(요 1:48), 선물(삼상 25:18), 치료(사 38:21) 등에 사용, 번영과 평화(왕상 4:25), 의인과 악인(렘 24:1-10), 이스라엘의 열조(호 9:10), 열매 없는 신앙(마 21:19) 등의 상징 그리고 재림에 대한 비유(마 24:32).

⊙ 돌 무화과 (Sycamore)

뽕나무와 같이 생겼는데 과일은 무화과와 같아 무화과와 같은 속으로 보게 된다.

열매의 맛이 참 무화과만 못하기 때문에 돌 무화과라고 부른다.

돌무화과 나무(꽃)

이 나무는 내구력이 강하므로 고대 이집트에서는 미라(mummy)를 넣는 관을 만드는 재료로 사용되었다.

○ 개역 성경은 뽕나무로 번역(눅 19:4) 되었으나 새 공동번역 성경은 돌 무화과로 번역되었다. 여리고에 있는 삭개오가 올라갔던 그 당시 나무는 돌무화과 인 것 같다.

현재 여리고에 무성하게 서 있는 기념 뽕나무도 돌 무화가의 종류이다.

⊙ 밀 (Wheat)

화본과의 2년 초이며 일명 소맥이라고도 한다.
보리를 대맥이라고 하는데 보리와 비슷하나 보리보다
빳빳하고 키가 약간 크며 잎은 가늘고 이삭의 모양은
보리보다 길고 수염이 많다.
보리보다 추위, 가뭄, 척박토, 산성토 등에 강하므로
재배가 용이하다. 밀을 제분하여 밀가루는 서양에서는
주식량이 되며 쌀과 세계의 2대 식량작물이다.
밀은 오순절 시기에 추수한다.

○ 식량(신 32:4), 소제물(대상 21:23), 임금(대하 2:10), 조세(암 5:11), 무역품(겔 27:17) 등에 사용, 영적 축복(시 81:16), 그리스도인(마 3:12), 그리스도의 죽음(요 12:24), 부활(고전 15:37) 등의 비유.

⊙ 박 하 (Mint)

풀과의 다년생 숙근초이며 습기가 있는 산야에서 잘 자란다. 잎 표면에는 기름 샘이 있어 분비되는 기름이 저장된다. 박하는 꽃이 필 때 함유율(含油率)이 가장 높기 때문에 이 시기에 수확한다.
박하 원유에서 박하뇌와 박하유의 주성분이 추출된다. 이것으로 도포제, 진통제, 홍분제, 건위제, 구충제 등의 약욕과 청량제나 향료로 사용한다.

○ 서기관과 바리새인의 책망(박하와 회향과 근채의 십일조-마 23:23, 눅 11:42)

⊙ 백합화 (Lily)

백합과 백합속(Lilium)의 식물이다. 일명 나리 꽃이라고도 한다.
옛날부터 세계 각지에서 진귀하게 여겨 왔다. 자생지의 생육 환경은 주로 햇빛이 직접 쬐지 않는 숲이나 수목의 그늘 또는 묵향의 서늘한 곳에 많다.
꽃 중에 가장 우아하고 아름다운 꽃으로 불리어진다.
꽃의 색깔은 흰 꽃으로 소담스럽다. 번식은 실생, 포기나누기, 주아 번식, 비늘잎 꽃이 등으로 이루어진다.

○ 아름다움, 향기, 성도를 상징
(마 6:28, 눅 12:27, 아 2:1, 왕상 7:19)

백합화 (산튜율립)

⊙ 백향목 (Cedar)

원산지로는 레바논이며 키가 30m정도의 무성한 나무이다. 깊은
토양과 물이 풍부한 지역에서 자란다.
  ○ 성전 건축의 자재(왕상 5:5-6), 궁전 건축의 자재(삼상 5:11), 우상
    을 만드는 재료(사 44:14-17), 물품상자 재료(겔 27:24)
  ○ 왕권, 능력, 자부심을 상징

⊙ 버드나무 (Willow)

버드나무과의 낙엽교목이다. 냇가에서 흔히 자라는데 유브라데스
강가에 많이 자란다.
물가 어디서나 잘 자라는 버드나무는 줄기찬 생명력을 상징하고 칼
처럼 생긴 잎은 장수를 또는 무기를 상징한다.
수피를 수렴제, 해열제, 이뇨제로 사용한다.
  ○ 바벨론으로 포로된 유대인들이 하프를 걸고 울었던 나무이
    다.(시 137:2) 모압에 대한 경고(사 15:7)를 상징 초막의 재료(레23:40)로 사용.

백향목

⊙ 보 리 (Barly)

화본과의 2년초로 주로 재배식물의 하나로 키가 1m정도이다. 마디가 높고 원줄기는 둥글매 속이 비어 있고
마디 사이가 길다. 유월절에 추수가 시작된다. 보리는 인류가 재배한 가장 오래된 작물의 하나로 알려지고 있다.
보리는 식량, 사료, 공업원료로 사용한다.
  ○ 짐승의 먹이로(왕상 4:28), 가난한 자의 양식(룻 2L17), 품삯(대하 2:10), 의식의 소제물(민 5:15)로 사용.

뽕나무 (Mulberry)

뽕나무과 뽕나무속(Morus)에 속한 낙엽 교목 또는 관목이다. 작은 가지는 회갈색 또 회백색이고 잔털이 있으나
점차 없어진다. 잎은 난상 원형 또는 긴 타원상 원형이다.
뽕나무는 중국지방의 누에치는 나무(White mulberry)와 이스라엘 지방에 과일을 먹는 나무(Black mulberry)의
두 종류가 있다.
누에치는 나무의 잎은 누에를 기르는데 먹이로 쓰고 열매는 오디라고 하는데 술을 담기도 하고 생으로 먹기도 한다.
뿌리 껍질은 해열, 진해, 이뇨 등에 쓰고 목재는 가구 재료로 사용한다.
이스라엘 지방의 뽕나무는 돌 무화과라고 부르기도 한다.(돌 무화과 참조)

⊙ 사과 (Apple)

장미과의 낙엽 교목의 나무에 열리는 열매이다.
  ○ 사과는 첫사랑 상징 (아 2:3-5, 7:9, 8:5)
  ○ 경우에 합당한 말은 아로새긴 은쟁반에 금사과라(잠 25:11)

⊙ 살구나무 (Almond)

앵두과의 낙엽 소교목이다. 중국이 원산인데 기원전 아르메니아에 전파되었고 미국이 최대 생산국이다. 잎은 어긋나고 넓은 타원형 또는 넓은 난형이며 털이 없고 가장자리에 불규칙한 홑 톱니가 있다. 열매는 타원형으로 둥글며 약 3cm정도이다.

아몬드

- ○ 성경에는 아아몬드(Almond)를 통상 살구나무로 번역되었는데 살구나무와 차이점이 있다. 아아몬드는 벚꽃과 비슷하게 피는데 과일 중에 제일먼저(1월-2월) 꽃이 피며 열매를 맺는다. 그 열매는 초록색의 풋것일 때 먹을 수 있고 껍질이 딱딱해진 후 안의 씨를 먹게 된다.
- ○ 요셉에게 가져간 선물(창 43:11), 성전의 등대장식의 꽃(출 25:33,36), 아론의 싹난 지팡이(민 17:8)의 영적 의미, 꽃이 피는 것을 흰머리(전 12:5), 파멸의 뜻(렘 1:11)의 비유.

⊙ 소나무 (Syrian maple)

소나무과의 상록 침엽 교목으로 나무 껍질은 적갈색 또는 흑갈색이며 잎은 바늘모양이다. 꽃은 5월에 피고 이듬해 가을에 열매인 솔방울을 맺는다.
나무는 건축자재, 펄프로 사용하고 잎은 강장제, 꽃은, 이질에, 송진은 고약의 원료로 사용한다.

- ○ 이스라엘의 회복(사 41:19), 레바논의 영광 (사 60:13)을 상징

소나무

⊙ 수양버들 (Mountain Poplar)

버드나무과의 낙엽 교목이다. 가로수와 관상수로 많이 심는다. 가지는 가늘며 길게 드리워져 있다. 잎도 가늘고 길며 꽃은 황록색이다. 세류 또는 실버들이라고도 부른다.

- ○ 유다의 멸망(수양버들가지처럼 큰 물가에 심더니-겔 17:5)을 비유.

⊙ 수선화 (Nareissus)

수선화과의 다년초로서 지중해 연안이 원산지이다. 이스라엘 모래땅 샤론평야에 많다.
수선(水仙)이란 중국 이름이며 하늘에는 천선(天仙), 땅에는 지선(地仙), 그리고 물에는 수선(水仙)이라고 했다.
수선의 꽃말은 나르시스(Narcissus)이다. 그리스 신화에 나르시스라는 청년은 연못 속에 비친 자기의 얼굴의 아름다움에 반해서 물에 빠져 죽었는데 그곳에서 수선이 피었다는 것이다.

수선의 비늘줄기는 넓은 난형이며 가는 잎의 비늘줄기에서 무더기
로 꽃이 된다.
꽃 갈래 조각은 6cm로 백색이고 부화관은 높이 4mm정도로
황색이다.
　○ 아름다움을 상징(아 2:1).

⊙ 에셀나무 (Tamarisk)

　상록수의 일종으로 요단 골짜기에 많이 자란다. 가지는 가늘며 잎
은 작아 수분의 증발이 적어 사막에서 잘 자란다. 봄이면 아름다운
가지에 꽃이 핀다. 거룩한 나무라하여 성소, 분묘, 회의소 같은 곳
에 많이 심는다.(삼상 22:6, 31:13)
　○ 아브라함이 브엘세바에 심은 나무(창 21:33), 사울이 그 아래 앉
　　음(삼상 22:6),
　　사울을 이 나무아래 장사함(삼상 31:13).

수선화

⊙ 육 계 (Cinnamon : 肉桂)

　계수나무의 두꺼운 껍질을 말한다. 계수나무는 늘 푸른나무로 6m이상의 키이다. 일명 계피라고도 부른다.
　○ 건위와 강장제, 음식의 향미료, 향료로 사용.(출 30:23, 아 4:14, 잠 7:17, 계 18:13, 시 45:8)

⊙ 유 향 (Balm)

　감람과의 유향나무에서 짜낸 즙액의 향료이다.
유향나무의 잎은 깃 모양의 겹잎이고 잎의 가장 자리는 톱니 모양이다. 나무줄기에 상처를 내어 뽑아 낸 수지도
유향이라 한다. 약제로 쓰이기도 한다.
　○ 유향나무는 "스바"와 "길르앗"이 원산지이다.(창 37:25, 사 60:6)
　○ 성경에 의학적 목적으로 사용(렘 8:22, 46:11)

⊙ 우슬초 (Hyssop : 牛膝草)

　물이 적은 거치른 토양에서도 잘 자라는 키가 크지 않은 관목이다.
향기로운 냄새가 나는 잎을 음식의 향미료로 사용하고 독을 제거하며 방부제로 사용한다.
우리 나라에서는 줄기는 모가 나고 마디는 소의 무릎처럼 볼록하다 하여 우슬초라 이름하고 있다.
민간요법으로 뿌리는 생식기 질환에, 잎은 독사에게 물린데 약으로 사용한다.
　○ 부정을 없애기 위해 물을 적셔 뿌림으로 깨끗해 짐.(출 12:22)
　○ 예수께서 신포도주를 드릴 때 사용(요 19:28-29), 영적인 정결을 상징(시 51:7)

⊙ 짠나물 (Salt Plant)

염분이 많은 곳에서 자라는 관목으로 키는 3m까지 자란다. 잎은 백색 꽃은 보라색이며 사람과 낙타에게 식용이 되기도 하고 잎을 날 것으로 먹을 수 있으나 맛이 좋지 않으므로 비상시에나 식용으로 사용한다.

○ 고난의 상징(떨기나무 가운데 짠나물도 꺾으며 대싸리 뿌리로 식물을 삼느니라-욥 30:4)

⊙ 종려나무 (Palm tree)

야자과의 상록 교목으로 일명 대추야자(Date-palm)이라고 부른다. 나무가 곧게 자라 맨 윗부분에 우산처럼 가지와 잎이 퍼진다.

키가 10m이상 자라며 은행나무와 같이 암수나무가 따로 있고 40년 후부터 열매를 맺기 시작해서 150년간 결실 할 수 있는 장수목이다.

늦여름이나 초가을에 열매를 맺으며 열매의 길이는 3-4cm 정도이다.

○ 열매는 식용(욜 1:12), 성전에 그 형상을 조각(왕상 6:29), 가지는 초막의 재료(레 23:40), 재판하는 장소(삿 4:5) 등으로 사용, 칼 모양의 가지는 승리(요 12:13), 의인(시 92:12), 미인(아 7:7), 통치자(사 9:14), 종려의 성읍(신 34:1-4, 삿 3:13, 대하 28:15), 다말을 종려나무(창 38:6) 등으로 상징.

종려나무

⊙ 쥐엄나무 (Carob)

예루살렘과 갈릴리 지방에 많이 자란다. 특히 베들레헴으로 가는 도로가에 많이 있다. 암수가 다른 늘 푸른나무로 키가 7m이상자라고 그 잎이 가죽처럼 질기고 광택이 난다. 꽃은 늦여름에 묵은 가지에서 녹황색으로 핀다. 꽃이 핀 후 10개월후에 진한 황색의 길이 10-20m의 완두콩 같은 길죽한 열매를 맺는다. 이 열매는 소나 양 같은 짐승의 사료로 사용한다.

○ 쥐엄열매는 탕자의 생활에 비유(눅 15:16)

쥐엄나무 열매

⊙ 찔 레 (Gold thistle)

장미과의 낙엽 관목으로 일명 들장미라고도 한다. 산야에 흔히 자라는데 키는 2m정도로 자란다. 6월에 노란 꽃, 흰 꽃, 그리고 분홍 꽃의 세 종류가 아름답게 핀다.

- 밀 대신 나는 비유(욥 31:40), 고난의 상징(잠 26:9, 호 9:6)

⊙ 침향목 (Aloes)

팥 꽃나무과의 다년생 상록 교목으로 키가 20m나 되는 큰 나무이다. 인도가 원산지이다. 나무를 땅에 묻어두었다가 천연향료, 약품을 만들어 사용한다.

- 몰약과 같이 방부제로 사용(시 45:8, 잠 7:17, 민 24:6, 아 4:14)

⊙ 칡 (Rope plant)

콩과의 낙엽 활엽의 만목(蔓木)으로 잎은 세 잎씩 붙은 겹잎이며 어긋맞게 나 있다. 8월경에 홍자색의 작은 꽃이 핀다. 칡덩굴은 다른 나무나 물건을 감아 올라가며 자란다. 뿌리는 약용으로 잎은 사료로 사용한다. 칡덩굴은 새끼를 꼬면 강한 로프가 되지만 마르면 부러지므로 마르지 않아야 강하다.

- 삼손의 밧줄로 불리어짐(삿 16:7)

포도 송이

⊙ 포도나무 (Grape vine)

포도과의 덩굴이 뻗는 낙엽 만목으로 가나안 땅의 대표적인 작물이다. 덩굴은 길게 뻗고 덩굴로 다른 것들을 감아 올라가며 자란다. 담록색 꽃이 피고 둥글둥글한 열매가 조롱조롱 송이를 이루어 익는다.

- 홍수후에 노아가 심음(창 9:20), 술관원장의 꿈(창 40:9), 요담의 비유(삿 9:12,13) 유다의 사랑(사 5:1-7), 번성(호 14:7), 그리스도(요 15:1), 평화(왕상 4:25), 아내(시 128:3), 심판(계 14:18) 등의 상징.

⊙ 풍자향 (Galbanum)

다년생 초본식물로 꽃은 노란색이며 점질고무는 뿌리쪽에서 나온다. 고무진은 구충제와 거담제로 사용된다. 그 꽃의 향기는 사향비슷한 자극성의 냄새가 난다. 풍자향은 이란지역과 아프카니스탄에서 자생한다.

- 성결하고 거룩한향으로 상징됨(출 30:34-38)

풍자향

⊙ 합환채 (Mandrake)

예루살렘으로부터 북쪽지역에서 자란다. 큰 잎사귀가 땅에 퍼져있고 줄기가 없다. 자주색의 꽃이 피며 밤보다 조금 큰 열매를 맺는다. 열매와 뿌리는 툭 쏘면서 향기로운 맛을 내고 최음제로 사용한다. 큰 뿌리는 인체와 비슷한 형태로 생겼다.

레아가 합환채로 라헬에게서 남편을 샀음.(창 30:14-16)
　○ 신랑에 대한 사랑의 비유(아 7:13)

⊙ 호 도 (Walnut)

가래나무과의 낙엽 활엽 교목의 호두나무의 열매이다 우리나라 에서는 호두라고 부른다.
나무의 키는 20m정도로 껍질은 회백색이며 가지를 많이 친다. 4월경에 꽃이 피고 10월에 열매를 맺는다. 열매인 호도의 속에 있는 씨를 먹는다.
　○ 호도동산(아6:11)

⊙ 회 향 (Dill)

미나리과에 속하는 일년생 회향 풀의 열매이다. 풀의 키는 50cm정도 되며 맛과 냄새가 좋다. 위장 보호의 건위제, 구충제로 사용한다.
　○ "박하와 회향과 근채의 십일조를 드림"

　　(마 23:23)

회 향

(2) 동물 (Fauna)

⊙ 개 미 (Ant)

몸길이 1mm인 적은 것부터 13mm이상인 것의 다양한 종류가 있다. 몸 빛깔은 검거나 갈색이고 머리, 가슴, 배로 구분되며 허리가 잘록하다. 여왕개미를 중심으로 질서 있는 집단생활을 이루며 땅속 또는 썩은 나무 속에서 산다.

○ 개미는 질서, 협력, 근면을 상징.(잠 6:6,8, 30:24,25)

⊙ 곰 (Bear)

몸길이 1-3m가 되며 몸이 뚱뚱하며 네 다리는 짧은 편이다. 온 몸이 긴 털로 덮여 있고 눈은 작으며 귀는 짧고 둥글다. 몸 빛깔은 흑색이 보통이다. 나무에 잘 오르고 굴을 잘 파며 헤엄도 잘 친다. 겨울에는 동굴 속에서 겨울잠을 잔다. 미련하고 우둔한 동물이지만 맹수의 일종이다.(삼상 17:34, 왕하 2:24, 삼하 17:3, 잠 17:12, 호 13:8, 사 11:7,59:11, 애 3:10, 단 7:5, 암 5:19, 계 13:2)

⊙ 나 귀 (Ass)

말과의 짐승으로 말과 비슷하나 몸이 좀 작고 귀가 크며 머리에 긴 털이 있다. 털빛은 단색으로 회백색이나 황갈색이 많다. 체력이 강하고 질병에 대한 저항력이 높아 부리기에 편하다. 광야에서 나귀를 많이 타고 다녔다. 모세가 그 아내와 아들을 나귀에 태우고 갔다.(출 4:20) 예수님이 나귀새끼를 타고 입성하셨다.(요 12:15)(창 22:3, 출 4:20, 민 22:21-33, 수 15:18, 삿 10:3, 삼상 25:20, 슥 9:9, 신 22:10, 왕하 6:25)

⊙ 낙 타 (Carmel)

포유동물로 키는 2m가량이 보통이며 등에 지방을 저장해 두는 큰 혹이 하나 또는 두 개가 있다. 혹이 하나 있는 낙타를 단봉 낙타, 혹이 두 개 있는 낙타를 쌍봉 낙타라고 한다. 단봉 낙타는 야생에는 없다.
며칠동안 먹이를 먹지 않아도 견딜수 있고 콧구멍을 자유로이 여닫을 수 있으며 속눈썹이 길고 빽빽이 나 있는 등, 사막생활에 알맞게 되어 있다. 초식성이며 온순하고 힘이 세다. 쌍봉낙타는 사람과 화물의 운반수단으로 이용한다. 사막에서 낙타 젖은 음료로, 털은 직물용으로 고기는 식용으로 사용하는 가축이다. 일명 약대라고도 한다.
(창 24:10, 30:43, 31:34, 대하 14:15, 왕상 10:2, 삿 7:12, 삼상 30:17, 사 21:7, 11:4, 막 1:6, 마 23:24, 19:24)

낙 타

⊙ 노 새 (Pered)

말과의 동물로 수나귀와 암말사이에서 난 잡종이다. 나귀를 닮았으나 몸 빛깔은 암갈색이 보통이다. 힘이 세며 지구력이 뛰어나 무거운 짐과 먼 길에 잘 견딘다. 성질은 온순하고 병에 잘 걸리지 않으나 생식능력이 없다.(레 19:19, 삼하 13:29,18:9, 왕상 1:33,10:25,5:17, 겔 27:14, 스 2:66, 시 32:9)

⊙ 독 사 (Asp)

독 샘이 있어서 물면 이빨을 통하여 독 액이 주입되는 뱀이다. 대체로 독이 있는 뱀은 몸이 작으며 큰 뱀은 거의 독이 없다. 독사의 독성은 주로 신경에 작용하는 것과 혈액조직을 파괴하는 것이 있다.

독 액은 먹이를 마취시키거나 죽이는 작용을 하는 동시에 소화액의 작용을 한다. (신 32:33, 욥 20:14, 사 11:8)

노 새

⊙ 독수리 (Nagle)

날개 길이가 1m를 넘는 큰 맹조로서 몸 빛깔은 어두운 갈색이고 부리는 흑갈색이다. 빠르게 날며 날카로운 부리와 발톱으로 작은 동물을 잡아 먹는다. 썩은 동물이나 새의 시체 주변에 많이 모여든다.

(삼하 1:23, 렘 4:13,48:40, 애 4:19, 욥 9:26, 잠 23:5, 사 4:30, 렘 49:16, 신 32:11)

⊙ 들염소 (Wildass, Wild goat)

임자 없는 야생 염소를 말한다. 염소는 소과에 속하는데 양과 비슷하다. 뒤로 굽은 뿔이 있고 네 다리와 목, 꼬리가 짧으며 수컷에도 턱 밑에 긴 수염이 있다. 몸 빛깔은 갈색, 회갈색, 흑색, 백색 등 여러 가지가 있다. 염소는 성질이 활발하고 조급한데 들 염소는 더 강하다.(시 14:5, 삼상 24:2, 욥 39:1, 시 104:18)

⊙ 메추라기 (Quail)

꿩과의 새에 속하는데 몸길이는 18cm가량 되며 몸 빛깔은 황갈색에 갈색과 검은 세로무늬가 있다. 풀밭에서 흔히 볼 수 있는 새이다.(출 16:13, 민 11:31, 시 105:40)

⊙ 벌 (Bee)

몸은 머리, 가슴, 배의 세 부분으로 되어 있고 머리에 한 쌍의 촉각

들염소

과 3개의 홑눈이 있다. 배는 많은 마디로 되어 있고 가슴에 두 쌍의 날개와 세 쌍의 다리가 있다.

암컷은 꼬리 끝의 산란관에 독침이 있고 숫벌은 독침이 없다. 독립생활, 기생생활, 집단생활을 하는 여러 종류가 있지만 통상 여왕벌을 중심으로 집단생활을 한다.(신 1:44, 신 118:12)

⊙ 비둘기 (Dove)

머리가 작고 둥글며 부리가 짧다. 성질이 순해 길들이기 쉽고 날개 힘이 강하여 멀리 날 수 있다. 귀소성을 이용하여 원거리 통신에 이용하기도 하며 예로부터 평화를 상징하는 새로 여긴다.(창 8:8-12, 시 55:6, 사 38:14,59:11, 호 7:11, 창 15:9, 눅 2:24, 요 2:16, 마 3:16,10:16)

⊙ 사 슴 (Deer)

어깨 높이가 80cm 가량 되고 털빛은 갈색이다. 몸은 홀쭉하고 다리가 가늘고 길어 달리는데 적합하다. 꼬리는 짧고 보통 수컷의 머리에는 나뭇가지 모양의 뿔이 있는데 해마다 다시 돋으며 봄철에 다시 돋은 뿔은 녹용이라 하여 약재로 쓴다. 대부분 나뭇잎이나 풀 등을 먹고산다. 성질은 온순하다.(신12:15, 22:14, 15:22, 왕상 4:23, 사 35:5, 애1:6, 시 42:1, 욥 39:1, 렘 14:5)

사 슴

⊙ 양 (Sheep)

소과에 속한 반추동물이며 그 종류가 많다. 염소류와 비슷해서 구별하기 어려우나 양의 뿔은 단면이 삼각형이고 앞 가두리는 곧으며 대개는 뒤쪽 아래 방향으로 굽는다. 뿔은 암수 모두 없는 것, 수컷에게만 있는 것, 암수 모두 있는 것 등 여러 가지가 있다. 대개 수컷의 뿔이 크다. 몸의 크기는 품종이나 조건에 따라 다르며 수컷이 암컷보다 크다. 주둥이는 좁고 털이 있으며 입술은 가동성이다. 떼를 지어 살며 높은 곳에 올라가기를 좋아한다.
양은 반드시 한번 왔던 길을 다시 다니는 습성이 있다.
종류로는 야생종, 모용종, 모육겸용종, 모피용종이 있다.
성질은 온화하며 풀, 나뭇잎, 나무껍질 등의 식물을 먹는다.
구약시대는 제물로 바쳤고 로마시대는 양피지에 성경을 기록했다. 양은 털과 고기와 가죽을 인간에게 제공하는 희생적 동물이다.(창 33:13, 삼상 24:3, 민 32:16, 요 10:15, 시 95:7, 100:3, 요 21:15-17, 계 19:9, 2:9 총 500회 이상 나옴)

양

⊙ 이 리 (Wolf)

개과의 짐승으로 개와 비슷하나 좀 야위었고 늑대나 승냥이보다 좀 크다. 털빛은 대개 회갈색 바탕에 검은 털이 섞였으나 변화가 많다. 무리를 이루어 다니며 성질이 사나워 사람을 해친다.(창 49:27, 렘 5:6, 합 1:8, 습 3:3, 겔 22:27, 사 11:6, 65:25, 마 10:16, 눅 10:3, 마 7:15, 행 20:29)

7. 여행의 일반 정보

(1) 비 자 (Visa)

현재 우리나라와 이스라엘, 이집트, 요르단, 그리스 및 로마는 국교가 수립된 국가로 상호 비자면제 협정이 맺어져 있어 별도의 비자는 필요없으며 여권이 준비되면 된다. 여권은 여행사를 통해서 발급 받으면 편리하다. 그 나라에 체류기간이 3개월이상인 경우 그 나라의 내무부 비자과에 가서 사전 연장신청을 하여 연장 받을 수 있다.

(2) 여행시기

여름은 해가 길고 비가 오지 않거나(이스라엘), 비가 적게 오기 때문에 순례하기에 효과적이고 편리하다. 그러나 아주 더운 혹서기를 피하는 것이 좋다.

특히 이스라엘은 겨울내 비가 많이 오기 때문에 겨울철은 피해야한다. 비가 오던가 날씨가 좋지 않으면 교통에 불편하고 사진 촬영에도 지장이 있다.

(3) 순례방법

순례방법은 여행사를 통한 단체 순례와 개별적인 개인 순례가 있다. 단체 순례는 여행사 계획에 따라 한정된 곳을 안내자를 통해서 순례가 이루어지기 때문에 편리한 점도 있으나 다양성이 없고 시간에 쫓기며 바쁘다. 그러나 개별적인 순례는 단체 순례와 똑같은 경비라면 장기간에 걸쳐 다양한 순례 성과를 얻을 수 있는 장점이 있는 반면에 철저한 사전준비가 필요하고 빈틈없는 계획성이 있어야 한다.

단독적인 혼자의 순례보다는 2-5명의 배낭 순례는 상호 협력에 의해 순례 성과를 얻을 수 있다. 배낭 순례는 야간에 관광버스로 이동하여 주간에 순례하면 시간 절약이 가능하다. 순례 국가의 경로는 항공편을 고려하여 각 나라에서 소요되는 일정에 따라 가장 편리한 코스를 선정할 수 있도록 여행사로부터 정보를 입수할 수 있다.

(4) 여행을 위한 준비

① 계절에 따라 필요한 피복, 내의, 우산(비니루 우의), 신발, 양말, 수영복, 썬그라스 등을 준비한다. 신발은 발에 맞는 가벼운 신발이 좋다.

② 사진기를 준비하고 필름은 현지의 값이 비싸기 때문에 여유있게 준비한다. 비디오 카메라를 준비할 수 있으면 좋으나 때로는 짐이 될 수도 있다.

③ 세면도구는 필요한 수건, 비누, 치약, 칫솔, 화장품 등 가볍게 준비한다. 전기용구(면도기 포함)는 220볼트용이어야 한다.

④ 순례 경비는 여행사를 통한 순례시 팁, 잡비, 선물 등에 필요한 최소한의 경비가 소요된다. 그러나 개별 순례시는 항공료, 숙식비, 교통비, 성지 입장료, 잡비, 선물 등에 필요한 소요액이 종합적으로 산출되어야 한다. 순례시 경비는 김포공항 은행에서 출국하기 전에 순례기간 동안에 필요한 금액을 환전하여 지참해야 하며 한 군데에 보관하지 말고 분산시켜 지참하는 것이 안전하다. 순례시 도착하여 그 나라 화폐로 환전하고자 하면 은행, 환전소, 호텔에서 가능하다. 매일 환차가 있음을 알아야 한다. 그 나라에서 사용하던 돈이 남아 있으면 출국하기 전에 달러로 환전해야 한다. 단, 공항에서 출국수속에 필요한 그 나라 돈은 남아 있어야 한다.

⑤ 지도를 사전 준비하여 순례하는 국가의 역사와 지리에 대한 사전 지식을 얻어야 한다. 개별 순례시는 국가별 가이드 북(Guide Book)을 사전 구입하여 정보를 사전 숙지한후 지참하여야 한다. 순례하는 나라의 현지 한국 선교사들의 협조를 받을 수도 있다. 또한 그곳의 투어리스트 인포메이션센터(Tourist Information Center)에 찾아가 협조를 구하면 필요한 지도, 팜플렛 등의 제공과 상세한 안내를 받을 수 있다.

⑥ 응급 상비약은 소화제, 감기약, 멀미약, 붕대, 마키롬, 밴드 등을 약간 준비하면 좋다.

(5) 여행시 유의사항

① 단체 순례시 대열에서 이탈하지 않도록 하고 시간 계획에 차질 없도록 협조해야 한다. 이스라엘에 가면 아랍사람들이 한국사람만 보면 "빨리, 빨리"라 한다. "빨리"는 한국사람의 대명사가 되었다. 참 부끄러운 일이다.

② 순례중 유사시에 대비하여 그 나라 주재 한국 대사관의 전화번호를 알아두어야 한다.

    ☎ 이스라엘　696-3244　　☎ 이집트　361-1234
    ☎ 요르단　　593-0745　　☎ 터어키　427-1743
    ☎ 그리스　　699-8164　　☎ 로마　　808-8769

③ 전화 사용은 호텔, 우체국, 공중전화 등을 이용할 수 있다. 한국에 국제 전화하는 방법을 알아야 한다.

한국 호출번호(0082) + 한국 지역번호(번호중 0번을 제외한 번호) + 고유번호

(전화번호) "예 02)877-1444 → 0082-2-877-1444

031)245-1333 → 0082-31-245-1333

그리고 수신자 통화료 부담전화(Collect Call)의 경우 18번을 돌려 국제전화 교환수를 통하여 신청하면 된다.

④ 렌트카(Rent Car)의 경우 3-5명인 경우 경제적이고 편리한 점이 많다. 그러나 차량진입이 곤란한 성지에 대한 출입에 제한을 받고 주차, 도난 등의 어려움도 있다.

⑤ 택시를 이용하려면 바가지요금을 요구하는 경우에 대비하여 사전에 가고자 하는 목적지를 제시하고 요금을 결정한 후 승차하는 것이 좋다.

⑥ 개별 순례시 항공권을 공항에서 구입하지 못하여 여행사에서 구입할 경우에 여행사마다 항공료의 차이가 있는 나라가 있다.(터어키) 여러 군데 다녀보아 저렴한 곳에서 구입하는 것이 좋다.

⑦ 그 나라 경찰을 가장하여 외국 여행자의 신분증을 확인하면서 지갑에 든 현금을 탈취하고 마약을 몸에 숨겼는지 수색까지 하면서 내복 안 주머니에 들어있는 돈까지도 탈취하는 사례가 있다. 야간에 숙소 밖으로 나갈 때는 2명 이상이 행동을 같이 하는 것이 안전하다.

⑧ 여행자의 무기와 마약 그리고 규제하는 골동품 등은 법으로 휴대품목에서 제외 되어있다. 그리고 여행자의 경우 비디오 카메라는 반드시 신고하도록 되어있다.

⑨ 부가가치 면세품목을 구입했을 경우 출국시 공항 또는 해당 창구에서 약 15% 부가가치세를 면세 받게 되어있다 따라서. 물품 구입할 때 봉투에 넣어 주는 계산서를 반환창구에 여권과 함께 면세액 만큼의 세금을 현금으로 반환 받게 된다. 만일 공항에서 처리가 되지 않았으면 우편으로 처리가 가능하지만 시일이 많이 소요된다.

⑩ 기념품은 지나치게 많이 살 필요 없다. 필요한 만큼의 간단한 선물이면 좋다.

8. 성서의 주요사건 및 인물의 연대표

연대	주요사건(인물)
?	창조(창 1:1-2)
?	노아시대(창 6:9-10:32)
?	바벨탑 사건(창 11:1-9)
주전 2166	아브라함 출생(아버지 데라 130세, 창 11:27) 노아의 12대손으로 갈대아 우르에서 출생
2106 ~ 2096	아브라함, 갈대아 우르 출발, 하란 도착 (아브라함 70세, 창 12:4)
2091	아브라함의 가나안 도착(75세, 창 12:5-6) 십일조 규례(하나님의 제사장 멜기세덱의 축복을 받고 살렘 왕에게 소득의 10분의 1을 드림, 규례가 됨) (창14:20)
2080	이스마엘 출생 (아브라함 86세, 어머니 하갈(몸종), 브엘세바에서, 창 16:15)
2067	할례 제정(헤브론에서 하나님과 아브라함의 언약, 창 17:9-14)
2066	이삭 출생 (아브라함 100세, 사라 90세, 브엘세바에서, 창 17:16-18)
2006	야곱 출생(쌍둥이 에서) (이삭 60세, 어머니 리브가, 브엘라헤로이에서, 창 25:24-26)
1991	아브라함 사망 (헤브론 막벨라굴에 장사됨, 175세, 창 25:8)
1929	야곱의 하란 도피 (야곱 77세, 외삼촌 라반 집에, 창 27:43,44, 28:2)
1918	유다 출생 (야곱 84세에 레아와 결혼, 88세 때 넷째 아들로 출생, 창 29:36)
1915	요셉 출생 (야곱 92세에 라헬과 결혼, 11번째 아들로 하란에서 출생, 창 30:23,24)

연대	주요사건(인물)
1909	야곱 가족의 하란 탈출 (야곱 97세, 아내 4명, 아들 11명, 딸 1명, 창 31:3) 베냐민은 베들레헴 근처 에브랏에서 출생
1898	요셉, 애굽으로 팔려감 (요셉 17세, 도단에서, 창 37:12,13)
1885	요셉, 애굽 총리 됨 (요셉 30세, 창 41:26-43)
1876	야곱가족 애굽 이주 (야곱 130세, 브엘세바에서 70명, 창46:5-7)
1859	야곱의 사망(야곱 147세, 창 50:13) ※애굽에서 17년 거주, 막벨라굴에 장사됨
1805	요셉의 사망 (요셉 110세, 창 50:25,26) ※유언에 따라 미라를 만들어 입관해 두었 다가 출애굽할 때 메어다가 세겜에 장사됨
1527	모세의 출생 (헬리오폴리스에서 출생, 바로 궁중에서 성장, 출 2:1,2) ※40세 때 시내 광야로 도피, 80세에 시내산에서 소명 받음
1500	여호수아 출생 (본명 호세아, 출생지 미상, 눈의 아들, 바로의 군대에 복역, 민 13:16)
1447	모세와 바로의 1차 접견(출 5:1) ※열 가지 재앙(출 7-12장) 유월절 제정(출 12장)
1446	이스라엘의 애굽 탈출 (모세 80세, 라암셋 출발, 홍해 도하, 출 12:37), 만나와 메추라기 주심 신광야 도착(출 19:1), (신광야에서 주심) 십계명 받음-모세 (시내산에서, 두 돌판에, 출 20:3-17)

연대	주요사건(인물)	연대	주요사건(인물)
1445	성막 건축 (건축자: 브살렐, 창 30:33) 첫 번째 인구조사 (시내광야에서, 603,550명, 민 1:2,3) 시내산에서 가데스로 이동 (민 33:16-36) 70인 장로 선정(민 11:16) 가데스에서 정탐꾼 파견(12명) (40일간, 민 13:3)	1374	옷니엘의 사역(40년) (최초의 사사, 갈렙의 사위, 삿 3:8-11)
		1316	에훗의 사역(80년) 왼손잡이(삿 3:15-30)
		1216	드보라와 바락이 사역(40년) (드보라: 여 사사, 삿 4:4-5:3)
1406	아론의 죽음(40년 동안 제사장, 123세, 호르산에서 죽어 아들 엘르아살에게 승계, 민 20:22-28) 모압 광야 도착 두 번째 인구조사 (601,730명, 1,820명 감소, 민 26:1) 선지자 발람과 발락왕(모압)의 사건 (민 22:1, 24:5) 모세의 죽음 (느보산ㆍ비스가산에서, 120세, 신 34:5) 여호수아를 후계자로 임명 (아바림산ㆍ느보산에서, 제사장 엘르아살에게, 민 27:12-23) 요단 동편땅 정복 르우벤과 갓의 두 지파와 므낫세 반 지파에게 땅을 분할(민32:1~5)	1169	기드온의 사역(40년) (기드온 300용사로 미디안 13만 5천명 격멸 1인당 450명, 삿 16:11-8:32)
		1120	돌라와 야일의 사역(삿 10:1-5)
		1103	사무엘의 출생 (라마에서 출생, 어머니 한나가 실로에서 서원하여 엘리 제사장에게 성장, 삼상 1:20)
		1085	입다의 사역(6년), (삿 11:1-5)
		1079	입산, 엘론, 압돈의 사역 (삿 12:8-15)
		1075	삼손의 사역(20년) (위대한 힘으로 블레셋을 격퇴, 여자(드릴라) 에게 미혹되어 비밀을 토설, 삿 13:2-16:31)
		1050	사울 치하의 통일 왕국시대 시작(40년) (사울의 출생 장소ㆍ연대 미상, 삼상 9:1-31)
		1040	다윗의 출생(베들레헴에서 이새의 8번째 막내아들, 삼상 9:1-31)
1405	여호수아가 요단강을 건너 가나안 땅 점령 (여호수아 95세, 수 3:17)	1025	다윗의 기름부음 받음 (베들레헴에서, 사무엘에게, 삼상 16:13) ※15세 미만 추정
1400	길갈에서 요단서편 땅 분할 (두 지파 유다, 에브라임과 반 지파 므낫세에게, 수 14:1-17:18)	1020	다윗과 골리앗의 싸움 (엘라골짜기 소고 "에베스담엠"에서, (삼상 17장) ※20세 미만 추정
1398	실로에 회막 세움(주전1398년 추정) 7지파에 땅 분할(수 18:1-7) 실로는 200년간 정치 및 종교의 중심지가 됨	1017	사무엘의 죽음 (86세, 라마에 장사됨, 현 무덤은 기브온 산당 지하에 있음, 삼상25:1)
		1010	사울의 전사 (블레셋과 길보아전투에서 자결함, 삼상 31:6)
1390	여호수아의 죽음 (110세, 세겜에서 죽어 딤낫세라에 장사됨, 수 24:29-30)	1010	다윗의 등극(30세, 헤브론에서, 삼하 2:4)
1375	사사 통치의 시작	1003	다윗의 예루살렘 천도 (헤브론에서 7년6개월, 예루살렘에서 33년, 40년 통치, 삼하 5:9-10)

연대	주요사건(인물)
1003	법궤를 예루살렘 다윗성에 모셔와 안치 (삼하 6:16–17) ※법궤의 방황(약 21년) 　실로(아벡전투)에서 블레셋에게 빼앗김 　→블레셋지역 7개월 　　벧세메스에서 블세셋으로부터 돌려받음 　→기럇여아림 20년 　→오벧에돔집 3개월 　→다윗성으로 옮겨짐
991	다윗의 밧세바 간음 사건 (밧세바 남편 우리아 전사, 삼하 11:1–21)
990	솔로몬의 출생 (밧세바의 두 번째 아들, 예루살렘에서, 　삼하 12:20)
979	압살롬의 반란 (다윗의 셋째 아들, 헤브론에서 모의, 　예루살렘 입성, 에브라임 수풀에서 전사, 　삼하 15:10–12)
973	다윗의 인구조사 범죄 (하나님이 진노하사 치시려고 짐짓 　인구조사를 하게 하심, 삼하 24:1–7)
970	다윗의 죽음(70세) 솔로몬(21세)의 등극(왕상 2:12)
966	성전 기공 (출애굽 480년 후, 솔로몬 등극 4년 후, 　왕상 6:1)
959	법궤를 성전에 안치(왕상 8:6) ※법궤에 십계명 두 돌판 보존, 만나의 　항아리와 아론의 싹 난 지팡이는 행방 묘연
959	솔로몬의 왕궁 기공(왕상 7:1)
946	솔로몬 왕궁 완공 (13년 동안 건축, 왕상 7:1)
931	솔로몬의 죽음 (60세, 예루살렘에서, 40년 통치, 왕상 11:43)
931	남유다와 북이스라엘로 분열 (왕상 11:43–12:20) ※남 : 르호보암왕(초대) 　북 : 여로보암왕(초대)
926	애굽왕 시삭의 남유다(예루살렘) 침공 (르호보암 5년, 왕상 14:15–28)

연대	주요사건(인물)
910	아사의 유다왕 즉위(3대) (재위 41년, 왕상 15:8) 오므리의 이스라엘왕 즉위 (재위 12년, 왕상 16:23)
875	엘리야의 사역 시작 (디셉에서 출생, 죽음을 보지 않고 승천, 　왕상 17:21)
874	아합의 이스라엘왕 즉위(7대) (재위 22년, 왕상 16:29)
872	여호사밧의 유다왕 즉위(4대) (재위 25년, 왕상 22:41)
853	아합의 전사 (재위 22년, 시돈왕의 딸 이세벨과 결혼, 　바알신 숭배, 가장 악한 왕, 왕상22:1–36)
848	엘리사의 사역 (아벨므홀라에서 출생, 왕상 19:1–21, 　왕하 12:1–8)
841	예후의 이스라엘왕 즉위(10대) (재위 28년, 왕하 10:30)
797	엘리사의 사역 종결 (모압 지경에 장사됨, 왕하 13:20)
793	여로보암 2세의 이스라엘왕 즉위(13대) (재위 41년, 왕하 14:23)
790	웃시야의 유다왕 즉위(10대) (재위 52년, 왕하 14:23)
760	아모스의 사역 시작 (고향 유다(드고아)를 떠나 벧엘에서 　여로보암 2세의 정치적 타락 공박, 암 7:7–9)
759	요나의 니느웨 전도 (여로보암 2세 때 하나님께서 명하심, 욘 1–4)
746	호세아의 사역 시작 (여로보암 2세 말기부터 주전 722년 　이스라엘 멸망 때까지 활동, 호1:1)
742	미가의 사역 시작 (요담, 아하스, 히스기야 통치기간 활동, 　주전 742–687년, 미1:1)
740	이사야의 사역 시작 (주전 770년 예루살렘에서 출생, 웃시야, 　요담, 아하스, 히스기야 4대에 걸쳐 활동, 　주전 740–700년경, 사 1:1) ※므낫세왕 때 이사야를 톱으로 켜서 　죽였다(히 11:37)는 설이 있음

연대	주요사건(인물)	연대	주요사건(인물)
728	히스기야의 종교개혁 (산당과 우상을 전부 제거, 왕하 18:4)	539	파사국 초대왕 고레스 (주전 546–529년)가 바벨론 점령
724	앗수르의 이스라엘 3차 침략 (왕하 17:51)	538	고레스왕이 유다인 귀환 조서 내림 (스룹바벨 총통 임명, 대하 36:23, 스 1:1–2)
722	북왕국 이스라엘의 멸망 (19대 호세아왕, 주전 722년, 앗수르에게 멸망, 왕하 17:6)	536	성전 재건 작업 시작(스 3:8), 재건 작업 방해로 중단(스 4:4,23)
714	앗수르와 산헤립의 유대침입 (예루살렘을 포위했으나 18만 5천명이 밤사이에 송장이 됨, 왕하 19:36)	530	다니엘의 죽음(예루살렘에서 출생, 95세 죽음) 주전 605년경 바벨론으로 잡혀가 하루에 세 번 예루살렘을 향해 기도함, 사자굴에 던져졌으나 살아남(단6:22,23)
640	요시야의 유다왕 즉위(16대) (재위 31년, 왕하 22:1) 스바냐의 사역 시작 (활동기간: 주전 640–630년경, 습 1:1)	520	성전 재건 작업 재개 (학개, 스가랴의 사역, 스 5:2)
627	예레미야의 사역 시작(요시야, 여호아하스, 여호야김, 여호야긴, 시드기야의 통치기간에 활동, 주전 627–586년경, 렘 1:1–19) ※예레미야는 남유다가 주전 586년에 바벨론에게 멸망되자 애굽으로 끌려가 죽었다는 설이 있음	515	제2성전 완공 (제1성전 파괴 후 70년, 제2성전 시대 시작)
		479	에스더가 왕후로 간택됨 (아하수에로왕의 왕비로 선택되어 총애 받음, 에2:17)
608	앗수르의 멸망 하박국의 사역 시작(요시야왕 말기에 활동, 주전 908–905년, 합 1:1–11)	473	부림절 제정(에 9:28)
605	갈그미스 전투 (신바벨론 느부갓네살왕은 갈그미스 전투에서 앗수르 동맹군인 애굽 왕 느고를 격파, 유다 여호야김에게 충성 강요 봉신국 삼음, 왕하 24:7;렘 46:2–12)	458	유다 포로 2차 귀환(에스라의 인솔로 1천4백 명 귀환, 스 7:1–8:36)
605	바벨론의 유다 1차 침입 (1차 포로로 다니엘(20세), 하나냐, 미사엘, 아사랴와 함께 잡혀감, 단 1:3–16)	444	유다 포로 3차 귀환 (느헤미야가 유다 총독이 되어 귀환, 성곽 중수에 전력 52일 만에 완공, 느 6:15,16)
598	바벨론의 유다 2차 침입 (2차 포로, 왕하 24:10)	435	말라기 사역 시작(남왕국 포로후기, 학개, 스가랴, 말라기와 함께 예언자임)
597	에스겔이 포로로 끌려감 (유다왕 여호야긴과 함께 끌려감, 그발강변 델아빕에서 약 22년간 예언 활동, 겔 40:10–47:48)	433	느헤미야 바벨론으로 돌아감 (아닥사스다왕 32년, 느 13:7)
597	시드기야의 유다왕 즉위(20대) (재위 11년, 대하 36:11)	432	느헤미야 2차 귀국(느 13:7)
586	남왕국 유다의 멸망 (스바냐 예언 성취, 시드기야 11년, 주전 586년, 바벨론에게 멸망, 솔로몬 성전파괴(제1성전시대 끝), 습 1:8–11)	37	헤롯(대왕)이 유다왕 즉위 (안티파스 2세의 아들로 주전 73년경 출생, 주전 47년 갈릴리 총독, 주전 40년 로마왕 아구스도에 의해 유다왕으로 임명, 주전 37년 예루살렘을 정복하고 유대왕으로 군림)
		5	세례요한의 출생 (예수보다 6개월 먼저 아인케렘에서 출생, 눅 1:1)
		4	예수의 탄생(마 2:11) 예수님의 예루살렘 방문(생후 8일) (결례의 의식 행함, 눅 2:21–24) (예수님의 애굽 피난) 헤롯의 유아 학살 (베들레헴의 2세 이하 남아 어린이, 마 2:16–18)

연대	주요사건(인물)
주 후 26	본디오빌라도의 유다 총독 부임
27	예수님의 공생애 시작(마 4:12-17)
28	12제자를 세우심(마 10:1-4) 2차 갈릴리 사역 오병이어로 5,000명을 먹이심(마 14:13-21)
29	3차 갈릴리 사역 베드로의 신앙 고백 (가이사랴 빌립보에서, 눅 9:18-22)
30	예수님의 승리의 입성(마 21:1-11) 예수님의 수난과 부활(마 27:26-28:20) 스데반의 순교 (예루살렘성 사자문 앞에서, 행 7:60)
32	사울(바울)의 다메섹 회심(행 1:1-9)
35	바울의 예루살렘 1차 방문(행 9:36)
44	사도요한의 형제 야고보의 순교 (헤롯이 예루살렘에서 칼로 죽임, 행 12:1-2) (베드로의 투옥 예루살렘의 옥에, 행 12:4-5)
47-48	바울의 1차 전도사역(행 13:1-14:28) ※안디옥 → 실루기아 → 살라미 →바보 → 버가 → 비시디아 안디옥 → 이고니온 → 루스드라 → 더베 → 루스드라 → 이고니온 → 비시디아 안디옥 → 버가 → 앗달리아 → 안디옥
50-52	바울의 2차 전도사역(행 15:36-16:23) ※안디옥 → 다소 → 더베 → 루스드라 → 드로아 → 네압볼리 → 빌립보 → 데살로니가 → 베뢰아 → 아덴 → 고린도 → 겐그리아 →에베소 → 가이사랴 → 안디옥
53-58	바울의 3차 전도사역(행 18:23-21:16) ※안디옥 → 다소 → 더베 → 루스드라 → 이고니온 → 안디옥 → 에베소 → 드로아 → 네압볼리 → 빌립보 → 데살로니가 → 베뢰아 → 아덴 → 고린도(역순으로)아덴 → 베뢰아 → 데살로니가 → 빌립보 → 네압볼리 → 드로아 → 앗소 → 밀레도 → 로도 → 바다라 → 두로 → 가이사랴 → 예루살렘
54	네로의 로마 황제 즉위

연대	주요사건(인물)
58	바울의 체포 (예루살렘 성전에서, 행 21:27-39)
59	바울의 로마 호송(행 27:1-28:15) ※예루살렘 → 가이사랴 → 시돈 → 무라항 → 미항 →멜리데섬 → 수라구사 → 레기온 → 보디올 → 로마
61	바울의 로마에서 감금(행 28:16) ※2년간 자기 집에서 연금 생활
62	주의 형제 야고보의 순교 (예루살렘에서 돌에 맞아 죽었다는 설이 있음)
63	바울의 석방 ※서바나(에스파니아)로 가려는 의도가 있었던 점으로 보아 적어도 2년은 서바나에 있었을 것으로 추정됨(롬 15:28)
64	로마의 대화재
66	유대인의 로마 대반란
67	바울의 순교 (네로 황제에 의해, 로마 마메르틴 감옥에서 참수 당함)
68	베드로의 순교 (로마 마메르틴 감옥 투옥(9개월), 네로 황제에 의해, 바티칸 산꼭대기에서 처형당함, 베드로의 요청으로 십자가에 거꾸로 매달려 순교했다고 전해옴, 베드로의 무덤 위에 베드로의 대성당이 세워져 있음)
70	예루살렘 함락 (로마 티투스장군에 의해 성전산 파괴, 솔로몬 제2성전 파괴, 산헤드린 공회 폐지)
95	사도요한의 밧모섬 유배 (로마 도미시안 황제 때 박해로 에베소에서 유배, 요한계시록 기록, 18개월(3년, 15년 설)후 다시 에베소로 귀환, 계 1:9)
100	사도요한의 죽음 (예루살렘 파괴 직전 에베소로 옮김, 에베소 교회의 감독직 수행, 요한복음과 요한서신 기록, 12사도 중 마지막으로 편안히 죽어 에베소 아야술룩 언덕 중앙에 묻혔음)
?	예수님 재림 ※내가 진실로 속히 오리라 하시거늘 아멘 주 예수여 오시옵소서(계 22:20)

〈저자 작성〉

9. 지명 및 인명 찾기 (Index)

참고 문헌 및 지도

「성경전서」 대한성서공회 발행 1964
「사도바울」 도서출판 솔로몬/로버트 E, 피키릴리·배용덕 옮김 1993
「사막에서 장미꽃이」 도서출판 햇불/김신숙 1997
「세계사 100장면」 가람기획/박은봉 1993
「성경의 전쟁사」 도서출판 좁은문/노병천 1998
「성경주석」 영음사/박윤선 1996
「성경지리총람」 도서출판 소망사/이찬영 1997
「성경 지명 인명 사전」 백합출판사/오인명 1964
「성막과 제사」 엘멘/김흔중 2014
「성서고고학」 기독교서회/문희석 1974
「성서의 역사와지리」 엘멘/김흔중 2003
「성서의 풍토와 역사」 종로서적/강석오 1996
「성지순례」 조선일보사/박준서 1995
「성지이스라엘」 청담/김한기 1996
「성지와 성서」 도서출판 진흥/김순혁 1995
「신앙의 본향을 찾아서」 기독교방송/이재은 1993
「열두사도의 발자취」 도서출판 솔로몬/윌리암맥버니·이남종 옮김 1995
「요세푸스」 생명의 말씀사/김지찬 역
「이스라엘」 금성출판사/김무상 1994
「이스라엘」 도서출판 양서각/박수자 1988
「이스라엘사」 대한교과서주식회사/최창모 1994
「이스라엘의 성지」 생활성서사/정양모·이영헌 1995
「이스라엘 역사」 크리스챤 다이제스트 1997
「이스라엘의 역사」 기독교문서선교회/레몬우드·김의원 역 1985
「이스라엘 역사와 지리」 요단출판사/이병열 1995
「이스라엘 정신」 육문사/라비솔로몬·박인식 편역 1976
「이집트 파노라마」 한국개혁신학연구원/이준교 1993
「전쟁사 101장면」 가람기획/정토웅 1997
「중동전쟁」 일신사/김희상 1977
「지도로 보는 이스라엘 역사」 도서출판 호산/마틴길버트·최명덕 옮김 1997
「지리로 본 성서세계」 생명의 말씀사/이희철 1984
「천재는 없다」 성현출판사/류태영 1996
「터어키와 성지」 청담/김한기 1997
「성서지도」 기독교 문산/기독교목사편 1988
「성서지도」 예본출판사/이원희 1998
「성서지도」 가톨릭성서모임 1998
「아카페 성서지도」 아카페출판사 1988
FACTS ABOUT ISRAEL(ISRAEL INFORMATION CENTER)

1	새천년 **성지순례의 실제** 도서출판 청담	6	**성경 66권의 개설** 도서출판 청담
2	성시순례의 실제 **점자 번역집(전3권)** 한국시각장애인선교회	7	**선견적 시국진단** 엘맨 출판사
3	시각장애인용 **점자 성서지리교본** 한국시각장애인선교회	8	**성서의 성지파노라마** **(화보)** 도서출판 세광
4	지도,도표,사진으로 보는 **성서의 역사와 지리** 엘맨 출판사	9	예수 그리스도를 예표한 **성막과 제사** 엘맨 출판사
5	성경 말씀 **365일 하루한요절 암송수첩** 도서출판 청담	10	새벽별은 저목위에서 빛나고 **수 상 문 집** 엘맨 출판사

11	성서기록 현장찾아 **답사하며 성지순례** 두루투어 출판사

한민족 복음화 선교회

목 표

◆ 한민족을
복음화로 통일

추진방향

♠ 제1단계 : 기도를 통하여 통일
♠ 제2단계 : 복음을 전파해 통일
♠ 제3단계 : 교회를 세워서 통일

정회원 (초교파)

◎ 목　사 : 300명(고문30명)이상
◎ 장　로 : 300명(고문30명)이상
◎ 권　사 : 300명 이상
◎ 평회원 : 3,000명 이상

선교회 회장 : **김 흔 중** 목사
(본서의 저자)

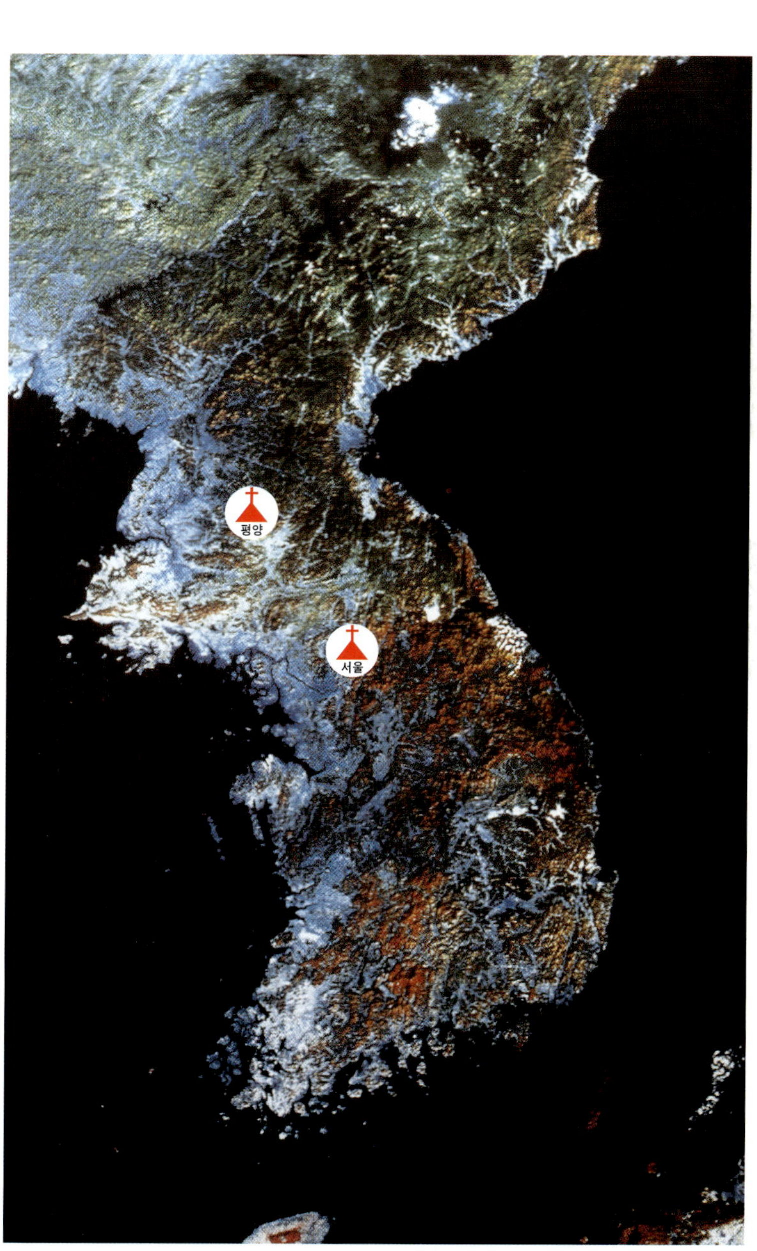

하루 세번 이상 기도의 생활화

◎ 선교회 연락처 : 031-224-3927, 010-8162-3929

성서기록 현장찾아

답사하며 성지순례

-성서지리 연구와 순례현장 안내-

초판발행 2017년 10월 27일

지 은 이　김 흔 중
펴 낸 이　김 원 길
펴 낸 곳　두루문화원
　　　　　　서울 종로구 김상옥로
　　　　　　한국기독교연합회관1107호
　　　　　　TEL : 02-323-8191
　　　　　　FAX : 02-323-8192

등록번호　제 300-2014-168호

정가 30,000원